»Richtig reisen«
Süd-Indien

D1731144

In der vorderen Umschlagklappe: Süd-Indien: Geographie

In der hinteren Umschlagklappe: Süd-Indien: Verkehrsverbindungen

»Richtig reisen«

Süd-Indien

Reise-Handbuch

Petra Haubold
Günter Heil

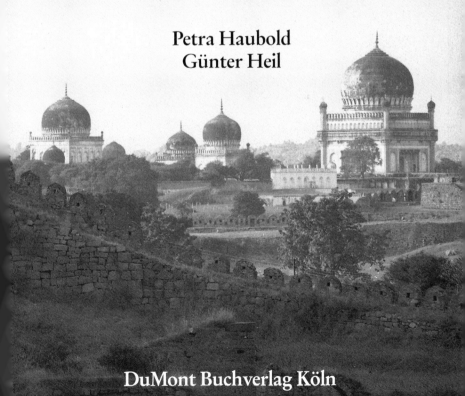

DuMont Buchverlag Köln

Umschlagvorderseite: Sravana Belgola, Füße der Bahubali-Figur
Umschlaginnenklappe: Kuruvati, Mallikarjuna-Tempel, Trägerfigur
Umschlagrückseite: Hyderabad
Titelseite: Golkonda

CIP-Titelaufnahme der Deutschen Bibliothek

Haubold, Petra:
Süd-Indien : Reise-Handbuch / Petra Haubold ; Günter Heil. –
1. Aufl. – Köln : DuMont, 1990
   (Richtig reisen)
   ISBN 3-7701-2125-2
NE: Heil, Günter

© 1990 DuMont Buchverlag, Köln
Alle Rechte vorbehalten
Satz und Druck: Rasch, Bramsche
Buchbinderische Verarbeitung: Boss-Druck, Kleve

Printed in Germany   ISBN 3-7701-2125-2

Inhalt

Süd-Indien im Überblick

INHALT

Kunst und Kultur

Die Bundesstaaten Süd-Indiens

Maharashtra

Andhra Pradesh

INHALT

Praktische Reiseinformationen

INHALT

Süd-Indien im Überblick

Das Reisegebiet Süd-Indien

Süd-Indien, so wie dieses Buch es behandelt, umfaßt die Bundesstaaten Maharashtra, Karnataka, Andhra Pradesh, Tamil Nadu und Kerala sowie die Gebiete Goa und Pondicherry. Die nördliche Begrenzung verläuft über weite Strecken – entlang der Grenze von Maharashtra zu Madhya Pradesh – zwischen dem 21. und 22. Grad nördlicher Breite, nur im Westen ragt an der Küste ein Teil Gujarats weiter nach Süden hinein, und im Osten unterbrechen die von altindischen Stämmen bewohnten Waldgebiete von Bastar (Madhya Pradesh) sowie das südliche Orissa diese Linie. Dieser südliche Teil des Subkontinents entspricht mit 951 500 km² knapp der vierfachen Fläche der Bundesrepublik Deutschland.

Geographische und landschaftliche Gliederung

Den Kern der südindischen Halbinsel bilden der *Dekhan* (Sanskrit: dakshina = südlich), eine riesige, von West nach Ost geneigte Hochebene von durchschnittlich 600–700 m Höhe, und die sie abschließenden Randgebirge. Die nördlichen Begrenzungen dieses zentralen Tafellandes – das Vindhya-Gebirge, der Fluß Narmada und das Satpura-Gebirge – liegen bereits in Madhya Pradesh. Ent-

lang der Westküste erheben sich aus der schmalen Küstenebene jäh die *Westlichen Ghats* (Ghat = Anstieg, Treppe), höchst beeindruckende, meist dicht bewaldete Gebirgszüge mit schroffen Felsen und tiefen Schluchten. Südlich von Bombay und Pune, im Stammland der Marathen, erreichen die Berge Höhen bis zu 1400 m. Im Gegensatz dazu sind die *Östlichen Ghats*, eine Reihe von Hügelketten geringerer Höhe, landschaftlich wenig attraktiv.

Im Süden steigt der Gebirgsstock der *Nilgiri-Berge* unvermittelt aus der Ebene auf und erreicht am Dotabetta mit 2670 m seine größte Höhe. Hier, in den ›Blauen Bergen‹, lebt seit grauer Vorzeit das Volk der Todas, und später wußten auch die Briten die Vorzüge der kühlen Höhen zu schätzen. Jenseits der Palghat-Senke, der wichtigsten Verbindung zwischen Tamil Nadu und Kerala, erheben sich dann noch einmal drei Gebirgszüge: die *Palani-Berge,* die *Anaimalai-Berge* mit dem Hauptort Kodaikanal und die *Kardamom-Berge* mit der höchsten Erhebung Süd-Indiens, dem 2695 m hohen Anaimudi. Die südlichen Ausläufer des Berglandes bilden das Kap Komorin, den südlichsten Punkt Indiens.

Das gewaltige Dekhan-Massiv säumt im Westen die tropische *Malabar-Küste,* die im Norden in die alte Kulturlandschaft des Konkan übergeht. Entlang der Ostseite des Subkontinents bis hoch in den Golf von Bengalen erstreckt sich die

Koromandel-Küste (Cola Mandala = Land der Cholas), die die fruchtbaren Gebiete um die Mündungen der großen Flüsse mit einschließt. Von hier liefen in der großen Zeit der Pallavas und der Cholas die Schiffe aus, die die indische Kultur nach Osten und Südosten trugen.

Der nördlichste der großen Flüsse, die *Tapti*, entspringt in der Nähe von Nagpur, fließt westwärts und mündet bei Surat in das Arabische Meer. Alle anderen großen Flüsse haben ihre Quellen in den Westlichen Ghats, fließen ostwärts durch den gesamten Dekhan, bilden nahe der Küste von Andhra Pradesh und Tamil Nadu große Deltas und ergießen sich in den Golf von Bengalen. Da Wasser in Indien kostbar ist und die Flüsse heilig sind, standen und stehen die Hauptstädte und wichtigsten Heiligtümer an den Ufern der Flüsse. Andererseits bildeten diese oft die Grenze zwischen Herrschaftsbereichen: Die Tungabhadra z. B. trennte über Jahrhunderte die Einflußgebiete der Chalukyas von Badami und ihrer Nachfolger, der Rashtrakutas, von denen der südlichen Reiche der Pallavas und Cholas.

Schon zur Zeit dieser großen Dynastien wurden die Flüsse gestaut und für künstliche Bewässerung genutzt. Heute werden die Stauwerke immer größer und zahlreicher, das Landschaftsbild ändert sich radikal, und alte Kulturlandschaften verschwinden für immer in den Fluten. Die kritischen Stimmen, die auf die negativen Folgen dieser extensiven Ausbeutung der natürlichen Ressourcen aufmerksam machen, werden aber auch in Indien immer lauter und drängender.

Die *Godavari* ist der heiligste und mit 1440 km Länge zugleich der längste dieser großen Flüsse. Sie entspringt bei Trimbak im Nordwesten von Maharash-

tra, nur 80 km von der Westküste entfernt. Mit ihren Nebenflüssen Penganga, Wardha und Waiganga bildet die Godavari das wichtigste Bewässerungssystem im nordöstlichen Maharashtra. Bei Bhadrachalam passiert der mächtige Strom in seinem breiten Bett einen der heiligsten Orte an seinen Ufern, bevor er sich dann in engen Schluchten durch die Östlichen Ghats drängt. Südlich von Rajahmundry spaltet er sich in zahlreiche Mündungsarme auf und bewässert noch einmal ein riesiges, fruchtbares Gebiet.

Die *Krishna* oder Kistna entspringt hoch oben in den Bergen bei Mahabaleshwar und durchfließt dann das südliche Maharashtra und das nördliche Karnataka. Oberhalb von Raichur vereinigt sich der Fluß Bhima mit der Krishna, und östlich von Kurnool nimmt diese dann die Tungabhadra auf. Von hier ab, wo der Fluß in die Nallamala-Berge eintritt, wird er mehrfach nacheinander über lange Strecken aufgestaut. Der größte dieser so entstandenen Stauseen ist der Nagarjunasagar. Immer wieder intensiv für die Bewässerung weiter Gebiete genutzt, tritt die Krishna bei Vijayawada in das große fruchtbare Deltagebiet ein und mündet in den Golf von Bengalen.

Die *Tungabhadra,* die mit zwei Quellflüssen in den Bababudan-Hügeln nordwestlich von Mysore entspringt, wird oberhalb Hospets zu einem gewaltigen See aufgestaut, passiert bei Hampi die Ruinen der Hauptstadt des Vijayanagar-Reiches und durchfließt dann bis zu ihrer Einmündung in die Krishna über weite Strecken bizarre und karge Felslandschaften.

Die *Cauvery,* besonders den Tamilen heilig, nennt man auch den ›südlichen Ganges‹. Sie entspringt in den Brahmagiri-Hügeln, westlich von Madikere, in

Coorg. Bei Mysore wird sie zum Krishnarajasagar aufgestaut und versorgt diese Großstadt mit Wasser. Danach nimmt sie aus dem Hochland von Karnataka und im weiteren Verlauf von den Gebirgsketten des Südens wichtige Flüsse auf, so die Bhavani und die Amaravati, durchfließt die alte Kulturlandschaft Süd-Indiens und passiert schließlich Tiruchirapalli, Tanjore und Kumbakonam, wo sie sich bereits in unzählige Deltaarme auffächert.

Die *Vaigai*, der südlichste der größeren Flüsse, entspringt in der Nähe des Naturschutzgebietes von Periyar, fließt durch Madurai und mündet bei Rameshvaram in den Golf von Mannar.

Klima, Monsun, Jahreszeiten

Diese drei Begriffe gehören zusammen, worauf schon der Ursprung des Wortes Monsun (arabisch/Urdu: Mansim = Jahreszeit) hindeutet. Das Leben in Indien wird auch heute noch weitgehend vom Monsun bestimmt. Er bringt den Regen, der die Natur nach langer Trockenheit wieder zum Leben erweckt. Er bringt Fruchtbarkeit für die Felder und sichert so die Existenz unzähliger Menschen (80 % aller Inder leben auf dem Lande). Er füllt die Trinkwasserreservoirs auf und hilft, den Schmutz vieler Monate zu beseitigen.

Der Monsun ist für viele Inder der Inbegriff des Lebens und wird, wenn im April/Mai z.B. in Bombay die Hitze schier unerträglich wird, inbrünstig herbeigesehnt. Setzt er dann in Sri Lanka und im äußersten Süden ein, kommentieren die Medien das Fortschreiten der Regenfront jederzeit an prominenter Stelle. Die ersten Vormonsunschauer werden freudig begrüßt und gefeiert;

viele religiöse Feste fallen nicht zufällig in die Regenzeit.

Der *Südwestmonsun* bringt 90 % der jährlichen Niederschläge. Über das Arabische Meer kommend, trifft er zuerst auf die Malabar-Küste und den südlichen Teil der Westlichen Ghats. Große Wassermengen regnen an dieser Barriere ab, und dichte Tropenwälder resultieren aus diesem Überfluß. Während der Monsun weiter nach Nordosten vordringt, nehmen die Niederschlagsmengen ab. Erst Mitte Juni erreicht der Regen gewöhnlich Calcutta. Was im Osten weniger vom Himmel fällt, bringen die Flüsse kurze Zeit später. Mit ausgedehnten Bewässerungssystemen wird dann die ›Ungerechtigkeit‹ der Natur ausgeglichen.

Der *Nordostmonsun* kommt über den Golf von Bengalen, unregelmäßig und an der Küste oft in Verbindung mit gefährlichen Wirbelstürmen. Er bringt im November/Dezember die restlichen 10 % Regen – im küstennahen Andhra Pradesh und hauptsächlich in Tamil Nadu.

Aus dieser Konstellation ergeben sich drei Jahreszeiten für Süd-Indien:

– Monsun/Regenzeit von Mai/Juni bis September: Im Südwesten ist es dann sehr feucht. In weiten Gebieten Süd-Indiens hat aber gerade das Ende der Regenzeit seine Reize: Kräftige Schauer wechseln mit heiterem Wetter, es ist nicht mehr so heiß, und die Luft ist sauber.

– Oktober bis März: Nach dem Regen kühlt es merklich ab – um so stärker, je höher und je weiter im Landesinneren man sich befindet. In den Nilgiri-Bergen oder auch im nördlichen Dekhan kann es nachts sogar empfindlich kalt werden. In Andhra Pradesh oder Tamil Nadu dagegen können im November/Dezember Straßen und Dörfer im Schlamm versinken, was aber nie sehr lange dauert.

Mahanandi im Monsun

– April/Mai: Nun wird es bis zum Einsetzen des Regens immer heißer, staubiger und schmutziger. Die Farben verblassen, und oft wirkt selbst der Himmel eher grau als blau – keine angenehme Reisezeit.

Flora und Fauna

Entsprechend der Vielfalt seiner Landschaften präsentiert sich auch Indiens Pflanzen- und Tierwelt besonders artenreich. Im starken Kontrast zu Nord-Indien stehen die feuchten und üppig grünen tropischen und subtropischen Gebiete Süd-Indiens mit ihren ausgedehnten Wäldern und charakteristischen Kulturpflanzen. Die steilen Hänge der Westlichen Ghats sind bestanden von immergrünem tropischen Regenwald. Mit Erreichen der Kammhöhen und des Hinterlandes ändert sich das Aussehen der Wälder. Die Bäume erreichen nicht mehr die gewaltige Höhe wie am Westhang. Zu den charakteristischen Bambusgehölzen kommen laubabwerfende Bäume wie z. B. der Teakbaum mit seinen großen Blättern, der, auf ausgedehnten Plantagen kultiviert, über weite Strecken die Landschaft prägt. Mit dem Abnehmen der Niederschlagsmengen nach Osten werden die Wälder niedriger und lichter, um dann auf den steinigen Ebenen des östlichen Dekhan in karge Dornbuschvegetation überzugehen. An der Koromandel-Küste gibt es Formen trockener immergrüner Tropenwälder und besonders im Mündungsgebiet der großen Flüsse Gezeitenwälder mit verschiedenen Arten von Mangroven.

Während die Malabar-Küste über weite Strecken regelrecht im Schatten riesiger Kokospalmenhaine liegt, wird das Landschaftsbild der Ostküste geprägt von der hohen, struppigen und kaum Schatten werfenden Palmyrapalme.

Überall, wo es Wasser gibt, gedeihen Bananenstauden, Gehöfte liegen oft unter den dichten sattgrünen Wipfeln riesiger Mangobäume versteckt, und auch Papayabäume in ihrer charakteristischen Form gehören zum Bild südindischer Dörfer. Die Vielzahl unterschiedlicher Kulturpflanzen erlebt man eindrucksvoll bei einer Fahrt von Kottayam hinauf nach Periyar (s. S. 352).

Das ›Dschungelbuch Indien‹ führt zwar noch viele der klassischen Wildtiere im Register, zu sehen sind sie jedoch nur noch in wenigen geschützten Rückzugsgebieten – oder im Zoo. Der asiatische Löwe, den die Indische Union im Staatswappen führt, überlebt in wenigen Exemplaren im ›Gir Forest‹ in Gujarat, das Panzernashorn in Kaziranga (Assam)

Gespann mit Zeburindern

und der Gharial, Vorbild für das Seeungeheuer Makara, wird noch in einigen abgelegenen Seitenflüssen des Ganges gehegt. Dem Überleben des indischen Tigers, einst bevorzugter Trophäenlieferant fürstlicher und kolonialherrschaftlicher Nimrods, galten mit dem ›Project Tiger‹ in den vergangenen Jahren besondere Bemühungen; seine Zahl steigt langsam wieder an. Und der indische Elefant, den Buddhisten besonders heilig, einst mobiler Thron der Herrscher, Kriegsmaschine, Arbeitstier und Elfenbeinlieferant (nur Bullen), ist auch nur noch in einigen Reservaten wie Periyar und Mudumalai in freier Wildbahn zu beobachten.

Aufbauend auf früheren Aktivitäten der Briten wurden 1952 der ›Indian Board of Wild Life‹ gegründet und mit dem ›Wild Life Act‹ die gesetzliche Grundlage für einen Schutz der gefährdeten Tierwelt geschaffen. Heute besteht das ›Imperium‹ der Tiere und ihrer Beschützer aus 53 Nationalparks und knapp 250 Schutzgebieten (Wild Life Sanctuaries). Sie beanspruchen eine Fläche von 90 000 km^2, was 3 % der Gesamtfläche Indiens und 12 % aller Waldgebiete entspricht. Hier lebt, neben den schon aufgeführten, eine Vielzahl unterschiedlichster Tiere wie der indische Bison (Gaur), viele Arten Hirsche und Antilopen, verschiedene Wildkatzen, Wildschweine, Affen und zahlreiche Vögel. Der von Afrika verwöhnte Tierfreund wird feststellen, daß die Tiere hier ausgesprochen publikumsscheu und nur mit Geduld und Ausdauer aufzuspüren sind.

Aber auch im täglichen Leben muß man in Indien nicht auf die Gesellschaft von Tieren verzichten. Da ist vor allem die allgegenwärtige Kuh; dieses nützliche Tier, eine Leihgabe der Götter, dient dem Menschen als Zugtier, Milchlieferant und Brennstoffproduzent. Die mächtigen Wasserbüffel, auf dieselbe Art nützlich, sind da viel scheuer. Affen – sowohl die rotgesichtigen Paviane als auch die langschwänzigen Languren und Hulmans mit ihren hübschen schwarzen Gesichtern – können zur Plage werden; nichts ist vor ihnen sicher, am allerwenigsten (bananengelbe) Kodakfilme. Das possierliche Streifenhörnchen gilt als Krishnas Liebling, und die aufgeregten Papageien, oft so zahlreich wie bei uns die Spatzen, sind so laut wie grün. Fledermäuse gibt es überall; die großen ›fliegenden Hunde‹ verlassen zu Hunderten jeden Abend geräuschlos ihren Schlafbaum (z. B. beim Ashoka-Hotel in Hassan) und kommen in der Morgendämmerung zurück, um sich lautstark um die Schlafplätze zu streiten.

Eine Kobra bekommt man gemeinhin nur – für ein paar Rupien, dafür aber mit Musikbegleitung – beim Schlangenbeschwörer auf der Straße zu sehen. Nicht vermeiden lassen sich dagegen Begegnungen mit Kakerlaken und Moskitos; erstere sind oft erstaunlich groß, aber harmlos, letztere jedoch nicht nur lästig, sondern manchmal auch gefährlich (s. S. 372).

Staatswesen

Die Indische Union, die 1947 aus den von Großbritannien direkt verwalteten Provinzen und den Herrschaftsbereichen von ca. 400 nominell selbständigen Fürsten (ein Drittel der Gesamtfläche) mit mehrheitlich hinduistischer Bevölkerung (Ausnahme: Kaschmir) hervorging, gab sich am 28. Januar 1950 eine Verfassung, in der die föderalistische Struktur des Staates verankert ist. Dieser gliedert sich in 25 Bundesstaaten und sieben Unionsterritorien.

Staatsoberhaupt ist ein Präsident, der vorwiegend Repräsentationsaufgaben zu versehen hat, vergleichbar der englischen Königin. Ähnlich dem englischen Vorbild gliedert sich auch die Legislative in zwei Kammern. Dem Unterhaus entspricht die Lok Sabha (Volksversammlung), deren 525 Mitglieder alle fünf Jahre in allgemeinen Wahlen bestimmt werden. Die stärkste Fraktion stellt den Premierminister, der sich sein Kabinett zusammenstellt; er hat das Recht, das Parlament vorzeitig aufzulösen.

In der Rajya Sabha – dem Oberhaus oder unserem Bundesrat vergleichbar – mit ihren maximal 250 Mitgliedern sitzen die Vertreter der Bundesstaaten und -territorien, ergänzt durch zwölf hervorragende Vertreter aus Wissenschaft und Kunst oder mit sozialen Verdiensten und Engagement; sie werden vom Staatspräsidenten berufen. Als Oberhäupter der Bundesstaaten fungieren vom Staatspräsidenten eingesetzte Gouverneure. Die jeweilige Regierung führt ein ›Chief Minister‹, der wiederum die stärkste Fraktion des Parlaments repräsentiert und der direkt gewählten Volksvertretung verantwortlich ist.

V.P. Singh

Die Mehrheiten in den Bundesparlamenten entsprechen oft nicht denen der Lok Sabha. Für bestimmte Ausnahmesituationen, die u. a. daraus resultieren können, sieht die Verfassung die Unterstellung einzelner Bundesstaaten unter ›President's Rule‹ vor, d. h. New Delhi übernimmt dann die Regierungsgewalt. Die Zentralregierung kann unter bestimmten Bedingungen die Verfassung außer Kraft setzen und mit Notstandsgesetzen regieren, was Indira Gandhi von 1975 bis zu den Wahlen von 1977 19 Monate lang praktizierte.

Indien wurde die ersten 42 Jahre seiner neueren Geschichte von der Kongreß-Partei dominiert, die, 1885 gegründet, wesentlich zur Erringung der Unabhängigkeit beigetragen hatte. Nacheinander führten Jawaharlal Nehru (1950–1964), Lal Bahadur Shastri (1964–1966), Indira Gandhi, die Tochter Jawaharlal Nehrus, (1966–1977 und 1980–1984) und Rajiv Gandhi, deren Sohn, (1984–1989) die Regierung, unterbrochen nur von der zweijährigen Regierungszeit Morarji Desais (1977–1979), dessen Parteienbündnis Janata bei den ersten Wahlen nach der Notstandsregierung die Mehrheit erlangte.

Im Dezember 1989 verlor die Kongreß-Partei unter Rajiv Gandhi die Parlamentswahlen. Der Führer der ›Nationalen Front‹, einer Koalition mehrerer Parteien, V. P. Singh, wurde neuer Premierminister Indiens. Er hat ein schweres Erbe angetreten, wobei im Moment die gewiß nicht geringen Schwierigkeiten in Assam und dem Punjab zurücktreten gegen die Kriegsgefahr, die vom ewigen Krisenherd Kaschmir ausgeht.

Bevölkerung

Indien, mit mehr als 3,2 Mio. km² Fläche das siebtgrößte Land der Erde, beherbergt eine Bevölkerung von ca. 750 Mio. Menschen. Damit belegt Indien hinter der Volksrepublik China den zweiten Platz in der Weltbevölkerungsstatistik: Diese 15 % der Menschheit leben auf nur 2,4 % der Erdoberfläche- und es werden jährlich um 20 Mio. mehr. Das ist eines der Hauptprobleme, die zur dringenden Lösung anstehen. Zwar bemüht sich die Regierung seit 1977 mit Familienplanungsprogrammen – mal sanfter, mal ausgesprochen rabiat – um Geburtenkontrolle. Aber der erreichte Rückgang der Geburtenrate (jetzt bei knapp 2,2 %) wird noch vom Rückgang der Sterberate übertroffen. Die mittlere Lebenserwartung liegt heute bei 55 Jahren. Trotzdem sind zwei von fünf Indern unter 15 Jahre alt.

Der Gedanke der Familienplanung greift bei Gebildeten eher als beim einfachen Volk, also in den Städten mehr als auf dem Lande, wo drei Viertel der Menschen leben. Hier ist überkommenem religiösem Denken und traditioneller Heiratspolitik ebenso schwer beizukommen wie der Tatsache, daß Kinder – je mehr, desto besser, und am besten Söhne – als billige Arbeitskräfte benötigt werden und eine anders noch nicht existierende Altersversorgung ersetzen.

Die Inder bilden kein homogenes Staatsvolk: In Indien werden 14 Sprachen mit 200 Untersprachen und noch wesentlich mehr Dialekten gesprochen. Der weitaus größte Teil der Bevölkerung

Werbung für Familienplanung – und die Dorfjugend von Alampur

ist noch immer in eine außergewöhnlich stabile Gesellschaftsordnung, das Kastensystem (s. S. 36 f.), eingebunden, aus dem sich in den Großstädten eine aufgeklärte Industriegesellschaft emanzipiert, der aber am anderen Ende das Elendsheer der Harijans, der Kastenlosen, und nicht weniger als 60 Mio. Menschen, die noch in Stammesverbänden leben, gegenüber stehen. Die Regierungsstatistik klassifiziert einen Anteil von über 20 % der Gesamtbevölkerung als ›Scheduled Castes and Tribes‹, benachteiligte Gruppen, deren Stellung durch Schutzbestimmungen, Quotenregelungen (Schulen, Universitäten, Staatsdienst) und Förderprogramme verbessert werden soll.

Neben einer kleinen reichen Oberschicht und ca. 100 Mio. Menschen, die

strienationen. Es ist Atommacht, schickt mit eigenen Raketen Satelliten ins All, produziert vom Plastikeimer bis zu Autos, Schiffen und Flugzeugen alles selbst und exportiert komplette Industrieanlagen in die Nachbarländer. Die Konflikte mit China und Pakistan implizierten größere Rüstungsanstrengungen und ließen Indien zu einem führenden Hersteller und Exporteur von Kriegsmaterial werden.

Der Staat machte gewaltige Anstrengungen, wirtschaftliche Abhängigkeiten zu vermeiden, und strebte eine gewisse Autarkie an. Importe wurden auf das Nötigste beschränkt und ausländische Investitionen begrenzt und unter Kontrolle gehalten. Diese Strategie führte langsam, aber stetig zum Erfolg: Indien schuf seiner Wirtschaft eine solide Grundlage und vermied die hohe Verschuldung anderer Entwicklungsländer. Man ist jetzt dabei, die Nachteile dieser Politik – ein Zurückbleiben gegenüber dem technologischen Fortschritt – durch eine vorsichtige Öffnung auszugleichen und aufzuholen.

Die Industrieproduktion trägt ca. 25 % zum Sozialprodukt Indiens bei, Dienstleistungen um 40 % und die Landwirtschaft nur ca. 35 %, obwohl 75–80 % der Menschen auf irgendeine Weise in der Landwirtschaft beschäftigt sind. Die wachsenden Bevölkerungszahlen und durch Naturkatastrophen wie Überschwemmungen und Ausbleiben des Monsuns hervorgerufene Notsituationen mußten auch auf diesem Gebiet zu verstärkten Bemühungen um Verbesserungen führen. Die ›Grüne Revolution‹ wurde propagiert und erbrachte auch beachtliche Fortschritte.

Durch Entwicklung und Einsatz neuer, ertragreicherer Getreidesorten und finanzielle Unterstützung der Mechani-

zum Mittelstand zu zählen sind, lebt knapp die Hälfte der Bevölkerung am oder unter dem Existenzminimum, das regierungsamtlich bei umgerechnet DM 1,20 pro Tag fixiert wird. Der gesetzliche Mindestlohn pro Monat beträgt Rs. 300/–, aber 40 % der Bevölkerung sind unterbeschäftigt oder arbeitslos.

Wirtschaft

Bei der Betrachtung der indischen Wirtschaft stößt man auf erstaunliche Widersprüche. Das Land gilt einerseits als Entwicklungsland, seine Armut ist sprichwörtlich. Das jährliche Pro-Kopf-Einkommen beträgt 240 US-$. Andererseits zählt Indien zu den zehn größten Indu-

Bearbeitung von Gußstücken in einer Gießerei, Pune

sierung konnten die Hektarerträge z. T. dramatisch erhöht werden. Der Staat förderte außerdem die Anlage von Reserven aus Überschüssen und verbesserte dafür die Lagerkapazitäten. Die Erfolge wurden jedoch hauptsächlich mit den großen landwirtschaftlichen Betrieben erzielt. Jetzt stagniert die Entwicklung, weil die Masse der Kleinbauern nicht die Möglichkeiten hat, hier mitzuziehen. Sie bewirtschaften meist extrem kleine Flächen, die kaum die Familien ernähren, so daß in vielen Fällen die Frauen auch noch die Aufgabe übernehmen müssen, das Land zu bestellen, während die Männer versuchen, in der Industrie dazuzuverdienen.

In manchen Gebieten sind zudem die landwirtschaftlichen Nutzflächen in zunehmendem Maße durch Erschöpfung der Böden, Erosion und Versalzung gefährdet: Erschöpfung durch übertriebene Nutzung, Erosion durch die fortschreitende Abholzung der letzten Waldbestände und Versalzung durch Fehler bei der künstlichen Bewässerung bzw. mangelnder Entwässerung. Die forcierte Nutzbarmachung der enormen Reserven an Wasser und Wasserkraft für die Gewinnung von landwirtschaftlichen Nutzflächen und Energie gerät in wachsendem Maße ins Kreuzfeuer der Kritik. Irreparable Schäden für die Umwelt treten immer deutlicher zutage.

Bei dem bislang ehrgeizigsten Projekt soll der Fluß Narmada im Süden von Madhya Pradesh durch einen gewaltigen Hauptdamm und 35 weitere Sperrwerke gestaut und genutzt werden. Das Ziel sind 5 Mio. Hektar bewässertes Land und 2700 Megawatt elektrischer Strom – in 50 Jahren. Zunächst einmal würden dem Eingriff 350 000 Hektar Wald und 200 000 Hektar landwirtschaftliche Nutzfläche zum Opfer fallen. Ca. 1 Mio. Menschen, vielfach noch in Stammesverbänden lebende Ureinwohner, müßten umgesiedelt werden.

Die Bundesstaaten: Entstehung, Bevölkerung, Wirtschaft

Die Staaten Süd-Indiens erhielten ihre jetzige Form und Ausdehnung erst im unabhängigen Indien, hauptsächlich unter Berücksichtigung ethnischer, sprachlicher und kultureller Gesichtspunkte.

Maharashtra

Maharashtra, das Land der Marathen, war nach Erlangung der Unabhängigkeit ein Teil des Großstaates Bombay. Erst 1960 wurde dieser nach sprachlichen Gesichtspunkten aufgeteilt, so daß die Staaten Gujarat und Maharashtra entstanden.

Maharashtra ist mit 307 690 km² ein riesiger Flächenstaat von überwiegend landwirtschaftlicher Bedeutung. Die ausgedehnten Ebenen im Nordosten gehören zu den wichtigsten Baumwollanbaugebieten Indiens. Darüber hinaus kultiviert man Getreide wie Millet (Hirse), Weizen und Reis sowie Ölfrüchte, Tabak und Zuckerrohr. Um Nagpur herum gedeihen die besten Orangen des Landes. Für den Bergbau sind Bauxitvorkommen, Eisen und Kohle von Bedeutung.

Maharashtra ist aber auch einer der führenden Industriestaaten des Landes. In und um Bombay und Pune konzentrieren sich Industrie und Bevölkerung: Von den über 62 Mio. Bewohnern des Staates Maharashtra zählt man 10 Mio. allein in Groß-Bombay.

Karnataka

Karnataka, aus dem Fürstenstaat Mysore hervorgegangen, wurde zusammen mit weiteren kanaresischsprachigen Gebieten 1956 zum Bundesland Mysore. 1972 beschloß das Parlament den neuen Namen für den Staat: Karnataka, d. h. ›Land der Kannada sprechenden Menschen‹. Das Staatsgebiet umfaßt 192 000 km² und wird von 37 Mio. Menschen bewohnt. Die weit überwiegende Mehrheit lebt – wie überall in Indien – in Dörfern und von der Landwirtschaft. In den Ebenen des Ostens werden auch hier Getreide, Baumwolle, Öl- und Hülsenfrüchte, Zuckerrohr und Tabak angebaut. Im Westen, entlang der Ghats, wird in ausgedehnten Wäldern Forstwirtschaft betrieben, an der langen Küste gedeihen Areca-, Cashew- und Kokosnüsse. Im Süden wachsen Kaffee und Gewürze.

Die bekanntesten Bergwerke des Landes, die Goldminen, liegen im Kolar-Distrikt. Die wichtigsten Industriezweige sind Flugzeugbau, Papier- und Textilindustrie sowie die Produktion von Pharmazeutika, Uhren und Zement. Die Hauptstadt Bangalore hat 3,5 Mio. Einwohner und gilt zu Recht als eine der schönsten modernen Städte Indiens.

Andhra Pradesh

Andhra Pradesh darf als besonders signifikantes Beispiel für die Entwicklung der Bundesstaaten gelten. Bestrebungen, den telugusprachigen nördlichen Teil der ehemalig direkt von den Briten regierten ›Madras Presidency‹ mit den übrigen telugusprachigen Gebieten zu einer Provinz zu vereinigen, gab es schon seit Anfang unseres Jahrhunderts. 1953 konnte ein Teil des Planes verwirklicht werden. Elf Distrikte im Südwesten des heutigen Staates und entlang der Küste sowie einige kleinere Gebiete im Grenzbereich zu Karnataka wurden zu einer Provinz zusammengeschlossen: Andhra Pradesh, d. h. ›Land der Andhra‹, nach alten Quellen der Name des Volkes, welches diese Gebiete ursprünglich bewohnte. 1956 wurde dem neuen Staat dann auch Telengana, das vormalige Herrschaftsgebiet des Nizams von Hyderabad, angegliedert. 1960 erhielt der Staat mit einem kleinen Gebietsaustausch zwischen Madras und Andhra Pradesh seine heutige Form.

Andhra Pradesh, mit 277 000 km² der zweitgrößte Staat unseres Reisegebietes, hat 53 Mio. Bewohner, wobei sich die Bevölkerung in den fruchtbaren Küsten- und den weiten Schwemmlandebenen der Flußmündungen konzentriert, während die kargen Granitlandschaften hinter den Östlichen Ghats relativ dünn besiedelt sind. Wo Landwirtschaft möglich ist, liefert das Hochland in bescheidenem Umfang die gleichen Produkte wie die vergleichbaren Dekhan-Gebiete Karnatakas, während in den küstennahen Gebieten alles im Überfluß gedeiht: Reis, Zuckerrohr, Bananen, Palmenprodukte, Tabak und Mais. Im Gebiet um Guntur floriert die Viehzucht.

Von den reichen Mineralienvorkommen des Landes baut man Asbest, Glimmer, Graphit und Mangan ab. Vor der Küste wird unter Schwierigkeiten die Erdölgewinnung vorangetrieben. Die wenige Industrie konzentriert sich um den Hafen Vishakhapatnam. Hyderabad ist mit 3,3 Mio. Einwohnern die Hauptstadt des Bundesstaates und die sechstgrößte Stadt der Indischen Union. Die bedeutende islamische Minderheit Hy-

derabads spricht Urdu, eine dem Hindi verwandte, mit arabischen Lettern geschriebene Sprache.

Tamil Nadu

Tamil Nadu, das ›Land der Tamilen‹, heißt so seit 1969. Bis zu diesem Zeitpunkt gab die Hauptstadt Madras dem Bundesland ihren Namen. Tamil Nadu ist das Kerngebiet der kolonialen ›Madras Presidency‹, zu der damals auch die südlichen Teile Andhra Pradeshs und Karnatakas sowie das gesamte Kerala gehörten.

Die Landessprache Tamil ist die Urform der Dravida-Sprachen, und die Tamilen rühmen sich einer großen, alten Kulturtradition. Begünstigt von langen Zeiten friedlicher Entwicklung unter mächtigen Herrscherhäusern und von islamischen Invasionen erst spät und nur sporadisch beeinträchtigt, bildete sich auf der Grundlage großer literarischer, architektonischer und künstlerischer Leistungen sowie wirtschaftlicher Erfolge ein starkes Selbstwert- und Zusammengehörigkeitsgefühl unter den Tamilen heraus, was sie mißtrauisch und abweisend auf die ›nationalen‹ Bestrebungen aus dem fernen Delhi reagieren läßt.

Knapp 50 Mio. Menschen bewohnen ein Staatsgebiet von ca. 136 000 km². Entsprechend der Vielfalt der Landschaftsformen – von den oft vom Monsun benachteiligten Trockengebieten im Südosten über die fruchtbaren Kulturlandschaften um die großen Flüsse bis zu den Hochlagen und Hängen der Nilgiri- und Kardamom-Berge – erbringt die Landwirtschaft eine breite Skala von Produkten: Hirse, Öl- und Hülsenfrüchte, Baumwolle, Zuckerrohr, Kokosprodukte und Reis sowie Kautschuk,

Gewürze, Kaffee und Tee. Die Hochsee- und die Küstenfischerei bilden wichtige Wirtschaftszweige.

Die Industrie hat sich seit der Unabhängigkeit rasant entwickelt. In und um Madras konzentrieren sich die Petrochemie und pharmazeutische Industrie. Hier werden LKWs und Eisenbahnwagen gebaut – und Filme gedreht, ein nicht unwichtiger Wirtschaftsfaktor. Dazu kommen Stahlerzeugung, Maschinenbau und Textilindustrie sowie Lederverarbeitung und -export, worin Tamil Nadu in Indien führend ist.

Kerala

Mit einem Staatsgebiet von 38 340 km² ist Kerala der kleinste der südindischen Staaten, mit 26 Mio. Einwohnern jedoch der am dichtesten besiedelte Gesamtindiens. Er wurde 1956 durch Zusammenfassung aller malayalamsprachigen Gebiete geschaffen: der Fürstentümer Travancore und Cochin und des Distrikts Malabar, die unter den Briten zu Madras gehörten, sowie eines kleinen Teils von Südkarnataka. Die Landessprache Malayalam hat sich erst im 12. Jh. aus Tamil und lokalen Dialekten entwickelt.

Kerala, das sich über 555 km entlang der Malabar-Küste erstreckt, an seiner breitesten Stelle jedoch nur eine Ausdehnung von 120 km erreicht, ist ein tropisches, überaus fruchtbares Land. Die von Kokospalmen beherrschten Küstenebenen ebenso wie die sich landeinwärts anschließenden, z. T. noch dicht bewaldeten Hügel und Berge der Westlichen Ghats, der Anaimalai- und Kardamom-Berge werden intensiv genutzt und liefern eine Vielzahl tropischer Produkte: Areca-, Kokos- und Cashewnüsse, Reis, Kardamom, Pfeffer und andere Gewür-

ze, Kautschuk, Tee und Hölzer. Schon aus der Länge der Küste ergibt sich die Bedeutung von Fischfang und -verarbeitung.

Die Industrie dagegen ist noch unterentwickelt und besteht überwiegend aus Kleinbetrieben, die u. a. die landwirtschaftlichen Produkte des Landes weiterverarbeiten. So hat das Land trotz eindeutiger Begünstigung durch die Natur wegen der bedrohlichen Überbevölkerung besonders der küstennahen Gebiete Probleme, seine Menschen zu ernähren: Ungefähr die Hälfte der benötigten Lebensmittel muß eingeführt werden. Eine spürbare Entspannung der Lage bewirken die beträchtlichen Überweisungen durch die zahlreichen indischen Gastarbeiter von jenseits des Arabischen Meers.

Goa

Goa ist das größte von drei Gebieten, die unter dem Namen ›Goa, Daman und Diu‹ gemeinsam als ›Union Territory‹ direkt der Zentralregierung unterstehen. Es waren die letzten drei von Ausländern beherrschten Gebiete in Indien gewesen, bevor Nehru 1961 die Portugiesen durch die Armee vertreiben ließ. Daman und Diu liegen an der Küste Gujarats, Goa, 593 km südlich von Bombay, wird begrenzt von den Staaten Maharashtra und Karnataka sowie vom Meer. Auf 3814 km² leben 9 Mio. Menschen, die Konkani und Marathi, die Älteren auch noch Portugiesisch, sprechen. Die Landwirtschaft liefert die typischen Produkte der tropischen Küste. Die Industrie konzentriert sich um die Stadt Vasco da Gama. Goa ist eine der wenigen Regionen in Indien, wo der Tourismus eine wirtschaftliche Bedeutung hat.

Pondicherry

Das Unionsterritorium Pondicherry umfaßt ein wie ›ausgefranst‹ wirkendes Gebiet um die ehemalige Hauptstadt Französisch-Indiens, die Enklave Karaikal, 150 km südlich von Pondicherry, und die Enklave Yanam in der Nähe von Kakinada in Andhra Pradesh. Pondicherry umfaßt 492 km² und wird bewohnt von 604 500 Menschen, die Tamil und z. T. auch noch Französisch sprechen; es konnte sich als ehemals französisches Territorium sowohl ein besonderes Flair als auch einen exklusiven politischen Status bewahren. Angebaut werden u. a. Baumwolle, Reis und Zuckerrohr wie in den angrenzenden Gebieten Tamil Nadus. Von der wenigen Industrie verdient nur die Schnapsherstellung Erwähnung.

Religion und Gesellschaft

Vielfalt, Bedeutung und Verbreitung der Religionen

Die ureigene Religion Indiens ist der *Hinduismus,* die Religion der Hindus, der Bewohner Hindustans, wie seine westlichen Nachbarn Indien nannten. Hindu leitet sich her von Indus, der Lebensader des frühen Indien. Der Hinduismus ist das Ergebnis einer jahrtausendelangen Entwicklung, der Verschmelzung unterschiedlicher Glaubensinhalte und Kulte und der Integration fremder Götter und neuer Aspekte bis heute – eine Art ›Sammelreligion‹. Gleichzeitig beinhaltet er eine Lebensform und Gesellschaftsordnung, in der jeder von Geburt an seinen Platz hat. Die Hindus stellen heute ca. 85 % der Bevölkerung der Indischen Union.

Aus dem Hinduismus heraus entstanden im sechsten vorchristlichen Jahrhundert als Reform- und Stifterreligionen *Buddhismus* und *Jainismus.*

Der *Islam* kam zuerst friedlich mit arabischen Kaufleuten übers Meer an die südindischen Küsten. Im Jahre 711 erreichte der junge Omayyaden-General Muhammad ibn al-Qasim mit seinem Heer Sind im heutigen Pakistan und etablierte die junge Religion auf indischem Boden; ab dem 11. Jh. brachen immer wieder islamische Eroberer von Nordwesten über Indien herein. Jahrhundertelang beherrschten und prägten Moslems weite Teile Nord-Indiens und des Dekhan. Der Islam faßte Fuß in der Bevölkerung – unter dem Druck fanatischer Herrscher, aber auch wegen seiner Einfachheit und dem Grundsatz der Gleichheit aller vor Gott. 1947 mit Erreichen der Unabhängigkeit wurde Indien entsprechend der jeweiligen Bevölkerungsmehrheit in den Provinzen und Fürstenstaaten in einen islamischen Staat Pakistan mit heute über 86 % Moslems und die Indische Union aufgeteilt; hier beträgt der Moslem-Anteil der Bevölkerung 11 %. Im 15. Jh. führten Bemühungen um einen Ausgleich zwischen Islam und Hinduismus zur Gründung der Religionsgemeinschaft der *Sikhs.*

Das *Christentum* kam ebenfalls in mehreren Wellen nach Indien. In den frühen Jahrhunderten nach Christus verbreiteten christliche Flüchtlinge aus dem Nahen Osten ihren jungen Glauben im äußersten Süden Indiens. Ein Teil der indischen Christen beruft sich auf den Apostel Thomas, der der Legende nach im Jahre 52 in Cranganore landete. Im 5. und 6. Jh. folgten nestorianische Christen, die in ihrer Heimat Syrien nach dem Konzil von Ephesos (431) als Ketzer verfolgt wurden. Vom Ende des 15. Jh.

an wurde dann der Katholizismus im Gefolge ebenso mutiger wie beutelüsterner portugiesischer Seefahrer und Eroberer an die Küsten Süd-Indiens getragen. 1542 begann Franziskus Xaver, in Goa zu missionieren (s. S. 167).

Im 17. Jh. faßte mit den Holländern der Protestantismus Fuß in Süd-Indien. Zu Zeiten des ›Raj‹, der britischen Kolonialzeit, wurde von verschiedenen Kirchen besonders unter der Urbevölkerung eifrig missioniert. 1947 schlossen sich die Holländisch-Reformierten, die Baptisten, die Anglikaner, die Kongregationalisten, die Methodisten und die Presbyterianer zur ›Kirche Süd-Indiens‹ (Church of South India) zusammen. Diese, die syrischen Kirchen und die Katholiken sind die wichtigsten christlichen Gemeinschaften in Indien. Die Christen machen 2,36 % der Gesamtbevölkerung des Staates aus.

Kleinere Religionsgemeinschaften spielen eine eher untergeordnete Rolle oder sind nur von lokaler Bedeutung. So kamen schon im 8. Jh., als der Islam Persien eroberte, Anhänger der altpersischen ›Feuerreligion‹, des Zoroastrismus, als Flüchtlinge nach Indien und siedelten in Gujarat. Heute stellen die *Parsen* in Bombay einen kleinen, aber noblen Teil der Gesellschaft von nicht geringer wirtschaftlicher Bedeutung. Es gibt ca. 80 000 Parsen in Indien. In Cochin existierte bis 1948, als der größte Teil ihrer Mitglieder nach der Gründung des Staates Israel dorthin heimkehrte, eine bemerkenswerte *jüdische Gemeinde*. In ihren wenigen Rückzugsgebieten an den Dschungelhängen der südindischen Gebirge praktizieren einige Gruppen von Ureinwohnern, soweit sie nicht christianisiert oder vom Hinduismus ›eingemeindet‹ wurden, ihre alten *Stammesreligionen*.

Süd-Indien, besonders das ländliche, ist überwiegend hinduistisch geprägt. Die Moslems haben ihre Hochburgen in den großen Städten des Dekhan, vor allem in den ehemaligen Residenzstädten der Sultanate und entlang der Küste des nördlichen Kerala, wo die strenggläubigen Moplas, die Nachfahren der arabischen Kaufleute, leben. Die Jainas findet man hauptsächlich in den Städten Maharashtras und Karnatakas und um ihre religiösen Zentren Sravana Belgola und Mudabidri. Die Christen konzentrieren sich in Goa und im mittleren Kerala und verteilen sich darüber hinaus über ganz Tamil Nadu. In einigen ›Hill Stations‹ Süd-Indiens wie Kodaikanal häufen sich die Kirchen regelrecht, denn hier befanden sich einst die Sommerhauptquartiere der verschiedenen Missionskirchen. Die Sikhs, auch hier im Süden oft dominierend in bestimmten Berufen wie Fern- und Taxifahrer, Handwerker und Kleinunternehmer der Kfz- und Metallbranche und Kaufleute, haben ihre großen Zentren jedoch in Nord-Indien.

Das labile Gleichgewicht

Im großen und ganzen leben die Menschen in Süd-Indien friedlich miteinander. Man hat sich aufeinander eingestellt und beachtet genau die erprobten Regeln des Zusammenlebens. Die Feste der einzelnen Gemeinschaften werden meist von allen gefeiert. Noch weitergehende Anpassungen sind z. B. die Herausbildung einer Art von Kasten bei Christen und Moslems in überwiegend hinduistisch geprägten Gemeinwesen.

Trotzdem kommt es, oft wie aus heiterem Himmel, immer wieder zu Zusammenstößen. Der Anlaß steht größtenteils in keinem Verhältnis zum Ausmaß der

Gewalttätigkeiten und Zerstörungen. So brannte vor einigen Jahren der Basar von Nagpur ab, und es gab 40 Tote, nur weil eine herumstreunende – den Hindus heilige – Kuh ihren Kopf in den Laden eines Moslem-Bäckers steckte und dieser verärgert mit einem Messer nach ihr stieß.

Bedenklich wird es, wenn machthungrige Politiker die Rivalitäten der Religionsgemeinschaften für sich zu nutzen suchen. Die Ereignisse der letzten Jahre in Hyderabad, wo aufgeputschte radikale Gruppen von Hindus und Moslems die jeweils andersgläubigen Minderheiten in den Wohngebieten terrorisierten und religiöse Umzüge regelmäßig zu Straßenschlachten ausarteten, illustrieren drastisch, zu welchem Ausmaß an Verbohrtheit und Fanatismus, an Gewalt und Gegengewalt die leichtfertige Verletzung des labilen Gleichgewichts zwischen den religiösen Gruppen führen kann.

Die Frühzeit:
Vedismus und Brahmanismus

In der Zeit um 1500 v. Chr. begannen die *Aryas* (Arier), hellhäutige Hirtenkrieger aus den zentralasiatischen Steppen, in die fruchtbaren Ebenen Nordwestindiens einzudringen. Die hochentwickelte ›Industal-Kultur‹, bereits im Niedergang begriffen, wurde endgültig zerstört. Die Menschen, auf die man traf, dunkelhäutige *Dravidas,* lebten vom Ackerbau und verehrten Fruchtbarkeitsgottheiten.

Im Gegensatz dazu huldigten die bis dahin nomadisierenden Eroberer Himmels- und Naturgöttern, d. h. vergöttlichten Naturgewalten und -erscheinungen. An ihren Kultplätzen unter freiem Himmel brannte das Opferfeuer; die Priester verkehrten mit den Göttern durch Orakel und Zauber. Später – bis ca. 800 v. Chr. – wurden die göttlichen Offenbarungen in den vier Büchern des *Veda* (Heiliges ›Wissen‹) in Sanskrit niedergeschrieben. Als Sammlung philosophischer Abhandlungen und Spekulationen zu den Veden entstanden die *Upanischaden* (Geheimlehre).

Hier begegnen wir erstmalig den Grundvorstellungen aller indischer Religiosität, der Lehre vom Kreislauf der Wiedergeburten: Die Einzelseele gilt als unsterblich, aber sie ist dem ewigen Gesetz der Vergeltung unterworfen. Gute und böse Taten bewirken ihre immer wieder neue Bindung an die vergänglichen Körper von Göttern, Menschen und Tieren, ja sogar Pflanzen. Nur das Erfassen der höchsten Wahrheit, daß nämlich alles Vergängliche der Seele fremd und sie eins sei mit dem ewigen Weltgeist, kann den Menschen befreien. Dann wird er nicht wiedergeboren und seine Seele geht ein ins Absolute, ins Brahma.

Einer der großen Götter der Frühzeit war *Varuna*. Später stieg *Indra,* der Gott des Gewittersturms, zur höchsten Gottheit auf und besiegte jedes Jahr aufs neue den Dämon der Dürre. Von Wichtigkeit im vedischen Götterhimmel waren außerdem *Agni,* der Gott des Feuers, *Surya,* der Sonnengott, *Vayu,* der Windgott, und *Soma,* die Personifizierung des berauschenden ›Göttertranks‹, der beim Opfer eine wichtige Rolle spielte. Die vedischen Götter verloren später an Bedeutung und wurden den acht Himmelsrichtungen zugeordnet (die acht Dikpalas). Gottheiten geringerer Bedeutung waren *Rudra* und *Vishnu.* Ihre große Zeit sollte erst viel später kommen.

Die Aryas zogen weiter ostwärts und gründeten in der Ganges-Ebene Königreiche. In der vaterrechtlich organisier-

Brahmanen am Opferfeuer, Ketapai Narayana-Devasthana, Bhatkal

ten Gesellschaft hatte sich das Kastensystem in Form der vier Hauptkasten oder Stände (*Varna* = Farbe) etabliert. Den drei oberen Ständen, den ›Zweimalgeborenen‹ – *Brahmanen* (Priester), *Kshatriyas* (Krieger) und *Vaishyas* (Handwerker, Kaufleute, Bauern) – haben die *Shudras* zu dienen. Letzteren bleiben auch die ›Heiligen Bücher‹ verschlossen, deren Studium den anderen Pflicht ist und in denen diese Ordnung als göttliche Offenbarung festgeschrieben steht. Die Massen der Ureinwohner standen außerhalb, d. h. unterhalb dieser Hierarchie.

Die Brahmanen gewannen im Laufe der Zeit noch an Macht, denn sie besaßen durch das Opfermonopol alleinigen Zugang zu den Göttern. In den *Brahmanas* – Texten, die ebenfalls als göttliche Offenbarungen gelten – wurden die Opferrituale beschrieben und weiter aufgewer-

tet. Das Opfer geriet immer mehr zum Selbstzweck. Von den Priestern zelebriert, zwang es die Götter in die Rolle bloßer Vollstrecker des magischen Weltgesetzes. Als Reaktion auf die Institutionalisierung von Opfer, Göttern und Lehre in dieser Epoche des sog. Brahmanismus (ca. 900–400 v. Chr.) enstanden Buddhismus und Jainismus.

Der Buddhismus

Der Buddhismus, heute eine der großen Weltreligionen, geht zurück auf *Siddhartha Gautama,* geboren um 563 v. Chr. als Sohn eines Fürsten am Fuße des Himalaya. Begegnungen mit dem Leid der Welt veranlaßten ihn, mit 29 Jahren Frau, Kind und Palast zu verlassen und sich jahrelanger Askese zu unterziehen; er mußte jedoch erkennen, daß ihn dies nicht weiterbrachte. In Bodh Gaya, unter einem Feigenbaum meditierend, erlangte er die Erleuchtung und wurde zu einem ›Erwachten‹, einem Buddha. 483 v. Chr. ging er der Legende zufolge ins Nirvana ein.

In den Augen Buddhas existierte kein großer Gott oder Weltenlenker. Das ewige Weltgesetz bewegt den Kosmos, und der Mensch befindet sich in einem leidvollen Kreislauf von Geburt, Tod und Wiedergeburt. Seine guten oder schlechten Taten in diesem Leben bestimmen die Bedingungen des nächsten. Das Ausscheiden aus diesem Kreislauf, der Stillstand des Rades der Wiedergeburten, das Eingehen ins Nirvana, ist das Ziel.

Diese älteste Form des Buddhismus nennt man *Hinayana* (kleines Fahrzeug); sie wird in modifizierter Form noch heute in Sri Lanka, Thailand und Burma praktiziert.

Eine entscheidende Wandlung des Buddhismus setzte in den ersten Jahrhunderten unserer Zeitrechnung ein. Das Ideal des egozentrischen Einsiedlers wandelte sich zu dem des *Bodhisattva:* Dieses ›Erleuchtungswesen‹ hat die Buddhaschaft erreicht, verzichtet aber auf das Eingehen ins Nirvana, um anderen Lebewesen den Weg aus dem leidvollen Kreislauf zu weisen.

Dieser *Mahayana*-Buddhismus (großes Fahrzeug) verbreitete sich schnell in Indien, über Zentralasien bis nach China und später von dort nach Japan. Der historische Buddha war längst selbst zum Objekt religiöser Anbetung avanciert. Er sowie die zahlreichen anderen Buddhas, z. B. Maitreya, der ›messianische‹ Buddha der Zukunft, und die Bodhisattvas wurden in menschlicher Gestalt dargestellt und verehrt.

Parallel zum Mahayana entwickelte sich unter dem Einfluß des Tantrismus ein dritter Erlösungsweg: das *Tantrayana* (Fahrzeug der Tantra-Texte), woraus wiederum das *Vajrayana* (der Diamantweg) hervorging. Unter dem Einfluß des Tantrismus (s. S. 33) wurden weibliche Gottheiten ins Pantheon aufgenommen, hinduistische Götter assimiliert und die Zahl der Buddhas noch weiter erhöht.

Die Lehren des Buddha wurden nach dessen Tod im engeren Umfeld seines Wirkens in Mönchsorden gelebt und weitergegeben. Erst zwei Jahrhunderte später, als sich der große Maurya-Kaiser Ashoka (ca. 272–231 v. Chr.), der aus dieser Landschaft Magadha, dem heutigen Bihar, stammte, bekehrte und den Buddhismus zur Staatsreligion seines Imperiums machte, wurde diese über fast ganz Indien verbreitet. Der Buddhismus hielt sich in Indien über Jahrhunderte, wenn auch im Süden immer neben anderen Religionen. In Süd-Indien waren Amaravati, Nagarjunakonda und, ganz im Süden, Nagapattinam Zentren buddhistischer Kunst. Ihre Zeugnisse sind heute allerdings hauptsächlich in Museen zu bewundern: vor Ort, in Madras und in den großen Museen der Welt.

Der Jainismus

Der Jainismus in seiner heutigen Form fußt auf den Lehren des *Vardhamana Mahavira*, eines Zeitgenossen Gautama Buddhas. Der Legende nach wurde er von einer Brahmanen-Frau empfangen, dann aber als Embryo von Indra in den Leib der Fürstin Trishala übertragen, nach vielen glückverheißenden Träumen betreffs seiner künftigen Größe geboren und von Indra den Menschen vorgestellt.

Ob seiner erstaunlichen Kräfte nannte man ihn später Mahavira, ›großer Held‹. Mit 30 Jahren, nach dem Fastentod seiner Eltern, schloß er sich einer Asketengemeinschaft an und unterzog sich als nackter Bettelmönch strengsten Kasteiungen. Mit 42 Jahren erlangte er die Erleuchtung, zog danach predigend durchs Land, gewann Fürsten für seine Lehre, gründete Gemeinden und reformierte die Ordensregeln der alten Asketengemeinschaften. Mit 72 Jahren beschloß er, das Atmen aufzugeben.

Die reichlich pessimistischen und kompromißlosen Lehren des Mahavira wurden erst lange nach seinem Tode niedergeschrieben. Ihr Ziel ist, wie auch bei den anderen indischen Religionen, das Ausscheiden aus dem endlosen Kreislauf der Wiedergeburten, denn Leben bedeutet nach der Lehre Mahaviras Leiden ohne Sinn. In der Vorstellungswelt der Jainas gibt es zwei vollkommen gegensätzliche Grundelemente: *Jiva*, das Geistige, die immateriellen Seelen, und *Ajiva*, das Ungeistige, Stoffliche, wozu u. a. fast alles irdische Tun des Menschen zählt. Die Vollkommenheit der Seele wird durch das Ajiva beeinträchtigt, der Wiederherstellung ihrer Reinheit muß alles Streben gelten. Ist am Ende des Lebens die Seele wieder makellos, kann sie ins Nirvana eingehen.

Dies gelang bisher allerdings nur den *Tirthankaras* (Furtbereitern, s. u.) und wenigen anderen Heiligen. Der gewöhnliche Gläubige erreicht gemeinhin durch Selbstdisziplin, Askese, Meditation, Befolgung der strengen Regeln und gute Taten nur den Einzug in den Himmel auf Zeit; entsprechend werden Seelen für ihren schlechten Lebenswandel in der Hölle geqält. Danach erfolgt unweigerlich eine Wiedergeburt als niederes oder höheres Lebewesen, je nach Karma.

Das unvergängliche und nicht von einer Gottheit geschaffene Universum unterliegt ewigen Gesetzen und ist unvergänglich. Wie im Hinduismus folgen guten Zeiten solche des Niedergangs. Jedes dieser Weltzeitalter hatte und hat Verkünder der rechten Lehre. Die Jainas verehren die 24 Heiligen des gegenwärtigen, als reichlich miserabel bewerteten Zeitalters als höchste Autoritäten und nennen sie Tirthankaras (›die, die eine Furt durch den Strom der Wiedergeburten gefunden haben‹) oder Jinas (Sieger), wovon sich der Name Jainismus ableitet. Der erste Tirthankara, Rishabhanatha, lebte der Legende nach in grauer Vorzeit, der bisher letzte war Mahavira. Nummer 23, Parshvanatha, zog wahrscheinlich im sechsten vorchristlichen Jahrhundert als Asket predigend durch Nord-Indien.

In der Glaubenswelt der Jainas existieren auch Götter, die aber nicht unsterblich sind und meist als untergeordnete Vertreter und Helfer der Tirthankaras fungieren. Bemerkenswerterweise werden die Kulthandlungen in den Tempeln gegen Bezahlung von Brahmanen, also Hindus, ausgeführt.

Die Gemeinschaft der Jainas zerfällt in viele Untergruppen ohne ein gemeinsames Oberhaupt. Diese starke Gliederung hat auf gesellschaftlicher Ebene zur Bildung von Heiratsgruppen geführt, einer Art von Kasten, obwohl die Jainas ursprünglich das Kastenwesen ablehnten. Die beiden Hauptrichtungen, die sich schon früh herausbildeten, gruppieren sich um und nennen sich nach ihren Mönchsgemeinschaften. Bei den *Shvetambaras* (›Weißgekleidete‹) tragen die Mönche weiße Tücher als Kleidung, während die *Digambaras* (›Luftgekleidete‹) nackt gehen. In Süd-Indien haben wir es hauptsächlich mit letzteren zu tun.

Digambara- und Shvetambara-Mönche, Sravana Belgola

Das oberste ethische Gebot der Jainas besteht darin, kein Lebewesen zu töten, was tiefgreifende Auswirkungen auf Lebensweise und Berufswahl hat. So sind alle Jainas strenge Vegetarier. Die Räume werden häufig gefegt und Insekten behutsam hinausgetragen, Gemüse und Obst vorsichtig von Hand geöffnet, um vorhandene Würmchen zu retten. Gemüse, die unter der Erde wachsen, meidet man ganz, um bei der Ernte kein Lebewesen zu gefährden. Strenggläubige essen aus diesem Grund viel Dörrgemüse. Und da Insekten ins Licht fliegen, wird nach Anbruch der Dunkelheit kein Feuer entzündet... Ein Jaina kann unmöglich Bauer, Schmied oder Dachdecker sein, wohl aber Kaufmann, Bankangestellter oder Juwelier. Der vorgeschriebene bedürfnislose Lebenswandel

läßt dabei so manchen ein großes Vermögen ansammeln.

Viele Fürsten und Könige, angefangen beim großen Chandragupta Maurya, waren den Jainas wohlgesonnen, und ihre Lehre fand große Verbreitung bis weit nach Süd-Indien. Staatsreligion wurde sie jedoch nie. Andererseits waren die Jainas oft heftiger Verfolgung ausgesetzt, so von seiten der Shivaiten zur Zeit der Chola-Herrscher. Anders als der Buddhismus ließ sich der Jainismus in Indien jedoch nie völlig ausrotten, verbreitete sich allerdings auch nicht über seine Grenzen hinaus.

Die Jainas leben heute vorwiegend in den Städten West- und Zentralasiens sowie in Maharashtra und Karnataka. Sie stellen knapp 0,5 % der Bevölkerung der Indischen Union. Meisterwerke jainistischer Kunst findet man in Süd-Indien neben den Höhlentempeln von Ellora bei den Stätten der Frühen Westlichen Chalukyas: Badami, Aihole und Pattadakal sowie in Sravana Belgola, Mudabidri, Velor und Kankal im Süden von Karnataka, wo sich auch wichtige Zentren des heute praktizierten Glaubens befinden.

Der Hinduismus

Um die Zeitenwende begannen die alten Glaubensformen der Urbevölkerung, Schamanismus, Animismus und verschiedene Fruchtbarkeitskulte, langsam mit der Opferreligion der herrschenden Schichten zu verschmelzen. Yoga, ein sowohl bestimmte Moralvorstellungen als auch geistiges Training und körperliche Übungen umfassendes Schulungssystem mit dem Ziel der Erleuchtung, gewann an Bedeutung. Die alten vedischen Götter waren zu Gunsten von Brahma, Vishnu und Shiva in den Hintergrund getreten. Die Heldenepen Mahabharata und Ramayana entstanden. Das Gesetzbuch des Manu und die Puranas wurden aufgeschrieben. Der Hinduismus, wie wir ihn heute kennen, nahm langsam Gestalt an.

Ab ca. 500 begann der *Tantrismus*, eine esoterische Ganzheits- und Rituallehre vorarisch-altindischen Ursprungs, die im Kult der großen Muttergöttin wurzelt, verstärkt Einfluß auf die indischen Religionen zu nehmen. Der Shaktismus, die Verehrung der weiblichen Energie einer Gottheit als höchstem Prinzip, entwickelte sich. Eine Vielzahl heiliger Schriften, die *Tantras*, legen ein komplexes Weltbild und die verschiedensten Formen des Rituals fest. *Yantras* (magische Zeichen und Diagramme),

Mantras (Sprüche und Keimsilben), Meditation, Yoga und Sexualriten wurden in den Kult übernommen, viele neue Aspekte und Erscheinungsformen der Götter bereicherten das Pantheon.

Das Lehrgebäude des modernen Hinduismus fußt in vielem auf den Upanischaden. Die unendlich vielen Götter werden als Aspekte und Erscheinungsformen der göttlichen Trias *Brahma-Vishnu-Shiva* gedeutet und diese wiederum mit dem Universalgeist, dem Brahma, identifiziert. So bekommt man von aufgeklärten Indern den Hinduismus oft als monotheistische Religion vorgestellt. Die göttliche Trias, der Brahma als Schöpfer, Vishnu als Erhalter und Shiva als Zerstörer angehören, geht einerseits auf älteste indische Vorstellungen zurück – so bildeten schon Indra, Agni und Surya eine frühe Dreiheit – und stützt andererseits die Vorstellung von Leben, Tod und Wiedergeburt als ewigem Zyklus.

Historisch gesehen bildeten sich schon früh zwei Hauptrichtungen heraus: Die Shivaiten oder *Shaivas* verehren Shiva, die Vishnuiten oder *Vaishnavas* Vishnu oder eine seiner Inkarnationen als höchste Instanz. Dazu kommen die *Shaktas*, die allen Ursprung im Weiblichen sehen und Mahadevi oder Mahalakshmi in Durga oder Kali als die große Göttin anbeten (besonders in Bengalen und Orissa).

Als um das Jahr 1000 die Moslem-Einfälle begannen und der Buddhismus langsam verlosch, bekam der Hinduismus neue Impulse. Zahlreiche Meister traten auf und gründeten neue vishnuitische, shivaitische und tantrische Sekten. Die Anhänger der unterschiedlichen Richtungen berufen sich alle auf die gleichen heiligen Bücher, so auf die Bhagavadgita, den ›Gesang des Erhabenen‹ aus

Manus Gesetzbuch. Verse aus den Büchern VIII und IX

VIII, 279. Vergreift sich ein Angehöriger der untersten Kasten mit irgend einem Gliede an einem Mitglied der (drei) höchsten Kasten, so muß ihm eben dieses Glied abgeschnitten werden; dies ist Manus Gebot. 280. Hat er die Hand oder einen Stock (gegen ihn) erhoben, so gebührt ihm Abhackung der Hand; hat er im Zorn zu einem Fußtritt ausgeholt, so gebührt ihm Abhackung des Fußes. 281. Will ein Niedriggeborener sich neben einen Hochgeborenen setzen, so soll er auf der Hüfte gebrandmarkt und verbannt werden, oder der König soll ihm das Hinterteil abschneiden lassen. 282. Speit er ihn aus Übermut an, so soll ihm der König seine beiden Lippen abschneiden lassen; pißt er ihn an, so soll er ihm das Glied, furzt er ihn an, so soll er ihm den After (abschneiden lassen).

VIII, 352. Männer, die mit fremden Frauen sträflichen Umgang pflegen, soll der Herrscher durch Schauder erregende Strafen (allen) kenntlich machen und sie aus dem Lande verbannen. 353. Denn hieraus geht in der Welt die Vermischung der Kasten hervor, durch welche zum allgemeinen Verderb das die Wurzel (des Daseins) abschneidende Laster entsteht.

VIII, 359. Wenn einer, der kein Brahmane ist, mit einer Brahmanin Unzucht begeht, so verdient er die Todesstrafe; in allen vier Kasten muß man die Frauen aufs strengste hüten.

IX, 2. Die Frauen müssen von den Männern, welchen sie untertan sind, bei Tag und bei Nacht in Unterwürfigkeit erhalten, und wenn sie sich weltlicher Lust hingeben, unter die Zucht des Mannes gebeugt werden.

IX, 18. Bei den Frauen wird keines der Sakramente unter Hersagung von heiligen Sprüchen vollzogen, so ist das Recht festgesetzt; schwach und von der Kenntnis der heiligen Sprüche (der Veden) ausgeschlossen, sind die Frauen die Falschheit selbst, dies ist die Regel.

IX, 65. Nirgends wird der Niyoga in den heiligen Hochzeitssprüchen, nirgends wird in dem Eherecht die Wiederverheiratung einer Witwe erwähnt. 66. Dieser Gebrauch wird von kundigen Zweimalgeborenen verachtet als eine nur für das Vieh passende Sitte.

IX, 80. Eine Frau, die geistige Getränke trinkt, gegen die Sitte verstößt, widerspenstig, (unheilbar) krank, boshaft oder verschwenderisch ist, darf in allen Fällen durch eine andere ersetzt werden. 81. Eine unfruchtbare Frau darf man nach acht, eine, deren Kinder gestorben sind, nach zehn, eine, die nur Mädchen zur Welt bringt, nach elf Jahren, eine zänkische aber auf der Stelle durch eine andere ersetzen. 82. Ist jedoch eine Frau zwar krank, aber freundlich und sittenstreng, so darf man sie nur mit ihrer Zustimmung durch eine andere ersetzen und ihr niemals die schuldige Achtung versagen.

dem Mahabharata (s. S. 36), oder auf die Puranas, deren Protagonisten wechselweise als die Größten verehrt werden. Der große Dichter Kalidasa z. B. besingt einmal Brahma ›als anfangslosen Urgrund und Herrscher der Welt‹, ein andermal Vishnu ›als Ursprung und Herrn des Alls‹ und an anderer Stelle Shiva als den höchsten Gott.

Das indische Pantheon gewinnt noch an Farbigkeit durch den Umstand, daß von der Hochreligion bis zum primitiven

Das Mahabharata

›Der Krieg der Großen‹, ein literarisches Werk aus 18 Büchern mit 106 000 Doppelversen, über Generationen bis zum Jahre 400 zusammengetragen, präsentiert sich uns als ein Kompendium verschiedenster Inhalte mit Mythen und Legenden, historischen und geographischen Hintergründen, Ahnenreihen, Lobeshymnen und Liebesdramen. Im Mittelpunkt des Hauptteils dieses ›Menschheitsepos‹ stehen die Auseinandersetzungen der beiden miteinander verwandten Geschlechter der *Pandavas* und *Kauravas*.

Krishna lehrt Arjuna die Bhagavadgita, Chennakeshara-Tempel, Pushpagiri

In Hastinapura, der Hauptstadt des Kuru-Landes (zwischen der Ganga und Yamuna), herrscht der Kaurava-König Dritarashtra. Seine 100 Söhne, von denen *Duryodhana* eine wichtige Rolle spielen wird, wachsen gemeinsam mit den fünf Pandava-Brüdern Yudhishtira, Bhima, Arjuna, Nakula und Sahadeva auf, nachdem deren Vater, der König Pandu, gestorben ist; gemeinsam werden sie in den Kriegskünsten ausgebildet. Die Rivalitäten beginnen, als die Pandavas ebenso wie die Kauravas die Königswürde für sich beanspruchen. Es gelingt den Kauravas schließlich, ihre Konkurrenten aus Hastinapura zu vertreiben. Die Pandava-Brüder fliehen mit ihrer Mutter Kunti in die Wälder.

Die Verkündigung eines Turniers, dessen Sieger *Draupadi,* die Tochter des Königs aus dem südlichen Pañcala, zur Frau erhalten soll, lockt neben allen Königssöhnen ebenso die fünf Pandavas herbei. *Arjuna* löst die gestellten Aufgaben, spannt den großen Bogen, trifft das in himmlischen Weiten aufgesteckte Ziel und gewinnt Draupadi, die nach einem Spruch der Kunti jedoch allen fünf Brüdern gehören soll. Sie kehren heim nach Hastinapura und können nun ihrer Forderung nach Eigenständigkeit Nachdruck verleihen. Im gegenseitigen Einvernehmen erhalten die Pandavas das unwirtliche Gebiet des Khandava-Waldes, wo sie ihre Hauptstadt Indraprashta gründen und Yudhisthira sich zum König weihen läßt.

Yudhishtira wird von Duryodhana in einem Würfelspiel herausgefordert, und der Pandava kann seiner Spielleidenschaft nicht widerstehen. Er setzt und verliert Hab und Gut, sein Königreich, seine Söhne und seine Brüder, schließlich sich selbst – und zuletzt sogar seine Frau Draupadi an die Kauravas. Verzweifelt und gedemütigt, stellt diese dennoch die verblüffende Frage, ob Yudhishtira überhaupt berechtigt war, sie zu verpfänden, da er doch bereits seine eigene Freiheit verloren habe. Ein letztes Würfelspiel treibt schließlich die Pandavas für 13 Jahre in die Verbannung. Als sie nach Ablauf dieser Frist heimkehren, stellt sich erneut die Herrschaftsfrage zwischen den Kauravas und den Pandavas, die jetzt nur noch eine Antwort kennt: Krieg!

Krishna Vasudeva, der Herrscher von Dwarka, bietet sich Arjuna als Wagenlenker an. Doch vor Ausbruch der Schlacht überkommen Arjuna Zweifel am Sinn des Krieges, und Krishna Vasudeva verkündet ihm, angesichts der sich gegenüberstehenden Heere, die *Bhagavadgita,* das Lehrgedicht über indische Philosophie und Staatslehre.

Der Krieg findet statt und währt 18 Tage. Als Sieger zwischen den beiden großen Geschlechtern gehen die Pandavas hervor, nachdem es gelungen ist, das gesamte Geschlecht der Kauravas zu vernichten. Aber auch die Helden, die fünf Pandavas, verlieren schließlich ihr Leben, und der Sohn Arjunas wird König.

Volksglauben eine Vielzahl von Ausdrucksformen des Religiösen entstanden, gar nicht zu sprechen von den vielen ›fremden‹ Göttern, die im Laufe der Zeit ›eingemeindet‹ wurden, indem man sie zu Erscheinungsformen der Hochgötter erklärte. Neben seinem persönlichen Hauptgott haben auch die anderen Götter ihren festen Platz in der Vorstellungswelt eines Hindus, entweder auch hier als Erscheinungsform des ›einen‹ Großen oder als eigenständige Instanz, deren Gunst man sich in bestimmten Lebenslagen oder für spezielle Unternehmungen zu sichern sucht.

Wiedergeburt und Kastenwesen

In Glaubensfragen besitzt der Hindu also offenbar volle Freiheit. Wichtig ist aber, daß er die Normen der Ordnung beachtet, in die er hineingestellt, d. h. hineingeboren, wird. Der *Dharma* (das Gesetz) fußt auf der ewigen Weltordnung und den Geboten Gottes. Er hält nicht nur die Ordnung des Kosmos aufrecht, er stellt auch alle Lebewesen darin auf ihren Platz und schreibt ihnen das richtige soziale und ethische Verhalten vor. Die lasche oder strenge Befolgung der zahlreichen Vorschriften wirkt sich zwangsläufig auf die Daseinsform der nächsten Wiedergeburt aus. Die Gebote für alle Lebensbereiche sind niedergelegt in den heiligen Schriften vom Veda bis zum Gesetzbuch des Manu.

Die Grundlage der Gesellschaftsordnung ist das Kastensystem. Im Laufe der Jahrhunderte haben sich die vier Hauptkasten (s. S. 29) in über 3000 Unterkasten (Jat = Geburt) geteilt; die Parias, die Unberührbaren, ihrerseits in zahlreiche Kasten gegliedert, setzen diese hierarchische Ordnung nach unten fort.

Dieses System der Trennung und Abkapselung nach außen und des Zusammenhalts und der sozialen Absicherung untereinander hat sich bis ins 19. Jh. zusehends verschärft. Gandhi forderte seine Rückführung auf die gemäßigte Form der Frühzeit. Das unabhängige Indien fixierte in der Verfassung die Gleichheit aller vor dem Gesetz, was nicht Abschaffung der Kasten bedeutet. Das Kastensystem kann nicht einfach durch Parlamentsbeschluß abgeschafft werden – und das strebt auch keiner an –, denn es stellt bei aller Einengung und Ungerechtigkeit auch eine Art Sozialversicherungssytem dar, dem man bis auf bescheidene Anfänge nichts auch nur annähernd Gleichwertiges gegenüberstellen kann. Unberührbaren und Stammesangehörigen (Scheduled Castes) wurde die Wahrnehmung ihrer Rechte durch Einführung eines Quotensystems erleichtert, das ihnen Sitz und Stimme in den öffentlichen Körperschaften, aber auch Studienplätze an Schulen und Universitäten freihält.

In Großstädten und industriellen Zentren bedingen die Umstände ein Verwischen der Kastenschranken. Kein Harijan, wie Gandhi die Unberührbaren aufwertend nannte (›Kinder Gottes‹), läuft da mehr mit Glöckchen behängt

herum, damit ein verträumter Brahmane seinem unreinen Schatten rechtzeitig ausweichen kann, und auch ein Brahmane kann die Vorschrift, allein zu essen, kaum noch befolgen. Die Regel, nur in der eigenen Kaste zu heiraten, findet dagegen noch fast überall Beachtung. Dazu entstehen auch immer neue Kasten, z. B. durch Ansiedlung von Industrien, Eingliederung von Flüchtlingen oder auch durch das Aufkommen neuer Berufe wie Kfz-Facharbeiter oder Computer-Fachmann.

Die Frau in der Gesellschaft

Im familiären Bereich hat sich an den überkommenen gesellschaftlichen Normen kaum etwas geändert. Die Rolle der Frau ist noch immer die, die die heiligen Schriften vorgeben. Die unbeschwerte Kindheit endet bei einem Mädchen früher als bei den Jungen. Schon in jungen Jahren schleppt sie die kleinen Geschwister auf der Hüfte umher und muß der Mutter zur Hand gehen. Mit der heißersehnten frühen Heirat wird sie zunächst einmal zur Magd der Schwiegermutter. Ihre Situation bessert sich erst mit der Geburt von Söhnen. Mit Töchtern bringt sie ihren Ehemann in die gleiche Lage wie vorher mit ihrer eigenen Geburt schon ihren Vater: Mädchen zu verheiraten kostet viel Geld und kann die Familie ruinieren.

Trotz Verbotes seit 1961 und Androhung hoher Strafen seit 1986 ist der Unsitte überzogener Mitgiftforderungen nicht beizukommen. Oft geht die Erpressung nach der Hochzeit weiter und endet bei Weigerung für viele der jungen Frauen mit einem tödlichen ›Unfall‹, obwohl auf Mitgiftmord nach dem Gesetz von 1986 die Todesstrafe steht. Eine wei-

Junge Mädchen in der Spinnerei eines Tempels, Alleppey

tere Folge dieses unseligen Systems stellt die Tötung weiblicher Säuglinge dar, sowohl bei den Armen und auf dem Lande wie auch beim Mittelstand, wo die Abtreibung nach der Früherkennung des Geschlechts mittels Fruchtwasseranalyse, einer ›Dienstleistung‹ in indischen Kliniken, boomt.

Die Partnerwahl ist nach wie vor Sache der Eltern, was erstaunlicherweise viele der ›Betroffenen‹ beiderlei Geschlechts und aller Schichten gutheißen und verteidigen. Sie argumentieren u. a. mit den hohen Scheidungsraten bei uns. Man muß es erlebt haben, wie den Eltern eines nach erfolgreichem Auslandsstudium zurückgekehrten jungen Mannes die Angebote ›guter Partien‹ mit blumigen Schilderungen der Vorzüge der Braut in spe ins Haus flattern!

Die Bemühungen militanter Hindu-Fundamentalisten in Rajasthan, den Brauch der Witwenverbrennung wiederzubeleben – die schon 1827 von den Engländern verboten wurde –, stellen in Süd-Indien kein Problem dar. Aber das Los einer Witwe ist auch dort beklagenswert: Sie wird überflüssig, für eine Wiederverheiratung besteht kaum eine Chance. Oft bleibt ihr nur die Wahl, die ›Hausklavin‹ in der Familie des Mannes zu werden oder sich in einer Stadt allein durchzuschlagen. Bei Tempeln und heiligen Stätten sieht man oft Gruppen von Witwen in ihren verschlissenen weißen Saris, die ihre Not zu den Göttern treibt.

Als Arbeitskräfte sind die Frauen gefragt. Schwere Arbeiten beim Straßen- und Hochbau werden überwiegend von ihnen verrichtet. Man kann sie noch schlechter bezahlen als Männer: Zehn Stunden Arbeit bringen den Gegenwert von DM 3,–, Kinder bekommen knapp die Hälfte; davon geht noch ein Teil an Kontraktoren und Vermittler. Besonders in den großen Städten lassen sich Ansätze zu einer Verbesserung der Situation der Frauen erkennen, so z. B. durch die von Fraueninitiativen gegründeten Banken und Kooperativen wie die SEWA in Ahmadabad oder den Annapurna Mahila Mandal in Bombay.

Die Götter Indiens

Der Hinduismus ist keine Stifterreligion, sondern das Ergebnis einer langen Entwicklung mit zahllosen Einflüssen und Adaptionen aus anderen Religionen und Kulturen. Entsprechend vielfältig sind die Namen, Legenden und Darstellungsformen der Götter, ihrer Helfer und Gegner. Die Vielfalt phantasievoller Figuren an den Wänden der Tempel wirkt auf den Besucher erst einmal verwirrend und unverständlich. Aber mit wenigen Grundkenntnissen lassen sich die wichtigsten Götter leicht identifizieren und grüßen vom nächsten Tempel schon als ›alte Bekannte‹.

Die Götter werden stehend, sitzend oder auch liegend dargestellt, allein oder in Begleitung ihrer Gemahlin(nen), die ihrerseits auch allein auftreten und in eigenen Tempeln verehrt werden können. In ihren – meist mehr als zwei – Händen tragen die Gottheiten Symbole, die uns helfen, sie zu identifizieren; außerdem befinden sie sich meist in Begleitung eines ihnen zugeordneten Reit- oder Symboltiers.

Theoretisch stehen an der Spitze des hinduistischen Pantheons drei gleichran-gige Götter, die sog. *Hindu-Trinität*: Brahma als Schöpfer, Vishnu als Erhalter und Shiva als Zerstörer. In der Frühzeit wurden sie auch gleichrangig, einzeln oder als *Trimurti* (s. Abb. S. 118) dargestellt, doch Vishnu und Shiva avancierten schnell zu alleinigen Hauptgöttern ihrer jeweiligen Anhänger, und Brahma sank zum Weltenschöpfer im Dienst Vishnus oder Wagenlenker Shivas herab. Als eine Wiederbelebung der alten Dreifaltigkeit ist die Verehrung von *Dattatreya* anzusehen, der das Wesen aller drei in sich vereint und in der Darstellung jeweils zwei von deren Hauptsymbolen in seinen sechs Händen hält.

Brahma

Brahma wird meist mit vier Köpfen (von denen bei Reliefs naturgemäß nur drei zu sehen sind), mit Flechtenkrone und häufig mit spitzem Bart dargestellt. In den Händen hält er die Symbole des Asketen und Opferpriesters: Opferlöffel, Opferkrug, Rosenkranz und ein Bündel Palmblattmanuskripte – die Veden. Sein Reittier ist die Wildgans, als seine Frau gilt Sarasvati, die Göttin der Gelehrsamkeit.

Vishnu

In den häufigsten und einfachsten Darstellungen trägt Vishnu auf dem Kopf eine hohe Königstiara. Weitere typische Merkmale sind ein Brustjuwel und der Waldkranz, eine Blumengirlande, die um seinen Hals hängt und bis zu den Knien reicht. In den Händen seiner vier Arme hält er Rad (oder Wurfscheibe) und Schnecke, Keule und Lotus. Oft zeigen die erhobenen zwei Hände Rad und Schnecke und die beiden anderen die

Vishnu auf der Schlange sitzend, Keshara-Tempel, Somnathpur

Mudras (Handhaltungen) der Gewährung von Schutz und Gnade. In seinen Inkarnationen kommen jeweils spezifische Symbole zu Rad und Schnecke hinzu, und in seiner kosmischen Form als *Vishvarupa* (der Allgewaltige) vervielfältigen sich die Köpfe, Arme, Hände und Symbole. Vishnu reitet auf dem Göttervogel *Garuda*. Seine Gemahlin *Lakshmi* heißt in Süd-Indien *Shri* (Shri-Devi), wird er mit zwei Frauen dargestellt, so handelt es sich bei der zweiten um *Bhu-Devi* oder *Prithivi*, die Erdgöttin.

Bei der in Süd-Indien sehr beliebten Darstellung Vishnus als *Narayana Anantashayi* ruht er auf der zu einem Lager zusammengerollten Schlange *Ananta* und treibt der Legende nach zwischen zwei Weltzeitaltern schlafend im Urozean. Die mehrköpfige Schlangenhaube schützt seinen Kopf. Aus seinem Nabel wächst ein Lotus, auf dem Brahma sitzt, bereit, die Welt neu zu schaffen. Zu seinen Füßen finden sich oft seine Gemahlin(nen). Eine gleichfalls gern dargestellte Szene, *Gajendra-Moksha* genannt, zeigt die Rettung eines Elefanten, der gerade von einem Krokodil ins Wasser gezogen wird, durch den auf Garuda herbeischwebenden Vishnu, was die Errettung der menschlichen Seele durch den Erlösergott symbolisiert.

Die Avatare

Vishnu mußte im Laufe der letzten vier Weltzeitalter mehrmals eingreifen, um die Ordnung der Welt wiederherzustellen und Götter wie Menschen vor dämonischen Mächten zu schützen. Die heiligen Bücher sprechen von vielen solcher Rettungsaktionen, dargestellt wird mit Vorliebe ein Zyklus von zehn Inkarnationen: *Dashavatara*. In den Legenden zu den Inkarnationen spiegeln sich Weltschöpfungsmythen, Frühgeschichte sowie soziale und religiöse Konflikte.

Matsya (der Fisch)

In seiner ersten Inkarnation nahm Vishnu die Gestalt eines kleinen Fischs an, der von Manu, dem ersten Menschen, gehegt wurde, bis er so groß war, daß er ihn zum Ozean bringen mußte. Hier offenbarte sich der Gott, prophezeite eine gewaltige Flut und gebot Manu, mit den sieben Weisen, Tieren und Saatgut ein Schiff zu besteigen – eine indische Version des Sintflutmythos also.

Dargestellt wird Vishnu hier entweder als Fisch (s. a. Abb. S. 157), als Mischwesen (unten Fisch, oben Mensch) oder, wie er in seiner vierarmigen menschlichen Gestalt dem Maul des Fisches entsteigt.

Kurma (die Schildkröte)

Zur Wiederherstellung ihrer erschütterten Macht empfahl Vishnu den Göttern, den kosmischen Milchozean zu quirlen, um den Unsterblichkeitstrank Amrita (*Soma*) zu erlangen. Um den Berg Mandara als Quirlstock wurde die Schlange Vasuki als Seil gelegt und wechselweise zogen die *Asuras* (Dämonen), die die Götter mit Versprechungen für das Unternehmen hatten gewinnen können, am Kopfende und die Götter am Schwanz der Schlange. Vishnu sprang ein, als der Berg im Ozean zu versinken drohte, und bildete als Schildkröte das Widerlager des gewaltigen Quirls.

Schließlich kamen als Ergebnis der Anstrengung 14 Kostbarkeiten zu Tage, die sofort verteilt wurden. Vishnu erhielt sein Brustjuwel, Muschelhorn und Keule und seine Gattin Lakshmi – ein Bogen sollte ihm in seiner späteren Rama-Inkarnation gute Dienste leisten. Shiva steckte sich die Mondsichel ins Haar –

und endlich tauchte Dhanvantari, der Götterarzt, mit dem Soma-Krug auf, den die Dämonen blitzschnell ergriffen. Wieder mußte Vishnu eingreifen: In Gestalt der schönen *Mohini* verdrehte er den Asuras dermaßen die Köpfe, daß sie ›ihr‹ die Verteilung des Unsterblichkeitstranks übertrugen. Mohini bediente die Götter – und verschwand mit dem Rest.

Einer der Dämonen jedoch hatte auch etwas vom Göttertrunk abbekommen und wurde von Vishnu mit seiner Wurfscheibe in zwei Teile gehauen – mit dem fatalen Erfolg, daß es nun zwei unsterbliche Dämonen gab. *Rahu*, der Kopf ohne Körper, und *Ketu* mit dem Schlangenleib wurden durch Brahma als Planeten an den Himmel gesetzt. Nicht geplant war, daß auch Shiva sich in die verführerische Mohini verliebte: Aus dieser Verbindung entsproß die in Süd-Indien sehr populäre Gottheit Shasta oder *Aiyanar*. Als Shiva Mohini im Moment der Rückverwandlung umarmte, entstand *Harihara*, halb Vishnu, halb Shiva.

Das Quirlen des Milchozeans, gern in Malerei und Relief an Tempeln illustriert, ist leicht zu erkennen an der Szenerie, den beteiligten Göttern und den gewonnenen Kostbarkeiten. Vishnu ist die Schildkröte; oft erscheint er zusätzlich über dem Berg auf dem Lotus thronend. Einzeln dargestellt, meist im Kontext aller Avatare, wächst er, von der Hüfte aufwärts menschenähnlich und vierarmig, aus einem Schildkrötenpanzer.

Rahu und Ketu bilden in Süd-Indien zwei von neun freistehenden Figuren des Planetenaltars, den man in allen großen Tempelanlagen findet und der von den Tempelbesuchern mehrmals umrundet wird. Hariharas rechte Körperhälfte zeigt Shiva mit Flechtenkrone, Dreizack oder Sanduhrtrommel und einem Kranz aus Totenschädeln, der sich ab der Körpermitte als Waldkranz fortsetzt. Vishnu, die linke Körperseite, erkennt man außerdem an der (halben) Königstiara sowie Rad und Schnecke in den Händen.

Varaha (der Eber)

Der mächtige Dämon *Hiranyaksha* hatte seinem schlafenden Gönner Brahma die Veden gestohlen und die Erde auf den Grund des Ozeans hinabgezogen. Vishnu nahm die Gestalt eines Ebers an, entriß dem Dämon die Heiligen Schriften, erschlug den Aufsässigen im Kampf mit einer mächtigen Keule, tauchte in die Tiefe und errettete die Erde aus den Fluten.

Dargestellt wird er entweder in Tiergestalt als ›kosmischer Eber‹ oder mit Vorliebe in menschlicher Gestalt mit Eberkopf, auf den Hauern die gerettete Erdgöttin Bhu tragend und mit den Füßen den Dämon zertretend.

Narasimha (der Mann-Löwe)

Der Dämon *Hiranyakashipu* hatte Brahma das Versprechen abgetrotzt, weder von einem Menschen noch von einem Tier getötet zu werden, nicht am Tage und nicht bei Nacht, weder im Haus noch außerhalb sterben zu müssen. Er fühlte sich göttergleich und forderte bei einem Streit mit seinem Vishnu verehrenden Sohn Prahlada die Allgegenwart des Gottes heraus, indem er gegen eine Säule trat. Sofort sprang der Gott als Löwenmensch daraus hervor, ergriff in der Dämmerung den Frevler und riß ihm zwischen Tür und Angel die Eingeweide aus dem Leib, womit er geschickt Brahmas Schutzzusage unterlief.

Narasimha war besonders im Vijayanagar-Reich ein beliebtes Thema der Künstler. Dargestellt wird er als Mensch mit dem Kopf eines Löwen, stehend

Das Ramayana

Dieses große altindische Liebesdrama bewegt nicht nur mit der aktuellen TV-Verfilmung Millionen heutiger Inder; ebenso haben zahllose vergangene Generationen die tragische Geschichte von Rama und Sita gebannt verfolgt, ob in Musik-, Tanz- und Theateraufführungen, in der Miniaturmalerei und der Steinplastik, im religiösen Kult oder letztlich durch das Lesen des Epos' selbst. Die 24 000 Doppelverse, verteilt auf sieben Bücher – auch in ›handlicheren‹ Buchausgaben zu haben (s. S. 367) – werden im 2. Jh. weitgehend abgeschlossen gewesen sein.

Szenen aus dem Ramayana, Ketapai Narayana-Devasthana, Bhatkal:
(oben rechts) Dasharatha erhält die Speise, die ihm Nachkommenschaft bringen soll, und gibt sie an seine Frauen weiter; (oben links) Königspalast in Ayodhya, Rama tötet einen Dämonen; (unten rechts) Sitas Entführung durch Ravana; (unten links) der verwundete Geier Jatayus; der Affengeneral Hanuman trifft Rama und Lakshmana im Wald

Eintracht und Zufriedenheit herrschen am Hofe von Ayodhya. Hier lebt der König Dasharatha mit seinen drei Frauen Kausalya, Kaikeyi und Sumantra und den Söhnen *Rama*, Bharata, Lakshmana und Shatrughna. Eines Tages ernennt Dasharatha seinen überaus tugendhaften Lieblingssohn Rama zu seinem Nachfolger, was Zustimmung und Jubel am Hofe und beim Volk auslöst.

Doch die Königin Kaikeyi, von ihrer Zofe Mantara angestachelt, will ihren Sohn Bharata auf dem Thron sehen. Machtlos erliegt der alternde, von Liebessehnsucht geplagte König ihren Verführungskünsten und erfüllt ihre Forderungen: Ihr Sohn Bharata soll König werden, und Rama zieht für 14 Jahre in die Verbannung. Wehklagen und Jammern erfüllt Ayodhya, als Rama, begleitet von der treuen Gemahlin *Sita* und dem ergebenen Bruder *Lakshmana*, ohne Hab und Gut ins Exil zieht. Für sie beginnt nun ein beschwerlicher und abenteuerlicher Weg in den Süden Indiens.

Doch der Herrscher über alle Dämonen und König von Lanka, der zehnköpfige und zwanzigarmige *Ravana*, begehrt die liebliche Sita, und gemeinsam mit dem Asketen Marica, der sich in eine goldene Gazelle verwandelt, gelingt ihm ihre Entführung. Sita widersteht beharrlich den Annäherungsversuchen Ravanas, der ihr schließlich unter wüsten Drohungen eine Frist von zwölf Monaten gewährt. Ziellos wandern Rama und Lakshmana auf der Suche nach Sita im Wald umher, bis sie schließlich auf den Affenkönig *Sugriva* treffen, der seinen Minister, den Affen *Hanuman*, beauftragt, Sita zu suchen. Er findet die gefangene Sita schließlich im Ashoka-Hain im fernen Lanka.

Sogleich beginnen die Verbündeten, eine Brücke über den Ozean nach Lanka zu bauen. Nach erbitterten Kämpfen gelingt es Rama, den mächtigen Dämonenfürsten Ravana zu besiegen und zu töten. Nun beschuldigt Rama seine Gemahlin der Untreue. Sita beteuert jedoch ihre Reinheit, fordert Rama auf, ein Gottesurteil anzurufen, und entsteigt tatsächlich unverletzt dem Scheiterhaufen.

Nach Ayodhya heimgekehrt, wird Rama zum König geweiht. Die Helden verleben eine kurze und glückliche Zeit, bis die Untertanen ihre Zweifel an der Treue und Reinheit Sitas äußern. Rama, besorgt um Sitte und Moral in seinem Königreich, läßt die schwangere Sita im Wald aussetzen. In der Einsiedelei des weisen Dichters *Valmiki*, dem das ›Ramayana‹ zugeschrieben wird, bringt sie die Zwillinge Kusha und Lava zur Welt.

Jahre später kommen die beiden an den Königshof von Ayodhya und tragen ihrem Vater das ›Ramayana‹, das Lied von Rama, vor. Sofort läßt er Sita herbeiholen, die nochmals ihre Treue beteuert und die Erdgöttin als Zeugin anruft. Da tut sich die Erde auf, und die Göttin nimmt Sita mit sich in die Tiefe. Rama ist untröstlich und bittet vergeblich, ihm seine geliebte Sita zurückzugeben.

oder sitzend, als Yoga-Narasimha, mit seiner Shakti auf dem Knie, vor allem jedoch in seinem furchterregenden Aspekt, wie er grimmig blickend dem vor ihm liegenden Dämon mit den Krallen die Därme aus dem Bauch reißt.

Als Ausdruck des erbitterten Konkurrenzdenkens militanter Shivaiten entstand in Süd-Indien das Fabelwesen *Sharabha*, eine Mischung aus Vogel und Löwe. Der Legende zufolge nahm Shiva diese Gestalt an, um seinerseits den überheblich auftretenden Narasimha zu besiegen und sich dessen Haut als Trophäe überzustülpen. Darstellungen Sharabhas findet man besonders an Tempeln aus der Vijayanagar-Zeit.

Vamana (der Zwerg)

Bali, ein mächtiger König des Südens, war durch strenge Askese zu großer Macht gelangt und erstrebte die Herrschaft über die drei Welten. Um der drohenden Gefahr zu begegnen, wurde Vishnu von der Göttermutter Aditi als zwergwüchsiger Brahmane wiedergeboren. Am Hofe Balis erbat er sich vom König so viel Land, wie er mit drei Schritten abmessen könne, dann wuchs er zum Riesen und durchmaß mit zwei Schritten Himmel und Erde.

Großzügig verzichtete er auf den dritten Schritt und überließ Bali die Unterwelt. Balis zehntägiger ›Urlaub‹ auf Erden wird an der Malabar-Küste alljährlich als Onam-Fest gefeiert. Dargestellt wird Vishnu in seinem fünften Avatar als dicklicher Zwerg, oft mit einem Schirm in einer der beiden Hände, häufiger jedoch als *Trivikrama* (Dreischritt), die Waffen Vishnus schwingend und mit hoch erhobenem Bein zu einem gewaltigen Schritt ansetzend.

Parashurama (Rama mit der Axt)

Die Legenden um den ›ersten‹ Rama spiegeln die schweren Konflikte und die Kämpfe um die Vorherrschaft zwischen Brahmanen und Kshatriyas wider: Parashurama war, obwohl eine Inkarnation Vishnus, auch ein Günstling Shivas, der ihn mit seiner furchtbaren Waffe, der Streitaxt, ausstattete. Damit erschlug er zuerst auf Anweisung seines zornigen Vaters wegen deren unkeuscher Gedanken seine Mutter (sie wurde auf seinen Wunsch wieder zum Leben erweckt), sodann den hundertarmigen König *Kartavirya*, der seinem Vater die heilige Wunschkuh gestohlen hatte, und zu guter Letzt, nachdem des Königs Söhne den Tod ihres Vaters wiederum am Vater Parashuramas gerächt hatten, vernichtete er in 21 Schlachten gleich alle Kshatriyas auf Erden. (Die Kshatriyas späterer Zeiten sollen Nachkommen von Brahmanen und Kshatriya-Frauen sein.)

Parashurama wird meist im Kontext mit den anderen Avataren abgebildet. Er ist von stattlicher Figur, trägt die Haare als Flechtenkrone, die heilige Schnur, die Kleidung eines Brahmanen und in einer seiner zwei oder vier Hände unübersehbar die mächtige Axt.

Rama, Ramachandra

Der in Lanka (Ceylon) residierende zehnköpfige Dämonenfürst *Ravana* hatte Brahma durch Askese und Meditation dazu gebracht, ihm Unverletzlichkeit von seiten der Götter und Dämonen zu garantieren. Als er Himmel und Erde zu tyrannisieren begann, inkarnierte sich Vishnu in Ayodhya als Königssohn Rama, und der bösartige Dämon wurde schließlich von ihm – und damit durch Menschenhand – besiegt und getötet. Zuvor läuft Indiens beliebtestes Liebesdrama und Heldenepos ab: das Ramayana (s. S. 43 f.), spannend und vergnüglich zu lesen und als Reiselektüre zu empfehlen.

Rama, neben Krishna die wichtigste Erscheinungsform Vishnus, wird ihm vielfach gleichgesetzt. In vielen Teilen Indien grüßt man sich mit ›Ram Ram‹, und Gandhi starb nach dem auf ihn verübten Attentat mit dem Namen Ramas auf den Lippen. Rama gilt den Hindus als Idealbild des gehorsamen Sohnes, des treuen Ehemanns und des tugendhaften Helden schlechthin, während seine Gattin Sita, eine Inkarnation der Göttin Lakshmi, die treue, unterwürfige Ehefrau verkörpert. Auf uns heute wirkt der moralisierende, ständig um die Keuschheit seiner Frau besorgte Held reichlich chauvinistisch.

Rama begegnet uns als stattlicher Mann mit der Königstiara Vishnus auf dem Kopf, einem großen Bogen in der linken und einem Pfeil in der rechten Hand. Oft stehen zu seiner Rechten Sita, einen Lotus haltend, und links, wesentlich kleiner und ebenfalls mit Pfeil und Bogen, Lakshmana, sein Bruder. Hanuman, der treue Affengeneral in devoter Haltung, vervollständigt die Gruppe.

Krishna

Krishna, eine der populärsten Gottheiten Indiens, ist ein heiterer Gott, die Verkörperung von Liebe und Freude, und seine Anhänger begegnen ihm mit gläubiger Hingabe *(Bhakti)*. Seine Le-

Die Krishna-Legende

Seine Kindheit und Jugend verbringt Krishna bei seinen Pflegeeltern, dem Hirten Nanda und dessen Frau Yashoda, in dem Dorf Gokula in der Nähe von Mathura. Seinem Onkel *Kamsa*, dem unrechtmäßigen König von Mathura, hatte einst eine Stimme vorhergesagt, daß der achte Sohn seiner Schwester *Devaki* ihn töten werde. Daraufhin setzte er Devaki und ihren Mann Vasudeva ins Gefängnis, ließ jedes neugeborene Kind töten und wurde dennoch – mit göttlicher Hilfe – überlistet. Es gelang Vasudeva, den achten Sohn, das Baby Krishna, vorbei an schlafenden Wächtern aus dem Gefängnis zu tragen und in die sichere Obhut des Hirtenpaares zu geben.

Krishna hebt den Berg Govardhana, um die Hirten
zu schützen, Hoyshaleshvara-Tempel, Halebid

Krishna verlebt mit seinem Bruder *Balarama* und den Hirtenjungen eine unbeschwerte und freudige Kindheit und Jugend. Er ist der Liebling aller Hirtenmädchen (Gopis),immer zu Späßen aufgelegt und widersteht allen Versuchen seines Onkels Kamsa, ihn mit Hilfe seiner Dämoninnen töten zu lassen. Dieser lädt schließlich Krishna und Balarama nach Mathura ein, um sie von einem wilden Elefanten töten zu lassen, wenn sie zum Boxkampf in der Arena antreten würden. Doch Krishna tötet den Elefanten, die Boxer und dann auch Kamsa. Die Eltern befreit er aus dem Gefängnis, und der rechtmäßige König kommt auf den Thron. Krishna und Balarama ziehen in die Einsamkeit, um die 64 Künste und die Wissenschaft des Bogenschießens zu erlernen.

Nach Mathura zurückgekehrt, muß er schon bald seine Kriegskunst unter Beweis stellen. Der König Jarasandha von Magadha, der Vater der Witwen Kamsas, belagert mit seiner großen Armee die Stadt. Obwohl Krishna ihn erfolgreich bekämpft, überläßt er ihm dennoch die Stadt, nicht zuletzt, weil ihm das Geld ausgegangen ist. Er macht sich zum Herrscher der Yadavas, zieht in seine neue Heimatstadt Dwarka ein und heiratet *Rukmini* und weitere sieben Frauen.

Sein späteres Leben ist eng verbunden mit den Pandavas, den Helden des Maha-bharata (s. S. 35 f.). Doch schon bald nach ihrem gemeinsamen Sieg über die Kaura-vas muß Krishna erkennen, daß sich der Fluch Gandharis, der Mutter eines Kaurava-Helden, gegen ihn bewahrheiten sollte. »Du bist schuld am Tode der Kauravas und der Pandavas. In den folgenden 36 Jahren werden deine Familie, deine Söhne, deine Minister und Berater getötet werden, und du wirst durch einen Jäger im Wald sterben. Deine Frauen werden ebenso weinen wie wir jetzt.«

bensgeschichte erfahren wir aus dem *Bhagavata-Purana* (Buch X: Harivam-sa), das über seine Jugend sowie die Bestrafung des Dämonenkönigs Kamsa berichtet; im Mahabharata wird haupt-sächlich der Held und Staatsmann, der Künder der Bhagavadgita, Indiens be-deutendstem philosophischem Werk (s. S. 36), gefeiert und die Zeit Krishnas als König von Dwarka bis zu seinem To-de beschrieben. Die Heldentaten und Abenteuer Krishnas bilden den Inhalt zahlloser Albumblätter, Wandmalereien und Relieffriese an Tempeln und Palä-sten.

Besonders häufig begegnet uns Krish-na in folgenden Formen: *Bala-Krishna* (als krabbelndes Kleinkind), *Kaliya-Mardaka-Krishna* (als Knabe, auf dem Kopf der von ihm bezwungenen Schlan-ge Kaliya tanzend), *Govardhana-dhara-Krishna* (er hebt den Berg Govardhana über seinen Kopf, um Hirten und Her-den vor dem Zorn Indras in Form von Regenfluten zu schützen) und *Venu-Go-pala* (Querflöte spielend; oft deutet nur die Handhaltung auf die Tätigkeit, das Instrument fehlt). Soll der Vishnu-Aspekt betont werden, halten zwei zu-sätzliche Hände Rad und Schnecke.

Buddha

Die Einbeziehung Buddhas in das hindu-istische Pantheon darf als besonders ty-pisch für die Entwicklung des Hinduis-mus gelten: Die Brahmanen versuchten so, sich eines unbequemen ›Konkurren-ten‹ zu entledigen. Buddha wurde als Hindu-Gottheit nie populär, wird dar-gestellt wie im Buddhismus und er-scheint eigentlich nur in Gesamtdarstel-lungen der zehn Avatare.

Kalkin

Am Ende dieses Zeitalters, des Kali-Yu-ga, wird Vishnu letztmalig erscheinen, auf einem weißen Pferd reitend und ein Flammenschwert schwingend. Als eine Art Messias wird er die Guten erretten, die Bösen richten und die Welt zerstö-ren, um später die Schöpfung zu er-neuern.

Shiva

In weiten Teilen Süd-Indiens wird Shiva als höchste Gottheit verehrt. Wie Vishnu tritt auch er in unterschiedlichsten For-men auf (*Murtis*). Er kann friedvoll sein, gnädig, ein Held, aggressiv, zerstöre-risch oder furchterregend – dementspre-chend wird er mit 1008 Namen ange-rufen.

Die Grundform einer Shiva-Darstel-lung zeigt den Gott als Asketen, nur mit einem Lendenschurz bekleidet. Er trägt keine Tiara wie Vishnu, dafür bilden sei-ne langen Haare eine Art hoher Flechtenkrone mit einer Mondsichel als Schmuck. Über der Nasenwurzel steht senkrecht das dritte Auge; es symbolisiert gleichzeitig allumfassendes Wissen und destruktive Kraft. In der vierarmigen Form tragen die oberen Hände bei südindischen Darstellungen Axt und Gazelle (in Nord-Indien: Dreizack und Kobra), die beiden anderen zeigen die Gesten der Gewährung von Schutz und Gnade oder halten Symbole wie Sanduhrtrommel, Rosenkranz und Opferschale. Shivas Symbol- oder Reittier ist der Buckelstier *Nandi* (s. Abb. S. 287).

Mit seiner Gemahlin *Parvati* (auch Gauri oder Uma) wird Shiva oft dargestellt, in liebevoller Umarmung (*Alingana-Murti* oder *Uma-Maheshvara*) oder mit dem kleinen Sohn Skanda zwischen beiden stehend (*Somaskanda*). Im Süden

erfreut sich die Hochzeit Shivas mit Parvati großer Popularität und wird alljährlich feierlich im Festritus nachvollzogen – besonders in Madurai, wo Shiva als *Sundareshvara* die fischäugige Tamilen-Göttin *Minakshi*, eine Inkarnation Parvatis, heiratet. Vishnu, im Süden als Bruder Parvatis verstanden, vollzieht die Trauung.

Die mystische Ureinheit der polaren Gegensätze Mann und Frau kommt in der Darstellung Shivas als *Ardhanarishvara* sinnfällig zum Ausdruck. Die reizvolle Gestalt zeigt rechts männliche, links weibliche Körperformen, Kleidung und Schmuck.

Bei aller Vielfalt der Erscheinungsformen – in den meisten Tempeln, Hausaltären und einfachen Kultstätten unter freiem Himmel wird Shiva in Form des

Hochzeit Shivas mit Minakshi, Minakshi-Tempel, Madurai

Linga verehrt. Dieses Phallussymbol steht im Zentrum eines ringförmigen Sockels, der das weibliche Geschlechtsorgan (*Yoni*) oder den Mutterschoß symbolisiert, was auf die Herkunft aus einem Fruchtbarkeitskult hindeutet. Das Linga kann ein eiförmiger Stein oder ein stilisierter Phallus sein, manchmal ausgestattet mit ein, vier, fünf, 108 oder 1000 Gesichtern (*Mukha-Linga*), die die verschiedenen Aspekte Shivas oder seiner Allmacht symbolisieren (s. Abb. S. 251). Wasser und Schmelzbutter, beim Opfer über das Linga ausgegossen, werden über die Yoni abgeleitet.

Der Mythos vom Ursprung des Linga (*Lingodbhava-Murti*) stützt den Anspruch Shivas auf seine Vormachtstellung unter den Göttern und wird häufig dargestellt, meist in einer zentralen Nische an der Rückseite des Tempels. Um Ursprung und Ausdehnung einer plötzlich erschienenen Feuersäule zu erkunden, erhob sich Brahma als Wildgans in die Lüfte, und Vishnu arbeitete sich als Eber in die Tiefe – sie konnten Anfang und Ende jedoch nicht erreichen. Da öffnete sich die Säule, ein gewaltiges Linga, Shiva erschien und die Götter huldigten ihm als Herrn des Alls. Tiruvannamalai, als Ort des Geschehens ausgemacht, feiert das Wunder alljährlich ausgiebig.

Shiva als Mahesha (*Mahesha-Murti*), als allumfassender Gott, ähnelt in seiner Visualisierung einer Trimurti-Darstellung. Die drei Köpfe (oder Gesichter) symbolisieren Schöpfung, Erhaltung und Zerstörung als Aspekte seiner Allmacht (eindrucksvoll die Darstellung im Höhlenheiligtum von Elephanta).

Als *Nataraj* erschafft Shiva die Welt im kosmischen Tanz und zerstört sie wieder, um sie erneut zu schaffen – und so fort. Darstellungen des tanzenden Shiva entstanden schon in Badami (s.

Abb. S. 247), Pattadakal und Alampur, lange bevor die Chola-Könige Shiva in diesem Aspekt favorisierten und ihre meisterhaften Bronzen in Auftrag gaben. Der vierarmige göttliche Tänzer zertritt im rasenden Tanz den Zwergdämonen Apasmara, die Verkörperung der Unwissenheit, unter seinem Fuß. In den Händen hält er die Sanduhrtrommel und das Feuer, Symbole für Schöpfung und Zerstörung.

Zahlreiche Legenden berichten von Gnadenbeweisen des friedfertigen Shiva, deren Darstellungen wir ebenfalls überall in Indien begegnen.

Kiratarjuna-Murti: In Mamallapuram zeigt das größte Flachrelief der Welt u. a. eine Szene aus dem Mahabharata: Arjuna hat sich in den Wald zurückgezogen und übt strenge Askese, um von Shiva göttliche Waffen zu erlangen. Shiva erscheint in Gestalt eines Jägers, unterzieht den Held einer Prüfung, offenbart sich ihm, nimmt seine Huldigung entgegen und überreicht ihm schließlich den gefürchteten Dreizack.

Ravananugraha-Murti: Der zehnköpfige Dämonenfürst Ravana ist verärgert und beginnt, den Kailasha, auf dem Shiva und Parvati der Ruhe pflegen, aus den Angeln zu heben. Shiva rührt nur einen Zeh und schließt den Unbotmäßigen für 1000 Jahre unter dem Berg ein, um ihn dann zu begnadigen und seiner Ergebenheit sicher zu sein (schöne Reliefs u. a. in Pattadakal, Ellora und Belur).

Dakshina-Murti: Als Herr der Yogis und Asketen sitzt Shiva in lässiger Haltung unter einem Banyanbaum. Den Kopf ›ziert‹ eine verfilzte Mähne, außer ein paar Schlangen trägt er keinen Schmuck, der herabhängende Fuß ruht auf Apasmara. Die rechte vordere Hand des Lehrers zeigt die Geste der Verkündigung, in den hinteren hält er meist eine Gebetskette, das Feuer oder eine Schlinge. Sein Bild schmückt meist eine zentrale Nische in der Südwand des Tempels.

Groß ist die Zahl aggressiver, zerstörerischer oder furchterregender Manifestationen Shivas, die uns eindrucksvoll an den Tempeln Süd-Indiens entgegentreten.

So besiegte Shiva zahlreiche Dämonen wie Andhaka, der Parvati heftig begehrte; ihn zu überwinden gelang ihm erst, als er Camunda und die Sieben Mütter geschaffen hatte, die das Blut auffingen, aus dem, wenn es den Boden berührte, immer neue Dämonen entstanden. Ein Relief am Kailasha-Tempel in Ellora zeigt Shiva als Überwinder des Dämonen Andhaka (*Andhakasura-Murti*), achtarmig kämpfend in Begleitung der furchterregenden Camunda.

Darstellungen Shivas als Töter des Elefantendämons (*Gajasurasamhara-Murti*) zeigen ihn vier- oder achtarmig, wie er auf dem Kopf des Dämons tanzt und dessen Haut über sich gespannt hält, so daß sie eine Art Nimbus um ihn bildet.

Im Mahabharata wird die Legende von der Vernichtung der drei Städte (*Tripurantaka-Murti*) erzählt, die den Söhnen des Dämonenfürsten Andhaka gehörten. Shiva gelang es, die goldene Stadt im Himmel, die silberne in der Luft und die eiserne auf der Erde mit einem einzigen Pfeilschuß zu vernichten. Darstellungen zeigen ihn zwei- bis zehnarmig, in der Pose des Bogenschützen auf einem Streitwagen stehend.

Beliebt sind in Süd-Indien auch Legende und Darstellung von Shiva als Überwinder des Todes (*Kalari-Murti*). Markandeya, der Sohn eines Weisen,

sollte nach einer Prophezeiung mit 16 Jahren sterben. Yama, der Gott des Todes (auch Kala: Herr der Zeit) wollte ihn holen, als der Junge gerade vor einem Linga opferte. Verärgert entstieg Shiva dem Linga, trat Yama vor die Brust und bedrohte ihn mit seinem Dreizack. Der Junge wurde durch Shivas Gunst nie älter als 16 Jahre – und damit unsterblich.

Einst rühmte sich Brahma vor den Rishis als Schöpfer und verweigerte Shiva die Anerkennung als höchster Gott. Daraufhin nahm Shiva die Gestalt des *Bhairava* an und machte Brahma um einen seiner fünf Köpfe kürzer – Brahmanen-Mord, eine schlimme Sünde. Als Asket zog Shiva nackt und bettelnd durchs Land (und erregte sexuelle Begierden bei den Frauen der Rishis!). Um zu erfahren, wie er die Schuld endgültig sühnen könne, suchte er Vishnu auf. Dessen Türhüter Vishvaksena, auch ein Brahmane, verweigerte ihm den Zutritt – und überlebte das ebenfalls nicht. Vishnu schickte ihn mit der Leiche Vishvaksenas zum Ganges, wo er sich an der Stelle, wo heute die Stadt Kashi (Varanasi) steht, von seinen Sünden reinwusch.

Von Bhairava, dem ›Schrecklichen‹, existieren zahlreiche Formen. Er wird nackt dargestellt, geschmückt mit Schlangen und einem langen Schädelkranz. Die Haare rahmen als Flammenaura das Gesicht mit den drei Augen und zwei Hauern in den Mundwinkeln. In seinen zwei, vier, acht oder zwölf Händen trägt er den abgeschlagenen Kopf Brahmas und Symbole wie Totenkopfstab, Schlinge, Feuer, Trommel und Dreizack; ein großer Hund begleitet ihn. In dieser Form als *Mahakala* und in der dieser verwandten Form des *Kshetrapala* (Schützer der Felder und Tempelbezirke) wird Shiva von den Niederkastigen und Kastenlosen verehrt.

Den nackten Bettler Shiva, *Bhikshatana-Murti*, begleitet eine Gazelle. In einer seiner vier Hände hält er eine Schale aus dem Schädeldach Brahmas; oft umgeben ihn die lüsternen Frauen der Rishis. Dagegen ist Shiva als *Kankala-Murti* bekleidet. Über der Schulter trägt er seinen Dreizack, an dem ein Sack mit den Knochen des Vishvasena hängt.

Virabhadra repräsentiert den heldischen Aspekt Shivas. Als solcher war er der Schutzpatron des Vijayanagar-Reiches. Im Zorn über seinen Schwiegervater Daksha, der ihn bei einem Opfer übergangen hatte, schuf Shiva den ›glanzvollen Helden‹, um das Opfer zu zerstören und Daksha zu bestrafen. Gezeigt wird er meist in heldischer Pose und mit grimmigem Gesicht, in seinen vier Händen Pfeil und Bogen, Schwert und Schild haltend. An den Füßen trägt er hohe Sandalen. Ihm zur Seite steht klein und in devoter Haltung Daksha, zwischen den Schultern nun statt des eigenen den Kopf der Opferziege.

Ganesha

Ganesha, der populärste aller indischen Götter, gilt als Sohn von Shiva und Parvati, genießt aber nicht nur bei Shivaiten, sondern bei allen Hindus, ja sogar bei den Jainas, hohe Verehrung. Er ist der Gott der Weisheit und des Lernens, der Schutzherr der Wissenschaften und der Überwinder aller Hindernisse. Sinnigerweise heißen seine beiden Frauen *Siddhi* (Erfolg) und *Buddhi* (Einsicht). Man ruft ihn vor allen Unternehmungen wie Reisen, Vertragsabschlüssen, Prüfungen oder dem Bau eines Hauses an. Außerdem ist er der Anführer der Ganas, des zwergenhaften Gefolges Shivas. Abgebildet wird er sitzend, stehend oder tanzend. In den vier bis zehn Händen hält meist eine Schale mit Süßigkeiten, seinen eigenen abgebrochenen Stoßzahn, Gebetskette, Schlinge oder Stachelstock. Sein Begleit- oder Reittier ist eine Ratte.

Skanda

Der Kriegsgott und zweite Sohn Shivas führt in Süd-Indien auch die Namen *Subramanya* oder *Murugan* (in Nord-Indien: Karttikeya) und ist eine sehr populäre Gottheit. Als sechsköpfiger, vielarmiger Vernichter des Dämonen Taraka trägt er außer einem Hahn oder einem Banner mit einem Hahn hauptsächlich Waffen in den Händen, von denen der Speer und ein einer Lanzenspitze ähnliches Gerät (Thanka) für ihn besonders typisch sind. Sein Reittier ist der Pfau, seltener ein Elefant.

Aiyanar

Er schützt im Land der Tamilen von alters her Feld und Flur, wo ihm auch auf Kultplätzen unter freiem Himmel geopfert wird. Er begegnet uns in Darstellungen als reichgeschmückter Jüngling, sitzend und mit einem Yoga-Band um die Knie. Die rechte Hand zeigt die Geste des Lehrers, den linken Arm läßt er lässig über das Knie hängen. Er reitet auf einem Pferd oder einem Elefanten. In Kerala trägt er den Namen *Ayyappa* oder *Shastha* und ist Mittelpunkt einer religiösen Bewegung, deren Mitglieder in ihrer schwarzen Kleidung im November/Dezember überall in Süd-Indien ins Auge fallen.

Devi – die Göttinnen

Der uralte Kult der großen Muttergottheit ist trotz jahrhundertelanger Überlagerung durch die Kulte der männlichen Hochgötter Vishnu und Shiva in Indien noch lebendig. Besonders im Shivaismus spielt der Shaktismus eine große Rolle. *Mahalakshmi* oder *Mahadevi* offenbart sich in zahllosen Formen. In ihren friedvollen Erscheinungsformen werden Göttinnen größtenteils als Shakti männlicher Gottheiten mit diesen gemeinsam dargestellt, während heroische, zornige und jungfräuliche Manifestationen eigenständig auftreten und oft auch in eigenen Tempeln verehrt werden.

Durga wurde zwar auch Shiva assoziiert und gilt als heroischer Aspekt seiner Gemahlin; die Shaktas jedoch verehren in ihr den weiblichen Ursprung des Universums, und in zahlreichen Mythen und Darstellungen kommt ihre Überlegenheit gegenüber den männlichen Göttern zum Ausdruck. An südindischen Tempeln finden wir Durga verwirrenderweise mit den Insignien Vishnus abgebildet.

Steht sie auf einem Büffelkopf, weist das auf ihre spektakulärste Heldentat hin: Als Bezwingerin des Büffeldämons Mahisha *(Mahishasuramardini)* überwindet sie mit den auf sie übertragenen Kräften und Waffen aller Götter den mächtigen Dämonenkönig. In frühen Darstellungen bricht die schöne Göttin dem Ungeheuer das Genick, später kommt sie furios auf ihrem Löwen daher, schlägt dem Gegner den Kopf ab und durchbohrt ihn mit dem Dreizack.

Kali, die Göttin in ihrem furchtbaren Aspekt, ist meist von abstoßender Häßlichkeit, nackt, ausgemergelt und mit schlaffen Brüsten, höhnisch grinsend oder mit irrem Blick und heraushängender Zunge, geschmückt mit Totenschädeln und Schlangen, ausgestattet mit Attributen wie Schwert, Keule, Schlinge, Dreizack, Totenkopfstab, Sanduhrtrommel und Schädelschale (s. Abb. S. 317). Als *Camunda* ist sie Schutzgottheit der Maharajas von Mysore.

In Aihole, Ellora und vielen südindischen Tempeln begegnet uns die Gruppe der Sieben Mütter *(Sapta-Matrikas)*. Sie entstanden beim Kampf Shivas gegen den Dämon Andhaka (s. S. 50) und stellen die weiblichen Entsprechungen einiger bedeutender Götter dar, an deren Symbolen und Begleittieren sie zu erkennen sind; sie verkörpern negative menschliche Eigenschaften, die überwunden werden müssen.

Sapta-Matrika-Gruppe, Museum von Alampur

Die Göttinnen (v.l.n.r.), ihre männliche Entsprechung, ihr Begleiter und die jeweils verkörperte Leidenschaft sind:

- **Brahmani** (vierköpfig): Brahma – Wildgans – Stolz
- **Maheshvari**: Maheshvara/Shiva – Nandi – Zorn
- **Kaumari**: Kumara/Skanda – Pfau – Verblendung
- **Vaishnavi**: Vishnu – Garuda – Gier
- **Varahi** (oft eberköpfig): Varaha/Eber-Avatar Vishnus – Eber – Neid
- **Indrani**: Indra – Elefant – Nörgelei
- **Camunda**: Shiva – Eule – Verleumdung

Virabhadra und Ganesha, die für Fruchtbarkeit stehen, flankieren die Sieben Mütter, Kinder auf den Armen der Göttinnen betonen den Mutteraspekt.

Lakshmi oder *Shri* ist die Gemahlin Vishnus und – unter jeweils anderem Namen – die aller seiner Avatare. Sie genießt Verehrung als Göttin der Schönheit, des Reichtums und des Glücks und als Schutzherrin des häuslichen Herdes; als Begleiterin Vishnus hält sie einen Lotus in der Hand. Nicht nur bei den Hindus erfreut sich ihr Aspekt als *Gajalakshmi* großer Beliebtheit: Sie sitzt auf einem Lotus, und zwei Elefanten übergießen sie mit Wasser. Dieses Motiv sieht man, wie auch Ganesha, oft über der Tür von Tempeln und Privathäusern.

Sarasvati, die Gemahlin Brahmas, wandelte sich von einer vedischen Fluß- und Fruchtbarkeitsgöttin zur Schutzherrin der schönen Künste, der Musik, des Tanzes und der Poesie. Neben Palmblattmanuskripten – sie gilt als Schöpferin des Sanskrit und der Devanagari-Schrift – und Attributen Brahmas wie Gebetskranz und Opferkrug trägt sie als Hauptsymbol eine Vina (Stabzither). Der Pfau dient ihr als Reittier.

Ganga und *Yamuna*, die Verkörperungen der beiden heiligen Flüsse, gelten als Spenderinnen von Wohlstand und Überfluß und fungieren oft als Wächterinnen an Tempeleingängen. Sie werden als schöne Frauen dargestellt und tragen einen Wasserkrug, Fliegenwedel und Lotus als Attribute. Ganga steht auf einem Seeungeheuer (Makara), Yamuna auf einer Schildkröte.

Geschichte

Die Frühzeit

Die Frühzeit Süd-Indiens liegt im Dunkeln und tritt erst mit dem Maurya-Kaiser Ashoka (ca. 272–231 v. Chr.) in das Licht der Geschichte. Unter seiner Herrschaft dehnte sich das nordindische Reich über das Vindhya-Gebirge bis weit in den drawidischen Süden hinein aus und grenzte an die drei Königreiche der Cheras, Pandyas und Cholas. Auf Felsinschriften bekundete er seine politische und soziale Verbundenheit gegenüber diesen südlichen Nachbarn, die damit erstmalig genannt wurden.

Die Südspitze Indiens vom 3. Jh. v. Chr. bis zum 4./5. Jh.

Die Cheras, Pandyas und Cholas, die ältesten Vertreter der Volksgruppe der Tamilen, erhielten sich trotz erbitterter Kämpfe und Niederlagen bis ins 16./17. Jh. ihre Stammessouveränität. Die Nähe zum Meer hat diesen Teil Indiens geprägt: Ein blühender Handel entwickelte sich mit den Hafenstädten der malayischen Inselwelt, mit dem Vorderen Orient und mittelmeerischen Ländern.

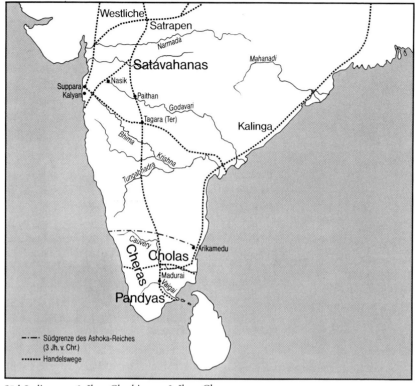

Süd-Indien vom 3. Jh. v. Chr. bis zum 3. Jh. n. Chr.

Ausgrabungen alter Hafenanlagen wie in Arikamedu und zahlreiche römische Münzfunde sind ebenso wichtige historische Quellen dieser Zeit wie die Sangam-Literatur, eine zeitgenössische tamilische Verssammlung; dazu kommen die Berichte der ersten europäischen Reisenden wie das Werk des unbekannten griechischen Kaufmanns ›Periplus der erythräischen Meere‹, des Geographen Ptolemäus oder Plinius' des Älteren.

Der Dekhan bis zum 1. Jh. v. Chr.

Während im südlichsten Indien bereits Schriftkulturen existierten, lagen weite Teile des Dekhan noch im Dunkel der Vorzeit. Im Museum von Nagpur kann der Besucher heute die Vor- und Frühgeschichte dieser Region anschaulich nachempfinden. Siedlungsgebiete und Orte werden im Mahabharata und Ramayana sowie in alten religiösen Schriften genannt.

Noch nicht eindeutig erforscht ist die Besiedlung Süd-Indiens durch die von Norden kommenden Aryas (Arier). Hier stellt sich die Frage, ob von einer Ausbreitung der nordindischen Kultur gesprochen werden kann oder ob es sich eher um eine Vermischung der nördlichen arischen und der südlichen tamilischen Kultur handelte. Auf jeden Fall fand die Veränderung langsam statt.

Mit der Ausdehnung des Maurya-Reiches nach Süd-Indien wurden die alten Handelswege zum Bindeglied zwischen Nord und Süd, und der Dekhan blieb nicht mehr lange nur Durchgangsland. Noch vor der Zeitenwende entstanden eine ganze Reihe von jainistischen und buddhistischen Klosteranlagen, die einen entscheidenden Beitrag zur kulturellen und kunsthistorischen Entwicklung geleistet haben. Die geopolitische Trennung Süd-Indiens in das Hochland des Dekhan und den drawidischen Süden hat sich durch Jahrhunderte hindurch bis zur moslemischen Invasion im 13./ 14. Jh. erhalten.

Küstenhandel mit der Malabar- und der Koromandel-Küste und bauten intensive Beziehungen mit dem Ausland auf. Die Römer, auch im Süden engagiert, wurden zu ihren wichtigsten Handelspartnern.

Die Herrscher, selber Hindus wie auch ihre Untertanen, unterstützten die buddhistischen Mönchs- und Nonnensekten, die aus dem fernen Bihar gekommen waren, um hier ihre neue Heimat aufzubauen. Die Einkünfte aus Dörfern und Ländereien wurden für den Bau neuer Klosteranlagen zur Verfügung gestellt, an deren Finanzierung sich auch einfache Leute, Handwerker und Kaufleute beteiligten, wie aus zahlreichen Stifterinschriften hervorgegangen ist.

Die ersten großen Dekhan-Dynastien vom 2. Jh. v. Chr. bis zum 6. Jh.

Die Satavahanas

Die erste bedeutende Großmacht auf dem Dekhan war die Dynastie der Satavahanas von ca. 150 v. Chr. – ca. 250. Das Kerngebiet ihres Reiches auf dem nordwestlichen Dekhan dehnten sie bis an die östliche Küste von Andhra Pradesh aus. Ihre Hauptstadt, Paithan an der Godavari, war seit alters ein wichtiger Marktflecken und Knotenpunkt der traditionellen Handelswege, die von den Häfen an der Westküste ins Inland führten, vom Süden über das Vindhya-Gebirge in den Norden, in die Häfen der Ostküste oder ins entfernte Orissa und Bengalen. Die politische Weitsicht besonders der späteren Satavahanas dokumentierte sich in ihrer wirschaftlichen Expansion und in ihrer religiösen Offenheit. Sie pflegten einen ausgedehnten

Die Vakatakas

Das Reich der Satavahanas hatte sich in zahlreiche Kleinfürstentümer aufgesplittert, aus deren Reihe die Vakatakas erstarkten. Ihr Stammland mit der Hauptstadt Nandiwardhana lag im nördlichen Maharashtra nahe des Vindhya-Gebirges. Die Vakatakas herrschten zwar über den Dekhan, waren aber höchstwahrscheinlich schon Vasallen der nordindischen Gupta-Dynastie, als sich Samudragupta (330–375) aufmachte, Süd-Indien zu erobern. Gegen Ende des 4. Jh. kam das Reich durch Heirat endgültig unter die Kontrolle der Gupta-Herrscher.

Das Paithan der Satavahanas blieb weiterhin ein wichtiger Warenumschlagplatz, und auch die Tradition, den buddhistischen Gläubigen Raum und Unterstützung zu gewähren, lebte fort. So entstanden unter dem Vakataka Harisena (460–478) die berühmten Kultstätten in Ajanta.

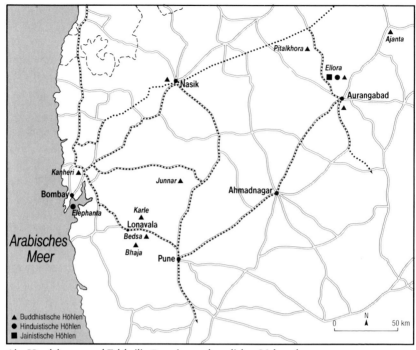

Alte Handelswege und Felsheiligtümer im nordwestlichen Maharashtra,
1. Jh. v. Chr. bis 8./9. Jh.

Süd-Indien von der Mitte des 6. bis zur Mitte des 9. Jh.

Im 6./7. Jh. etablierten sich die ersten drei Großdynastien: die Frühen Westlichen Chalukyas auf dem Hochland des Dekhan, die Pallavas im Tiefland des Südostens und die Pandyas im drawidischen Süden.

Die Frühen Westlichen Chalukyas

Im Laufe ihrer 200jährigen Geschichte entwickelte sich die Dynastie der Chalukyas von lokaler Bedeutung zu einer zentralen Großmacht auf dem Dekhan mit der Hauptstadt Vatapi/Badami. Es lassen sich zwei Phasen unterscheiden, die beide ungefähr 100 Jahre dauerten, unterbrochen durch eine kurzfristige Besetzung durch die Pallavas.

Nach Inschriften begründete Pulakeshin I. (543–566) die Dynastie, seine Nachfolger Kirtivarman I. und Mangalesha dehnten das Reich weiter aus. Pulakeshin II. (610–642?) besiegte den mächtigen Harshavardana und verhinderte damit die Beherrschung des Dekhan durch eine nordindische Macht. Sein Ruhm ging über die Grenzen Indiens hinaus: Der persische König Kushrau II. empfing 625 eine Delegation der Chalukyas, möglicherweise erfolgte ein Gegenbesuch. Diese Diplomatie sollte den drohenden Einfall der Araber zurückhalten, was jedoch nur für kurze Zeit gelang.

Überzeugt von seiner Stärke versuchte Pulakeshin II., Kanchipuram, die Hauptstadt der Pallavas, einzunehmen. Doch er scheiterte, und im Gegenzug eroberte der Pallava-König Narasimha I. Badami und machte sich zum ›Vatapikonda‹, zum Eroberer von Vatapi/Badami. Erst 13 Jahre später konnte Vikramaditya I. (654–681), einer der Söhne Pulakeshins, das Stammland der Dynastie wieder in Besitz nehmen.

Dem letzten großen Chalukya-Herrscher, Vikramaditya II. (733–744), stellte sich erneut das Problem einer arabischen Invasion: Arabische Truppen besetzten Gujarat und den nördlichen Konkan. Ihr weiteres Vordringen auf den Dekhan konnte jedoch gemeinsam mit den Rashtrakutas, den langjährigen Vasallen, erfolgreich abgewehrt werden. Vikramaditya II. gelang endlich auch die Eroberung der Pallava-Hauptstadt Kanchipuram, deren Schönheit ihn so beeindruckte, daß er sie nicht zerstörte.

Zur Zeit des letzten Chalukya, Kirtivarmans II. (744–755), übernahm der Rashtrakuta Dantidurga, sein Kampfgenosse gegen die Araber, die Herrschaft über den Dekhan. Sein Nachfolger Krishna I. ließ Kirtivarman ermorden. Nach über 200jähriger Regierungszeit der Rashtrakutas sollten dann die Späten Westlichen Chalukyas die chalukische Geschichte fortsetzen.

Süd-Indien vom 3. Jh. bis zur Mitte des 6. Jh.

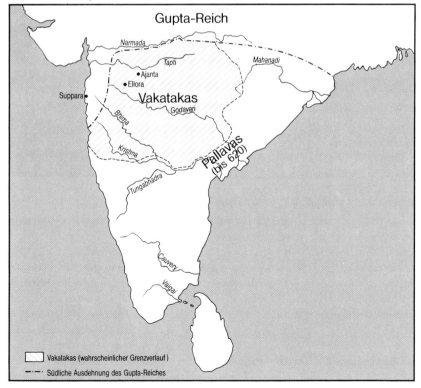

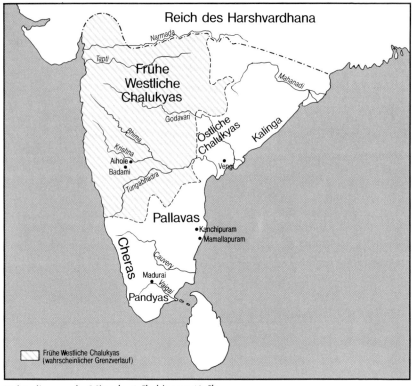

Süd-Indien von der Mitte des 6. Jh. bis zum 10. Jh.

Die Pallavas

Die Pallavas werden erstmalig im 4./ 5. Jh. in der Geschichtsschreibung erwähnt, als sie sich erfolgreich gegen die Kalabhras, einen westlichen Bergstamm, wehren konnten. Ihr erster Herrscher Simhavishnu (574–600) erweiterte das kleine Gebiet um Kanchipuram herum in den Süden und bis zum Deltagebiet von Krishna und Godavari im Norden. Es entstand das Tondai-Mandalam, das erste bedeutende Herrschaftsgebiet im drawidischen Süden.

Sofort nachdem Mahendravarman I. (600–630) die Nachfolge seines Vaters angetreten hatte, setzten die von nun an nicht mehr abreißenden Konflikte mit den Chalukyas ein, die vorläufig mit der Eroberung der chalukischen Hauptstadt Badami durch Narasimhavarman I. Mamalla (630–668) endeten. Doch schon 13 Jahre später überließ er den ehemaligen Herrschern wieder das Feld: Den Pallavas war mehr daran gelegen, die Oberherrschaft über den tamilischen Süden zu erlangen, d. h., die Pandyas im Südwesten zu unterwerfen. Bis in die Mitte des 9. Jh. konnten sich die Pallavas noch halten, nachdem ihre Erzrivalen, die Chalukyas, schon längst entmachtet worden waren.

Die Pandyas

Die Perlen der Pandyas wurden schon im 4. Jh. v. Chr. gerühmt. Berichten der Kalinga-Könige von der nördlichen Ostküste zufolge galten Perlen aus dem Pandya-Gebiet als Tributzahlmittel. Und auch Marco Polo, der auf seinem Heimweg von China (1293) die Koromandel- und Malabar-Küste besuchte, berichtete von dem unermeßlichen Perlenschatz der Pandyas.

Die Gründung ihrer Dynastie erfolgte etwa zeitgleich mit den Pallavas um das Jahr 560. Das Pandya-Reich wurde im Westen von den Cheras und im Osten von den Pallavas und Frühen Cholas be-

grenzt, die klassische Grenze im Norden war die Cauvery. In seiner Blütezeit dehnte sich ihr Reich nahezu über den gesamten drawidischen Süden aus, doch schwächten fortwährende Erbfolgestreitigkeiten die Stabilität der Herrschaft. Die Hauptstadt Madurai, schon in der Sangam-Literatur erwähnt, ist heute eine der größten und schönsten Tempelstädte Süd-Indiens.

Nachdem die Pallavas, die Erzfeinde der Pandyas, den drawidischen Süden und damit die Oberherrschaft über das Pandya-Reich zu Beginn des 9. Jh. übernommen hatten, erstarkten die Pandyas erst wieder im 13. Jh. Jatavarman Sundara (1253–1275) errang noch einmal

Süd-Indien von der Mitte des 8. Jh. bis zum Anfang des 10. Jh.

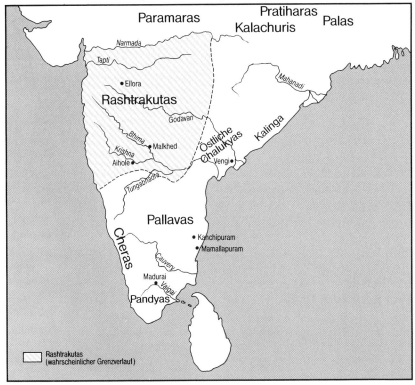

eine kurzfristige Vormachtstellung in Süd-Indien. Interne Uneinigkeiten verleiteten seinen Nachfolger Maravarman Kulashekara I. (1275–1310) zu dem unklugen Schritt, die Moslems, die 1296 begonnen hatten, den Dekhan und den Süden zu okkupieren, zu Hilfe zu rufen. Damit war das Ende der Dynastie vorbestimmt.

Die Östlichen Chalukyas von Vengi

Anfang des 7. Jh. hatte der Chalukya Pulakeshin II. das fruchtbare Delta zwischen Godavari und Krishna erobert und seinen Bruder als Herrscher einer neuen Dynastie, der Östlichen Chalukyas von Vengi, eingesetzt (624) – eine weitsichtige Entscheidung, denn für die nächsten 130 Jahre sorgten die familiären Bande nun für eine unangefochtene Vorherrschaft der Chalukyas von der West- bis zur Ostküste des Dekhan.

Erst mit der neuen Dynastie der Rashtrakutas setzte Mitte des 8. Jh. der Streit um dieses begehrte Gebiet wieder ein. So standen die nächsten Jahrhunderte im Zeichen fortwährender Kämpfe mit den südlichen Pallavas und den westlichen Nachbarn, den Rashtrakutas und den Späten Westlichen Chalukyas. Dennoch wurden die Östlichen Chalukyas nie von einer anderen Macht vereinnahmt – andererseits gelang es ihnen auch nicht, aus ihrem begrenzten Gebiet zu expandieren.

Der Dekhan
vom 8. bis zum 13. Jh.

Mitte des 8. Jh. hatten die Rashtrakutas die Nachfolge der Chalukyas angetreten. Sie wurden Ende des 10. Jh. von den Späten Westlichen Chalukyas von Kalyani abgelöst. Während der Süden unter den Cholas zu einer bedeutenden Großmacht heranwuchs, zerfiel der Dekhan in Regionalstaaten. Die Zeiten einer politischen Neuorientierung kündigten sich im 13. Jh. an.

Die Rashtrakutas

Als der Vater des Chalukyas Kirtivarman starb, sah der Rashtrakuta Dantidurga (735–755), bislang ein treuer Verbündeter der Chalukyas, seine Chance gekommen. Durch geschickte Bündnispolitik im Norden, Westen und Süden des Dekhan und die Heirat seiner Tochter mit dem Pallava-Herrscher, dem Erzfeind der Chalukyas, unterhöhlte er die Souveränität Kirtivarmans und ernannte sich zum Herrscher über den Dekhan (752).

In den ersten Jahrzehnten errangen die Rashtrakutas überwältigende Erfolge. Kaum hatte Krishna I. (756–772) die junge Dynastie gefestigt, als Dhruva Dharavarsha (780–793) mit einem großen Heer über das Vindhya-Gebirge in das Ganges-Tal zog: Als Zeichen seines Sieges über den Norden schmückten von nun an die Flußgöttinnen Ganga und Yamuna das Staatsbanner.

Nahezu das gesamte folgende Jahrhundert stand unter dem Primat, Ruhe und Frieden zu erhalten und die Grenzen des Kernlandes zwischen dem Vindhya-Gebirge und der Tungabhadra und Krishna zu konsolidieren. Der große Herrscher dieser Zeit war Amoghavarsha I. (814–880). Der arabische Kaufmann Sulaiman nannte ihn den viertmächtigsten Herrscher der Welt nach dem Kalifen von Bagdad, dem Kaiser von China und dem Kaiser von Byzanz. Erst sein Enkel Indra III. (914–916) zeigte wieder den früheren Expansions-

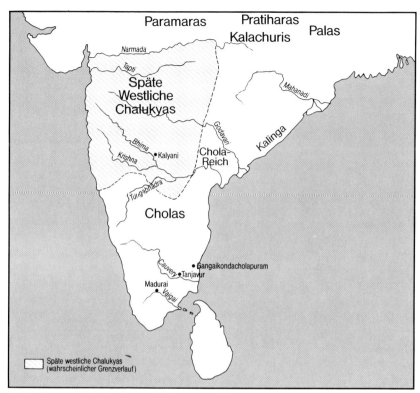

Süd-Indien von der Mitte des 10. Jh. bis zum Ende des 12. Jh.

willen und zog Anfang des 10. Jh. nochmals gen Norden. Sein größter Triumph bestand darin, daß er als Dekhan-Herrscher die bedeutende nördliche Hauptstadt Kanauj einnehmen und weite Gebiete des Nordwestens unterwerfen konnte. Die Araber waren in der Zwischenzeit in bedrohliche Nähe des Dekhan gerückt und hatten bereits Gujarat unter ihrer Kontrolle. Trotz ständiger Kriege im Osten und Westen konnte der fähige Krishna III. (939–967), der letzte bedeutende Rashtrakuta, den politischen Verfall noch einmal aufhalten. Die nachfolgenden schwachen Herrscher jedoch unterlagen endgültig den Späten Westlichen Chalukyas gegen Ende des 10. Jh.

Die Späten Westlichen Chalukyas von Kalyani

Der erste Herrscher der Späten Westlichen Chalukyas von Kalyani (973–1189) war Taila II. (973–997). Er wurde vom Rashtrakuta Krishna III., der freie Hand in den Kämpfen mit den Cholas benötigte, als Gouverneur über weite Teile des Dekhan eingesetzt, bis schließlich die Rashtrakutas von ihren eigenen erstarkten Vasallen abgelöst wurden. In den ersten 100 Jahren fanden fortwährend Kämpfe gegen die Östlichen Chalukyas und die Cholas statt. Erst dann trat unter Vikramaditya VI. (1073–1126) eine verhältnismäßig ruhige Zeit ein. Mitte des

Heldenstein, Balgame

12. Jh. zeichneten sich dann auch bei dieser letzten großen Dekhan-Dynastie Auflösungserscheinungen ab, während sich kleinere und größere Regionalstaaten zusehends selbständig machten.

Die Yadavas, Kakatiyas und Hoyshalas

Noch zu Zeiten der Späten Westlichen Chalukyas machten sich als erste im Südwesten südlich der Tungabhadra die Hoyshalas (1108–1346) mit der Hauptstadt Dorasamudra/Halebid selbständig, es folgten im Osten die Kakatiyas (1150–1325) mit Warangal und schließlich im Norden die Yadavas (1191–1326) mit Devagiri/Daulatabad. Die Gründung dieser Regionalreiche und ihr ego-

Süd-Indien im 13. Jh.

62

istisches Machtstreben zersplitterte die politische Einheit des Dekhan, so daß sie schließlich den moslemischen Invasoren überrascht und unvorbereitet gegenüberstanden.

Die Plünderungszüge des Sultans Alauddin Khilji aus Delhi und seines Offiziers Malik Kafur begannen 1296 im nördlichen Dekhan. Sie waren vorläufig lediglich an den unermeßlichen Schätzen des Königshauses in Devagiri interessiert, um ihre Heeresfinanzen aufzubessern. So gelangten die Yadavas als erste unter direkte Kontrolle des Sultanats von Delhi. Devagiri diente von da ab als Zwischenstation des moslemischen Heeres auf seinen Raubzügen gen Süden, zudem stellte der Yadava-Herrscher den Moslems militärische Unterstützung gegen die Kakatiyas und Hoyshalas zur Verfügung.

Diese blieben zwar vorerst selbständig, mußten aber die moslemische Oberhoheit anerkennen und sich zu Tributzahlungen verpflichten. Anfang/Mitte des 14. Jh. hatte Ghazi Malik Tughluk mit seinem Heer weite Teile des Dekhan und des tamilischen Südens unter seine Kontrolle gebracht. Mit dem letzten großen Hoyshala-Herrscher Ballala III. (1292–1342), der, in eine zweifelhafte Bündnispolitik verwickelt, unter erbarmungswürdigen Umständen starb, endete die Vorherrschaft der hinduistischen Könige auf dem Dekhan.

Der tamilische Süden vom 8. bis zum 13. Jh.

Die Cheras

Nachdem sich die Stammesfürsten der Musakas im Norden, der Cheras in der Mitte und der Ays im Süden des Landes von der Vorherrschaft der Kalabhras hatten befreien können, übernahmen 925 die Cheras die Oberherrschaft über den mittleren und südlichen Teil des Landes. Sie nutzten wie ihre Vorfahren den Reichtum der Malabar-Küste und der angrenzenden Gebirge – Kardamom wuchs im Kardamom-Gebirge – und bauten einen gewinnträchtigen Handel auf, der nun auch Südostasien und China einbezog; ihr zentraler Hafen war Quilon.

Die chinesischen Fischernetze in Cochin zeugen noch heute von dieser Vergangenheit, während die Daus von den Arabern im 8. Jh. mitgebracht wurden, als sie sich hier niederließen. Ihre Nachkommen sind die Moplas im Norden des heutigen Kerala. Die Anhänger der syrisch-orthodoxen Kirche, die nach Reiseberichten des byzantinischen Mönchs Cosmos Indicopleustes schon im frühen 6. Jh. an der Küste Keralas gesiedelt hatten, ließen sich hauptsächlich im mittleren Kerala nieder. Sie pflegten jedoch zu ihren südindischen Nachbarn keine besondere Verbindung.

Die Cholas

Die Cholas waren Mitte des 9. Jh. noch kleine Vasallen der Pallavas, als sie Tanjavur (Tanjore) an der Cauvery eroberten und zu ihrer Hauptstadt erklärten. Die Gebietsauseinandersetzungen ihrer Nachbarn stärkten die Position des kleinen Chola-Reiches, die Aditya I. (871–907) in einer Schlacht mit dem letzten Pallava-Herrscher Aparajita endgültig festigte. Ende des 10. Jh. schließlich begann unter dem bedeutendsten Chola-Herrscher, Rajaraja I. (985–1016), der Aufstieg zur größten und stärksten Land- und Seemacht in Südostasien. Der

›Wappen‹ der Hoyshalas, Chennakeshara-Tempel, Belur

Yuvaraja Rajendra I. (1012–1044) setzte die aggressive Expansionspolitik seines Vaters fort.

Mit einem schlagkräftigen Heer und einer starken Seeflotte zwangen die Cholas dem gesamten Süden ebenso wie weiten Gebieten des südlichen Dekhan, den reichen Küstenregionen der Cheras im äußersten Westen, den Malediven und Ceylon ihre Vorherrschaft auf. Auch erreichten sie ihr Ziel, den Arabern die Kontrolle über die See- und Handelsstraßen des Indischen Ozeans abzunehmen.

Um im gewinnträchtigen Südsee-Handel die nordindische Konkurrenz auszuschalten, zog Rajendra I. 1023 mit Heer und Flotte gleichzeitig die Küste entlang durch Orissa und Bengalen bis zur Ganga. Dieser Siegesmarsch fand seinen Niederschlag in der Gründung der neuen Hauptstadt Gangaikondacholapuram (1030). Die ehemals freundschaftlichen Beziehungen nach Sumatra änderten sich mit den zwei großen Südsee-Expeditionen Rajendras und seines Sohns Rajadhiraja I. (1018–1054), die Burma, Sumatra, Malaysia und Java unterwarfen. Auch nach China fanden Expeditionen statt.

Erbfolgeprobleme – es fehlte an einem Thronfolger – Ende des 11. Jh. wurden dadurch gelöst, daß die Östlichen Chalukyas unter Kulottunga (1070–1118) der Chola-Dynastie ›einverleibt‹ wurden, was für weitere 100 Jahre die wirtschaftliche und politische Macht sicherte. Mit Rajendra III. (1246–1279) endete die mächtige Chola-Dynastie als unbedeutender Vasall der Pandyas.

Aufbruch in die Neuzeit (13. bis 17./18. Jh.)

Der Verfall der politischen Ordnung auf dem Dekhan machte es den Moslems, die bereits den ganzen Nordwesten von Nord-Indien erobert hatten, einfach, weiter über das Vindhya-Gebirge in den Süden vorzudringen. Ihre Expansion provozierte die Gründung des hinduistischen Vijayanagar-Reiches, das bis zu der historischen Schlacht von Talikota ein weiteres Vordringen der Moslems verhindern konnte. Den Untergang des Vijayanagar-Reiches machten sich dann die Moghul-Herrscher aus Delhi und später die Europäer zunutze, die Ende des 15. Jh. nach Indien kamen.

Das Bahmani-Reich

Eine Reihe politischer Unternehmungen hatte die Macht des Delhi-Herrschers Muhammad ibn Tughluk geschmälert. Das nutzte Alauddin Hasan Bahman, der moslemische Statthalter der Yadavas in Daulatabad im nördlichen Dekhan, indem er sich vom Sultanat von Delhi lossagte und als Zafar Khan Bahmani (1347–1358) das unabhängige Bahmani-Reich gründete. Er wurde so der erste moslemische Herrscher auf dem Dekhan, seine Hauptstadt war Gulbarga, später Bidar (1423).

Das Reich dehnte sich über den Dekhan bis in den Osten von Andhra Pradesh aus und wurde wegen seiner Größe in vier Verwaltungsprovinzen unterteilt, die die politische Grundlage der nachfolgenden Sultanate bildeten. Im Süden grenzte das Reich an die gleichfalls aufstrebende Großdynastie der Vijayanagars. Das dazwischen liegende fruchtbare Raichur Doab, ein ständiger Konfliktherd in den folgenden Jahrhunderten, wechselte fortwährend den Besitzer.

Zafar Khans Ruhm und Fremdenfreundlichkeit lockten Poeten, Kaufleute, und Reisende aus Persien, Arabien und dem Osmanischen Reich in die glanzvollen Zentren des Dekhan. Die shiitischen Fremden, Afakis oder Pardesis genannt, besetzten schon bald alle wichtigen öffentlichen Positionen, was Neid und Haß bei den einheimischen sunnitischen Moslems, den Dakhnis, erzeugte.

Unter Firoz Shah (1397–1422) erlebte das Bahmani-Reich seinen Höhepunkt. Der liberale Herrscher, der Kunst, Architektur, Wissenschaft und Religion förderte, war mit einer Marathin verheiratet und zeigte bewußt seine Absicht, die beiden Kulturen der Hindus und Moslems miteinander zu verbinden. Ein berühmter Afaki, Mahmud Gavan, ursprünglich ein persischer Kaufmann, wurde unter Muhammad III. zum Premierminister. Seine kluge und weitsichtige Politik verhinderte vorerst den offenen Bruch zwischen Afakis und Dakhnis, der jedoch nicht mehr aufzuhalten war, als er einer Intrige zum Opfer fiel und ermordet wurde (1481). Mit seinem Tod setzte der rasche Verfall der Dynastie ein.

Die Fünf Sultanate

Die Gouverneure des geschwächten Bahmani-Reiches erklärten nach und nach ihre Unabhängigkeit, und aus den bestehenden Verwaltungsprovinzen des großen Bahmani-Reiches bildeten sich fünf unabhängige Sultanate: die Imad Shahi-Dynastie (1490–1568) in Berar, die Nizam Shahi-Dynastie (1490–1633) in Ahmadnagar, die Barid Shahi-Dynastie (1504–1609) in Bidar, die Adil Shahi-

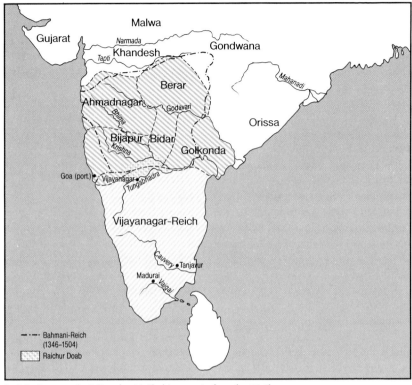

Süd-Indien von der Mitte des 14. Jh. bis zum Anfang des 16. Jh.

Dynastie (1490–1686) in Bijapur und schließlich die Qutb Shahi-Dynastie (1512–1687) in Golkonda. Berar kam später an Ahmadnagar, Bidar an Bijapur.

Die südliche Grenze zum Vijayanagar-Reich bildete nach wie vor das Raichur Doab. Im Westen des Bijapur-Sultanats dagegen tauchten die Portugiesen auf, bis jetzt ganz unbekannte Gegner. 1510 gelang es ihnen, sich in Goa niederzulassen.

Feindseligkeiten der Sultanate untereinander suchte der Vijayanagar-Herrscher Rama Raya, gut mit den Höfen von Bijapur und Golkonda vertraut, auszunutzen und zu forcieren. Doch seine Rechnung ging nicht auf: Die Sultanate Bijapur, Golkonda und Ahmadnagar

vereinten sich schließlich gegen ihn, und 1565 kam es zur historischen Schlacht bei Talikota. Die moslemischen Truppen siegten, Rama Raya wurde getötet, sein Bruder floh mit dem Kronschatz nach Penukonda und überließ die Hauptstadt Vijayanagar der Plünderung und Zerstörung. Damit stand einer moslemischen Eroberung über den Dekhan hinaus in den Süden nichts mehr im Wege.

Das Vijayanagar-Reich

Erstmalig seit dem Untergang der Chola-Dynastie entstand mit dem Vijayanagar-Reich wieder ein hinduistisches Großreich in Süd-Indien. Schon Ende des 14. Jh. hatte es seine größtmögliche

Ausdehnung erlangt. Politische Kontrolle, straffe Verwaltung und eine stabile Wirtschaft bildeten die Grundfesten seiner Macht, die jedoch durch fortwährende Frontenkriege mit dem nördlichen moslemischen Nachbarn, durch Auseinandersetzungen mit aufständischen Vasallen in den eroberten Gebieten und durch Verschwendung und Mißwirtschaft geschwächt wurde.

Immer neue Dynastien regierten das Reich: die erste der Sangamas (1336–1485), die zweite der Saluvas (1485–1503), die dritte der Tuluvas (1505–1565) mit Krishnadeva Raya, dem hervorragendsten und bedeutendsten aller Vijayanagar-Herrscher, und schließlich die vierte der Aravidus (1567–1664).

Über 200 Jahre – bis zu der verhängnisvollen Schlacht von Talikota 1565 – konnten die Vijayanagar-Herrscher so das Vordringen der Moslems in den tieferen Süden verhindern. Dann dauerte es nochmals 100 Jahre, bis das Vijayanagar-Reich endgültig aufhörte zu existieren und die Moslems schließlich den ganzen Süden erobert hatten.

Anfang des 16. Jh. führte Krishnadeva Raya ein Verwaltungssystem ähnlich dem des Bahmani-Reiches ein. Den Nayaks, meist Offizieren, wurde als unabhängigen Gouverneuren Land übereignet. Sie waren berechtigt, Steuern einzutreiben, dafür verpflichteten sie sich zu Tributzahlungen und zu militärischer Hilfeleistung. Noch lange nach der entscheidenden Schlacht von Talikota blieben die Nayaks von Madurai (1529–1739), Tanjavur (Tanjore; 1526–1649) und Gingee (1532–1649) treue Stützen des Vijayanagar-Reiches, bis es mit dem letzten Herrscher 1664 endgültig unterging und von den Sultanaten Bijapur und Golkonda eingenommen wurde.

Das Moghul-Reich

Nur wenige Jahrzehnte später (1689) wurde nahezu der gesamte Süden durch Aurangzeb (1685–1707) dem Moghul-Reich einverleibt. Sein großindisches Reich dehnte sich nun im Süden bis zu dem Nayaktum Mysore aus und verlief der Ostküste entlang bis nach Tanjavur (Tanjore) und Trichy (Tiruchirapalli). Dieser Küstenstreifen, das Karnatik, stand in den Karnatischen Kriegen kaum 50 Jahre später im Mittelpunkt der Rivalitäten zwischen Franzosen und Briten, die Anfang des 17. Jh. ihre Ostindischen Handelsgesellschaften gegründet hatten.

Mit der Auflösung des Moghul-Reiches machte Nizam-ul-Mulk, ein ehemaliger Moghul-Feldherr und Politiker, den Dekhan wieder unabhängig und gründete 1724 die Dynastie der Nizams von Hyderabad, die die wichtigsten Bundesgenossen der Briten wurden. Während sich hier die Herrschaftsstrukturen stabilisierten, unterlagen die übrigen Kleinstaaten und Nayaktümer schließlich der britischen Oberherr-

Wappen der Vijayanagars, Tadpatri

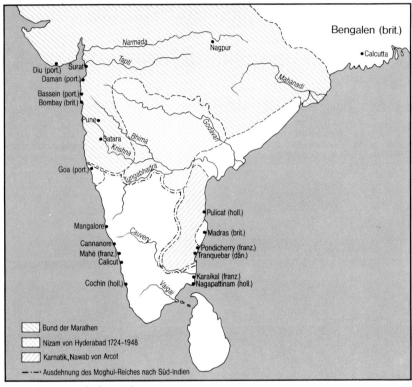

Süd-Indien am Ende des 16. Jh.

schaft, da sie ihre Kräfte zermürbten, ihre Finanzen ruinierten und jahrelange Kleinkriege gegeneinander führten.

Die Marathen

Etwa zeitgleich mit dem Untergang des Vijayanagar-Reiches trat eine neue hinduistische Macht auf den Plan, die Marathen, die sich 1646 unter ihrem legendären Anführer Shivaji, der sich als Erneuerer des Hinduismus verstand, auf dem nordwestlichen Dekhan etablierten. Sie erkannten die Realität der moghulischen Stärke und sahen es als vornehmliche Aufgabe an, ein Viertel der Staatseinkünfte, Chauth genannt, in den Moghul-Provinzen einkassieren zu dürfen.

Während Shivaji noch plündernd mit seiner schnellen Reitertruppe durch die Lande zog und zur Verteidigung ein Netz von Festungen in den Westlichen Ghats aufbaute, errichteten seine Nachfolger eine Konföderation von marathischen Kleinkönigtümern in Nord-Indien, auf dem nördlichen Dekhan und im östlichen Orissa. Sie blieben eine bedeutende Macht, bis sie sich der Militär- und Finanzgewalt der Briten im 19. Jh. beugen mußten.

Die ersten Europäer in Indien

Nachdem Marco Polo 1295 nach 24 Jahren von seiner Reise ›Von Venedig nach China‹ zurückgekehrt war, sprach sich

68

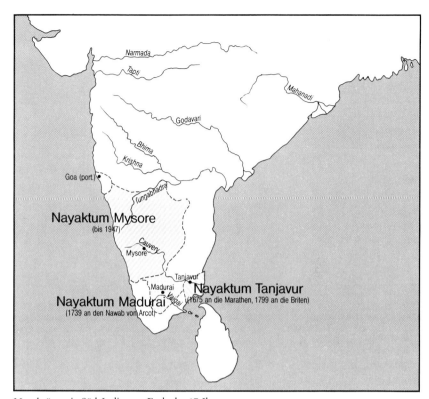

Nayaktümer in Süd-Indien am Ende des 17. Jh.

langsam die Kunde vom sagenhaften Reichtum Süd-Indiens im mittelalterlichen Europa herum. Angelockt von all den exotischen Verheißungen, machten sich im Laufe des 15. Jh. mehr und mehr Abenteurer und Kaufleute auf den Weg nach Indien. Auch sie haben – wie der Araber Ibn Battuta oder der Russe Athanasius Nikitin – Reiseberichte hinterlassen. Noch mußten sie den langen und beschwerlichen Weg durch die Wüsten Arabiens auf sich nehmen und in Aden oder Ormuz auf die günstigen Monsunwinde warten. Im Jahre 1488 endlich hatte der Portugiese Pedro de Covilhan im Auftrage seines Königs Juan II. die letzten wichtigen Informationen zusammengetragen, die den Portugiesen als

den ersten Europäern den freien und unabhängigen Handel mit Indien öffnen sollten. So wußte Vasco da Gama, was er entdecken wollte, als er nach zehn Monaten Seereise im Mai 1498 direkt in Calicut landete.

Die Portugiesen

Die Portugiesen kamen nach Indien, um Handel zu treiben und um ›Christen zu suchen oder zu machen‹. Als Handelspartner waren sie willkommen, als Missionare jedoch machten sie sich so verhaßt, daß die später nachfolgenden Europäer um so bereitwilliger von den Indern willkommen geheißen wurden. Die Portugiesen errichteten entlang der

69

West- und Ostküste Süd-Indiens und auf Ceylon eine Reihe befestigter Handelsniederlassungen und Flottenstützpunkte; so waren sie gut vorbereitet für ihre Plünderungszüge durch südindische Tempelstädte, und auch ihre Missionare hielten sich nicht zurück, die Bewohner der südlichsten Küstengebiete schamlos auszunehmen.

Die portugiesische Handelsmacht beherrschte im ganzen 16. Jh. uneingeschränkt den indischen Küstenhandel und den europäischen Markt. Der Warentransport nach Europa war allein der königlichen Seeflotte vorbehalten, und der Gewürzhandel entwickelte sich zu der gewinnträchtigsten Einnahmequelle im Staatshaushalt. Fremde Schiffe liefen Gefahr, vor dem Erreichen der indischen Küste gekapert und ausgeraubt zu werden. Auslaufende Schiffe konnten sich dagegen an den Zollstationen der Stützpunkte mit dem Kauf eines Freibriefes gegen Überfälle absichern.

Goa war das Zentrum der Macht und Hauptumschlaghafen. Der gesamte Handel der anderen portugiesischen Häfen wie Diu, Daman, Chaul, Bhatkal und Mangalore wurde über Goa abgewickelt. Der wichtigste Handelspartner der Portugiesen waren die Vijayanagars.

Die Portugiesen mischten sich gern und viel in die internen Auseinandersetzungen der Vijayanagars und Moslems ein und zögerten nie, durch Intrige und Verrat ihre Vorteile zu erlangen. So hatten sie den Arabern den schon zu Marco Polos Zeiten gewinnträchtigen Pferdehandel abgenommen und verkauften nun die Pferde wahlweise an die moslemischen Sultanate und an das hinduistische Vijayanagar-Reich.

1580 fiel Portugal an die spanische Krone, die nicht am Orienthandel interessiert war, und die Holländer, Franzo-

sen und Engländer tauchten als ernstzunehmende Konkurrenten auf. So wurden die Portugiesen nach und nach aus dem Indien-Handel verdrängt, bis ihnen schließlich nur noch Daman, Diu und Goa blieben. Die letzten Besitzungen wurden 1961 von der indischen Regierung im Handstreich übernommen.

Von den Handelsgesellschaften zum britischen Kolonialreich (17. bis 19. Jh.)

Die Handelsgesellschaften

England gründete um 1600 seine Ostindische Handelsgesellschaft, Holland 1602, Dänemark 1620, Frankreich folgte 1664. Sie wollten das Marktmonopol der Portugiesen brechen, ausländische Konkurrenz vom eigenen Markt verdrängen und ein unabhängiges Handelssystem mit dem Mutterland aufbauen.

Die Holländer hatten bereits ihre Niederlassungen in allen wichtigen Häfen wie Pulicat, Masulipatnam, Nagapattinam und Cochin gegründet und den Portugiesen Ceylon abgenommen, als die Engländer eintrafen. Diese taten sich zunächst schwer, in den Indien-Handel einzusteigen, und mußten sich vorerst mit Madras und Bombay begnügen, von wo aus sie dann Kontore an den nördlichen und südlichen Küsten errichteten. Die Franzosen konnten sich zwar in Pondicherry niederlassen, waren aber aufgrund von Mißerfolgen ihrer Handelsgesellschaft und der jahrelangen Seekriege mit Engländern und Holländern in Europa finanziell so ausgelaugt, daß sie erst im frühen 18. Jh. mit einer neugegründeten Finanzierungsgesellschaft erfolgreich am Indien-Handel teilnehmen konnten. Die Dänen siedelten in Tranquebar.

Der europäische Handel entwickelte sich vorläufig ganz unabhängig vom innenpolitischen Geschehen in Indien. Die Pacht- und Handelsverträge, die die Europäer mit den hinduistischen Fürstentümern oder moslemischen Sultanaten um kleine und kleinste Gebiete abschlossen, waren von beiderseitigem Interesse. Die Inder erhofften sich damit eine Sicherung ihres Besitzes gegen Überfälle einheimischer Gegner, während die Europäer mit einem eigenen Stützpunkt die europäische Handelskonkurrenz ausschalten konnten. Aus diesen frühen Kontakten entwickelte sich nach und nach ein kompliziertes Geflecht unterschiedlichster Beziehungen und Abhängigkeiten, die in den Karnatischen Kriegen Mitte des 18. Jh. zum Tragen kamen.

Die Europäer bauten einen gewinnträchtigen Indien-Handel auf. Hatte die Ware erst einmal den langen Weg nach Europa überstanden, wurde sie von den Handelsgesellschaften auf öffentlichen Versteigerungen verkauft. Pfeffer und andere Gewürze fanden immer noch den größten Absatz und verschafften den dicksten Gewinn. Die Holländer spezialisierten sich bald auf den Textilhandel, die Engländer auf die Einfuhr von chinesischem Tee aus Kanton. Bezahlt wurde mit englischen Produkten und mit bedruckten indischen Baumwollstoffen.

Mit der Auflösung des Moghul-Reiches Anfang des 18. Jh. verloren die traditionellen zentralasiatischen Handelswege und die Umschlagplätze an der nördlichen Westküste ihre Bedeutung. Die neue Hafenstadt sollte Bombay werden, wo viele parsische Kaufleute, Schiffseigner und -bauer Zuflucht vor den plündernden Marathen suchten, während die chinesischen, arabischen und armenischen Kaufleute, die an allen Küsten des Indischen Ozeans handelten, Bengalen zum neuen Handelszentrum machten.

Der Textilienhandel blühte, und auch die europäischen Händler interessierten sich mehr und mehr für die bengalischen Stoffe, die in Europa großen Anklang fanden. Die ehemals exotischen indischen oder asiatischen Handelsgüter früherer Tage fanden nur noch geringen Absatz; in England und Frankreich durften bestimmte Waren wie z. B. Stoffe zum Schutze eigener Manufakturen überhaupt nicht oder nur beschränkt eingeführt werden.

Die Holländer zogen sich aus dem Indien-Handel nach Ceylon, Java, Borneo und auf die Gewürzinseln (Molukken) zurück, während die Dänen einen unbedeutenden Handelsverkehr mit Malaysia aufrechterhielten, der 1845 von den Briten übernommen wurde. So blieben letztere mit ihrer East India Company, die nun auch in Calcutta eine Niederlassung gegründet hatte, und die Franzosen mit ihrer Finanzierungsgesellschaft in Pondicherry. Da deren Handelsvolumen nur die Hälfte desjenigen der Briten erreichte, wurden sie im Handelsgeschäft nie ernstzunehmende Konkurrenten. Doch ein anderer und für die weitere Geschichte der Kolonialisierung Indiens entscheidender Grund machte die Engländer und Franzosen zu erbitterten Feinden: In Europa war 1740 der Österreichische Erbfolgekrieg ausgebrochen, der auch auf indischem Boden eine Reihe von kriegerischen Auseinandersetzungen auslöste.

Die Karnatischen Kriege

Die Provokation eines französischen Gouverneurs führte 1744 zum Ersten Karnatischen Krieg, den die Franzosen mit der Eroberung von Madras für sich entschieden. Die im Gegenzug geplante Eroberung von Pondicherry wurde durch den Friedensschluß von Aachen 1748 verhindert, nach dem die Franzosen Madras zurückgeben mußten.

Doch die angestauten Feindseligkeiten und das gegenseitige Mißtrauen waren durch diesen Frieden nicht beseitigt. Da zunächst kein offener Krieg ausgetragen werden konnte, nutzten die Kontrahenten die verworrene politische Lage im Karnatik und auf dem Dekhan, um mit Hilfe rivalisierender indischer Kleinfürsten die Streitigkeiten fortzusetzen. Der Zweite Karnatische Krieg (1750) folgte und endete, als sich die englische und französische Regierung darauf einigten, den inoffiziellen Krieg der Kompanien zu beenden.

Kaum hatte die Nachricht vom Siebenjährigen Krieg in Europa Indien erreicht, setzten die Kämpfe um die Vorherrschaft wieder ein. Mit der Eroberung Pondicherrys errangen die Engländer den endgültigen Sieg über die Franzosen. Im Frieden von Paris 1763 wurde bestimmt, daß die Franzosen ihre Festungen schleifen mußten.

Süd-Indien in der Mitte des 19. Jh.

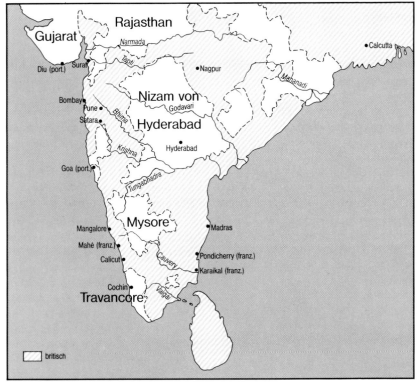

Lord Curzon, Vizekönig von Indien
(1899–1905)

Mir Sir Mahbub Ali Khan Bahadur,
Nizam von Hyderabad (1884–1911)

Noch einmal mischten sich die Franzosen in die indischen Angelegenheiten der Briten ein, indem sie Haidar-Ali, der die Macht des Herrschers von Mysore usurpiert hatte, und dessen Sohn Tipu Sultan mit Waffen und militärischem Personal unterstützten. Mit der Niederlage Tipu Sultans gegen die Allianz aus Marathen, dem Nizam von Hyderabad und den Briten bei Srirangapatna 1799 und nach dem Sieg über die Marathen 1818 herrschte Großbritannien endgültig über ganz Süd-Indien.

Das britische Kolonialreich

Der zu mächtig gewordenen Ostindischen Kompanie waren 1813 von der britischen Regierung das Handelsmonopol abgesprochen und 1833 jegliche Handelsrechte genommen worden. Ihnen blieben die eroberten Gebiete, während die britische Regierung, durch ihren Gouverneur vertreten, die Verantwortung der Administration trug.

Um die Mitte des 19. Jh. war Indien, das ›Juwel der Krone‹, vom nördlichen Punjab bis zum Kap Komorin in britischer Hand. Das riesengroße Territorialreich unterstand zum größten Teil direkt der britischen Administration, während die indischen Fürsten durch britische Residenten kontrolliert wurden. Vergessen war der noch 1784 in der ›East India Bill‹ festgelegte Grundsatz, daß Eroberungen »unvereinbar mit dem Wunsch, der Ehre und der Politik der britischen Nation seien«.

Einer der wichtigsten Grundpfeiler der britischen Herrschaft war der zielstrebig und effektiv aufgebaute Civil Service. Eliteschulen in England wie das

Ein für die britische Macht in Indien einschneidendes Ereignis war die ›Mutiny‹ von 1857. Der Aufstand erfaßte weite Teile Indiens und beschränkte sich keineswegs nur auf die meuternden Soldaten. Seine Ursachen liegen in der politischen und wirtschaftlichen Entwicklung seit Beginn des 19. Jh. und der direkten oder indirekten Bereicherung der Briten auf Kosten verschiedener Kreise der indischen Bevölkerung.

Die unmittelbare Folge der ›Mutiny‹ war die endgültige Auflösung der East India Company, die schon lange ihre Funktion als Handelsgesellschaft aufgegeben hatte. Die britische Krone machte sich zum Herrscher über den Besitz der East India Company, und der Vizekönig von Indien nahm von nun an die Stelle des Gouverneurs ein. Das Zentrum britischer Machtentfaltung lag in den nächsten Jahrzehnten in Calcutta. Von hier aus begann Ende des 19./Anfang des 20. Jh. die indische Unabhängigkeitsbewegung, die sich jedoch erst spät nach Süd-Indien ausdehnte.

Shivaji (ca. 1646–1680)

Haileybury College bildeten den qualifizierten Nachwuchs für den Kolonialdienst aus. Die höhere Beamtenlaufbahn (Eintreibung der Steuern, allgemeine Verwaltung, Rechtssprechung) blieb den Briten vorbehalten, während die ebenso ausgebildeten Inder im allgemeinen nur Zugang zu den mittleren und unteren Diensträngen (Öffentliche Arbeiten, Forst- und Gesundheitswesen) erhielten.

Die Polizei setzte sich lange Zeit aus – unterbezahlten – Dorfbeamten zusammen, denen ein ehemaliger britischer Offizier vorstand. Zur gleichen Zeit gaben eine Reihe von neugegründeten englischsprachigen Hindu-Colleges in Calcutta, Bombay und Madras den Indern der neuen Bildungsschicht die Möglichkeit, westliches Kulturgut kennenzulernen.

Der Weg in die Unabhängigkeit

Die ersten Ansätze des indischen Freiheitsgedankens zeigten sich in den religiös-kulturellen Vereinigungen, die Ende des 19. Jh. zu der Gründung von regionalen Reformbewegungen mit ganz unterschiedlichen Zielen führten; die Geburtsstunde der Rama-Krishna-Bewegung fällt in diese Zeit wie auch die der Befreiungsphilosophie des Tamilen Vivekananda. 1885 wurde der Nationalkongreß gegründet, der sich schon bald in das Lager der Gemäßigten und der Extremisten spaltete, was seine politische Handlungsfähigkeit immer wieder lähmen sollte. Erster politischer Unmut gegen die Fremdherrschaft äußerte sich, als der Vizekönig Lord Curzon 1905 den Versuch unternahm, Bengalen zu teilen. Doch noch waren die Massen unorganisiert und hatten kein gemeinsames Ziel.

Das änderte sich, als 1919 eine Verfassungsreform angekündigt wurde. Den zu erwartenden Neuerungen stand die breite Masse skeptisch gegenüber. Innere Unruhen, auf die die Briten mit Inhaftierungen, Schutzgesetzen und brutalem Massaker reagierten, führten zur Eskalation.

An die Spitze des Freiheitskampfes stellte sich Mahatma Gandhi (1869 bis 1948). Es gelang ihm, die Idee einer gesamtindischen Vereinigung ins Volk zu tragen, die Massen aufzurütteln und zum Widerstand zu führen. Er predigte Toleranz zwischen den Moslems und Hindus, verabscheute Kastenhochmut und trat für die Unberührbaren ein. Sein erster Satyagraha-Feldzug (1920–1922) bedeutete einen gewaltlosen Widerstand gegen Willkür und Brutalität der Briten, sein zweiter (1930–1934) die bewußte Konfrontation, das Salzmonopol der Kolonialherren zu übertreten und damit symbolisch ihre Rechte in Indien in Frage zu stellen.

Nun besaß er auch die Unterstützung des Nationalkongresses unter der Führung von Jawaharlal Nehru (1889–1964). Vorbereitet wurde dies durch eine landesweite Verkündigung eines Elf-Punkte-Katalogs mit Forderungen nach Steuersenkung, Abschaffung der Salzsteuer, Kürzung der Militärausgaben und Freilassung politischer Häftlinge. Der Tag der Verkündigung, der 26. 1., wird heute als Unabhängigskeitstag gefeiert.

Die Verfassungsreform von 1935 bedeutete endlich eine entscheidende Wende im indischen Freiheitskampf: Autonome Provinzparlamente und -regierun-gen mit indischen Ministern entstanden. Die Kongreß-Partei wurde schnell zur stärksten Partei und stellte die meisten Minister. Nach Ausbruch des Zweiten Weltkrieges legten die Minister der Kongreß-Partei aus Protest gegen die einseitige Kriegserklärung des Vizekönigs ihr Amt nieder, während in Bengalen und im Punjab die regionalen Moslem-Parteien ihre Aufgaben weiterhin wahrnahmen. Dies leistete der Zwei-Nationen-Theorie des Führers der Moslem-Liga, Ali Jinnah, Vorschub und sollte die weitere Entwicklung ausschlaggebend beeinflussen.

Durch den Kriegsverlauf wurde die Position der Briten auch in Indien entscheidend geschwächt. Als Indien 1942 mit einer Invasion der Japaner rechnete, wurde auf Anraten Gandhis die ›Quit India-Losung‹ ausgegeben, die den sofortigen Rückzug der Briten aus Indien forderte: Gandhi und alle Kongreß-Mitglieder wurden verhaftet, der Kongreß bis zum Kriegsende verboten.

Der letzte Vizekönig Mountbatten hatte die undankbare Aufgabe, die Entlassung Indiens in die Unabhängigkeit vorzubereiten: Das Datum der Machtübergabe wurde auf den 15. 8. 1947 festgelegt. Aufgrund der fortgesetzten Kontroversen von Kongreß und Liga und der anhaltenden Unruhen in Bengalen und im Punjab war eine Teilung Indiens unvermeidbar geworden. Die ersten Monate der beiden neuen Staaten wurden überschattet von blutigen Ausschreitungen zwischen Moslems, Hindus und Sikhs, die zu Hunderttausenden aus ihrer Heimat nach Osten bzw. Westen flüchteten oder vertrieben wurden.

Am 26. 1. 1950 wurde die indische Verfassung mit Rajendra Prasad als erstem Staatspräsident und Jawaharlal Nehru als Premierminister verkündet.

Kunst und Kultur

Die Sakralbauten Süd-Indiens

Die Bauformen buddhistischer Klosteranlagen

Eine buddhistische Mönchsgemeinde lebte abgeschlossen für sich allein, ganz im Sinne ihrer individuellen Religionsauffassung. Aus dieser Lebensweise entstanden schon früh die drei Bauformen, die eine typische Klosteranlage ausmachen: der Stupa als zentrales Kultobjekt, die Chaitya-Halle als Ort der Versammlung und der Verehrung Buddhas sowie der Vihara als Wohnstätte der Mönche. Die ehemals übliche Bauweise aus Bambus, Holz und Mörtel ging in die Felsbauarchitektur ein und vermittelt heute noch interessante Aufschlüsse über die damalige Architektur.

Der *Stupa* entwickelte sich aus dem Grabhügel vorbuddhistischer Zeit zu der uns heute bekannten Bauform. Er wird einerseits als Grabbau, andererseits als Abbild des Kosmos verstanden. In späterer Zeit wurden zahlreiche Stupas auch über den Reliquien von buddhistischen Heiligen errichtet. In Süd-Indien ist heute kein freistehender Stupa mehr erhalten. Ein Modell des Stupas von Amaravati, des größten Stupas von Andhra Pradesh, steht im Hof des Mu-

Reliefplatte des Stupas von Amaravati (Andhra Pradesh), 2. Jh. Der Steinzaun (Vedika), mit Lotusblüten geschmückt, umgibt den Stupa. Die vier Eingangstore mit mächtigen Löwenkapitellen führen direkt auf den Umwandlungspfad (Pradaksinapatha). Der Stupa besteht aus Trommel (Medhi), Halbkugel (Anda) und dem quadratischen kleinen Zaun mit zwei Schirmen (Chattra) und Miniaturpavillon (Harmika).

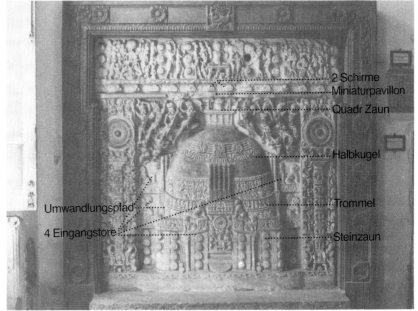

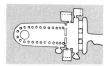

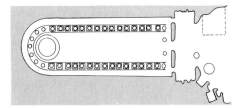

Grundrisse von frühen Felsbau-Chaitya-Hallen 1 Lomasa Rishi (Bihar), ca. 250 v. Chr. 2 Kondivte (Maharashtra), ca. 100 v. Chr. 3 Bhaja (Maharashtra), ca. 80 v. Chr. 4 Bedsa (Maharashtra), ca. 50 5 Karle (Maharashtra), ca. 60

seums von Amaravati, eine Vielzahl von Reliefplatten und Teile des Steinzaunes sind im Madras-Museum und im Britischen Museum in London ausgestellt.

Die *Chaitya-Halle* wurde von ihrer Funktion geprägt. Aus der kleinen Halle mit dem angrenzenden, kleinen, kreisrunden Raum entwickelte sich in einem Zeitraum von 150 Jahren die große Chaitya-Halle, wie wir sie in Bhaja (um 100 v. Chr.) und in höchster Vollendung in Karle (um 60) vorfinden. Von den freistehenden Chaitya-Hallen blieben nur wenige erhalten wie z. B. die in Chezarla (Andhra Pradesh, ca. 3. Jh.).

Die Felsbauanlagen bestehen aus der Chaitya-Halle und den Viharas, die sich links und rechts zu ebener Erde oder über Treppen erreichbar in der Felswand befinden. Der große, hufeisenförmige Bogen der Eingangsfassade war ehemals mit einem hölzernen Fenster, dem Chaitya-Fenster, ausgefüllt, worauf die quadratischen Löcher in den Seitenwänden noch hinweisen; später wurde die gesamte Fassade aus Stein gearbeitet. Über der großen und tiefen Halle dehnt sich ein Gewölbe, dessen Rippenbogen zu An-

fang aus Holz bestanden und später aus Stein ›gestaltet‹ waren. Die Säulen – schlank, achteckig und leicht nach innen geneigt, als sollten sie so das Gewölbe besser abstützen – stehen später senkrecht und sind mit Basis und Kapitell geschmückt.

Die beiden links und rechts laufenden Säulenreihen folgen dem Verlauf der Apsis um den Stupa herum und bilden zwei schmale Seitenschiffe mit halbtonnenförmigem Gewölbe, das später flach wird. Der Stupa in der Apsis repräsentiert die Gegenwart des Buddha, der in dieser Zeit (Hinayana-Buddhismus) jedoch noch nicht in menschlicher Form dargestellt wurde. Im Unterschied dazu wurde in den Chaitya-Hallen des Mahayana-Buddhismus 300 Jahre später (Ajanta und Ellora) eine Buddha-Skulptur vor dem Stupa verehrt.

Der *Vihara* entspricht ebenfalls ganz seiner Funktion: Im Vorhof können sich Steinbänke und auch eine Zisterne befinden, die Veranda ist von Säulen gestützt und durch eine heute offene Tür mit der Halle verbunden, von der die Wohnzellen abgehen, die mit einem oder zwei

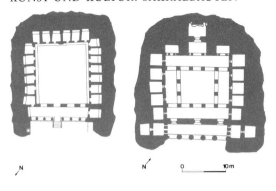

Grundrisse von Viharas in Pandu Lena (Maharashtra), Vihara Nr. 3 Gautamiputra, ca. 130, sowie in Ajanta (Maharashtra), Vihara Nr. 2, Ende 5. Jh.

›Stein‹-Betten ausgestattet sind. Die Veranda kann kunstvoll gestaltet sein (s. Abb. S. 153), die Halle zeigt sich jedoch absolut schmucklos – erst in den späteren Viharas finden sich an den Wänden Buddha-Darstellungen und -Legenden. Als die Funktion der Chaitya-Halle als Verehrungs- und Versammlungsort an den Vihara überging, wurde die Halle um eine oder mehrere Kultzellen erweitert, und es entstand ein einem Refektorium vergleichbarer Vihara-Typ.

Die Bauformen hinduistischer Felstempel

Vom 6. bis 8./9. Jh. entstanden in verschiedenen Gebieten Süd-Indiens eine Reihe von hinduistischen und wenigen jainistischen Felstempelanlagen, die alle bis auf wenige Ausnahmen demselben Grundschema folgen: Die Veranda wird durch Säulen gestützt, ein heute offener Eingang führt in die tief aus dem Felsen herausgearbeitete Halle, an der rückwärtigen Seite liegt die Kultzelle. Veränderungen können die Größe der Halle sowie die Anzahl und die Lage der Kultzellen betreffen. Im Unterschied zu den buddhistischen Höhlen werden die hinduistischen und jainistischen von Anfang an mit Dekor, figürlichen Darstellungen

und Götterskulpturen ausgestaltet (s. Abb. S. 247).

Die Bauformen nordindischer und südindischer Tempel

Die theoretische Grundlage des Tempelbaus schrieben ab dem 4. Jh. die heiligen Texte des Vastushastras vor, die das theologische Konzept durch Vorschriften, z. B. Zeit und Ort des Tempelbaus betreffend, lieferten. Auch die Bauform des Tempels prägt seine Funktion: Die rechteckige Halle *(Mandapa),* vorwiegend ost-westlich ausgerichtet, dient als Versammlungsort der Gläubigen; sie führt auf die nur vom Priester zu betretende Kultzelle *(Garbha-Griha).* Um manche Kultzellen führt ein Umwandlungspfad *(Pradaksinapatha).* Über die Kultzelle erhebt sich der Turmaufbau. Aus diesem Grundschema haben sich im Laufe der Zeit baulich und stilistisch unterschiedliche Tempeltypen entwickelt: der nordindische und der südindische Tempeltyp.

Der nordindische Tempeltyp

Die folgenden Architektur- und Stilelemente des nordindischen Tempels sind in die Tempelarchitektur der Frühen

Westlichen Chalukyas auf dem Dekhan integriert worden und haben in der Kombination mit südindischen Elementen einen ganz eigenen Tempeltyp geprägt. Ein grundsätzliches Baumerkmal stellt die durchgehende Struktur des Mauervorsprungs dar, der sich vom Sokkel in den Haupt- und Nebennischen fortsetzt und in den Turm übergeht, womit die vertikal betonte Bauweise unterstrichen wird. Der Turm (nordindisch: *Shikhara*) – auf quadratischem Grundriß – weist die typisch kurvilineare Form auf, die sich nach oben hin verjüngt und von einer Art geripptem flachen Kissen mit einer Vase bekrönt wird. Diese Kissen, ebenfalls ein typisches Erkennungsmerkmal des nordindischen Tempelturms, wiederholen sich in Abständen an den vier Ecken.

Der Eingang ist mit dem klassischen Dekor von Friesen, Rankenwerk, Rosetten und Liebespaaren, mit Torwächterinnen und -wächtern sowie Zwergen reich dekoriert. Die zwei Pilasterkapitelle mit Topf und Blattwerk gehören

ebenso zur ›Standardausstattung‹ wie die Flußgöttinnen Ganga und Yamuna, die den Türsturz flankieren und später die Basis der Türfüllung rahmen.

Der südindische Tempeltyp

Die betont horizontal gegliederte Bauform des südindischen Tempels kann der Virupaksha-Tempel in Pattadakal (8. Jh.) sehr gut verdeutlichen. Auf einem hohen, profilierten Sockel stehen Halle und Sanktum, die von einem breiten Kranzgesims abgeschlossen werden. Der Turmaufbau (südindisch: *Vimana*) erhebt sich mit horizontal-getreppt aufeinanderfolgenden Geschossen über der Kultzelle. Den gesamten Komplex umgibt eine Tempelmauer.

Aus welch bescheidenen Anfängen die riesigen und unübersichtlichen Tempelanlagen des 12./13. Jh. entstanden, verdeutlichen die beiden Grundrisse des Vijayalaya Cholishvara-Tempels aus Narttamalai (Tamil Nadu, Mitte 9. Jh.) und des Brihadishvara-Tempels aus Tanjore (Tamil Nadu, Anfang 11. Jh.).

Grundrisse von Höhlen in Badami (Karnataka), Höhle Nr. 3, ca. 578, sowie in Tiruchirapalli (Tamil Nadu), Lalitankura-Höhle, Anfang 7. Jh.

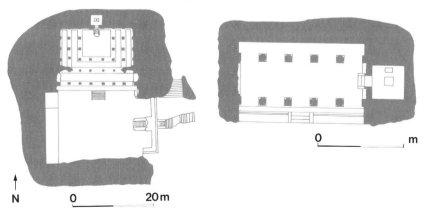

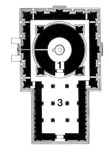
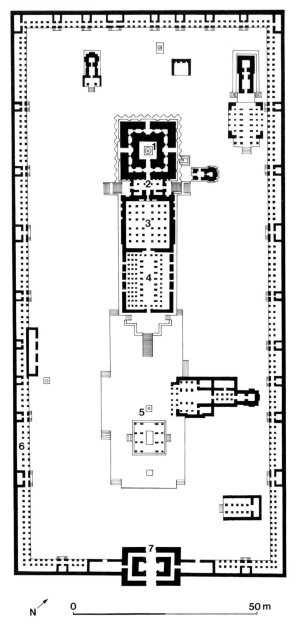

Grundrisse von zwei Chola-Tempeln, Früh- und Hochzeit: Narttamalai (Tamil Nadu), Vijayalaya-Choleshvara-Tempel, Mitte 9. Jh., und Tanjore (Tamil Nadu), Brihadishvara- oder Rajarajeshvara-Tempel, Anfang 11. Jh.
1 Kultzelle (Garbha-Griha) 2 Vestibül (Antarala) 3 Halle (Mandapa) 4 Vorhalle (Mukha-Mandapa) 5 Nandi-Halle (Nandi-Mandapa) 6 Tempelmauer 7 Torturm (Gopuram)

Die Fels- und Tempelbauten in der kunstgeschichtlichen Entwicklung

Die buddhistischen Felsheiligtümer im nordwestlichen Maharashtra

In den Höhenzügen, Talsenken und an Berghängen der Westlichen Ghats und Sataya-Hügelketten liegen zahlreiche buddhistische Klosteranlagen: Ajanta, Ellora, Aurangabad und Pitalkhora, Bhaja, Bedsa und Karle, Nasik und Kanheri. Diese Felsheiligtümer stammen aus einem Zeitraum von etwa 200 v. Chr. bis 200 n. Chr., als der Hinayana-Buddhismus herrschte, und standen unter dem Patronat der wirtschaftspolitisch außerordentlich erfolgreichen hinduistischen Satavahana-Dynastie.

Ihre Herrscher unterstützten den Bau der Klosteranlagen, ebenso wie es Handwerker, einfache Leute und die Yavanis, die zugewanderten Fremden, taten. Die Bauleute und Architekten siedelten in der Nähe der Baustätten, vielleicht kamen sie auf den traditionellen Handelswegen von weither. Die Lage der neuen Klosteranlagen war gut gewählt und entsprach ganz den Erfordernissen der buddhistischen Regeln. Manche dieser frühbuddhistischen Klosteranlagen sind im ausgehenden 2. Jh. für immer verlassen worden, andere wurden so umgestaltet, daß die ursprüngliche Kunst und

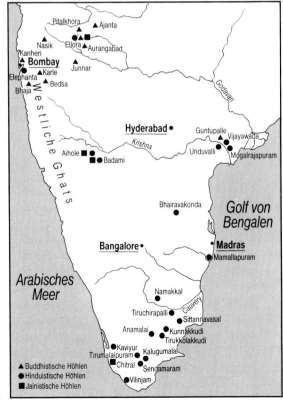

Felsheiligtümer in Süd-Indien

Architektur dieser Zeit nur noch schwer wiederzuerkennen ist.

Im 5./6. Jh. etablierte sich mit dem Aufkommen des Mahayana-Buddhismus eine neue, große Gemeinde aus Mönchen und Laienbrüdern. Alte, vorhandene Klosteranlagen wie in Ajanta, Nasik oder Kanheri wurden erweitert oder neue wie in Aurangabad und Ellora geschaffen, die den Abschluß der buddhistischen Felsbauarchitektur bilden.

In der bedeutendsten und berühmtesten Klosteranlage, in Ajanta, entwickelte sich im Unterschied zu der zurückhaltenden Zweckdekoration der frühen buddhistischen Anlagen ein eigener Kunststil. Sorgfältig ausgeführte Steinmetzarbeiten schmücken so gut wie alle Bauteile mit Schmuckborten, Rankenwerk, Blumenmotiven, Girlanden oder Lotusmedaillons. Ebenso vielfältig ist der Skulpturenschmuck, der die Fassade der Chaitya-Halle und ihren Innenraum sowie die Säulenkapitelle und -friese mit unzähligen Buddha- oder Bodhisattva-Skulpturen überzieht, während lange erzählende Friese, Liebespaare, fliegende Wesen und zahlreiche Tiere wie Elefanten, Löwen oder Gänse den verbleibenden Raum ausfüllen.

Den Höhepunkt der Ajanta-Kunst bilden die Wandmalereien in den Chaitya-Hallen und Viharas, insbesondere die Malereien in den Viharas Nr. 1, 2, 16 und 17. Obwohl 1920 restauriert, 1951 unter staatlichen Schutz gestellt und heute nicht mehr mit Blitz zu fotografieren, sind viele Malereien im Laufe der Zeit unwiederbringlich zerstört, d. h. abgeblättert oder bis zur Unkenntlichkeit verblaßt. Die am häufigsten dargestellten Themen sind Szenen aus der Buddha-Legende und den Vorgeburtsgeschichten (Jatakas), die Decken sind ausgefüllt mit Tieren, Pflanzen und geometrischen Mustern.

Die a secco-Technik erforderte folgende Arbeitsschritte: Der rohe, unebene Felsuntergrund wurde mit einer Schicht aus Lehm, organischem Material wie Pflanzenfasern und Felsstaub verputzt, mit einer 2–3 mm dicken feineren Mischung aus demselben Material geglättet, und dann die trockene Malgrundfarbe mit einem Leim aus tierischen Stoffen als Bindemittel aufgetragen (schwarz: Ruß; weiß: Kaolin-Kalk; blau: feingemahlener Lapizlazuli; rot und gold: Ockererde; grün: Terraverde).

Die hinduistischen Felstempel

Die bedeutendsten und wichtigsten hinduistischen Felstempel entstanden im 6./7. Jh., auf Elephanta in der Nähe von Bombay unter den Kalacuris (ca. 520–600), in Aihole und Badami unter den Frühen Westlichen Chalukyas, in Tiruchirapalli und Mamallapuram unter den Pallavas und in Ellora unter den Rashtrakutas. Die früheste und unübertroffen schönste Anlage der *Kalacuris* ist der große Shiva-Felstempel, der Mahesha-Tempel, auf Elephanta aus dem frühen 6. Jh., wo sich Architektur und künstlerische Gestaltung in höchster Vollendung miteinander verbinden (s. S. 117 f.).

Die Kunst der *Frühen Westlichen Chalukyas* auf dem südlichen Dekhan beginnt mit den Felstempeln Mitte bis Ende des 6. Jh. in Aihole und Badami und setzt sich in den freistehenden Tempeln aus dem 7./8. Jh. fort. Der Ravana-Phadi-Felstempel in Aihole, aus einem verhältnismäßig niedrigen Felsbuckel

Chaitya-Halle Nr. 26 (links oben) und liegender Buddha in dieser Halle, Ajanta

herausgearbeitet, soll mit seinem ausge-
fallenen Grundriß aus dem 6. Jh. stammen (s. Abb. S. 249). Die dickbäuchigen
Nidhis neben dem Eingang werden als
Glückssymbole an den späteren Chalu-
kya-Tempeln allein oder mit den Flußgöttinnen Ganga und Yamuna, einem
Elefanten und einem gefüllten Topf die
Position der Türhüter einnehmen.

In der Halle stößt man auf dem Weg
zur Kultzelle auf die beiden Türhüter
und ihre Begleiter, zu deren Füßen lusti-
ge, musizierende Zwerge sitzen. Die
Decken sind reich dekoriert. Neben den
zahlreichen vorzüglichen Skulpturen ist
die beeindruckende Gruppe des tanzenden Shiva inmitten der Sieben Mütter die
Hauptattraktion. Schlank, in Überle-
bensgröße, locker oder in Tanzpose
stellen sie eine der ungewöhnlichsten
Müttergruppen in Süd-Indien dar. Ihre
ausgefallene Haltung wird durch die
schmalen, hohen Hüte, den überreichen
Schmuck und das enge, plissierte Unter-
gewand noch besonders betont.

In Badami liegen am Fuße eines hohen
Felsmassivs drei hinduistische und ein
jainistischer Felstempel. Ihre Bauform
ist nahezu identisch, sie unterscheiden
sich eigentlich nur in der Ausführung,
am besten gelungen in der Höhle Nr. 3.
Die quadratischen Säulen in der Veranda
sind aufs reichste mit phantasievollen
Steinschnittmotiven verziert, ein ebenso
typisches Kennzeichen dieser frühen
Chalukya-Kunst wie die als Konsolen
gearbeiteten Skulpturen, die Götter und
Liebespaare darstellen – ein klassisches
Motiv an allen späteren Tempeln auf dem
Dekhan. Die Säulen zur Halle hin, betont vertikal von der Basis bis zum geriffelten Kissenkapitell, vermitteln so einen
strengen Eindruck.

Schmale Relieffriese an den Kassetten-
decken zeigen Szenen aus alten Texten

oder aus der Vishnu-Legende wie z. B.
die Quirlung des Milchozeans (Vishnu
als Kurma, s. S. 41). Ein weiteres Merkmal dieser Kunstrichtung stellen die
Deckenpaneele dar; einige von ihnen tragen in kreisrunder Anordnung die Götter der vier oder acht Himmelsrichtungen. Die großen Skulpturen in den Nischen der Veranda mit Erscheinungsformen Vishnus sind tief und kraftvoll aus
dem Gestein herausgearbeitet.

Auch die *Pallavas* schufen Ende des
6. Jh. eine Vielzahl von Felstempeln.
Kunstgeschichtlich spricht man von drei
Stilen, die bestimmten Herrschern zuge-
ordnet werden, dem Mahendra-Stil, dem
Mamalla-Stil und dem Rajasimha-Stil.

Die frühen, einfachen Höhlentempel
im Mahendra-Stil entstanden in großer
Anzahl im gesamten Pallava-Gebiet unter Mahendravarman I. (600–630); sie
sind kleiner und schmaler und wirken im
ganzen kompakter als die auf dem Dekhan. Typisches Merkmal des Mahen-
dra-Stils sind quadratische Säulen mit
achteckigem Mittelteil, schlicht mit
einem Lotusmedaillon verziert, abgeschlossen mit breiten, halbgerundeten
Konsolen, die wie ein Bündel von einem
Band zusammengehaltener Bambusstäbe
aussehen. Außen an der Veranda oder direkt neben der Kultzelle stehen, locker
auf ihre Keule gelehnt, die für Süd-Indien unverzichtbaren Türhüter. Säulen,
Wände, Decken sind ausgesprochen
schlicht gehalten, Skulpturen von Gottheiten und mythologische Themen noch
die Ausnahme. Ein früher Höhlentempel mit einem sehr schönen Paneel ist der
Lalitankura-Felstempel in Tiruchirapalli
(s. S. 321).

Die unter dem nachfolgenden Pallava-
Herrscher Narasimhavarman I. Mamalla
(630–668) erbauten Felstempel – sie stehen alle in Mamallapuram – unterschei-

den sich in folgendem von ihren Vorläufern: Der Grundriß wird vielfältiger, manche Höhlentempel haben überhaupt keine Halle, andere sogar drei Kultzellen. Schmale, elegante Säulen und Pilaster lockern die Fassade auf, großflächige und lebendige Bildwände füllen die Wände der Halle aus. Die Außenfront ist mit Nischen gestaltet, die, von Pilasterpaaren eingerahmt, auch an den späteren Monolithtempeln (aus dem Gestein geschaffene Tempel) und den freistehenden Tempeln auftauchen; das Gesims wird durch Kudus (kleine ›Fenster‹) und Miniaturpavillons geschmückt.

Der Varaha-Felstempel zeigt eine ganze Reihe dieser Veränderungen und darüber hinaus die für die spätere Pallava-Kunst charakteristischen Säulen im Mamalla-Stil: Der schmale, schlanke Säulenschaft wird von einem Löwen getragen, der dekorativ mit aufgerissenem Maul, wilden Haarsträhnen und einer gelockten Mähne auf einer mit Lotusblättern geschmückten Basis sitzt. Der Säulenschaft ist mit einem breiten Dekorband verziert. Dem Kapitell, einer Art Kissen, folgt ein lotusförmiger Aufsatz, abgeschlossen von einer quadratischen, dünnen Platte. Der Rajasimha-Stil gewinnt seine Bedeutung in der nachfolgenden Tempelarchitektur.

Im nördlichen Teil des Pallava-Herrschaftsgebietes, im heutigen Vijayawada, entstanden im Mahendra-Stil einige große, auch doppelstöckige, sowie kleinere Felstempel. Weiter im Süden und Südwesten wurden unter den Frühen Pandyas und Cheras ebenfalls Höhlentempel im Mahendra-Stil erbaut. Eine herausragende Leistung der *Frühen Pandyas* stellt der kleine monolithische Felstempel in Kalugumalai dar, der als einziges Beispiel der Pandya-Architektur erhalten blieb.

Mitte des 8. Jh. entstanden unter den *Rashtrakutas* die Felsbauten von Ellora auf dem nördlichen Dekhan. Der imposante Monolithtempel Kailasha, aus einem Bergmassiv herausgearbeitet und im südindischen Tempelstil erbaut, dominiert die gesamte Anlage (s. Abb. S. 149). Er gehört mit zu den ersten Bauten der Rashtrakutas, dem König Krishna I. (756–773) zugesprochen, und zeigt eine Reihe von architektonischen und stilistischen Parallelen zu dem chalukischen Virupaksha-Tempel aus Pattadakal. Neben dem Kailasha entstanden eine ganze Reihe von kleinen, schlichten und großen hinduistischen Felstempeln sowie einige jainistische (und buddhistische). Die Rashtrakutas haben ganz bewußt in ihre Architektur übernommen und weiterentwickelt, was sie an künstlerischen Vorgaben bei Freund und Feind für sich entdeckten.

Eine typische Erscheinung in den großen Felstempeln sind die breit angelegten, erzählerisch gestalteten Paneele, die das klassische Ellora-Bildprogramm mit seiner Hauptgottheit Shiva zeigen (s. Abb. S. 152). Ein weiteres Kennzeichen der Ellora-Kunst sind die Säulen: Ihr Schaft ist meist quadratisch, leicht zulaufend und kompakt – wohl weniger aus ästhetischen als aus statischen Gründen, wenn man bedenkt, welche Felsmassen auf ihnen lasten; auf halber oder dreiviertel Höhe folgt ein runder Säulenteil, der fein kanneliert in das kissenförmige Kapitell übergeht und mit einem runden oder quadratischen Aufsatz endet.

Manche Säulenkapitelle ähneln interessanterweise denen aus der Chaitya-Halle in Karle, andere wieder sind eine Kombination aus chalukischen Konsolen, die ein Liebespaar darstellen, und dem Dekor eines nordindischen Gupta-Tempels mit dem klassischen Motiv des

Topfes mit Blattwerk. Die Pilaster ähneln den Säulen und bilden die schmuckvolle Begrenzung zwischen den Paneelen, die auch durch ein Makara-Torana eingerahmt sein können, ein Dekor, der, aus der buddhistischen Kunst übernommen, nun zum klassischen Bestandteil des Rashtrakuta-Stils geworden ist.

Die Entwicklung der südindischen Tempel

Die Entwicklung des südindischen Tempels zeichnet sich in ganz deutlichem Unterschied zum nordindischen durch Kontinuität und Geradlinigkeit aus. Von den Pallava-Tempeln des 8. Jh. bis zu den frühen Chola-Tempeln des 9./ 10. Jh. blieb das Grundschema von Kultzelle, Vimana und Halle erhalten. Die

Vimana des Vattuvankovil, Kalugumalai

verhältnismäßig kleinen Tempel veränderten erst im frühen 11. Jh. mit den mittleren und älteren Chola-Tempeln ihre Größe und dehnten sich zu den imposanten südindischen Tempelstädten aus.

Die Rathas, die fünf Monolithtempel von Mamallapuram, hier mit dem Beispiel des Dharmaraja-Ratha vertreten, gelten als Beginn des südindischen Tempelbaus, da sie eine Reihe architektonischer Grundzüge und skulpturaler Details zeigen, die sich an den freistehenden Tempeln direkt oder modifiziert wiederfinden:

– Der klassische horizontal-getreppte Turmaufbau mit der Faltkuppel (Shikhara) und der Spitze (Stupi, die jedoch an allen Rathas fehlt).

– Das umlaufende Kranzgesims mit kleinen quadratischen und rechteckigen Miniaturpavillons und einer Reihe sehr kleiner, fabeltierähnlicher Wesen (Yalis).

– Jedes Gesims und jeder Miniaturpavillon geschmückt mit zahlreichen kleinen ›Fenstern‹ (Kudu), aus denen hier und da ein Gesicht herausguckt.

– Das ›Fenster‹ im typischen Pallava-Stil, erkennbar an den beiden ›Ohren‹ links und rechts und der spatenförmigen Spitze; bei den Cholas wird daraus später ein kleiner Kirti-Mukha, ein Löwenkopf.

– Der vielfältige und einfallsreiche Skulpturenschmuck, für den Betrachter nahezu verborgen in den von Pilastern eingerahmten Nischen.

– Auf dem Unterbau (bis auf die vier Veranden nicht vollendet) stehen die Säulen, deren unterer Teil von einem sitzenden Löwen getragen wird.

Der erste freistehende Pallava-Steintempel ist der Ufertempel in Mamallapuram, Anfang des 8. Jh. aus Sandstein erbaut. Wind und Wetter ausgesetzt, hat er

durchgehend ist sie mit Pilastern, Löwen, Elefanten und den kleinen Zwergen geschmückt. Ein leicht erhöhtes Tonnendach betont den östlichen Eingang, worin der Anfang der später ins unermeßliche wachsenden Tortürme gesehen werden kann.

Der Kailashanatha-Tempel in Kanchipuram, der Hauptstadt der Pallavas, ist so dicht mit Skulpturen, Dekor, Nischen und Pilastern übersät, daß kaum ein freier Platz bleibt. Das prachtvolle, dekorative Makara-Torana über den Nischen der Vorhalle wird zu einem wichtigen baulichen Bestandteil, die Türhüter (Dvarapalas) nehmen ab dieser Zeit wie auch die Zwerge und Fabeltiere ihren festen Platz an der Tempelbasis ein. In Kanchipuram stehen noch eine ganze Reihe weiterer Tempel, von denen der Vaikuntha Perumal durch seine ausgesprochen harmonische Anlage auf den Höhepunkt der Pallava-Architektur hindeutet (s. Abb. S. 305 f.).

Der Übergang zu den Tempelbauten in der nachfolgenden *Chola-Zeit* gestaltet sich fließend. Der Brahmapurishvara-Tempel in Pullamangai aus dem 9./10. Jh. bietet ein typisches Beispiel für die zahlreichen frühen Tempel der Chola-Architektur: verhältnismäßig klein, reicher Skulpturenschmuck und Dekor an den Wänden und Nischen, üppig gestalteter Vimana – ein Dekorstil, der sich ebenso in den späteren, riesenhohen Tortürmen wiederfindet.

Die großen, sich aufbäumenden Löwen der Pallava-Pilaster sind verschwunden, statt dessen hat der Fries mit den Yalis den prominentesten Platz oberhalb des Tempelsockels eingenommen. Hier finden sich nun auch kleine, schmale Reliefplatten oder längere Paneele mit Darstellungen insbesondere aus dem Ramayana.

im Laufe der Jahrhunderte viel von seinem bildnerischen Dekor verloren. Hier interessiert vor allem die Wandgestaltung an dem kleinen Shiva-Tempel, die zur Grundausstattung auch in der späteren Dekhan-Architektur werden sollte: eine zentrale Nische, eingerahmt von Pilastern, die ein Makara-Torana tragen, links und rechts davon zwei weitere Pilaster, wesentlich höher als die Nische; der verbleibende Raum ist mit kleinen, skulptierten Paneelen ausgefüllt. An den Ecken rund um den Tempel herum tragen nun große, sich aufbäumende Löwen die Pilaster. Im Vimana findet man als neuen Dekorschmuck jene dickbäuchigen Zwerge, die die *Pallavas* auf einem der Kriegszüge an den Felstempeln von Badami entdeckt haben (s. S. 84).

Die Tempelmauer läßt sich von außen betrachtet kaum als solche erkennen, so

Brihadishvara-Tempel, Tanjore

Dharmaraja-Ratha, Mamallapuram

Die neugewonnene politische Unabhängigkeit der Cholas demonstrierte ihr großer Herrscher Rajaraja I. mit dem Bau des Brihadishvara- bzw. Rajarajeshvara-Tempels in Tanjavur (Tanjore), dem in der damaligen Zeit über Südasien hinaus größten Bauwerk. Dieser Tempel aus dem Anfang des 11. Jh. vereint in höchster Vollkommenheit die vorangegangene Tempelentwicklung mit neugeschaffenen architektonischen und stilistischen Schwerpunkten, die für weitere Tempelbauten der Cholas und nachfolgender Dynastien bestimmend werden sollten.

Die gesamte Tempelanlage ist um ein Vielfaches größer geworden. Eine hohe Tempelmauer umfaßt den Tempelhof, auf dem eine Reihe von kleineren Tempeln und Schreinen stehen. Der Haupttempel selber besteht nun aus mehreren axial angeordneten Bauten, der Unterbau des Vimana aus zwei übereinanderliegenden Nischenreihen – in bekannter

Ausstattung mit einer Bereicherung: ein Pilaster, der in einem Topf steht.

Ab dem 12. Jh. veränderte sich das Bild der südindischen Tempel grundlegend. Der Vimana wurde immer kleiner und verschwand nahezu in einer Vielzahl von Hallen und Korridoren. Immer neue Höfe erweiterten den Komplex, eingefaßt von Mauern, deren Tortürme an den vier Seiten nach außen hin immer größer wurden, bis schließlich eine Tempelstadt wie der Minakshi-Tempel in Madurai oder der noch größere Rameshvara-Tempel in Rameshvaram aus dem 18. Jh. entstand.

Die Tempelbauten auf dem Dekhan

Die Frühen Westlichen Chalukyas
Die Frühen Westlichen Chalukyas (Mitte 6.–Mitte 8. Jh.) zeigten viel Phantasie und Einfallsreichtum, als sie im 7./Anfang 8. Jh. mitten auf dem Dekhan – in Badami, Aihole, Pattadakal, Mahakuta und Alampur – eine Vielzahl von Tempeln errichteten. Seite an Seite wurden neben klassischen nord- und südindischen Tempeln die neuen Tempel im Dekhan-Stil errichtet, einer Mischung aus nord- und südindischen Elementen.

In Alampur entstanden vor Anfang des 8. Jh. die Nava Brahma-Tempel, die alle bis auf einen im Chalukya-Mischstil erbaut wurden und von denen der Svarga Brahma-Tempel der schönste ist. Unübersehbar erhebt sich der nordindische Shikhara mit der klassischen kurvilinearen Form über der Kultzelle, dagegen wirkt der Unterbau – auf rechteckigem Grundriß – betont südindisch-horizontal, was sowohl durch das breite und schmalere Kranzgesims als auch durch den stark profilierten Sockel, der den Vorsprüngen der Nischen folgt, unter-

Svarga Brahma-Tempel, Alampur

stützt wird. Eine Vorhalle führt in das Innere der Halle; im hinteren Teil liegt die Kultzelle, die man von der Halle aus umwandeln kann.

Die chalukischen Baumeister schufen an allen Seiten ihrer Tempel sowohl ungewöhnlich viele Nischen mit nordindischer Dekoration als auch Fenster mit den verschiedensten Gittermustern, die zum klassischen Merkmal der frühen Chalukya-Architektur geworden sind. Tempelwände, Nischen, Eingang und Säulen zieren prachtvolle Girlanden, Schmuckbänder und Friese – und auch der ›Topf mit Blattwerk‹ und der Kirti-Mukha fehlen nicht. Der Skulpturenschmuck ist vielfältig und kunstvoll bearbeitet: Liebespaare traut beieinander stehend, Wächter links und rechts von den Nischen, fliegende Wesen im anmutigen Knieflug oben unter dem Kranzgesims, die typischen südindischen Türhüter am Eingang, die Flußgöttinnen Ganga und Yamuna aus Nord-Indien unten am Türpfosten – der ganze hinduistische Skulpturenkanon einschließlich der chalukischen Besonderheit der Götter der acht Himmelsrichtungen rund um den Tempel.

Die Späten Westlichen Chalukyas
Die Späten Westlichen Chalukyas von Kalyani (Ende 10.–Ende 12. Jh.) nahmen die Bautradition ihrer Vorfahren wieder auf und modifizierten nord- und südindische Elemente, so daß diese sich nun zu einem ganz eigenen, neuen Stil formierten. Ihre Tempel finden sich an vielen Plätzen im mittleren Karnataka wie in Gadag-Betgeri, Ittagi, Lakkundi, Dambal, Chaudadampur, Kuruvati, Haveri, Harihar, Rattehalli und Balgame.

Die ersten Tempel dieser Dynastie wurden noch wie die ihrer Vorfahren in Sandstein errichtet. Später gingen die Baumeister dazu über, feinen bläulichschwarzen oder grünen Chlorit-Schiefer zu benutzen, der es ihnen erlaubte, Wände, Nischen, Säulen, Pilaster, Decken und Turmaufbauten mit feinster Ornamentik zu überziehen. So ist ein Merkmal aller ihrer Tempel, daß die Architektur nahezu unter dem Dekor verschwindet.

Zu den schon bekannten Grundelementen der Pallavas, Cholas und Frühen Chalukyas kommen nun eigene Stilformen hinzu, z. B. die typischen Fensterdurchbrüche in Form eines vielfach gekerbten Blattes, gekrönt von einem Kirti-Mukha, getragen von einem Pilaster und angeordnet zwischen ›Pallava/Chola-Nischen‹. Die Nischen bekrönen Miniatur-Vimanas, von jetzt ab ein Standard-Schmuckdekor.

Wie der Unterbau, so ist auch der Vimana mit den allerfeinsten Details reich skulptiert; er hat sich nun zu einer Mischung aus dem vertikalen Shikhara und dem horizontalen Vimana entwickelt. Besondere Aufmerksamkeit verdienen die Säulen: In nahezu spielerischer Perfektion haben die Handwerker sie, entweder auf der Drehbank oder durch manuelle Präzisionsarbeit, zu wahren Kunstwerken gestaltet.

Die Grundform der Tempel besteht – axial ausgerichtet – aus dem Sanktum, einer kleinen Verbindungshalle, der geschlossenen Haupthalle mit Ausgängen rechts und links und einer offenen Säulenhalle, einer Neuschöpfung des Dekhan-Tempels. In der weiteren Entwicklung nimmt der Grundriß der Kultzelle Sternform an, und zwei oder auch drei Kultzellen werden über eine gemeinsame Halle miteinander verbunden. Parallel zur Chalukya-Kunst und in Fortsetzung ihrer Tradition schufen die Kakatiyas (Mitte 11.–Anfang 14. Jh.) auf dem östlichen Dekhan einen ähnlichen Stil. Im nördlichen Maharashtra entwickelten die Yadavas (Ende 12.–Anfang 14. Jh.) ebenfalls eigene Bauformen, den Hemadpati-Stil.

Die Hoyshalas
Die Hoyshalas im südlichsten Karnataka (Anfang 10.–Mitte 14. Jh.) übernahmen die Bautradition der Späten Chalukyas und formten sie zu eigener Perfektion aus. Die reiche Ornamentierung ihrer Tempel und die sternförmigen Grundrisse wie in Belur, Halebid und Somnathpur wurden zu Hauptmerkmalen des Hoyshala-Stils. Die gesamte Tempelanlage steht nun auf einer Plinthe, deren Form aufs genaueste der Außenkontur des Tempels folgt, was in höchster Vollendung am Tempel von Somnathpur gelang. Die Plinthe ermöglicht es, den Tempel zu umwandeln, da es im Inneren keinen Umwandlungspfad gibt.

Die sternförmige Grundform der Kultzelle setzt sich im Turmaufbau weiter fort, der, leicht glockenförmig gerundet, von einem lotusblättrigen Shikhara abgeschlossen wird. Während dies die Senkrechte betont, hebt die horizontale Profilierung der Plinthe, des Tempelsockels und des Turmaufbaus diesen Eindruck wieder auf – der gesamte Aufbau scheint sich ohne faßbare Formen in Details aufzulösen.

Bis in die kleinste Einzelheit sind die zahlreichen dekorativen, umlaufenden Friese an der Tempelwand in feinster Handarbeit plastisch und lebendig aus den schmalen Bändern herausgearbeitet: Elefanten, Löwen, Pferde, Makaras und Gänse, dazwischen Blumenranken und zahlreiche Erzählszenen aus Ramayana und Mahabharata. Oberhalb des Frieses reiht sich an Turm und geschlossener Halle Götterfigur an Götterfigur, gleich-

falls elaborierte Steinschnitzarbeiten; die große Halle wird in diesem Bereich durch kunstvoll bearbeitete Steingitter begrenzt. Die weiblichen Konsolenfiguren außen um den Tempel herum sind auch mit großer Kunstfertigkeit ausgearbeitet, das Innere des Tempels, die Säulen, Wände, Nischen und Decken in demselben ornamentreichen Hoyshala-Stil ausgeschmückt.

Der berühmte Keshara-Tempel in Somnathpur besteht aus drei sternförmigen Kultzellen, denen eine geschlossene Halle vorgelagert ist, woraus sich ein kreuzförmiger Grundriß ergibt. Andere Tempel besaßen sogar vier Kultzellen und riesengroße Vorhallen und waren mit zahlreichen kleineren Tempeln und Kultschreinen ganz im südindischen Stil mit einer Tempelmauer umgeben (s. Abb. S. 194).

Skulpturen und Friese am Hoyshaleshvara-Tempel, Halebid

Die Vijayanagars und Nayaks

Der Höhepunkt der Kunst und Architektur der Vijayanagars verbindet sich mit dem bedeutendsten Herrscher Krishnadeva Raya (1509–1529). Zu seiner Zeit entstanden in der Hauptstadt Vijayanagar und im ganzen Land eine Vielzahl weltlicher und religiöser Bauten; aber auch aus der vorangegangenen und nachfolgenden Zeit blieben zahlreiche bemerkenswerte Tempel erhalten wie z. B. in Sringeri, Tadpatri, Penukonda, Chandragiri, Bhatkal, Sri Kalahasti, Pushpagiri und Ahobilam. Das Vijayanagar-Reich (1336–1664) lag südlich der Krishna/Tungabhadra und dehnte sich mehr oder weniger über den gesamten Süden aus, in dem einst die Späten Westlichen Chalukyas und Hoyshalas und die Pandyas, Pallavas und Cholas geherrscht hatten. So finden sich diese Vorbilder in den Tempel- und Palastbauten der Vijayanagars wieder und bilden mit Ansätzen aus der Moslem-Architektur einen eigenständigen Kunststil.

Ein typisches Merkmal der Vijayanagar-Tempelanlagen bilden die zahlreichen Erweiterungsbauten, so daß der ursprüngliche Tempel nur mit Mühe entdeckt werden kann. Klassische Ergänzungsbauten, die von jetzt ab in jeder Tempelanlage stehen, sind die Tortürme mit der Tempelmauer, die 1000-Pfeiler-Halle, der Hochzeitspavillon (der immer seitlich vor dem Haupttempel steht) und der Devi-Tempel in der Nordostecke. Der Vitthalashvami-Tempel in Vijayanagar vom Anfang des 16. Jh. vereint die wichtigsten Ergänzungsbauten einer Vijayanagar-Tempelanlage harmonisch und perfekt.

Ein ausgesprochen breites Spektrum nimmt der schmückende Dekor ein, der, obwohl aus dem harten Granit herausgearbeitet, in nichts dem elaborierten Hoyshala-Stil nachsteht. So wird manches Relief an den Tempelwänden und Pfeilern der Halle zu einem Nachschlagewerk des hinduistischen Pantheons, zum ›Bilderbuch‹ der großen Epen.

Das Vijayanagar-Erkennungszeichen übrigens ist ein Eber, während das der Hoyshalas ein Löwe ist, der mit breitem Maul und großen Augen wie ein Frosch am Fuße der Pfeiler sitzt (s. Abb. S. 67 u. 64). Manche Pfeiler sind ungewöhnlich hoch und sehr schlank, ebenfalls natürlich reich reliefiert – der sich aufbäumende Löwe der Pallavas findet auch hier wieder seinen Platz. Ganz neu sind die sich ebenfalls aufbäumenden Pferde, die als Kunstwerke eigener Art später in der Nayak-Architektur die Pfeiler der Pferdehalle in Srirangam schmücken. Schließlich verdienen die ›Musikpfeiler‹ aus dem Hochzeitspalast des Vitthalashvami-Tempels als wahre handwerkliche Meisterstücke besondere Aufmerksamkeit. Unübersehbar und wiederum typisch für die Vijayanagar-Zeit ist die immense Größe der Skulpturen, so beim Ugra Narasimha und Ganesha in Vijayanagar und vor allem beim Nandi in Lepakshi, mit 8 m Länge und 4 m Höhe sicher die gewaltigste Figur in Indien.

Die Nayaks übertrieben den Stil von Vijayanagar in jede Richtung: Die Tortürme wurden noch höher, noch dichter besetzt mit dramatisch bewegten Stuckfiguren, noch bunter. Die 1000-Pfeiler-Hallen entwickelten sich zu kilometerlangen Korridoren, die Tempelanlagen wuchsen zu labyrinthischen Tempelstädten.

Die Moslem-Architektur in Süd-Indien: Schwerpunkt Dekhan

Auf dem südindischen Kontinent begann um 1300 mit dem Vordringen der Moslems aus dem nördlichen Delhi eine neue Epoche. Daulatabad, vormals das Devagiri der hinduistischen Yadava-Dynastie, wurde die erste uneinnehmbare Festung der neuen Herrscher: Von hier zogen sie auf Kriegszüge über den Dekhan in den Süden.

Die erste Phase der Bautätigkeit unter der Bahmani-Dynastie in Gulbarga/Bidar (1347–1504) und der Baridi-Shahis, ihrer direkten Nachfolger in Bidar (1504–1609), zeichnete sich vorerst durch Übernahme des nordindischen Baustils aus, der sich im Laufe der Zeit durch den Einfluß der Kunst und Kultur persischer Künstler, Gelehrter und Kaufleute, die an den Königshof geholt wurden, eigenständig weiterentwickelte. In einer zweiten Phase unter den Adil-Shahis in Bijapur (1490–1686) und den Qutb-Shahis in Golkonda (1512–1687) entstand eine ganz neue Bauform, die nun stark geprägt war durch die Vijayanagar-Baukunst, durch Einflüsse der Portugiesen aus Goa sowie solche persischer und arabischer Gelehrter.

Die intensivste Bautätigkeit herrschte auf dem Dekhan. Schon bestehende Festungen wurden durch Stadtanlagen erweitert, neue Festungen, Städte und Stadtmauern errichtet; weitläufige Palastanlagen, Verwaltungsgebäude, Bibliotheken, Schulen und andere öffentliche Einrichtungen entstanden neben den großen und zahllosen kleinen Moscheen und Grabbauten. Die weltlichen Paläste als Symbol von Herrschaft und Macht wurden in den Kriegen der kommenden Jahrhunderte zerstört – geblieben ist, was die Gegner verschonten: Moscheen und Grabbauten.

Diese Grabbauten wurden immer außerhalb der Festung bzw. der Stadt errichtet, auffallenderweise liegen sie in der frühen Phase jeweils im Osten oder im Westen der Stadt. Vielleicht verbirgt sich der viergeteilte Paradiesgarten hinter dem achsensymmetrischen Straßenkreuz in Nord-Süd- und Ost-West-Richtung, wie es der Stadtplan von Gulbarga, Bidar, Hyderabad und anderen Städten aufweist. In Bidar steht mitten auf dieser Kreuzung das Chaubara (›das Haus, das nach den vier Himmelsrichtungen geöffnet ist‹) und in Hyderabad das Char Minar (›Vier Türme‹; s. Abb. S. 268).

Gulbarga und Bidar

Die ersten Moscheen waren umgestaltete hinduistische oder jainistische Tempel. 1367 wurde dann nach den Plänen des persischen Architekten Qazvin die Freitagsmoschee in Gulbarga erbaut, mit ihrem vollständig überkuppelten Innenhof eine einmalige bautechnische Glanzleistung auf dem indischen Subkontinent (s. Abb. S. 257). Während sich die Moscheen im Prinzip nur in stilistischen Details veränderten, durchliefen die Grabbauten eine deutlich wahrnehmbare Entwicklung.

Die allerersten Grabbauten erscheinen noch ganz dem nordindischen Tughluk-Vorbild nachempfunden: gedrungen, schmucklos, mit leicht ausgestellten Mauern, kompakter Eingangsgestaltung und flacher Kuppel. Der Zinnenkranz mit den kleinen überkuppelten Ecktürmchen, der auch schon die Moschee von Gulbarga geziert hatte, blieb ein typisches Merkmal des Bahmani-Stils und setze sich auf dem ganzen Dekhan durch.

Die nachfolgenden doppelten Grabbauten der Nekropole der ›Sieben Kuppel‹-Gruppe in Gulbarga mit den ebenfalls doppelten Kuppeln weisen auf die Überwindung des Tughluk-Stils und die Herausformung eines eigenen Bahmani-Stils hin, bei dem persische Konstrukteure maßgeblich beteiligt waren: Der Unterbau ist großzügig in Breite und Höhe angelegt; die Kuppeln erheben sich über einer von einem Zinnenkranz umschlungenen Trommel; die Wände des Unterbaus sind durch Nischen und Jali-Fenster ganz klar in waagerechte und senkrechte Grundstrukturen aufgegliedert, deren Strenge durch die Form der Nischen und Fenster (Kielbogen) und durch Stuckrosetten aufgelockert wird; Konsolen oder Traufdachkonstruktionen sind nur in Resten erhalten.

Die Grabbauten in Bidar, die mit ihrem quadratischen Unterbau mehrheitlich eine Würfelform annehmen, setzen das Prinzip der Baugliederung in klaren, schlichten und geometrischen Strukturen fort. Dasselbe Prinzip läßt sich auch an der hervorragenden Madrasa des Ministers Muhammad Gavan nachvollziehen, die gleich nach Gründung der neuen Hauptstadt (1424) erbaut wurde. Die ›echt persische‹ Beigabe der einstmals prächtigen und farbigen Kacheln und Wandmalereien blättert heute unwiederbringlich ab oder verkommt unter Fledermausdreck; das verschlungene Blattwerkmuster, die geometrischen Figuren und kalligraphischen Schriftzüge lassen sich nur noch ahnen.

Die Kuppel, in Persien schon lange eine traditionelle Bauform, bedeutete auf indischem Boden eine ganz neue Art der Raumgestaltung und -empfindung. Die Kuppeln der Bahmani-Grabbauten im Osten der Stadt erheben sich halbkugelförmig auf einer – im Verhältnis zum Gesamtbau überproportional hohen – Trommel, die von einem Zinnenkranz mit kleinen Türmchen (!) an den acht Ecken umschlungen ist. Die späteren Grabbauten der Baridi-Shahis tragen eine Kuppel, die in ihrer nun voll entwickelten Form einer Lotusblüte gleicht; dies wird dadurch erreicht, daß ein meisterlich ausgearbeitetes blattförmiges Band die Trommel leicht einschnürt. Ein gelungenes Beispiel dieser späten Architektur stellt der Grabbau des Ali Barid Shah im Westen der Stadt dar.

Bijapur und Golkonda

Noch heute läßt sich die immense Bautätigkeit in der nur 135 Jahre währenden Baugeschichte von Bijapur an den zahlreichen erhaltenen Moscheen und Grabbauten ablesen.

Die Juma Masjid von 1576, das früheste und bedeutendste Gebäude der Bijapur-Architektur, blieb höchstwahrscheinlich unvollendet, denn es fehlen die typischen Minarette an den Ecken wie auch die mit Zinnen geschmückte Brüstung auf dem Unterbau. Die von einem Lotusblätterband umgebene Halbkuppel über der unten achteckigen und oben runden Trommel war die revolutionäre Neuheit in der Bijapur-Baugeschichte, die bis zu diesem Zeitpunkt den Kuppelbau bis auf zaghafte Ansätze nicht kannte. Die Arkaden mit ihren Kielbogen sind weit gespannt, um viel Licht ins Innere zu lassen; eine dichte Konsolenreihe darüber trägt das Traufdach.

An der Grabmoschee Ibrahim Rauza – eine auch in Golkonda übliche Kombination von Grabbau und -moschee – aus der Blütezeit der Adil-Shahis (Anfang 17. Jh.) lassen sich alle typischen Kennzeichen des indoislamischen Baustils aufzeigen: Türmchen, Türme, Minarette und Miniaturpavillons, kunstvoll gearbeiteter Stuck, Schnörkel, Rosetten und filigrane Balustraden, luftige Arkaden mit dem klassischen Kielbogen, eine dichte Reihe reich gegliederter Konsolen, herunterhängende Zapfen – und die Kuppel, eine ›Lotusblüte, eingebettet auf einem Blattkranz von Lotusblättern‹ (s. Abb. S. 255).

Auch Golkanda hatte eine eigenständige Baukunst entwickelt, die durch klare Linien und Formen bestimmt ist, wie es der Grabbau des Abdullah deutlich macht: ohne Detail und Schnörkel. Die Arkaden der Veranda reihen sich ebenso regelmäßig aneinander wie die Blendarkaden im ersten Stock, der Zinnenkranz verläuft schnurgerade, die Türmchen erheben sich an den Ecken und unauffällig auf der oberen Balustrade, dichte Konsolenreihen tragen das schmale Traufdach; auch hier ist die Kuppel zur Dreiviertelkugel geworden, lotusförmig mit einem Blätterkranz. Die reich ornamentierte Stuckarbeit blieb bis heute in Teilen erhalten, von dem prachtvollen Kachelschmuck dagegen zeugen nur noch kärgliche Reste.

Der islamische Baustil hat in der hinduistischen Tempelarchitektur keinen wesentlichen Niederschlag gefunden, um so mehr dagegen in den königlichen Palastanlagen der Vijayanagar-Herrscher und der nachfolgenden Nayaktümer von Tanjavur (Tanjore), Mysore und Madurai.

Der indische Film

»...Und wir sollen auch Unterhalter sein, auch das ist ein Dienst, den wir den Armen erweisen. Jemand das Unglück für kurze Zeit vergessen lassen, wenn man das getan hat, hat man wirklich was geleistet!« – die Worte eines Filmproduzenten.

Indien steht mit über 800 Spielfilmen in zwölf Sprachen pro Jahr auf dem vierten Platz der Weltproduktion. Hauptabnehmer sind die umliegenden asiatischen und arabischen Länder, während sich in unsere Breiten nur selten ein indischer Kinofilm verirrt, sieht man einmal ab von Filmen engagierter indischer Filmemacher wie z.B. dem Spielfilm ›Salam Bombay‹, der 1989 in unsere Kinos kam und in beeindruckender Weise das Leben eines kleinen Jungen in den Slums von Bombay beschreibt. Auf einem Filmfestival dagegen bietet sich schon eher die Chance, alte Klassiker, einen Streifen des Bengalen Satyajit Ray oder des sozialkritisch engagierten Mrinal Sen zu sehen. Allerdings sind auch in Indien das Fernsehen und der Videofilm zu Konkurrenten des Kinos geworden, wie sich gerade in unseren Tagen mit der Ausstrahlung des ›Ramayana‹ gezeigt hat.

Bombay ist heutzutage das größte Zentrum der Filmproduktion Indiens, gefolgt von Calcutta und Madras; in Bombay führten am 6. Juli 1896 die Gebrüder Lumière mit überwältigendem Erfolg ihren ›Cinématographe‹ erstmalig auf indischem Boden vor. 1899 drehte H. S. Bhatvadekar den ersten indischen Kurzfilm, einen Boxfilm in den Hängenden Gärten von Bombay. Der erste berühmte Produzent Indiens war Dhundiraj Phalke; sein erster Film, mit Untertiteln in Englisch und Hindi versehen und 1912 in Bombay fertiggestellt, trug den Titel ›Raja Harishchandra‹, ein mythologischer Film, der für Indien eine Bedeutung erlangte wie der Western für Hollywood.

1919 entstand der erste südindische Film, ›Keechaka Vadham‹ von Nataraj Mudaliar. Anfang der 20er Jahre gab es 150 Kinos in Indien. Sie zeigten Filme ganz im Stil Hollywoods – so fehlte auch ein indischer Western-Cowboy nicht –, aber auch mit sozialkritischen Themen wie ›Sankari Pash‹ von Baburao Painter, der ersten indischen Produzentin und Regisseurin. Noch kamen jedoch 85 % der Filme aus dem Ausland, überwiegend aus den USA. 1931 wurde der erste indische Tonfilm auf Hindi, ›Alam Ara‹, mit zwölf Liedern in Bombay uraufgeführt. Im sozialpolitischen Umfeld der Unabhängigkeitsbewegung entstanden eine ganze Reihe kritischer Filme.

Dann kam die Zeit der großen Filmproduzenten. Sie mußten zunächst die für das vielsprachige Indien so wichtige Frage lösen, in welcher Sprache das Publikum am besten erreicht werden konnte. Sie schufen den Hindi-Film: eine ›heiße‹ Mischung aus emotionalen Irrungen und Wirrungen und Action, aufgeputzt mit Musik, Gesang und Tanz. Dieser Filmtyp sollte die Sprachbarrieren überwinden und für die Bombayer Filmproduzenten, Stars, Sängerinnen und Filmkomponisten in den 30er und 40er Jahren das große Geld bringen.

Da man in jedem Film möglichst viele Themen und Probleme ansprechen wollte, gerieten die meisten zu einem unpointierten Mischmasch. Eine große Bedeutung kam den Songs und Schlagern zu, was zu einer regelrechten Spezialisierung in Sachen Playback-Gesang führte. Der kommerzielle Erfolg eines Filmes hing immer mehr davon ab, ob es ihm gelang, die Massen mit seiner Musik zu begeistern und anzulocken. Die Popularität einiger weniger Sängerinnen wuchs ins unermeßliche. Lata Mangheshkar, die in 25 000 Liedern den Schauspielerinnen ihre Stimme geliehen hat, ist sicher eine der berühmtesten Sängerinnen der Filmgeschichte.

Die Tradition der Filmmusik ist auch heute noch ungebrochen, und der Kinobesucher muß sich darauf einrichten, an passender oder unpassender Stelle Musikeinlagen oder aufwendige Tanzformationen über sich ergehen zu lassen. Im prüden Indien ›nicht darzustellende‹ Inhalte werden symbolisch durch Blumen und Bienen, galoppierende Pferde, einen Sonnenuntergang oder auch Regentropfen umschrieben.

Die in Indien gleichfalls unverzichtbaren farbenprächtigen Filmplakatwände in Leinwandformat sind schon allein deswegen beeindruckend, weil sie in sorgsamer Kleinarbeit gemalt werden (s. Farbabb. 31). Die inhaltliche Darstellung des angekündigten Films konzentriert sich darauf, so eindeutig wie möglich den Schurken, das Ungeheuer oder die Brave, die Verkommene oder die coole Intellektuelle (immer mit Brille!) herauszustellen.

Die Inder lieben das Kino und geben ihre letzten Rupees dafür aus. In der Provinz überragen oft protzige Filmpaläste ihre bescheidene Umgebung. Die großen Stars wurden zu quasi nationalen Institutionen – ihre immense Popularität führt sie nicht selten in die Politik. M. G. Ramachandran, der Held zahlloser Filme, regierte nach seiner großen Zeit viele Jahre in Tamil Nadu. Andhra Pradeshs Götterheld Rama Rao gründete eine Partei, gewann auf Anhieb die Wahlen, avancierte zum Regierungschef und fand inzwischen seinen Weg in die Zentralregierung. Nicht zu vergessen Amitabh Bachchan, der nicht nur die höchsten Gagen fordern kann und daneben Parteipolitik macht, sondern auch eine ganze Nation in Atem hielt, als er ernstlich ver letzt im Krankenhaus lag. Dagegen ist es ein Gerücht, daß sich Rajiv Gandhi nach seiner Wahlniederlage nun bemüht, in der Filmbranche Karriere zu machen...

Der südindische Tanz

Das ›Natyashastra‹ des Bharata aus dem 5. Jh., ein Kompendium der vorangegangenen Jahrhunderte, stellt die klassische theoretische Grundlage des traditionellen indischen Tanzes dar und besitzt auch heute noch dieselbe Gültigkeit.

Der Verfall der politischen Einheit in Süd-Indien im 17. Jh., der zunehmende Einfluß der Europäer und die damit einhergehende hinduistisch-orthodoxe Erneuerungsbewegung ließen jedoch vorerst die jahrtausendealte Tanztradition nahezu in Vergessenheit geraten. 1936 gründete die Tänzerin Rukmini Devi das große Kulturzentrum Kalakshetra nahe Madras zur Pflege und Erforschung von Tanz und Musik und verhalf dem Bharata Natyam zu neuem Ruhm (s. S. 97 ff.). Das Kathakali erfuhr dagegen durch den engagierten Vallatol N. Menon, der 1937 zusammen mit dem Tanzmeister Manakkulam M. R. Tamburan die Tanzakademie ›Kathakali Kalamandalam‹ in Cheruhuruthy bei Cochin gründete, seine Renaissance.

Das Bharata Natyam

In dem epischen Gedicht ›Shilappadikaram‹ aus der Sangam-Ära, einem der ersten Dokumente über Funktion und Arbeitsweise der Tempeltänzerinnen, wird bis in Details hinein der Tanz der Madhavi gerühmt: Sieben Jahre lang studierte sie Tanz und Gesang, beherrschte

alle ›64 Künste‹ und trat im Alter von nur zwölf Jahren vor dem König auf. Ihr Lehrmeister hatte sie in der Kunst der ein- und beidhändigen Handhaltungen sowie in den ›zwei Arten des Tanzes‹ unterrichtet.

Die zwei Arten des Tanzes sind nichterzählend, rhythmisch *(Nritta)* und erzählend, theatralisch *(Abhinaya)*. Körperhaltungen und -bewegungen, Kopf-, Rumpf-, Bein- und Armpositionen, Schrittfolge, Hand- und Fingergestik sowie Mimik, jede mögliche Ausdrucksform ist festgelegt und in allen Schulen des Bharata Natyam nahezu gleich stilisiert. Jede Bewegungseinheit wird durch bestimmte Lautsilben benannt, die während des Tanzes vom Sänger oder auch von dem Tanzenden ausgerufen werden und mit schneller werdendem Rhythmus für das ungeschulte Ohr nicht mehr zu unterscheiden sind. Die Glöckchen an den Füßen der Tänzerin erklingen im Takt, unterstützt wird der Rhythmus durch den Mridanga-Trommler, während die Vina- oder Harmoniumspieler die begleitende Hintergrundmusik spielen.

Neben dieser Tanztechnik kennt die Musiktheorie zwei grundlegende Begriffe, *Rasa* und *Bhava*. Rasa ist eine bestimmte emotionale Grundhaltung, die beim Zuschauer entweder Liebe, Heiterkeit, Erschütterung, Zorn, Kühnheit, Schrecken, Ekel oder Entzücken erwecken soll, die die Darstellerin mit den Bhava durch die differenziertesten Ausdrucksformen zu vermitteln anstrebt: heiteres Lächeln, Lachen, Weinen, Seufzen, Augenrollen, Zusammenziehen der Augenbrauen, Zittern, Kopfschütteln etc. Die Kunst gilt als perfekt, wenn es der Tänzerin gelingt, solch abstrakte Emotionen wie Haß, Rache, Sehnsucht, Schmerz oder Trauer auszudrücken.

Ist das Repertoire der Tänzerinnen auch genauestens festgelegt, klassifiziert und stilisiert, so gibt es doch Unterschiede in der Beherrschung und gekonnten Kombination der Ausdrucksformen, die immer auch einen Dialog zwischen der Tanzenden und der begleitenden Musik darstellen.

Der *Sadir Natya* ist der klassische Solotanz des Bharata Natyam. Nachdem die Tänzerinnen und die Musiker am Beginn der Aufführung mit Blumen und Räucherstäbchen den Gott Shiva als den Herrn des Tanzes verehrt haben, beginnt das fünfteilige Programm, das aus Nritta- und Abhinaya-Tanzeinheiten besteht. Zum Schluß kann ein besonders schneller Nritta-Tanz folgen, die Vorstellung endet mit einer kurzen mimischen Darstellung eines gereimten Verses.

Das Gruppentanzspiel *Kuravanji* aus dem südöstlichen Tamil Nadu, ausschließlich von Frauen aufgeführt, hat in zahlreichen Varianten das Thema der Liebe eines jungen Mädchens zu ihrem Geliebten – entweder dem Tempelgott oder dem königlichen Gönner – zum Inhalt. (Hier verbirgt sich die devotionale Gottesliebe des Bhakti-Kultes, der sich im 16./17. Jh. auch in Süd-Indien großer Beliebtheit erfreute.) Eine weitere Hauptperson im Kuravanji-Tanzspiel ist die Zigeunerin Kuraji, die der jungen Liebenden einige Verwicklungen, Mißverständnisse und Streitigkeiten voraussagt, die sich schließlich zur Freude der Zuschauer jedoch heiter in Wohlgefallen auflösen.

Das Tanztheater *Bhagavata Mela* aus Andhra Pradesh und Tamil Nadu, das sich bis ins 10. Jh. zurückverfolgen läßt, erfreute sich unter der Herrschaft der Vijayanagars großer Beliebtheit. Seine kulturelle Bedeutung erhielt es durch den Bhakti-Kult. Nach dem Zerfall des Vijayanagar-Reiches flohen zahlreiche Künstler und Gelehrte nach Tamil Nadu. Der Legende nach soll der Herrscher von Tanjavur (Tanjore) 510 Bhagavatara-Familien in Melattur ein ganzes Dorf als neue Heimat gestiftet haben.

Der Bhagavata Mela wird im Solo- und Gruppentanz aus einer Kombination von Theater, Musik und Tanz mit einfacher, farbenfroher Kostümierung ausschließlich von Männern dargeboten. Die Handlungen entstammen der vishnuitischen Mythologie und der Krishna-Legende. Eine der beliebtesten Darstellungsformen – Vishnu in der Form des Narasimha, des Mann-Löwen – wird alljährlich zum Tempelfest im Mai/Juni in Melattur aufgeführt.

Das Tanzdrama *Kuchipudi* stammt aus Andhra Pradesh und wurde nach dem gleichnamigen Dorf benannt, das der moslemische Herrscher von Golkonda nach der endgültigen Auflösung des Vijayanagar-Reiches den Bhagavatara-Familien, die nicht in den Süden geflohen waren, zur Verfügung gestellt hatte. So finden sich zahlreiche Übereinstimmungen zwischen Bhagavata Mela und Kuchipudi, dennoch kann man heute von zwei verschiedenen Tanzstilen sprechen.

Die reichhaltige Auswahl der Stücke bietet Ereignisse aus der Mythologie Vishnus und im besonderen aus dem Leben Krishnas an. Das ›Gita Govinda‹ gehört zum beliebten Repertoire des Kuchipudi. Hier wird in 24 Hymnen die Sehnsucht und Eifersucht der liebreizenden Radha erzählt, die immer wieder um die Liebe Krishnas bangt. Das umfangreichste getanzte, gesungene und gesprochene klassische Theaterstück überhaupt ist das ›Krishna Lila Tarangini‹. Besonders populär sind sein erster Teil, in dem die Abenteuer des noch jungen und

Die Devadasis

Die Tempeltänzerinnen als Dienerinnen der Götter übernahmen die Aufgabe, die Götterstatuen zu betreuen und zur Freude der Könige, Fürsten, reichen Kaufleute und Pilger zu tanzen. Sie genossen hohes Ansehen und lebenslangen Schutz des Königshauses und waren materiell abgesichert. Als junges Mädchen in geheimen Zeremonien dem Tempelgott geweiht, erhielten sie Unterricht in Tanz, Musik, Literatur und Tamil oder Telugu. Nicht zuletzt aufgrund dieser umfassenden Bildung haben sie ganz entscheidend dazu beigetragen, die Tradition des südindischen Tanzes zu erhalten.

Der Tempeltanz kam unter dem Einfluß der puritanischen europäischen Kolonialmächte und der orthodoxen Hindu-Bewegung im letzten Jahrhundert in Verruf. Als der Tempeltanz schließlich verboten wurde, waren Hunderttausende von Tempeltänzerinnen der Prostitution ausgeliefert, da ihnen keine andere Erwerbsmöglichkeit blieb. Wenn es auch nicht gern publik gemacht wird, so ist doch bekannt, daß in Saundatti Yellamma noch heute junge Mädchen einmal jährlich dem Tempelgott geweiht werden, um später ein kärgliches Dasein als Prostituierte in Bombay zu führen.

---

schelmischen Krishna dargestellt werden, sowie das ›Parijata Paharana‹. Da letzteres ungekürzt sieben bis zehn Nächte beansprucht, wird es in einer gekürzten Fassung unter dem Titel ›Bhama Kalapam‹ (Das Gespräch der Satyabhama) aufgeführt. Im Mittelpunkt der Handlung steht die Liebe Satyabhamas zu Krishna, den sie um eine Blüte von dem himmlischen Blütenbaum aus dem Paradies bittet.

Ursprünglich sangen, sprachen und tanzten die Akteure – früher nur Männer – während der Aufführung. Heute übernimmt diese Aufgabe jedoch der Nattuvanar, der die Tänzer teils singend teils sprechend vorstellt und auch sonst für angenehme Unterhaltung sorgt. Solo- und Gruppentanz, die den Grundprinzipien des Bharata Natyam sehr nahe kommen, zeichnen sich durch hohe tänzerische Geschicklichkeit und rhythmische Vielfalt aus.

Im nordwestlichen Karnataka ist das *Yakshagana*-Tanztheater zu Hause, eine Mischung aus Bhagavata Mela, Kuchi-

pudi und Kathakali. Es wird nur von Männern mit häufig furchterregenden Masken und Kostümen getanzt, die dem Namen Yakshagana (Dämonengesang) alle Ehre machen.

Das Kathakali

Das Kathakali-Tanzdrama, im 17. Jh. entstanden, ist heute zu dem bedeutendsten Vertreter der vielen verschiedenen Tanzstile geworden, die sich im Laufe der Zeit in dem abgeschlossenen Küstenstreifen Keralas aus Volks- und Ritualtänzen entwickelt haben. Der *Kuttu*-Tanzstil, schon in der Sangam-Ära erwähnt, wurde nur von den Chakyars, einer erblichen Kaste von Tempeldienern, dargeboten. Sie erzählten, sangen und tanzten Ereignisse aus den großen Epen und anderen klassischen Texten, wobei ein Chakyar sämtliche Rollen selbst darstellte.

Hieraus entwickelte sich der *Kutiyattam*-Tanzstil: Die einzelnen Rollen wurden nun von verschiedenen – auch weib-

Szene aus einem Kathakali-Tanzdrama, Erna-kulam

toire aufnahm, war die Stunde des *Ka-thakali* gekommen.

Wohl kein anderer Tanzstil stellt eine derart gelungene Mischung aus Theater, Tanz und Musik dar, die dramaturgisch höchst effektvoll die ereignisreichen Abenteuer der Helden, Könige, Böse-wichter und Dämonen aus dem Ramaya-na, dem Mahabharata und alten Sanskrit-Texten in Szene setzt. Alle Rollen, auch die weiblichen, tanzen ausschließlich Männer und Jünglinge, die nach jahre-langem Training eine wahrhaft akrobati-sche Körperbeherrschung und Gelen-kigkeit besitzen. Eine Besonderheit des Tanzstils ist die Grundhaltung der Füße: Der Tänzer steht mit aufgerichtetem Zeh und seitlich gebogenen Beinen auf den äußeren Kanten der Fußsohlen.

Eine weitere traditionelle Eigenheit besteht darin, daß die Bühne jeweils eine der drei Welten (Himmel, Erde oder Un-terwelt) präsentiert, Sonne und Mond symbolisiert durch die Dochte der auf dem Podium plazierten Öllampe. Über-haupt spielt die Symbolik in Form und Farbe der Kostüme und Masken eine entscheidende Rolle, um die reinen, die leidenschaftlichen oder die finsteren und dämonischen Charaktere darzustellen. Der Kathakali kennt den Solotanz *Mohi-ni Attam,* dessen Wurzel ebenfalls im Tempeltanz liegt. Heute üblicher ist je-doch der lebendige und mit humorvollen Einlagen angefüllte Solotanz *Ottan Thulla,* der eher schon ein Volkstanz ist.

lichen – Akteuren gespielt und getanzt. Dem Chakyar kam die Aufgabe zu, dem Publikum bestimmte Textstellen im ein-heimischen Malayalam zu erklären. Die Aufführungen konnten viele Nächte, ja sogar Wochen dauern, was die enorme Bedeutung des Tanztheaters für die Be-völkerung bezeugt.

Mit dem Kutiyattam ähnlichen Kostü-men, Holzmasken und der typischen Halsmanschette aus Reismehl und Pappe agierend, entstanden im 17. Jh. die bei-den Tanzspiele *Krishnanattam* (Leben Krishnas) und *Ramanattam* (Das Leben Ramas). Als das Ramanattam andere Texte als das Ramayana in sein Reper-

Die Bundesstaaten Süd-Indiens

Maharashtra

Dieser Bundesstaat wird für die meisten Reisenden der Einstieg nach Süd-Indien sein. Entweder betreten sie am Flughafen Bombay Santa Cruz überhaupt erst indischen Boden oder sie kommen per Bahn oder Bus von Norden. Nur wer in Calcutta (Bengalen) oder Bhubaneshvar (Orissa) den Nachtzug nach Madras nimmt, wird Süd-Indien wohl von der anderen Seite her aufrollen.

Bombay

Ca. 10 Mio. Einwohner, Hauptstadt von Maharashtra.

Ankunft in Bombay

Nach mindestens siebeneinhalb Stunden Flug (non stop) von Europa ist es wegen des Fluges gegen den Lauf der Sonne noch einmal viereinhalb Stunden später als in Mitteleuropa. Die Paßkontrolle gestaltet sich problemlos, schlimmstenfalls etwas zeitaufwendig wegen des großen Andrangs. Der Zoll stürzt sich hauptsächlich auf die Importgüter der eigenen Landsleute. Wertvolle Kameraausrüstungen oder anderes technisches Gerät sollte man in ein Zollformular eintragen lassen, damit es bei der Ausreise keine Schwierigkeiten gibt. Nach Abschluß der Einreiseformalitäten ist es zweckmäßig, an einem der Bankschalter in der Halle Geld zu tauschen. Die Kurse von Pheroze Framroze & Co und der State Bank of India nehmen sich nicht viel. Sie sind auch nicht schlechter als in der Stadt, nur daß man da bei der Bank einen halben Vormittag opfern muß (s. a. S. 374).

Oft kommt man mitten in der Nacht an und befindet sich nun noch ungefähr 25 km nördlich des ersehnten Hotelbetts, wenn dieses nicht in einem der flughafennahen Luxushotels (Centaur, Airport Plaza) stehen soll. Alle Stunden fährt aber ein Bus vom internationalen zum nationalen Flughafen und von da weiter über Juhu, Dadar, Malabar entlang dem Marine Drive zum Nariman Point (Oberoi Towers) und dann nach Colaba zum Taj Mahal Hotel (Rs. 25/-; ein Taxi zum Taj Mahal Hotel kostet Rs. 200/-.) Tickets für Bus oder Taxi sollte man am Schalter in der Flughafenhalle kaufen. Dort befindet sich auch ein ›Tourist Information Office‹ und ein Schalter für Hotelvermittlung, die aber nur tagsüber geöffnet haben. Hat man sich für ein Taxi entschieden, wird man nach ca. 100 m noch einmal angehalten. Polizisten notieren die Nummer des Autos und den Namen des Fahrgastes, eine Sicherheitsmaßnahme gegen schwarze Schafe unter den Fahrern.

Geschichte

1534 überließ Sultan Bahadur Shah von Gujarat den Portugiesen Bassein auf dem

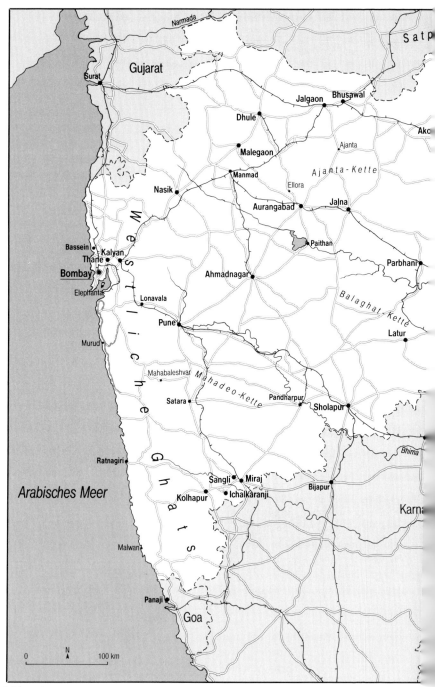

Maharashtra

Festland, die große vorgelagerte Insel Salsette und Bombay. Letzteres bestand damals noch aus sieben kleinen Inseln, dicht bewaldet mit Kokospalmen, bei Flut durch Wasser, bei Ebbe durch malariaträchtige, sumpfige Priele voneinander getrennt. Die Portugiesen gründeten mit Bassein eine starke, glanzvolle Stadt und nutzten Bombay wegen seiner günstigen, geschützten Lage als Hafen. 1626 wurde diese Niederlassung bei einem englisch-holländischen Überfall geplündert und zerstört.

Als 1661 Karl II. von England Katharina von Braganza, eine Schwester König Alfons' von Portugal, heiratete, kam Bombay als Teil der Mitgift endgültig an England. Der König vermachte es für 10 Pfund Pacht im Jahr der ›East India Company‹, die es vorerst noch von Surat aus verwaltete, seinen Ausbau jedoch energisch in Angriff nahm. Die Inseln wurden zu dieser Zeit von den Kulis bewohnt, die von den reichen Kokospalmenbeständen und vom Fischfang lebten. Von ihrer Schutzgottheit Mumba Devi, als Erscheinungsform der Parvati ins hinduistische Pantheon integriert, leitet sich wahrscheinlich der Name Bombay her: Auf Marathi heißt die Stadt Mumbai. Die Portugiesen nannten den Platz Bom Bahia (oder Bom Baim) – schöne Bucht.

Unter Gerald Aungier, dem Präsidenten der Faktorei von Surat (1669–1677), wurde damit begonnen, die ungesunden Sümpfe trockenzulegen und durch Aufschüttungen aus den sieben Inseln eine einzige zu schaffen – ihre Namen blieben als die der darüber entstandenen Stadtteile erhalten: Colaba, Girgaum, Worli, Mazgaon, Parel, Mahim und Dongri. Bombay wurde im Schutz des stark befestigten Fort George ein sicherer Handelsplatz. Der Gouverneur lud Kauf-

leute und Handwerker verschiedenster Herkunft ein, sich hier niederzulassen, und hatte Erfolg mit seiner liberalen Politik: 1670 z. B. begannen die Parsen, sich hier anzusiedeln. Gerald Aungier wurde so zum eigentlichen Gründer Bombays. 1720 wohnten bereits 50 000 Menschen in der nun von einer Mauer umgebenen Stadt.

1739 hatten die Marathen den Portugiesen Salsette abgenommen, 1776 jedoch wieder an die Engländer abgeben müssen. Auch diese große Insel wurde im Laufe der Zeit mit den benachbarten Inseln Dravi, Trombai und mit Bombay verbunden: Es entstand die eine große Insel, auf der Groß-Bombay heute liegt. Die Stadt wuchs weiter ins 19. Jh. und gewann an Bedeutung. Den größten Aufschwung nahm sie, als infolge der amerikanischen Sezessionskriege (1861–1865) der Baumwollimport von da nach Europa unterbrochen wurde und mit indischer Baumwolle riesige Gewinne gemacht werden konnten. Auch in der Stadt selbst entwickelte sich ab der Jahrhundertmitte eine leistungsfähige Baumwollindustrie, obwohl die Engländer die in Mittelengland verarbeitete Rohbaumwolle als Fertigtextilien in großen Mengen nach Indien reimportierten.

1863 riß man unter Gouverneur Sir Bartle Frere die einengende Stadtmauer nieder. Wichtige Institutionen wurden gegründet und prächtige Gebäude dafür errichtet: 1836 die Handelskammer, 1857 die Universität, 1872 die Städtische Selbstverwaltung und 1873 die Hafenbehörde. Das Hinterland wurde verkehrsmäßig erschlossen. War schon 1804 eine brauchbare Straße das Bhor-Ghat hinauf bis nach Pune gebaut worden, so entstand nun bis 1853 die erste Eisenbahn Asiens auf der Strecke Bombay – Thana. 1863 reichte sie bis Pune, und sieben Jahre später verband sie bereits Bombay mit Calcutta. Auch die Öffnung des Suez-Kanals (1869) brachte Vorteile für Bombay.

Nicht nur die Briten, sondern auch ihre indischen Partner, besonders die Parsen, kamen zu großem Reichtum und wirtschaftlicher Macht. Die großen Industriellendynastien wie die Tatas, die heute das wirtschaftliche Leben Indiens beherrschen, entstanden. Das große Wirtschafts- und Bildungspotential förderte jedoch auch den Nationalismus, und Bombay wurde zu einer Hochburg der Unabhängigkeitsbewegung. 1885 wurde hier die Nationale Kongreß-Partei gegründet.

Besichtigung

Das **Gateway of India (1)** ist der ideale Ausgangspunkt für die Erkundung der Stadt. Hier am Apollo Bunder legten die großen Schiffe von Übersee an. Vor dem Jetzeitalter betraten die Reisenden hier zuerst indischen Boden, so auch 1911 König Georg V. und Königin Mary. Ihnen zu Ehren errichtete man den 26 m hohen Triumphbogen aus gelbem Basalt im Stil der Moslem-Bauten des 16. Jh. in Gujarat (eingeweiht 1926). Der Entwurf stammt von George Wittet, der in Bombay auch noch für mehrere andere ›orientalische‹ Prachtbauten verantwortlich zeichnet wie z. B. das Prince of Wales Museum und das Hauptpostamt.

Den Platz beherrscht das monumentale **Taj Mahal Hotel** von 1903 mit einem Bettenturm aus neuerer Zeit, ein Luxushotel mit ›Charakter‹; neben exklusiven Antiquitäten-, Schmuck- und Bekleidungsboutiquen findet sich hier auch eine gut sortierte Buchhandlung. Vor dem Hotel stehen ein martialisches Reiterstandbild des marathischen National-

helden Shivaji (ca. 1646–1680) und die bescheidene Figur des Swami Vivekananda (1862–1902), der sich für Frieden und Ausgleich zwischen den Religionen einsetzte.

Obwohl hier nur noch die Fährschiffe nach Elephanta an- und ablegen, ist immer etwas los. Tagsüber schlafen abgerissene Gestalten im kühlen Schatten des Tores, Studenten und Schüler büffeln ihre Lektionen. Händler bieten Tee, Soft Drinks, Erdnüsse und Souvenirs an – und auch Hasch; die Dealer haben ihr Hauptquartier in den schmalen Gassen hinter dem Taj.

Der nach Norden anschließende Stadtteil heißt **Fort.** Er ist weitgehend identisch mit dem Gebiet der ehemals befestigten Stadt. Hier finden sich die meisten der prunkvollen Gebäude des kolonialen Bombay. In der viktorianischen Zeit und danach betrachtete man die Kunstgeschichte vergangener Zeiten als großes Musterbuch und bediente sich ohne Hemmungen. Stile wurden phantasievoll kombiniert und in Indien besonders gern mit orientalischen Zutaten angereichert.

Vom Gateway of India führt die Shivaji Marg (Apollo Pier Road) zur **Wellington Fountain (2)**, einem großen Platz mit Brunnen. Das Gebäude im Osten war ursprünglich die **Council Hall** der Stadt Bombay. Nach Norden liegt an einem gepflegten Park das **Prince of Wales Museum of Western India (3)**. 1905 anläßlich des Besuchs des englischen Thronfolgers und späteren Königs Georg V. gegründet, wurde es bis 1921 aus gelbem und blauem Basalt und mit einer riesigen Kuppel im Stil der Gräber von Golkonda erbaut. Es beherbergt neben einer naturhistorischen eine sehr interessante archäologische Abteilung, eine repräsentative Sammlung indischer

Miniaturmalerei, indische Waffen, Kunst aus Nepal und Tibet, ein Münzkabinett, Bronzen und europäische Malerei aus dem Besitz von Sir Ratan Tata (10.00–18.00 Uhr, montags geschlossen). An der Nordwestecke des Parks liegt das Gebäude (1952) der **Jehangir** **Art Gallery (4)**. Hier finden wechselnde Ausstellungen meist moderner indischer Künstler statt (Buchladen, nettes Restaurant).

Von der Wellington Fountain führt die Shahid Bhagat Singh Road nach Norden zum **Horniman Circle (5)**, dem ehe-

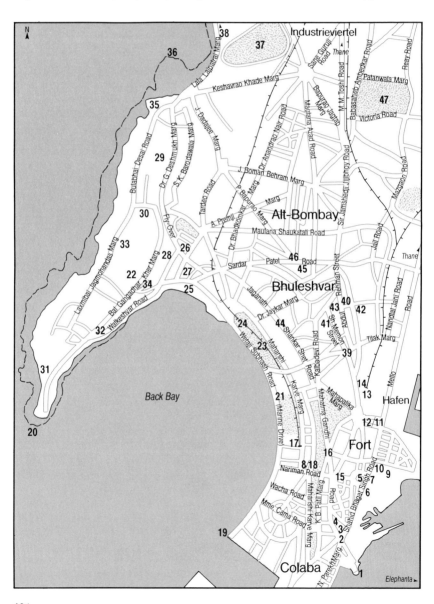

maligen Bombay Green; auf der rechten Seite der Straße steht das **Alte Zollge-bäude (6)** von 1720, an der Ostseite des Platzes die **Town Hall (7)** von 1833 – außen dorisch, innen korinthisch –, der Sitz der Asiatic Society mit einer großen Bibliothek. Im Westen an der Nariman Road erhebt sich die **St. Thomas-Kathe-drale (8)**, begonnen schon unter Gerald Aungier 1672, aber erst ab 1718 offiziell genutzt. 1836, anläßlich der Investitur des ersten Bischofs von Bombay, wurde der Turm in einem klassizistisch-goti-schen Stil aufgestockt; im Inneren befin-den sich zahlreiche Erinnerungen an ›Helden des Empires‹. Schräg hinter der Town Hall findet man die **Alte Münze (9)** von 1829, ein schlichter Bau mit ioni-schem Portal.

Unmittelbar hinter Town Hall und Münze stand die ›Burg‹ von Bombay und Keimzelle der Stadt, das **Fort George (10)**, dessen spärliche Mauerreste in die neueren Gebäude des Hafens integriert wurden. Die großen Gebäude nördlich der Münze, Ballard Estate, bergen Büros der Hafenverwaltung und gehören ge-nauso zum künstlerischen Werk von George Wittet wie das **Hauptpostamt (11**, GPO = General Post Office), das wir nordwärts über die Mint Road oder die Shahid Bhagat Singh Road erreichen – ein gewaltiger Bau im Stile der Mos-lem-Bauten von Bijapur. (Hier erhält man seine postlagernden Sendungen und im 1. Stock Sondermarken; Paketannah-me um die Ecke).

Neben dem Hauptpostamt liegt eine kleine, eingezäunte Grünanlage mit Bän-ken, einem sauberen Toilettenhäuschen und einem Hanuman-Tempelchen in einem Baum – mit zugehörigem Priester. Diese Oase der Ruhe gehört zum **Nagar Chowk (12)**, einem prominenten Platz an der Grenze zur indischen Altstadt. Die prächtige ›gotische Kathedrale‹ am Platz, der **Victoria Terminus (13)**, ist Endbahnhof und Hauptverwaltung der Central Railway. Der Bau mit der gewal-tigen Kuppel wurde 1878–1888 vor den alten Bahnhof gesetzt, von dem heute die Vorortzüge verkehren.

Links daneben befindet sich das Ge-bäude der **Municipal Corporation (14**, Rathaus) von 1893 in neogotischem Stil mit orientalisierenden Einflüssen, wie der Victoria Terminus ein Werk von F. W. Stevens. Von hier führt die belebte Einkaufsstraße D. Naoroji Road süd-wärts zum Hutatma Chowk. Hier findet man u. a. Schallplatten, Bücher, Baum-woll- und Seidenstoffe, traditionelle

Bombay 1 Gateway of India (Apollo Bunder) 2 Wellington Fountain 3 Prince of Wales Museum of Western India 4 Jehangir Art Gallery 5 Horniman Circle 6 Altes Zollge-bäude 7 Town Hall 8 St. Thomas-Kathedrale 9 Alte Münze 10 Fort George 11 Haupt-postamt (GPO) 12 Nagar Chowk 13 Victoria Terminus 14 Municipal Corporation 15 Hutatma Chowk/Flora Fountain 16 Victoria Memorial 17 Churchgate Terminus/ Western Railway 18 ITDC Tourist Office 19 Nariman Point 20 Malabar Point 21 Wetaji Subhash Road (Marine Drive) 22 Malabar-Hügel 23 Brabourne-Stadion 24 Taraporevala-Aquarium 25 Chowpatty Beach 26 Mani Bhavan 27 Bharatiya Vidya Bhavan 28 Babul-nath-Tempel 29 Cumballa-Hügel 30 Türme des Schweigens 31 Walkeshvar-Tempel 32 Jaina-Tempel 33 Hängende Gärten 34 Kamala Nehru-Park 35 Mahalakshmi-Tempel 36 Grabmoschee des Haji Ali 37 Pferderennbahn 38 Nehru Center 39 Crawford Market 40 Baudi Bazar 41 Große Moschee (Juma Masjid) 42 Zakaria-Moschee 43 Mumba Devi-Tempel 44 Parsen-Viertel 45 Nel Bazar 46 Shriman Khadwala Chowk 47 Victoria Gar-dens

Gebäude der Stadtverwaltung, Bombay

Baumwollkleidung für Männer und moderne indische Kreationen für Frauen sowie nette Restaurants – besonders in den Seitenstraßen. An der Ecke Dadhichi Road steht das viktorianisch prächtige **J. N. Petit Institute,** daneben das Hauptquartier von Thomas Cook (Traveller Cheques!), gegenüber das **Khadi Village Industries Emporium,** auf der anderen Seite der Hauptstraße ein **parsischer Feuertempel.** In der Pherozshah Mehta Road liegt ein **Kashmir Government Emporium** und eine Straße weiter, links in der Perin Nariman Street, ein **parsischer Brunnenbau** mit Uhrenturm, nach wenigen Metern, an der Ecke Agyara Lane, ein prächtiger **Feuertempel** und in der parallellaufenden Borabazar Street ein bunt bemalter **Jaina-Tempel** mit lustigen Figuren.

Zurück zum **Hutatma Chowk (15),** dem Platz der Märtyrer, der an den Kampf um einen eigenständigen Staat Maharashtra erinnert. Der alte und noch gebräuchliche Name dieses Brennpunktes des Geschäftsviertels lautet **Flora Fountain** nach dem Brunnen, der dem Gouverneur Sir Bartle Frere (1862–1867) zu Ehren aufgestellt wurde. Hier konzentrieren sich die Banken der Stadt: an der Nordseite American Express, an der Mahatma Gandhi Road nebeneinander die säulengeschmückten Hauptquartiere der Hongkong Bank, der Bank of India und der Grindlays Bank.

Die Mahatma Gandhi Road führt in südlicher Richtung wieder zur Wellington Fountain. Gegenüber der Jehangir Art Gallery befinden sich die **David Sassoon-Bibliothek** und das große Gebäude des ehemaligen **Elphinstone Colleges** von 1890 im Stil viktorianischer Romanik. Das sich anschließende **Indian Institute of Science** (gegründet 1911), ein riesiger, von George Wittet im Neore-

naissancestil errichteter Gebäudekomplex, zieht sich um die Ecke bis zur K. B. Patil Marg (Mayo Road).

Hier reiht sich ein Prachtbau an den anderen: nördlich des Indian Institute of Science das **Alte Sekretariat** (die Ministerien) Bombays von 1874 im Stil der venezianischen Gotik, daran anschließend die **Universität,** aus demselben Jahr, aber im Stil französischer Gotik des 15. Jh., gefolgt von der **Universitätsbibliothek** im gotischen Stil des 14. Jh. mit dem 80 m hohen **Rajabai Tower** (schöner Rundblick!). Daneben steht der **Hight Court,** das Gebäude des Obersten Gerichtshofs von 1879 im ›Early English‹-Stil. Der letzte Komplex vor der Nariman Road ist das neogotische **Bauministerium** von 1874. Auf der anderen Straßenseite erhebt sich das neoromanische **Alte Hauptpostamt,** das heute das Telegrafenamt und das Postamt für den Stadtteil Fort beheimatet. Noch etwas weiter nördlich, wo die R. B. Patil Marg auf die Mahatma Gandhi Road trifft, steht das marmorne **Victoria Memorial (16),** das Denkmal jener Königin (1837–1901), unter deren Herrschaft die ganze eklektizistische Pracht aufgeführt wurde.

Bis dahin, wo heute diese Gebäude stehen, reichten früher von Osten her die Befestigungsanlagen der Stadt und von Westen die Wasser der Back Bay. Alles Land jenseits von Cooperage und Oval Maidan, schmaler, in Nord-Süd-Richtung verlaufender Grünanlagen, wurde nach und nach dem Meer abgerungen. An der Nariman Road, jenseits von Cross Main, einem weiteren Park in der Kette, steht das Gebäude der **Hauptverwaltung der Western Railway** (1890) mit seinem markanten 90 m hohen, rotweiß-gestreiften Turm. Daneben befindet sich der Endbahnhof **Churchgate**

(17) der Western Railway, deren Hauptbahnhof Central Station ist. In der Straße dazwischen – Maharshi Karve Marg 123 (ehemals Queens Road) – findet man das Tourist Office der Zentralregierung (18) mit einem reichlichen Angebot an Prospektmaterial.

Das Stadtgebiet südwestlich davon bis **Nariman Point** (19) gilt in der Geschäftswelt Bombays als erste Adresse. Hier, wo sich nur noch wenige koloniale Bungalows zwischen den dichtstehenden Hochhäusern ducken, befinden sich die nobelsten Hotels, Banken, die Vertretungen internationaler Konzerne und diplomatische Vertretungen, z. B. die Konsulate der Bundesrepublik Deutschland, der DDR und der Schweiz, Reiseagenturen und Büros von Fluggesellschaften wie das von Air India in der Madame Cama Road/Ecke Marine Drive. Es ist nur eine Frage der Zeit, daß die Bucht südlich von Nariman Point verschwinden und der Marine Drive direkt zum Tata-Institut für Grundlagenforschung weitergeführt wird – viel neues teures Land für weitere Hochhäuser!

Von Nariman Point im Südosten bis **Malabar Point** (20) im Nordwesten beschreibt die Küste einen satten Halbkreis um die Back Bay. Über die Hälfte der Strecke, bis zum Chowpatty Beach, führt, sechsspurig ausgebaut, der **Marine Drive** (21; Netaji Subhash Road), der sich am **Malabar-Hügel** (22) sanft ansteigend in der Walkeshvar Road und der Bal Gangadhar Kher Marg fortsetzt – bei Einbruch der Dunkelheit ein schöner Anblick, poetisch ›Halsband der Königin‹ genannt. Am Marine Drive liegen das **Brabourne-Stadion** (23), oft im Blickpunkt der Kricketnation Indien, Sportanlagen der verschiedenen Religionsgemeinschaften und das **Taraporevala-Aquarium** (24) mit sehenswerten

Beständen tropischer Fische in Salz- und Süßwasserbecken (11.00–20.00 Uhr, montags geschlossen). Diese Anlagen stehen auf Boden, der erst 1920 aufgeschüttet worden ist. Dahinter liegen Verbrennungsplätze der Hindus und alte Friedhöfe von Moslems und Christen, die sich ursprünglich direkt am Meer befanden.

Chowpatty Beach (25) ist weniger ein Platz für Wasserratten und Sonnenanbeter als vielmehr ein populärer Treffpunkt der Menschen Bombays, die sich hier, besonders am Spätnachmittag, in der leichten Brise von ihrer heißen, abgas- und lärmgeplagten Stadt erholen. Berufs- und Hobbyschausteller zeigen ihre Künste, und Händler verkaufen die beliebten Süßigkeiten wie Bhelpuri, Eis und lecker aufbereitete Früchte (Vorsicht!).

Auch im politischen Leben Bombays spielte Chowpatty Beach eine wichtige Rolle: Gandhi sprach hier oft, wenn er sich in Bombay aufhielt; er wohnte dann ganz in der Nähe bei einem Freund. Das Haus beherbergt heute als **Mani Bhavan** (26) ein kleines Museum mit informativen Ausstellungen und reichhaltiger Bibliothek. Standbilder von Vitthalbai Patel, unter Nehru erster Innenminister Indiens, und Lokmanya Tilak, dem marathischen Freiheitskämpfer, erinnern an die frühe Geschichte des Kongresses, der hier auch heute noch bevorzugt seine Massenveranstaltungen abhält.

Im August kulminiert hier Bombays beliebtestes Fest, Ganesha-Chaturthi, die Geburtstagsfeier für Ganesha. Nachdem unzählige bunt bemalte und reich geschmückte Tonfiguren des elefantenköpfigen, dickbäuchigen ›Überwinders aller Hindernisse‹ vom Kleinstformat bis zu monumentaler Größe in Wohnungen, Büros und auf öffentlichen Plätzen aufgestellt wurden und der Lieblingsgott der Inder tagelang mit seinen bevorzugten Süßigkeiten verwöhnt worden ist, werden die Götterbilder in temperamentvollen Umzügen hierher gebracht und den Fluten des Meeres übergeben.

Nicht weit vom Strand liegt der **Bharatiya Vidya Bhavan (27)**, das an seinem Tempelturm erkenntliche Zentrum der indischen Volkshochschulbewegung, mit öffentlicher Bibliothek, einem internationalen Zeitschriftenlesesaal und einem reichhaltigen Tanz- und Musikprogramm im eigenen Theatersaal. Eine Straße weiter steht der **Babulnath-Tempel (28)** von 1900 an der gleichnamigen Straße.

Der Malabar-Hügel und der sich nach Norden anschließende **Cumballa-Hügel (29)** waren und sind eine exklusive Wohngegend, die jedoch immer mehr von Hochhäusern zugestellt wird. Besonders reiche Parsen errichteten sich auf dem Malabar-Hügel schon früh stattliche Anwesen. Am Nordhang liegen die geheimnisvollen ›Türme des Schweigens‹ (30), auf denen die Parsen gemäß ihren religiösen Vorstellungen, daß weder Erde noch Feuer durch die Toten verunreinigt werden dürfen, die Körper der Verstorbenen den Geiern preisgeben. Die Türme, in einem privaten Park hinter uralten Bäumen versteckt, sind nicht zugänglich, ein Modell der Anlage befindet sich im Prince of Wales Museum. An der äußersten Südspitze liegt der **Raj Bhavan,** ehemals Sitz der britischen Gouverneure, jetzt Residenz des Gouverneurs von Maharashtra als höchstem Vertreter der Zentralregierung.

Nicht weit davon entfernt steht der **Walkeshvar-Tempel (31),** ein wichtiges Pilgerziel der Hindus. Rama soll auf seinem Weg nach Lanka hier gerastet haben. In Ermangelung eines besseren schuf er für seine Abendandacht ein Linga aus Sand – daher der Name ›Herr des Sandes‹. Der Tempel stammt aus dem 11. Jh., wurde aber später so gründlich umgebaut, daß man vom ursprünglichen Bau kaum noch etwas erkennt. Mit acht weiteren Tempeln steht er nahe einem großen Teich, zu dem von allen Seiten Treppen hinabführen. Sein Name Vanatirtha (Pfeilteich) erinnert an Rama, der hier einen Pfeil in den Boden schoß, als ihn dürstete. Umstellt von modernen Wohntürmen, hat sich hier ganz überraschend ein Stück Altstadt erhalten.

Vorbei an einem typischen **Jaina-Tempel (32)** aus Marmor, erbaut 1904, mit Spiegelschmuck und Wandmalereien, kommt man zu den **Hängenden Gärten (33)**, so genannt, weil sie über einer Reihe von Wasserspeichern angelegt wurden. Eigentlich heißt dieser Park mit seinen abgezirkelten Rasenflächen und den auf die Form verschiedener Tiere getrimmten Hecken Pherozshah Mehta Gardens. Der **Kamala Nehru-Park (34)** auf der anderen Straßenseite bietet einen weiten Blick über Bombay. Im Norden des Cumballa-Hügels steht der **Mahalakshmi-Tempel (35).** Im modernen Gebäude des uralten Heiligtums wird die Göttin des Glücks und des häuslichen Friedens verehrt. Das Kultbild soll – mit den Skulpturen ihrer beiden Schwestern – im Meer gefunden worden sein. Östlich davon führt ein nur bei Ebbe begehbarer Steg zur vielbesuchten **Grabmoschee des Haji Ali (36),** eines Moslem-Heiligen, der hier ertrunken sein soll.

Folgt man entlang dem Meeresufer der Lala Lajpatrai Marg nach Norden, passiert man rechts die **Pferderennbahn (37;** Rennen sonntags, November –März) und gelangt zum **Nehru Center (38)**, einem modernen Gebäudekomplex

Geflügelabteilung auf dem Crawford Market, Bombay

für Ausstellungen, Theateraufführungen und Konzerte. Zwischen den vornehmen Wohngebieten auf den Hügeln im Westen und dem Hafen im Osten liegt nördlich der ehemals befestigten Stadt der Engländer das alte Bombay der Inder – die Wohngebiete der Moslems, der Parsen, der Gujaratis und all der anderen Volksgruppen, die sich hier niedergelassen haben.

Man kann diesen riesigen Basar nicht eigentlich ›besichtigen‹ – man muß ihn erleben. Auf den Straßen herrschen chaotische Verkehrsverhältnisse. Autos – meist Taxis – und Rikschas quälen sich durch die unglaublichen Menschenmengen, die mit Lasten auf Karren oder Köpfen den ganzen Tag in den engen Gassen unterwegs sind. Die hohen Häuser lassen oft die Herkunft ihrer Erbauer und ihre einstmalige Pracht erkennen. An den Straßen reihen sich Laden an Laden

und Werkstatt an Werkstatt, nach Berufsgruppen organisiert. Wo ein Kupferschmied hämmert, hämmern Hunderte! In den vielen Stockwerken darüber wird ebenfalls gearbeitet – und nachts geschlafen.

Verfolgt man die D. Naoroji Road zwischen Rathaus und Victoria Terminus weiter nach Norden, passiert man links die **Sir Jansetjee Jujubhoy School of Art** von 1877, deren Leiter der Vater von Rudyard Kipling war, als dieser in Bombay geboren wurde, und erreicht an deren Ende rechts den **Crawford Market (39)**, umbenannt in Mahatma Jyotiba Phule Market. Das Gebäude von 1871 besteht aus einer Zentralhalle mit Glockenturm darüber und zwei Seitenflügeln, rechts für Obst und Blumen, links für Gemüse und Gewürze. Dahinter wird der Früchtegroßhandel abgewickelt; Abteilungen für Fleisch und Geflügel und eine Lebendtierabteilung mit Hunden, Katzen, Papageien usw. schließt sich an – Fisch bekommt man auf der anderen Straßenseite.

Die hier beginnenden Wohngebiete der Moslems reichen weit nach Norden. Die Abdul Rahman Street ist die orientalische Hauptstraße des Viertels **Baudi Bazar (40).** Links an der parallellaufenden Sheik Memon Street steht die **Große Moschee (Juma Masjid; 41).** Weiter im Norden an der Ecke Mohammed Ali Road/Yusuf Meherally Road stößt man auf die **Zakaria-Moschee (42).**

In dieser quirligen Gegend, gleich neben dem Kupferbasar, steht auch der **Tempel der Mumba Devi (43),** der Namenspatronin der Stadt. Er wurde zusammen mit dem Tempelteich 1753 hierher verlegt, weil er an seinem alten Standort den Erweiterungen der Stadtbefestigung weichen mußte. Zum Tempel gehören eine Schule, die den Platz des ehemaligen Tempelteichs einnimmt, und die umliegenden Häuser. In dem engen Hof, den man durch einen unscheinbaren Torweg betritt, geht es kaum weniger geschäftig zu als draußen auf den

Haaropfer im Mumba Devi-Tempel, Bombay

Straßen. Ein beinloser Oberbettler dirigiert seine Scharen; zahlreiche Barbiere helfen jungen Eltern, ihre Gelübde einzulösen, indem sie deren kleine Kinder kahl scheren.

Vor dem offenen Sanktum unter dem hohen Shikhara drängen sich die Gläubigen. Nebeneinander stehen hier die Kultbilder der Mumba Devi mit einem Löwen vor dem Schrein und der Jagadambha oder Annapurna, die auf einer Henne sitzt. Die Marmorfigur der Göttin ist prächtig herausgeputzt mit echtem Haar um das rot bemalte Gesicht, mit Seide und reichem Silberschmuck. Um den Tempel herum warten viele Brahmanen auf Kundschaft, für die sie gegen Bezahlung die verschiedensten Rituale zelebrieren.

Zwischen Kalbadevi Road und Maharshi Karve Marg befindet sich das alte **Parsen-Viertel (44)** mit einigen Feuertempeln, die aber nicht zugänglich sind.

Im Zentrum der Altstadt, an der Sardar Patel Road, die diese von Ost nach West durchzieht, liegt in der Nähe eines mitten auf der Straße stehenden Hindu-Tempels der **Nel Bazar (45),** eine große, alte Markthalle, umgeben von engen Gassen und wie diese von Waren überquellend. Zwischen hier und dem Mumba Devi-Tempel erstreckt sich der Stadtteil Bhuleshvar, benannt nach einem Tempel, in dem Shiva als ›Herr der Reingesinnten‹ verehrt wird. In diesem farbenfrohen Viertel mit seinen Tempeln und alten Häusern mit reich geschmückten Holzbalkonen unterhielten die Jainas früher ein Asyl für kranke und alte Tiere. Heute werden in Panjrapole prächtige Rinder der Gir-Rasse aus Gujarat aufgezogen. Gleich daneben liegt der jainistische **Sheth Marisha Lalbagh-Tempel.**

Am Shriman Khadwala Chowk (46) zweigt von der Sardar Patel Road die P.

Bapurao Marg (früher: Falkland Road) nach Nordwesten ab. Einige tausend Prostituierte unterschiedlichster Herkunft bieten hier ihre Dienste an. Türen und Fenster der Räume, vor oder hinter denen diese stehen und arbeiten, sind von alters her mit Eisenstäben abgesperrt: daher der Name ›Straße der Käfige‹ (s. Farbabb. 22).

Im Norden der Altstadt befinden sich die **Victoria Gardens (47)** (Veermata Jijabal Bhonsle Udyan), die das **Victoria and Albert Museum** mit einer interessanten stadtgeschichtlichen Sammlung (10.00–17.00 Uhr, montags 8.30–16.45 Uhr, mittwochs geschlossen) und einen Zoologischen Garten beherbergen. Am Eingang zum Park steht ein großer Steinelefant, der der Insel Elephanta ihren Namen gab und von dort hierher gebracht wurde.

An die Altstadt schließen sich nach Norden die Industriegebiete an: erst die alten Fabriken aus den Gründerjahren, dann immer modernere Anlagen. Zwischen den Industriegebäuden sieht man abrißreif wirkende Neubausiedlungen und überall, wo sich gerade ein freier Platz ergibt, Slums – ›provisorische‹ Dauerunterkünfte arbeitsuchender Zuwanderer, errichtet aus Müll, Pappkartons, Sackleinen und Altblech, ohne Wasser- und Energieversorgung, ohne Kanalisation. Wenn man die Stadt über Thane in Richtung Osten verläßt, scheint die zerstörte Landschaft kein Ende nehmen zu wollen. Auf dem Festland gegenüber der Insel soll Neu-Bombay entstehen: Die ersten tristen Baukomplexe stehen schon.

Praktische Hinweise

Information: Tourist Office der Zentralregierung, 123 Maharshi Karve Marg (Queens Road), nahe Churchgate Terminus.

Hochverehrter Jaina-Mönch im Sheth Marisha Lalbagh-Tempel, Bombay

Verbindung: Flugzeug: Knotenpunkt im nationalen Flugnetz (s. a. S. 101).

Eisenbahn: Von Central Station mit der Western Railway nach Norden, nach Gujarat und weiter nach Rajasthan. Vom Victoria Terminus mit der Central Railway über Thane, Kalyan nach Nasik, Jalgaon (Ajanta) und Nagpur oder ebenfalls über Thane und Kalyan nach Pune und von da nach Süden und Südwesten, nach Karnataka, Andhra Pradesh und weiter.

Straßen/Busse: Nach Norden fährt man auf dem Western Express Highway, der in den National Highway (NH) Nr. 8 übergeht, in Richtung Baroda (Vadodara) und Ahmadabad. Auf dem Eastern Express Highway ver-

läßt man die Insel bei Thane, wo nach Nordosten der National Highway Nr. 3 nach Nasik führt und nach Südosten der National Highway Nr. 4 nach Pune. Bei Panvel zweigt nach Süden der National Highway Nr. 17 nach Goa ab. Von Pune aus führt der National Highway Nr. 50 nach Norden (Nasik), eine Straße nach Nordosten (Aurangabad/Ajanta/Ellora), der National Highway Nr. 9 nach Südosten (Pandharpur/Sholapur) und der National Highway Nr. 4 nach Süden, oberhalb der Ghats über Satara/Kolhapur nach Karnataka und Goa.

Die grün-weißen Expreßbusse nach Pune starten stündlich neben der Dadar Railway Station; Reservierung mit nummerierten Plätzen. Nahe Dadar Station auch Gemeinschaftstaxis, bei denen man pro Platz bezahlt.

Unterkunft: Bombay ist von allen indischen Städten am besten mit Hotels ausgestattet. Das Preisniveau liegt allerdings, besonders für die einfachen und Mittelklassehotels, viel höher als irgendwo sonst im Lande. Die hier aufgeführten, ausgewählten Hotels beschränken sich auf die touristischen Zentren. Kommt man am Tage auf dem Flughafen Bombay an, kann man im Tourist Office eine umfängliche Hotelliste einsehen und den Reservierungsservice in Anspruch nehmen.

A: Taj Mahal Hotel, Apollo Bunder, ✆ 2023366. Hotel Oberoi Towers, Nariman Point, ✆ 2024343. Hotel President, 90 Cuffe Parade, Colaba, ✆ 219141. Ambassador Hotel, Nariman Road, ✆ 291131. Fariyas Hotel, 25 Off Arthur Bunder Road, Colaba, ✆ 294161.

B: Hotel Diplomat, 24 Mereweather Road (nahe Taj Mahal Hotel), ✆ 2021661. Godwin Hotel, ✆ 241226; Ascot Hotel, ✆ 240020; Garden Hotel, ✆ 240895 (alle Garden Road, Colaba). Ritz Hotel, 5 J. Tata Road, ✆ 220141; Astoria Hotel, 4 J. Tata Road, ✆ 221514; West End Hotel, 45 V. Thackersey Marg, ✆ 299121; Sea Green Hotel, 145 Netaji Subhash Road (Marine Drive), ✆ 222294 (alle am oder nahe Marine Drive). Shelly's Hotel, ✆ 240229; Strand Hotel, ✆ 241624; Sea Palace Hotel, ✆ 241828 (alle nebeneinander an der P.J. Ramchandrani Marg).

C: Viele einfachere Hotels bei den Mittelklassehäusern in Colaba, zwischen Shahid Bhagat Singh Road (Colaba Causeway) und P.J. Ramchandrani Marg (Strand Road), u.a. Whalley's Guest House und Carlton Hotel (Mereweather Road); Rex Hotel und Stiffles Hotel (Ormiston Road); Sea Shore Hotel und Indian Guest House (übereinander Mindoo Desai Marg, Ecke Arthur Road; sauber, aber winzige Räume). YWCA Inernational Guest House, Madame Cama Road, Cooperage, ✆ 215135. Weitere YWCA-Gästehäuser in 12 Wodehouse Road und 34 Motlibai Street, Byculla. YWCA International Guest House,

Club Back Road, Bombay Central, ✆ 370601.

Weitere, meist *sehr* einfache Hotels nahe Hauptpostamt und Victoria Terminus, u.a. Rupam Hotel, 239 P.D. Mello Road, ✆ 268418; Welcome Hotel; Narasimha Guest House; Empire Hindu Hotel.

Restaurants: Bombay bietet hier die größte Vielfalt aller indischen Städte. Spitzenrestaurants in den großen Hotels: Tanjore (indisch), Golden Dragon (chinesisch), Roof Top Rendezvous (französisch) u.a. im Taj Mahal Hotel; Moghul Room (islamisch-indisch), Supper Club (kontinental) und Café Royal (französisch) im Hotel Oberoi; Gulzar (islamisch-indisch) und Trattoria (italienisch) im Hotel President; The Society und The Top (großartiger Rundblick) im Ambassador Hotel.

Indische Restaurants: Kyber und Copper Chimney, K. Dubash Marg; Gaylord, Nariman Road; Delhi Durbar, Falkland Road und Shahid Bhagat Singh Road, Colaba; Oasis in Colaba; Thaker's (gujaratisch), M. Karve Road/Marine Street; Sher-e-Punjab, Mint Road; New Indian Coffee Shop (südindisch), Kittridge Road; Purohit (südindisch), Churchgate; Royal Cafe & Bar, Wellington Fountain; Leopold's und Olympia Cafe (Frühstück, Snacks), Shahid Bhagat Singh Road, Colaba. Chinesische Restaurants: Nanking und Mandarin, Shivaji Marg; Kamling und Chop Sticks, Nariman Road.

Strände: Der nächste Strand von Bombay ist Juju Beach (20 km nördlich, nicht weit vom Flughafen, erreichbar mit dem Vorortzug bis Santa Cruz und Bus/Rikscha). Es gibt hier eine Menge teurer Hotels, z.T. mit Swimmingpools, die sicher mehr Entspannung bieten als der 5 km lange Strand. Dieser ist als ›popular picnic spot‹ ausgewiesen!

Weiter nördlich Strände von Versova (29 km, erreichbar über Andheri Station), Madh (38 km), Marve und Manori (40 km) sowie Erangal (45 km), erreichbar über Malad. Auch weiter abgelegene Strände wie Juju sind besonders am Wochenende Ziele von Invasionen aus der Millionenstadt.

Die Umgebung von Bombay

Elephanta

10 km südlich von Bombay auf der Insel Gharapuri, vom Apollo Bunder starten regelmäßig außer in den Monsunzeiten Boote.

Elephanta nannten die Portugiesen, die im 16. Jh. hierher kamen, die Insel nach einem großen steinernen Elefanten, den sie nahe der Landestelle im Süden beim Dorf Gharapuri vorfanden (s. S. 114). Die Insel ist – besonders an Wochenenden und Feiertagen – Ziel vieler picknickfreudiger Städter. Die Boote legen im Norden der Insel an; ein steiler Stufenweg führt direkt zum Nordeingang (1) des meistbesuchten Heiligtums, des Mahesha-Tempels (s. a. S. 83). Die anderen sechs Höhlen liegen an den Hängen rechts und links des Tales, welches von Süden her den historischen Zugang zum großen Shiva-Felstempel bildet: Von dort wird der fromme Besucher einst den Tempel durch den Osteingang (4) über den Vorhof betreten haben, wo auf einer runden Plattform wohl ein steinerner Nandi, das Reittier Shivas, gelegen haben mag, ausgerichtet auf das Sanktum in der Haupthalle.

Das Innere des Felstempels erweist sich als unerwartet breit und tief. Die na-

Elephanta, Grundriß des Mahesha-Felstempels 1 Heutiger Eingang im Norden 2 Säulenhalle mit freiliegender Kultzelle/Türwächter 3 Westlicher Nebenhof, Felsschrein und Zisterne 4 Östlicher Nebenhof, ehemaliger Eingang 5 Felstempel mit freiliegender Kultzelle/Türwächter 6 Müttergruppe 7 Shiva als Asket (Lakulisha) 8 Tanzender Shiva (Nataraj) 9 Shiva bezwingt den Dämon Andhaka (Andhakasura-Murti) 10 Hochzeit von Shiva und Parvati (Kalyanasundara-Murti) 11 Shiva trägt die Ganga: Herabkunft der Ganga (Gangadhara-Murti) 12 Shiva-Mahadeva (Mahesha-Murti) 13 Shiva halb Mann, halb Frau (Ardhanarishvara-Murti) 14 Shiva und Parvati auf dem Berg Kailasha (Uma-Mahesha-Murti) 15 Ravana schüttelt den Berg Kailasha (Ravananugraha-Murti) 16 Weitere kleinere Felstempel

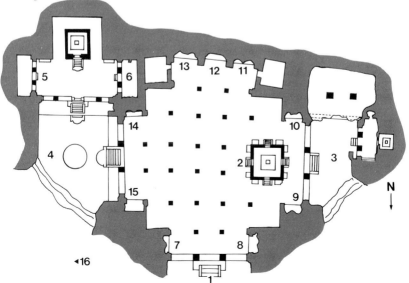

Trimurti im Mahesha-Felsheiligtum, Elephanta

Veranda eine ›Müttergruppe‹ mit acht Muttergottheiten (6).

Leider nutzten die Portugiesen die Anlage für Schießübungen, und obwohl inzwischen sehr vieles restauriert wurde, sind insbesondere die Paneele zum großen Teil unwiederbringlich zerstört. In den vier Vestibülen des Mahesha-Tempels befinden sich acht Paneele (7–11, 13–15), die hinsichtlich Größe und Pracht in der hinduistischen Felsbaukunst einmalig sind; ihre Themen stellen, wie auch in Ellora, ein klassisches Shiva-Bildprogramm dar.

Kanheri

42 km nördlich von Colaba im Krishnagiri Upvan / Sanjay Gandhi-Nationalpark.

Die buddhistische Felsanlage besteht aus einer großen Chaitya-Halle (1. Jh.) und 109 früh- und spätbuddhistischen Viharas und liegt an den beiden Abhängen einer Schlucht. Die meist kleinen Viharas sind über Treppenfluchten miteinander verbunden.

Die Chaitya-Halle wurde nicht vollendet, das bekannte Chaitya-Fenster später durch Betonstützsäulen ersetzt. Ein reich verzierter Steinzaun mit zwei Dvarapalas und ganz rechts einem Naga-König grenzt den weiten Vorhof mit seinen zwei hohen Säulen ab. Die Mithuna-Paare an der Eingangsfront und die mit Elefanten und Reitern geschmückten Säulenkapitelle erinnern an Karle, allerdings bleibt die künstlerische Ausarbeitung sehr schlicht.

Von den Viharas gilt die größte, Nr. 10 (Maharaja- oder Durbar-Halle mit Veranda, tiefer Halle und Steinbänken) neben der Ellora-Höhle Nr. 5 als einzigartig in der spätbuddhistischen Bau-

hezu quadratische Halle mißt ca. 50 × 50 m und besitzt vier angrenzende Vestibüle. Zu den Eingängen im Osten und Norden kommt noch einer im Süden dazu, so daß das Licht von drei Seiten in die Halle einfällt. Es erhellt die großen Wandpaneele in den Vestibülen der Eingänge, streift die überlebensgroßen Türhüter mit ihren kleinen Begleitern am freiliegenden Sanktum (5) und erreicht gerade noch den großen Trimurti (12), den Mahesha oder Mahashiva (großer Shiva), an der rückwärtigen Wand hinter zahlreichen Säulenreihen.

Die eindrucksvolle Kombination von Architektur, Skulptur und Atmosphäre macht den besonderen Reiz dieser Felstempelanlage aus. Der östliche Zugang öffnet sich zu einem kleinen Hof mit Kultnische und einer Zisterne (3), während der westliche Zugang über einen Hof zu einem weiteren Felstempel führt. Auch hier findet sich eine freiliegende Kultzelle, rechts in der Nische der kunst. Typisch für die zahllosen Viharas ist, daß sie tief aus dem Fels herausgearbeitet wurden und eine Zisterne besitzen; auch liegt ein langer, schmaler Vorhof, sehr häufig mit einer Steinbank ausgestattet, vor der Veranda und der anschließenden Halle. Anders als bei vergleichbaren Anlagen in Nasik, Ajanta etc. gehen nur ein bis zwei Zellen von der Halle ab.

Mit einiger Ausdauer kann man in den Veranden und Hallen Skulpturen und sehr schöne Wandpaneele entdecken: In Nr. 41, für Indien einmalig, ein elfköpfiger Avalokiteshvara (zehn Köpfe von Bodhisattvas mit Krone, ein Buddha-Kopf); in Nr. 66 ein Avalokiteshvara und eine Tara (rechts); in Nr. 67 ein Dipankara-Jataka (Buddha in einer seiner Bodhisattva-Formen); in Nr. 90, wie auch in anderen Viharas, Buddha auf einem Lotusthron sitzend, getragen von zwei Figuren mit einer Schlangenhaube und umgeben von den wedeltragenden Bodhisattvas Padmapani und Vajrapani, den Göttinnen Tara und Brikuti sowie anderen Begleitpersonen; dazu wie in Aurangabad Avalokiteshvara, der die Befreiung von den (hier) zehn Gefahren verspricht (rechts von oben nach unten: Elefant, Löwe, Schlange, Feuer, Schiffbruch; links von oben nach unten: Gefangenschaft, Garuda, Krankheit, Schwert, Dämon?), links neben ihm Tara, rechts Brikuti.

Praktische Hinweise

Verbindung: Vorortzug von Bombay/Churchgate bis Borivli, von der Bahnstation dann noch ca. 7,5 km. Vom Eingang zum Nationalpark kann man zu den Höhlen laufen oder auch eine Riksha nehmen. Um einen Sitzplatz zu bekommen und einigermaßen bequem zu reisen, sollte man den Zug am Endbahnhof Churchgate besteigen, da die Züge

sich schnell füllen. Für Frauen gibt es spezielle ›Ladies Compartments‹; diese werden jedoch häufig von den Fischerfrauen mit ihren geruchsintensiven Lasten genutzt und fallen somit aus. Die beste Lösung ist eine Rückfahrkarte 1. Klasse, denn die Abteile 2. Klasse sind auf der Rückfahrt meist hoffnungslos überfüllt – und an den Schaltern stehen lange Schlangen. Dasselbe gilt auch für die Fahrt nach Bassein.

Bassein

77 km nördlich von Bombay.

Die Portugiesen überfielen und plünderten wiederholt die Küste nördlich von Bombay und gründeten 1534 Bassein. Sultan Bahadur Shah von Gujarat, infolge von Auseinandersetzungen mit dem Moghul-Herrscher Humayun nicht gerade auf der Höhe seiner militärischen Macht, preßten sie das Recht ab, hier auf Dauer zu siedeln. Die Stadt erhielt eine kreisrunde Mauer mit Bastionen und zwei Toren und innerhalb dieses Mauerrings noch einmal eine Zitadelle. In der befestigten Stadt durften nur die Adligen, die ›Hidalgos‹, siedeln; sie bewohnten prächtige zweistöckige Paläste. Die Stadt besaß nicht weniger als 14 Kirchen und fünf Klöster. Reisende verglichen sie mit Goa und nannten sie den ›Hof des Nordens‹. Das Ende für die Portugiesen kam 1739 nach einer verlustreichen Belagerung durch die Marathen unter Chimnaji. Große Zerstörungen erlitt die Stadt noch einmal 1780, als die Engländer sie mit starker Artillerie angriffen und einnahmen.

Der Mauerring ist komplett erhalten und größtenteils begehbar. Man betritt das Stadtgebiet durch das Landtor. Als erstes fällt ein völlig deplazierter Neubaublock auf, der zum Glück jedoch bis jetzt der einzige geblieben ist. Auf in den Dschungel geschlagenen Wegen kommt man zu den verstreut liegenden Ruinen der Kirchen, Klöster und Paläste im verbliebenen Teil der Stadt sowie zur Zitadelle und der Kathedrale in ihrer Mitte. Der östliche Teil des ehemaligen Stadtgebietes wird größtenteils landwirtschaftlich genutzt.

Praktische Hinweise

Verbindung: Vorortzug von Bombay/Churchgate bis Vasai Road, von da 10 km mit der Motor-Rikscha durch fast durchgehend dörflich bebautes Gebiet bis Bassein-Fort oder am Flughafen vorbei auf dem National Highway Nr. 8 über den Ghorbandar Creek und dann links ab nach Vasai (s. a. S. 119).

Matheran

108 km östlich von Bombay.

Matheran ist von Bombay die naheste ›Hill Station‹ – und die attraktivste, denn es liegt nicht wie z. B. Lonavala an einer großen Fernstraße, sondern isoliert auf einem Gebirgsstock und ist deshalb nicht so bequem zu erreichen. Es erstreckt sich in ca. 800 m Höhe auf dem flachen Gipfel eines alleinstehenden Berges der Sahyatri-Kette in den Westlichen Ghats. Die typische ›Hill Station‹ wurde 1850 von einem Briten entdeckt. Hier ist es wesentlich kühler als im ›Hexenkessel‹ Bombay. Das dicht bewaldete, hügelige Plateau fällt nach allen Seiten abrupt in tiefe Schluchten ab – ideal für die Lieblingsaktivität einer ›Hill Station‹: das Besuchen der ›Viewpoints‹, von denen es hier 23 gibt. Bei klarem Wetter kann man von Heart Point, Monkey Point oder Porcupine Point bis nach Bombay sehen. Von den ›Points‹ im Westen hat man gute Ausblicke auf die Bergwelt der Ghats, aber der berühmteste aller Aussichtspunkte ist der Panorama Point im Norden. Zum Sonnenuntergang trifft man sich dann wieder am Porcupine Point.

Praktische Hinweise

Information: Tourist Office gegenüber dem Bahnhof.

Verbindung: Am besten mit der **Eisenbahn:** Von Victoria Station in Bombay mit dem Deccan Express, dem Miraj Express oder einem Nahverkehrszug Richtung Karjat (Karjat Local) bis Neral und von hier mit einer Schmalspurbahn die letzten 21 km hinauf nach Matheran. Diese 2-Stunden-Fahrt ist ein Vergnügen ganz besonderer Art.

Bus: Von Bombay oder Pune nach Neral; dann auf neuer, 11 km langer Straße Taxi-Service der MTDC (Sammeltaxis) nach Matheran.

Unterkunft: Die größeren Hotel wie Lord's Central Hotel, Regal Hotel, Rugby Hotel, Royal Hotel oder Hotel Alexander bieten nur Vollpension (Boarding), andere wie Divadkar Hotel, Silvan Hotel oder Laxmi Hotel auch Unterkunft ohne Verpflegung. Im MTDC Holiday Resort Bungalows mit unterschiedlicher Ausstattung (2,4 km außerhalb des Ortes, Zug hält am Camp: Station Aman Lodge).

Sonstiges: Während der Monsunzeit ist Matheran nicht oder nur sporadisch erreichbar. Bei der Ankunft zahlt man, wie auch in anderen Bergstationen, eine ›Kopfsteuer‹ (= Kurtaxe). Auf dem Plateau gibt es keine Motorfahrzeuge. Rikschas werden im hügeligen Gelände von drei Mann bewegt. Für Ausritte stehen Ponys zur Verfügung.

Lonavala

104 km ostsüdöstlich von Bombay, 64 km westnordwestlich von Pune, ›Hill Station‹ in 596 m Höhe, am National Highway Nr. 4 zwischen Bombay und Pune knapp oberhalb des Bhor-Ghats gelegen.

Durch die Nähe der beiden Großstädte ist Lonavala an Wochenenden völlig überlaufen. Es eignet sich jedoch als Standquartier zum Besuch der Höhlentempel von Bhaja, Bedsa und Karle.

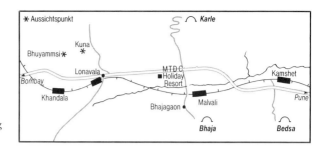

Felsheiligtümer
in der Umgebung
von Lonavala

Praktische Hinweise

Verbindung: Station an der Bahnstrecke Bombay – Pune. Expreßbusse nach Bombay und Pune, Busse zu den Karle-Höhlen.

Unterkunft: A: Fariyas Hotel, Lonavala, ✆ 2701–5. Biji's Ingle Side Inn, ✆ 2966. **B:** Hotel Sahyadri, Highway Lodge; Hotel Annapurna Grand Lodge (beide Bombay-Pune Road). Chandra Lok Hotel, C.S. Road, u. v. m.

Bhaja

12 km südöstlich von Lonavala, Taxi oder zu Fuß von Bahnstation Malavli (3 km).

Die Klosteranlage liegt am Südwesthang einer Bergkette und ist vom Dorf Bhaja aus über einen langen Aufstieg zu erreichen. Die hohe, weithin sichtbare Chaitya-Halle mit dem hufeisenförmigen Bogen dominiert die gesamte Anlage. Zahlreiche sorgfältig gearbeitete Balkone, Veranden, Geländer, Fenster und Nischen der Fassade, die zu beiden Seiten die Chaitya-Halle einrahmen, erinnern an die Holzbauweise prächtiger Paläste. Heute ist die Fassade leider zu großen Teilen zerstört, so daß man ›freien Zutritt‹ zu den Viharas hat, die auf verschiedenen Ebenen schattige Plätze bieten, von denen man den Blick über die reizvolle Landschaft genießen kann (s. a. S. 17). Weiter rechts liegt der Vihara Nr. 19; seine Ausstattung ist bis ins kleinste

Detail die perfekte Übertragung der Holzbauweise auf Stein. Rechts und links des Eingangs zu einer Wohnzelle befinden sich zwei berühmte Reliefszenen, die als Surya auf seinem Sonnenwagen und Indra gedeutet werden.

Bedsa

23 km östlich von Lonavala, Taxi oder Bus zum Dorf Bedsa, dann 3,5 km zu Fuß.

Vihara Nr. 19, Bhaja

Die Chaitya-Halle aus dem 1. Jh. liegt hoch oben an einem steilen Hang versteckt hinter einem Felsriegel, so daß man die prächtigen hohen Säulen der Veranda und die dahinterliegende Fassade mit dem großen Chaitya-Fenster erst sieht, wenn man unmittelbar davor steht (s. Abb. S. 77). Die glatten achteckigen Säulen haben eine vasenförmige Basis und ein Glockenkapitell, dem ein in einen flachen Kubus eingeschriebenes kanneliertes Kissen aufliegt. Darüber folgt, in Stufen ansteigend, der Träger für den krönenden Abschluß der Säule: liegende Pferde mit aufsitzenden Reitern. Rechts neben der Chaitya-Halle befindet sich ein ungewöhnlicher Vihara mit gewölbter Decke, Apsis und sorgfältig ornamentierten Eingängen zu Wohnzellen in einer fein gegliederten Wand.

Karle

10 km nordöstlich von Lonavala, 50 km nordwestlich von Pune.

Die Klosteranlage aus dem 1. Jh. liegt weit oben im Hang eines Hügels, 120 m über der Ebene. Die Chaitya-Halle, die größte in Indien, ist gut erhalten und ein Meisterwerk der Kunst des Hinayana-Buddhismus (s. Abb. S. 77). An der Fassade der Halle im Eingangsbereich sehen wir Mithuna-Paare in kraftvoller Gestaltung; in späterer Zeit hinzugefügte Buddhas und Bodhisattvas wirken dagegen ungeschickt und blaß. Die Seitenwände der Veranda, getragen von Reihen mächtiger Elefanten, sind wie die Fassade eines mehrstöckigen Palastes gearbeitet. Im klaren, eindrucksvollen Innenraum, der nur durch das Chaitya-Fenster Licht erhält, tragen zwei Reihen von 15 vollendet schönen Pfeilern und sieben einfachere Pfeiler in der Apsis das Tonnengewölbe mit originalen hölzernen

Rippen. Besonders schön sind die Skulpturengruppen oben auf den Säulen: kniende Elefanten mit gemischten Paaren oder Paaren von Frauen als Reiter.

Karle ist leider kein Insider-Tip, sondern für Sommerfrischler aus Lonavala und für Schulklassen ein favorisierter ›Picnic Spot‹, dessen Beliebtheit die Menge des reichlich verstreuten Kulturmülls beweist.

Praktische Hinweise

Verbindung: Busse von Bombay, Pune und Lonavala.

    Unterkunft: B: Hotel Peshwa, ✆ 55 (nahe den Höhlen). Karle Holiday Resort, MTDC, ✆ 30 (nahe dem Abzweig der Straße zu den Höhlen vom National Highway Nr. 4; Restaurant, Busanschluß, Taxis).

Die Küste zwischen Bombay und Goa

Glaubt man den Moloch Bombay nicht mehr ertragen zu können, bietet sich der ›Fluchtweg‹ über das Wasser an: Eineinhalb Stunden nur benötigt die Fähre nach Revas, wo man Tagereisen von Bombay entfernt zu sein glaubt. Auf diese Weise kann man, als Alternative zur direkten Schiffspassage nach Goa, eine Fahrt entlang der Küste starten und dabei interessante Plätze und unberührte oder nur von wenigen indischen Touristen frequentierte Strände kennenlernen. Der nicht motorisierte Reisende sollte aber bedenken, daß das Vorhaben Zeit kostet, da die Orte verkehrsmäßig meist nur über den im Hinterland entlangführenden National Highway Nr. 17 miteinander verbunden sind. Und anstrengend ist es auch: hier scheinen die Busse zu fahren, die anderswo ausgemustert wurden – und davon noch zu wenige!

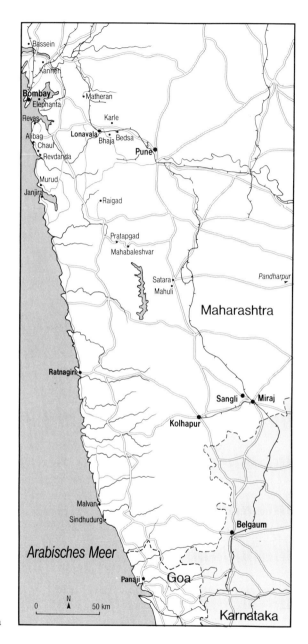

Die Küste
von Bombay bis Goa

Praktische Hinweise

Verbindung: Start der Fähre nach Revas: Bombay, New Ferry Wharf, einige hundert Meter vom Goa Pier seewärts. Täglich sieben Fahrten zwischen 6.00 und 17.30 Uhr, in Gegenrichtung zwischen 7.00 und 19.00 Uhr. Tickets am Pier. Kein Fährverkehr in der Monsunzeit. Weiterfahrt mit Bus oder Motor-Rikscha.

Alibag

23 km südlich von Revas, 112 km von Bombay. Verwaltungszentrum des Raigad-Distrikts, 15 000 Einwohner.

Der weitläufige, in dichtem Grün versteckte Ort besitzt einen langen, breiten und sauberen Strand. Die **Seefestung Kolaba** ist bei Ebbe zu Fuß zu erreichen. An Wochenenden und Feiertagen erfolgt eine Touristeninvasion aus Bombay.

Praktische Hinweise

Verbindung: Bus von Revas (bis Revas mit Fähre von Bombay) oder Bombay (über Thane).
Unterkunft: B: Rajnigandha Holiday Home, ✆ 266 und 285 (in Strandnähe, Restaurant). Tushar Rest House (direkt am Strand) und Sarang Rest House, Buchung: Executive Engineer PWD, Alibag, ✆ 84. Hotel Ravi Kiran (groß und neu, weit entfernt vom Strand). Rohini Holiday Inn (in Strandnähe). Prajakta Hotel; Saaz Hotel; Safeena Lodge (alle nahe Busbahnhof).

Chaul und Revdanda

19 km südlich von Alibag.

Chaul, ab 1522 eine portugiesische Besitzung, wurde von Reisenden als außerordentlich reiche Handelsstadt beschrieben. 1739, im gleichen Jahr wie Bassein, ging Chaul an die Marathen verloren. Von der eigentlichen Stadt ist kaum etwas erhalten, das ganze Gebiet dicht mit Palmen und Gärten überzogen. Einheimische zeigen dem Besucher die romantisch zugewachsenen Ruinen eines Bades aus moslemischer Zeit (Hamam Khane) und ein von Bäumen gesprengtes Kuppelgrab.

Gut erhalten blieb dagegen die **Hafenfestung** mit ihrer Ringmauer, auf der noch immer die Kanonen drohen, ausge-

richtet auf den weiten, paradiesisch leeren Strand. Affen toben über die zugewachsenen Bastionen. Innerhalb der beiden Festungstore verlieren sich im Schatten dichter Palmenhaine Ruinen von Kirchen und ein Teil des Dorfes Revdanda. Auf der anderen Seite des Flusses liegen die **Moslem-Festung Korlai** und zu ihren Füßen das gleichnamige Dorf mit einer portugiesischen Kirche.

Praktische Hinweise

Verbindung: Bus: U. a. nach Revas, Alibag und Murud. Busbahnhof zwischen Festung und Fluß. **Unterkunft: C:** Sea Star Hotel, ✆ 81.

Murud

36 km südlich von Revdanda, 12 000 Einwohner.

Die schöne Fahrt führt entlang dem einsamen, weiten Kashid Beach. Wo jetzt nur die Villen eines Baulöwen aus Bombay und der Tata-Familie stehen, sollen große Hotelanlagen geplant sein. 2 km vor Murud passiert man den **Palast des Nawabs von Janjira,** in einem reizvollen italienisch-indischen Mischstil errichtet und von der armen Verwandtschaft des Nawabs bewohnt. Offiziell ist er nicht zu besichtigen, aber für ein fürstliches Trinkgeld führt ein junger Mann den Besucher durch die verblichene Pracht in Haus und Park. Interessant sind u. a. Gemälde und Fotos, die Janjira-Fort noch völlig intakt zeigen. Der Ort selbst liegt in Palmenhainen versteckt hinter einem wirklich schönen Strand. Vor der Küste scheint das kleine, angeblich von Sambhaji erbaute **Fort Khasa Killa** auf dem Wasser zu ›schwimmen‹.

Praktische Hinweise

Verbindung: Bus von Revdanda.

Unterkunft: Im Palmenhain unmittelbar hinter dem Strand: MTDC Holiday Resort (B), Durbar Road, ✆ 78. Etwas weiter südlich – einfach, angenehm und romantisch: Aman Place (C). Weitere einfache Unterkünfte nahe dem Busbahnhof.

Janjira

6 km südlich von Murud.

In der Bucht vor Rajpuri liegt die mächtige Seefestung Janjira, der alte Sitz der Herren dieser Gegend, die aus Eritrea stammten und einst als Seeräuber gefürchtet waren. Siddi Suru Khan soll die Burg 1434 erbaut haben, in ihrer heutigen Form stammt sie jedoch erst aus dem 17. Jh. Nachdem Siddi Ahmad Khan 1879 den Palast auf der Klippe über Murud hatte errichten lassen, begann Janjira Fort zu verfallen. Die mit Zinnen besetzten Mauern und Bastionen der Festung, die lange als uneinnehmbar galt, ragen hoch aus dem Wasser. Das eindrucksvolle Tor ist stark befestigt, und die hohen Wände des Palastes, Moscheen, Zisternen mit Badeanlagen und viele Ruinen sind ganz von Grün überwuchert. Besucher werden in Booten mit riesigen Segeln übergesetzt. Im nahegelegenen Dorf **Rajpuri** sind ebenfalls Reste eines Palastes und zwei Moscheen erhalten. In der nächsten Bucht, bei **Khokri** (1 km), stehen die Grabbauten der Nawabs und schöne alte Affenbrotbäume.

Ratnagiri

150 km südlich von Murud, 125 km westnordwestlich von Kolhapur, Distrikthauptstadt.

Die angenehme Stadt besitzt ein ausgedehntes Fort aus dem 15. Jh. und das kleinere **Bhagmati-Fort** mit einem bunten Tempel für die Göttin und einem herrlichen Rundblick. Unterhalb der Festung befindet sich **Mirya Bay** oder Bhagmati Port, ein malerischer Fischereihafen, der gerade ausgebaut wird. In Ratnagiri lebte Thiba, der letzte König von Burma, in der Verbannung; sein Palast dient heute als Residenz des ›Collectors‹, des höchsten Steuerbeamten.

Praktische Hinweise

Verbindung: Bus: U. a. nach Bombay, Pune und Kolhapur, nach Murud über Hamkamba, Kolad und Mahad (305 km!).

Unterkunft: A: Hotel Vihar Deluxe***, Shivaji Nagar, ✆ 2944 und 3145 (Restaurant). **B:** Hotel Sai Kripa; Hotel Vivek (Restaurants); Hotel Swarup (alle an der Hauptstraße). Hotel Regency (direkt neben Busbahnhof, neu und sauber).

Ganapatipule

19 km nördlich von Ratnagiri.

Ganapatipule ist berühmt und viel besucht wegen seines Ganesha-Tempels, eines bescheidenen Baus mit einem ›gewachsenen‹ Kultbild, d. h. einem zufälligen Steingebilde, das mit Augen versehen und rot angemalt wurde. Der Tempel steht, umgeben von einigen Pilgerunterkünften, direkt am Strand, der sich nach beiden Seiten endlos hinzieht.

Praktische Hinweise

Unterkunft: MTDC Holiday Resort (schöne Anlage, abseits des Tempels).

Grabbauten der Fürsten von Janjira ▷

Malwan und Sindhudurg

152 km südwestlich von Kolhapur, ca. 50 km nördlich der Grenze zu Goa.

Malwan ist ein nettes Städtchen mit einer stattlichen Fischereiflotte und weiten Stränden. Vor der Küste liegt die ausgedehnte Seefestung Sindhudurg, die Shivaji 1661 als Hauptstützpunkt für seine Flotte errichten ließ, ein militärischer Zweckbau mit 4,5 km stark gekurvter, bastionenbewehrter Mauer. In seinem weiten Inneren stehen mehrere Tempel, darunter einer für Shivaji selbst, errichtet 1695 von Raja Ram. Vom Kultbild ist nur eine Silbermaske mit großen Ohren und ein typischer Shivaji-Turban in Rosa und Silber zu sehen.

Praktische Hinweise

Verbindung: Bus nach Ratnagiri und Goa (moderne Kadamba-Busse!).
Unterkunft: C: Vinay Lodge (im Zentrum) und Tourist Lodge (direkt neben dem Busbahnhof), sehr einfach, Beschriftung nur in Marathi.

Pune

170 km ostsüdöstlich von Bombay, 1,8 Mio. Einwohner.

In Maharashtras zweitgrößter Stadt, in 750 m Höhe am Rande des Dekhan-Plateaus gelegen, ist es auch vor dem Monsun nicht allzu heiß, und später bleibt viel Regen an den Westlichen Ghats hängen. Das war Grund genug für die Briten der ›Bombay Presidency‹, in dieser Zeit ihre Regierungs- und andere Geschäfte von hier oben aus zu betreiben; schon früh wurden auch verschiedenste Bildungseinrichtungen angesiedelt. Heute ist die schnell wachsende Stadt sowohl ein Zentrum für Forschung

und Lehre mit vielen überregional renommierten Instituten als auch Standort wichtiger Industrien. Was der Stadt den Beinamen ›Königin des Dekhan‹ eingetragen hat, bliebe allerdings noch zu erforschen!

Geschichte

Die Geschichte der Stadt ist eng mit der Geschichte des Marathen-Reiches verbunden. 1599 erhielt Malaji Bhonsla vom Sultan von Ahmadnagar die Gegend um Pune als Lehen. Sein Enkel, der berühmte Shivaji (gestorben 1680), erhob sich 1646 gegen die Herrscher von Bijapur, die hier inzwischen die Macht ausübten, und eroberte mit seinen kriegserfahrenen Männern die Forts der Umgebung.

Sein Sohn Sambhaji wurde von dem Moghul-Herrscher Aurangzeb gefangengenommen, geblendet und hingerichtet, dessen Sohn Shahu bis 1707 gefangengehalten. Unter Shahu übernahm bald Balaji Vaishvanath als Minister oder Peshwa (1713–1720) die Macht im Reich. Ihm gelang es, das Amt des Peshwa erblich zu machen und eine neue Dynastie zu gründen. 1817 nachm Baji Rao II., der letzte Peshwa, im Pindari-Konflikt Partei gegen die Briten, was ihm seine ›Pensionierung‹ einbrachte – die Briten übernahmen Pune.

Besichtigung

Die heutige Stadt wuchs zusammen aus der Stadt der Peshwas am rechten Ufer des Flusses Mutha, dem weiter östlich liegenden, großzügig angelegten ›Cantonment‹ der Briten, der ehemals selbständigen Stadt Kirkee nördlich der Altstadt zu beiden Seiten des Flusses Mula und den Wohngebieten am linken Ufer der Mutha, dem heutigen Shivajinagar.

Pune

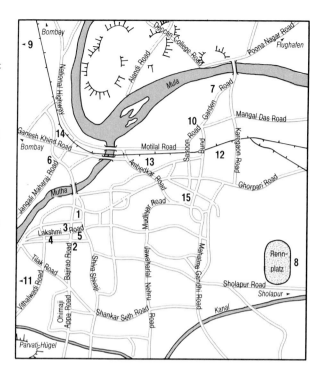

Der zweite Peshwa Baji Rao I. ließ 1736, noch bevor Pune Hauptstadt des Reiches wurde, den **Shanvar Wada** (1; Samstagpalast) erbauen, umgeben von hohen Mauern mit einem prächtigen Tor. Die Gebäude brannten jedoch 1827 bis auf die Fundamente nieder. Der gewaltige Torbau mit Wachräumen und dem Nakhar Khane, dem Trommelraum, steht noch; die Tore selbst sind mit Eisenstacheln gegen Elefantenangriffe bewehrt. Von einem Balkon stürzte der Peshwa Madho Rao Narayan 1795 einundzwanzigjährig zu Tode.

In der Altstadt, die in 19 Bezirke (Peths) eingeteilt ist – teilweise nach dem Wochentag benannt, an dem Markt abgehalten wurde –, kann man noch manches sehenswerte Relikt aus der Peshwa-Zeit finden. So steht im Mittwochviertel (Budhwar) der dreistöckige

Vishrambagh-Palast (2), mit seinem säulengeschmückten Eingang ein schönes Beispiel für die Profanarchitektur der Marathen. Die Tempel aus der Marathen-Zeit sind durchaus interessant, aber oft schwer zu finden, da sie in großen Innenhöfen stehen, die man durch unauffällige Tore zwischen den Läden betritt.

In der Nähe der Lakshmi Road, der Hauptbasarstraße, befinden sich der **Belbagh-Tempel (3)** mit einer schönen Halle und der **Rama-Tempel (4)** im Tulsibagh mit dem höchsten Turm aller Marathen-Tempel. Sie stammen wie auch der wie eine Moschee aufgebaute **Omkaheshvara-Tempel** aus dem 18. Jh. Besonders sehenswert ist das **Raja Kelkar-Museum (5)**. Die interessanten Sammlungen von Musikinstrumenten, Miniaturmalereien, Bronzen, Gebrauchsge-

Eingang zum Rajneesh Ashram, Pune

genständen wie Öllampen und Nuß-
knacker, Schnitzereien und Textilien
trug ein einziger Mann zusammen, Shri
Dinkar Kelkar.

Im Süden der Stadt erhebt sich der
Parvati-Hügel mit sehenswerten Tempeln im Marathen-Stil. Der Parvati-
Tempel wurde vom Peshwa Balaji Baji
Rao (1740–1761) zu Ehren des nominel-
len Königs in Satara errichtet. Den zentralen Schrein mit Shiva, Parvati und Ganesha umgeben vier kleine Schreine für
Surya, Vishnu, Karttikeya und Durga,
zwei weitere sind Karttikeya und Vishnu
geweiht. Von hier oben kann man einen
weiten Blick über die Stadt und das um-
liegende Land genießen. Der letzte Peshwa beobachtete von hier aus die Schlacht
von Kirkee (1818).

Das älteste Zeugnis der frühen Geschichte in Pune, der **Pateleshvar-Tem-
pel (6)** an der Jangli Maharaj Road im
Stadtteil Shivajinagar, stammt aus dem
8. Jh. Dieser Shiva-Tempel wurde samt
dem runden Nandi-Pavillon davor aus
einem Granithügel herausgearbeitet.
Östlich und nördlich der Altstadt befinden sich die typischen Einrichtungen
und Gebäude der Kolonialzeit: Mehrere
Kirchen, eine Synagoge, Schulen, Kran-
kenhäuser, die Council Hall, ihr gegenüber das Urkundenarchiv (Daftar),
Parks wie der **Bund Garden (7)** und die
Empress Gardens (8) mit prächtigen
tropischen Bäumen sowie die Pferderennbahn, die eine der besten Indiens
sein soll.

Im Nordosten der Stadt liegt die **Universität (9)**, deren Hauptgebäude im Stil
italienischer Gotik einst als ›Government House‹ dienten. Von den modernen Institutionen sind besonders das Indian Institute of German Studies, der
Max Mueller Bhavan (10), und das **Film

and Television Institute of India (11) besuchenswert. Der **Rajneesh Ashram (12),** nach dem Amerika-Intermezzo bis zu seinem Tode 1990 Sitz des Gurus, liegt in Koregaon Park, einem weiträumigen, grünen Stadtteil im Osten des modernen Stadtzentrums. Interessierten Besuchern wird die Anlage im Rahmen einer Führung gezeigt, Fotografieren ist nicht erlaubt.

Praktische Hinweise

Verbindung: Flugzeug: Flughafen 8 km nordöstlich der Stadt; Büro von Indian Airlines im Hotel Amir. Flüge mit Indian Airlines zwischen Bombay und Pune zweimal täglich, nach Delhi und Bangalore, mit Vayudoot nach Sholapur und Goa. **Eisenbahn/Busse:** Pune ist sowohl Straßen- wie auch Eisenbahnknotenpunkt und damit Drehscheibe für die Weiterreise. So fahren Busse von Bombay nach Aurangabad, nach Westen und in den Süden und nach Goa meist über Pune, ebenso wie alle Züge in den Süden. Von Pune aus kann man Karle, Bhaja und Bedsa oder auch Mahabaleshvar besuchen. Bahnhof zentral, östlich vom Zusammenfluß Mutha/Mula; unmittelbar daneben der Hauptbusbahnhof und davor der Taxistand, u. a. für Gemeinschaftstaxis nach Bombay.

Organisierte Rundfahrten: Stadtrundfahrten 8.00–11.00 Uhr und 15.00–18.00 Uhr; Start vom MTDC-Gebäude in der Station Road oder vom Busbahnhof. Touren mit MTDC für 1–5 Tage zu allen Touristenzielen in Maharashtra. Eine Maharashtra-Spezialität ist die mehrmals im Jahr durchgeführte dreitägige Ashta-Vinayak-Tour. Auf dieser Rundfahrt werden rund um Pune acht Tempel für Ganesha (Moregaon, Theur, Ranjangaon, Siddhatek, Ojhar, Lenyadri, Pali, Madh), der sich in Maharashtra besonderer Verehrung erfreut, besucht. Die Kultbilder sind alle ›Swayambu Moorthi‹, Zufallsgebilde der Natur, die Tempel, meist ohne kunsthistorischen Anspruch, liegen weit ab in kleinen Dörfern. Die Fahrt ist eine gute Gelegenheit, das ländliche Maharashtra kennenzulernen.

Unterkunft: A: Einige in unmittelbarer Nähe zum Bahnhof: Hotel Blue Diamond, 11 Koregaon Road, ✆ 27334. Hotel Amir, 15 Connaught Road, ✆ 27371. **B:** Auch in Shivajinagar: Hotel Ashvamed, Revenue Colony, ✆ 59192 (neu und in ruhiger Lage). Hotel Sanman, gegenüber Sambhaji-Park, ✆ 57287. Hotel Pearl; Hotel Pathik; Hotel Sapna (alle Jungli Maharaj Road). MTDC: Hotel Saras (Nehru-Stadion). **C:** Rund um den Bahnhof (Sadhu Waswani Road, Wilson Gardens), im Altstadtbereich und in Shivajinagar.

Restaurants: In den Hotels Amir und Blue Diamond; Neelam Restaurant; Hotel Madhura; Savera Restaurant (alle Bahnhofsnähe).

Mahabaleshvar

120 km südwestlich von Pune, 1372 m Höhe, in den Sahyatri-Bergen der Westlichen Ghats, Maharashtras höchstgelegene ›Hill Station‹.

Das ausgedehnte Hochplateau mit herrlichen Wäldern und einem See, heute auch mit Erdbeerplantagen, Golfplatz und gepflegten Bungalowhotels im englischen Kolonialstil, begeisterte schon die Briten, die dieses Naturparadies 1828 für sich entdeckten. Heute ist Mahabaleshvar die bevorzugte Sommerfrische für Großstädter aus Bombay und Pune, die sich die Reise und den Aufenthalt hier leisten können. Für den Reisenden dient der Ort im Herzen von ›Shivaji-Land‹ darüber hinaus als Basis für Besuche der historischen Stätten aus der marathischen Frühzeit.

Die Main Street und der Basar zu ihren beiden Seiten bilden das kleine, kompakte Zentrum. Meist durch dichten Wald führen in alle Richtungen kleine Straßen und Wege zu den berühmten ›Points‹ (Aussichtspunkte), wo das Plateau unvermittelt mehrere hundert Meter in tiefe Schluchten abfällt und sich überwälti-

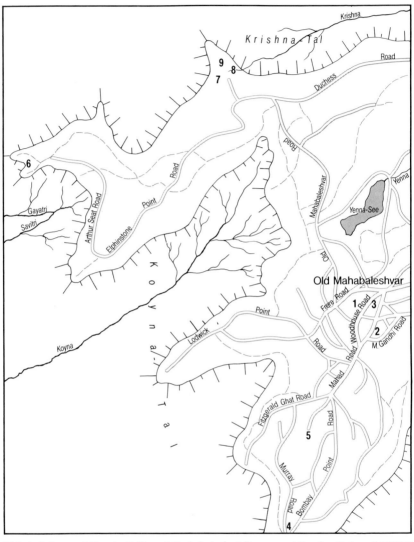

Mahabaleshvar 1 Tourist Office   2 Busbahnhof   3 Postamt   4 Bombay Point   5 MTDC Holiday Resort   6 Arthur's Seat   7 Shiva-Tempel   8 Krishna-Tempel   9 Pañcaganga-Tempel

gende Fernblicke auftun (s. Farbabb. 1); besonders nach dem Monsun bereichern noch einige Wasserfälle das faszinierende Landschaftsbild. Auf dem Weg zum **Bombay Point (4)** findet man links der Straße einen romantisch verwilderten Friedhof aus der Kolonialzeit. An der

Nordwestspitze des Plateaus liegt **Arthur's Seat (6),** einer der markanten und viel besuchten Aussichtspunkte über einem beeindruckenden Cañon.

Am Wege dorthin befindet sich über dem Krishna-Tal das Dorf **Old Mahabaleshvar** mit seinem hochverehrten

Shiva-Tempel (7). Der Bau stammt im oberen Bereich aus neuerer Zeit, nur in einigen Teilen ist der ursprüngliche Hemadpati-Stil zu erkennen. Das Linga, eine Kraterlandschaft aus schwarzem Stein, gibt erstaunlicherweise ständig Wasser ab. Der **Krishna-Tempel (8),** der etwas abseits vom Dorf in einmaliger Lage das Krishna-Tal überblickt, ist am besten erhalten. Er stammt aus der Zeit der Yadavas, wahrscheinlich aus dem 13. Jh. Das ursprüngliche Kultbild ging verloren, aber am Bau blieben einige schöne Skulpturen erhalten.

Im Dorf befindet sich ein schön gestaltetes Wasserbecken, unterteilt, von Treppen umgeben und wohl erst in späterer Zeit überdacht, das durch das Maul einer steinernen Kuh (Go-Mukha) mit Wasser gespeist wird. Dies soll die Quelle der fünf Dekhan-Flüsse sein (Krishna, Koyna, Yenna, Savitri und Gayatri), die auch tatsächlich alle in dieser Gegend entspringen. Für jeden der fünf heiligen Flüsse befindet sich im Hintergrund noch ein gesonderter kleiner Kultplatz – folgerichtig nennt man den Bau **Pañcaganga-Tempel (9; Fünf-Ganga-Tempel).** Im Ort stehen zwischen den ärmlichen Hütten noch mehrere andere kleine Tempel, u. a. für Rama und Hanuman.

Praktische Hinweise

Information: Tourist Information Bureau gegenüber dem Busbahnhof; Tourist Counter im Holiday Resort (gut!).

Verbindung: Am besten mit dem Bus; von Pune über Wai und in großartiger Fahrt das Parasmi Ghat hinauf nach Panchgani und Mahabaleshvar oder von Bombay bzw. Goa auf dem National Highway Nr. 17 (Konkan-Highway) kommend bei Poladpur über eine nicht minder beeindruckende Ghat-Straße steil bergauf. Nach Satara auf der direkten Straße oder via Wai.

Unterkunft: A/B: In der oberen Preisklasse gibt es einige herrliche alte Hotels, im Grünen um den Stadtkern gruppiert, wie Fountain Hotel, Race View Hotel und Dina Hotel. Moderne Anlagen sind u. a. Belmount Park Hotel, Hill Resort Hotel und Anarkali Hotel. Das MTDC Holiday Resort (im Dschungel beim Old Government House) bietet alles vom Super Deluxe-Bungalow bis zum Dormitory (Schlafsaal). **C:** An und um Main Street.

Organisierte Rundfahrten: Mahabaleshvar, Pratapgad und Panchgani täglich mit Führer, Buchung MTDC Holiday Resort und Tourist Bureau. Rundfahrt Mahabaleshvar nachmittags und Pratapgad morgens ohne Führer. Buchung an der Bushaltestelle.

Restaurants: Zahlreiche kleine Lokale in der Main Street.

Die Umgebung von Mahabaleshvar

Panchgani

19 km östlich von Mahabaleshvar.

Die ›Hill Station‹, in der sich viele Internate befinden, bietet einen weiten Blick über das obere Tal der Krishna.

Pratapgad

23 km westlich von Mahabaleshvar.

Die starke, weitläufige Festung in schöner Lage ließ Shivaji 1656 zur Überwachung der wichtigen Straße zwischen Konkan und Dekhan-Plateau erbauen. 1659 war sie Schauplatz einer denkwürdigen Episode im Leben Shivajis: Nach dem Friedensschluß mit den Moghuln schickte der Sultan von Bijapur ein Heer gegen Shivaji, der sein Reich immer weiter auf Kosten des Sultans vergrößerte. Die Armee operierte wenig erfolgreich in Shivajis Bergen, so daß ihr General, Afzal Khan, nun mit List zum Erfolg zu kommen dachte. Während der Belagerung von Pratapgad, das Shivaji zeitweise auch als Hauptstadt diente, wurde ein friedliches Treffen der beiden Kontrahenten verabredet. Dabei attackierte Afzal Khan Shivaji plötzlich mit einem Dolch, scheiterte aber an dessen versteckter Rüstung. Dafür umarmte ihn Shivaji und schlug ihm die – ebenfalls verabredungswidrig mitgeführte – ›Tigerkralle‹ in den Rücken. Afzal Khan wurde getötet, die Marathen fielen aus dem Hinterhalt über die führerlose Armee Bijapurs her und zerschlugen sie.

Man gelangt gleich hinter dem mächtigen Tor zu der beeindruckenden Befestigungsanlage, die sich auf einem schmalen Kamm bis zu einem Vorwerk hinzieht. Palastgebäude, ein Tempel, ein kleiner Pavillon über der Stelle, wo Afzal Khan zu Tode kam, und die Hütten eines Dorfes stehen noch. Die gewaltigen Mauern umfassen jedoch ein sehr viel größeres Gelände mit verstreuten Gebäuderesten und Zisternen im sonst ungenutzten Gelände. Bei Spaziergängen auf dem bewachsenen Bollwerk ist man allein mit der grandiosen Natur.

Raigad

80 km nordwestlich von Mahabaleshvar.

Shivaji eroberte 1656 die Festung und nannte sie Raigath. Von 1664 bis zu seinem Tode 1680 diente sie ihm als Hauptstadt. 1674 ließ er sich hier nach altem vedischen Ritual zum König krönen. 1689, nach der Gefangennahme seines Sohnes Sambhaji, wurde auch Raigad von den Moghuln erobert und die königliche Familie gefangengesetzt. Nur Sambhajis Sohn Raja Ram entkam.

Diese Festung umfaßt den gesamten oberen Teil eines gewaltigen Gebirgsstockes. Nach beschwerlichem Aufstieg

entlang der Flanke des Berges passiert man den mäanderartigen Eingang zwischen den Torbastionen; auf dem hügeligen Plateau liegen dann die Ruinen der Residenz weit verstreut. Shivaji hatte u. a. 100 feste Häuser, Vorratsspeicher und Kasernen für 2000 Mann errichten lassen. An dem weitläufigen Palast fallen zwei schöne Türme aus schwarzem Stein auf, imposant von außen, luftig und sorgfältig von innen gearbeitet. Von der Thronplattform sind Reste erhalten. Auf dem weiten Weg zum Grabmal Shivajis kommt man an der riesigen Anlage eines wohlgeplanten Basars vorbei. Hinter einem wie eine Moschee gebauten Tempel liegt dann Shivajis Grabmal und ein Denkmal für seinen treuen Hund.

Praktische Hinweise

Verbindung: Busse von Pune, Mahad und Mahabaleshvar.

Unterkunft: MTDC Holiday Resort.

Satara

106 km südlich von Pune, am National Highway Nr. 4.

Geschichte

Nachdem Shivajis Sohn Sambhaji von den Moghuln zu Tode gefoltert worden war und sein Sohn Shahu von Aurangzeb in Agra gefangengehalten wurde, kämpften die Marathen von Satara aus unter Raja Ram, Shivajis zweitem Sohn, und später unter desssen Witwe Tara Bai weiter. Nach dem Tode von Raja Ram im Jahre 1700 ergab sich Wasota, die Festung von Satara, den Moghuln; 1705 konnte sie jedoch durch die List eines Brahmanen zurückgewonnen werden. Shahu wurde 1708 von Bahadur Shah, dem Nachfolger Aurangzebs, freigelassen und machte als ›König der Hindus‹ Satara zu seiner Hauptstadt. Nach dem Ende des Marathen-Reiches (1817) residierten die Nachkommen Shahus hier als Fürsten von Großbritanniens Gnaden bis 1847.

Besichtigung

Die erhaltenen Bauten sind an sich nur wenig aufregend, doch für den an der Geschichte der Marathen Interessierten dürfte sich der Besuch lohnen. Der alte Palast dient nun als Gerichtsgebäude, und in einem **Gartenpavillon** nahe dem neuen Palast, der im 19. Jh. für den letzten Fürsten von Satara, Appa Sahib, errichtet wurde, sind die Kronjuwelen der Rajas, Shivajis berühmtes Schwert ›Jai Bhawani‹ und neben anderen Kostbarkeiten auch die Requisiten des Kampfes

Festung Pratapgad in den Westlichen Ghats

mit Afzal Khan (s. S. 134) zu sehen. Das unscheinbare **Shivaji Maharaj-Museum** gleich gegenüber der Bushaltestelle zeigt hauptsächlich Dokumente zur Geschichte der Marathen-Zeit. Im weitläu-

Haupttor der Festung Raigad

figen Fort finden sich hinter dem mächtigen Tor nur noch Reste des Palastes und
ein kleiner Tempel.

Praktische Hinweise

Verbindung: Direkte Busverbindung nach
Bombay, Pune, Kolhapur, Mahabaleshvar
und Pandharpur.

Unterkunft: Mehrere brauchbare Hotels,
u. a. Hotel Rajathadri, Shivaji Circle, ✆ 2021
(sehr unterschiedliche Zimmer, vorher ansehen!).

Die Umgebung von Satara

Mahuli

5 km östlich von Satara.

An dem heiligen Platz am Zusammenfluß von Yenna und Krishna beim Dorf
Kshetra Mahuli wurden in der Blütezeit
des Marathen-Reiches mehrere Tempelanlagen errichtet. Großzügige Treppenanlagen, Gräber von Heiligen, unzählige
Sati-Steine – darunter der von Shahus
Witwe an deren Verbrennungsplatz
beim Visheshvar Mahadeva-Tempel von
1735 – und kleine Schreine für volkstümliche Gottheiten – alles leicht verkommen, zugewachsen oder vernachlässigt –
machen den speziellen Reiz dieses ver-
gessenen Platzes aus.

Kolhapur

225 km südlich von Pune, 105 km nördlich von Belgaum, 300 000 Einwohner.

Geschichte

Kolhapurs frühe Geschichte ist mit der
seines berühmten Tempels verknüpft,
der 634 vom Chalukya-König Karnadev
für Mahalakshmi erbaut wurde; nach ihr

hieß die Stadt Dakshin Kashi. Bis 1212
gehörte sie zum Reich der Yadavas von
Devagiri und später bis zur Eroberung
durch Shivaji 1675 zu dem der Moghuln.
Als Shahu, der rechtmäßige Erbe des
Marathen-Throns, 1708 aus der Mo-
ghul-Gefangenschaft zurückkehrte, sah
Tara Bai, die sieben Jahre lang die Marathen geführt hatte, ihre Pläne mit dem
eigenen Sohn gefährdet. So erwählte sie
1710 Panhale zu ihrer Hauptstadt und
erklärte Shivaji II. zum wahren ›Chatra-
pati‹ (Königstitel der Marathen). Als dieser 1721 starb, wurde Sambhaji, der
Sohn der zweiten Frau Raja Rams, auf
den Thron gesetzt. 1731 bestätigte Shahu
die Eigenständigkeit des neuen Staates,
der sich inzwischen in Kolhapur etabliert
hatte (s. S. 134 f.).

Besichtigung

Die Metropole im Süden von Maharashtra ist eine angenehme Stadt, weitläufig,
modern, eingebettet in Gärten und
Parks, in ihrer Mitte der historische Kern
mit Palast, Tempel und Basar. Den **Alten Palast,** durch dessen Tor sich der
Verkehr drängt, okkupieren heute Äm-
ter, eine Schule und ein Kadettencorps.
Daneben steht ein riesiger Pavillon, der
ehemalige Haustempel der Rajas, vollgestellt mit Resten der alten Fürstenherr-
lichkeit: ausgestopfte Tiger, Büffel und
Hirsche, zwei Throngestelle – und ein
Standbild des letzten Rajas selbst.

Nicht weit davon, umgeben von einer
Mauer mit vier Toren, befindet sich der
hochverehrte **Ambabai- oder Mahalakshmi-Tempel.** Der Bau im Hemadpati-Stil aus dem 7. Jh. blieb bis unters
Dach erhalten, darüber erheben sich
Shikharas aus Beton: schlicht, bunt und
geschmacklos, der schöne Figurenschmuck wurde weitgehend verstüm-

melt. Im düsteren, heißen Inneren drängen sich die Pilger zwischen den engstehenden schwarzen Säulen. Das dunkle Kultbild mit den silbrig-starren Augen ist in zahllose kostbare Saris gehüllt, die halbnackten Brahmanen sind ständig dabei, es auszuziehen, zu waschen, zu salben und wieder anzuziehen.

Um das Hauptheiligtum herum stehen die Schreine für die verschiedensten Götter: für Vitthala, Rama, Datatreya, für die neun Planetengötter und natürlich für Ganesha und Hanuman, dazu Schlangen- und Sati-Steine, die verehrt werden. In den engen Gassen vor den Tempeltoren verkaufen die Devotalienhändler frische Blumen für die Opferzeremonie, Farbpulver und billigen Schmuck. Im Norden der Stadt, nahe dem Fluß Panchanganga, liegen die **Begräbnisstätten der Fürsten** mit Chatris für Tara Bai, Shivaji II. und Sambhaji II.

Bettlerkind

Praktische Hinweise

Verbindung: Verkehrsgünstig am National Highway Nr. 4 gelegen. Gute Straßen- und Busverbindung nach Ratnagiri an der Küste (125 km). Täglich MTDC Expreßbusservice Bombay-Kolhapur.

Organisierte Rundfahrten: MTDC Stadtrundfahrt.

Unterkunft: Gut mit Hotels ausgestattet, mehrere gleich an dem großen Platz gegenüber dem Busbahnhof. Gute Hotels auch im Grünen verstreut, z.B. Woodlands Hotel; Tarabai Park Hotel, ✆ 24889; Hotel Pearl.

Die Umgebung von Kolhapur

Panhale

25 km nordwestlich von Kolhapur, bekannteste ›Hill Station‹ Süd-Indiens.

Von Panhale aus regierte vor 1200 ein Raja Bhoj sein kleines Reich; in der Umgebung gehen noch andere Forts auf ihn zurück. Panhale selbst war oft und heiß umkämpft. Lange gehörte es zum Sultanat von Bijapur, 1659 eroberte es Shivaji, 1690 die Moghuln, aber schon 1707 wurde es von den Marathen zurückerobert. 1844 wurde es zum letzten Mal gestürmt – von den Briten.

Die nur mäßig interessante, ausgedehnte Festung liegt knapp 1000 m hoch. Sehenswürdigkeiten sind zwischen Bäumen verstreut über das Plateau verteilt. Von den Toren ist das **Teen Darwaza** im Westen das beeindruckendste, daneben steht ein schöner Stufenbrunnen. Weiter im Inneren sieht man das **Ambarkhana**, drei große Vorratsspeicher. **Sujja Kothi**, ein zweistöckiger Bau in der Mauer im Osten, wird mit Shivaji in Verbindung gebracht. Der **Ambabai-Tempel** ist ein schlichter Bau, und auch der **Sambhaji-Tempel** hat lediglich einige nette Details zu bieten. Panhale wird gern als ›Picnic Spot‹ aufgesucht.

Dorfszene am frühen Morgen

Praktische Hinweise
Unterkunft: MTDC Holiday Resort. Municipal Guest House.

Pandharpur

213 km südöstlich von Pune, 179 km nordöstlich von Kolhapur.

Pandharpur spielte eine überragende Rolle in der Geistesgeschichte und im religiösen Leben Maharashtras. Es ist das wichtigste Wallfahrtszentrum des Landes, Ursprung und heute noch Mittelpunkt der Bhakti-Bewegung. Berühmte Dichter-Heilige wie Jnanadeva und Nanadeva, die in Maharashtra von jeher großen Einfluß ausübten, haben hier gewirkt und mit ihren Anhängern aller Kasten, beiderlei Geschlechts und jeglicher Herkunft eine Art spiritueller Demokratie gelebt. Sie und ihre berühmten Nachfolger von Ekanatha über Tukarama bis zu Ramadasa, dem Guru Shivajis, hatten großen Anteil am Erwachen des marathischen Freiheitswillens und der Herausbildung einer nationalen Kultur.

Zweimal im Jahr – im Juli und Oktober/November – kommen aus allen Landesteilen und aus Karnataka Hunderttausende von Varkaris singend und musizierend nach Pandharpur, um ihren höchsten Gott Vithoba oder Vitthala, eine Form Vishnus, zu feiern. Pandharpur macht außerhalb der Pilgersaison einen verschlafenen und leicht verkommenen Eindruck. Die mit vielen Tempeln bestückten Ghats entlang dem Ufer der Bhima sind mit Unrat übersät, ein Paradies für die überall herumschnüffelnden Schweine.

Der **Vitthala-Tempel,** laut Inschriften 1189 gegründet und 1273–1277 vergrößert, kann von außen nicht beeindrukken. Offensichtlich mehrfach zerstört und wiederhergestellt, weist er alle Stilelemente bis hin zur ›Wellblechkultur‹ auf. Am Haupteingang, dem größten von insgesamt sechs, steht gleich ein riesiger Hundi, ein Opferstock, mit der Messingmaske des Gottes und einem unbezwingbaren Vorhängeschloß, dahinter ein großer Ganesha. In der Halle im Marathen-Stil reicht die alte Tempelsubstanz meist nicht über Kopfhöhe hinaus. Ab und zu kann man im Wirrwarr der Hallen, Gänge und Schreine schöne Säulen und Decken, Skulpturen, Stifterinschriften, Türen und Rahmen aus getriebenem Messing entdecken. Von je einer Plattform blickt man auf die Kultbilder von Vitthala und, in einem eigenen Schrein stehend, Rukmini, seiner Shakti.

Auch hier sind die Priester unter Absingen frommer Lieder ständig mit rituellen Handlungen beschäftigt. Ein System von metallenen Barrieren leitet die Pilger durch den Tempel zu den diversen Kultbildern und Hundis und wieder hinaus. Vor dem Tempel türmen sich in den Läden der Devotionalienhändler riesige Berge von Kumkum, einem roten Pulver. In der Gasse zwischen Tempel und Ghats gibt es auffallend viele Musikinstrumentenmacher und -händler.

Praktische Hinweise

Verbindung: Gute Busverbindungen nach Satara und Pune sowie über Sholapur (74 km) nach Hyderabad und Bijapur. Pandharpur liegt an einer Nebenlinie der South Central Railway mit Anschluß an die Hauptstrecken in Kurduwadi und Miraj.

Unterkunft: Als Pilgerort hat Pandharpur von Hotels verschiedener Güte bis zu riesigen Dharmashalas alles zu bieten. Das MTDC Holiday Resort liegt ruhig am Rande der Stadt (empfehlenswert).

Aurangabad

400 km ostnordöstlich von Bombay, 225 km nördlich von Pune, Distrikthauptstadt am Fluß Kham.

Aurangabad besitzt nichts mehr vom Flair der Weltstadt des 17. Jh., wirkt zersiedelt und unübersichtlich. Wegen seiner guten Hotel wird es aber von anspruchsvollen Einzelreisenden und besonders von Gruppen gern als Standquartier zum Besuch nicht nur der Höhlentempel in der Nähe der Stadt, sondern auch der von Ellora und Ajanta genutzt.

Geschichte

Die Stadt wurde 1610 von Malik Ambar gegründet, der vom Sklaven afrikanischer Herkunft zum Ersten Minister und Heerführer des Sultans von Ahmadnagar aufgestiegen war. 1633 fiel die Stadt an die Moghuln, und Aurangzeb machte sie später zu seiner Residenzstadt auf dem Dekhan. Er gab der Stadt, die ursprünglich Khadke hieß, seinen Namen.

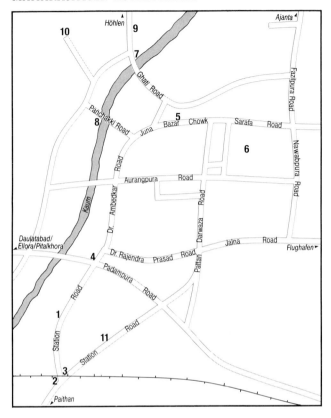

Aurangabad
1 Tourist Office
2 Bahnhof
3 Busbahnhof
  (Paithan)
4 Busbahnhof
  (Ajanta, Ellora,
  Pune)/Taxistand
5 Hauptpostamt
  (GPO)
6 Basar
7 Mekka-Tor/
  Große Moschee
8 Pan Chakki
9 Bibi-ka-Maq-
  bara
10 Museum
11 MTDC Holiday
  Resort

Besichtigung

Die Stadt

Von der Stadtbefestigung Malik Ambars sind noch Mauern und Tore erhalten, vor allem das beachtenswerte **Mekka-Tor (7)** mit Brücke im Norden der Stadt. Hier steht auch Malik Ambars erste Moschee aus schwarzem Stein, die **Große Moschee (Juma Masjid),** von Aurangzeb vollendet. Die Wasserspiele **Pan Chakki (8),** benannt nach einer dazugehörigen Mühle, sind Teil der schönen Gartenanlagen um den geschmackvollen kleinen Marmorschrein und die Moschee des Heiligen Baba Shah Muzaffar (gestorben 1624), eines Lehrers und geistigen Füh-

rers Aurangzebs. Das Wasser, von einer Quelle über 4 km herangeführt, wird in ein Becken geleitet, von wo es in jeweils tieferliegende Becken überläuft. Nördlich der Altstadt steht das Mausoleum **Bibi-ka-Maqbara (9);** im Jahre 1679 von dem sparsamen Aurangzeb für seine Lieblingsfrau Babi'a Daurani errichtet, imitiert es – in bescheidenem Ausmaß – das Taj Mahal, doch stimmen die Proportionen nicht, und weiß übermalter Putz kann den Marmor des großen Vorbilds nicht ersetzen.

Die Höhlentempel

Noch weiter im Norden befinden sich neun sehenswerte buddhistische Felsheiligtümer, überwiegend aus dem 7. Jh. Die fünf Höhlen der westlichen Gruppe liegen an einem steilen Südhang, die vier Höhlen der zweiten Gruppe, 1,5 km entfernt, blicken nach Osten. Die hochgelegene Höhle Nr. 1 blieb unvollendet, die Vorhalle ist eingebrochen, anmutige Trägerfiguren schmücken die Säulen. Im Sanktum von Nr. 2 befindet sich ein 3 m hoher sitzender Buddha mit der symbolischen Handhaltung des Lehrens; zu beiden Seiten des Eingangs sieht man Bodhisattvas mit einem großen Lotus, auf dem der Buddha Amitabha thront.

In der quadratischen Halle von Nr. 3 stehen zwölf extrem fein gearbeitete Säulen; die Kapitelle bilden Töpfe, die von Blattwerk überquellen, darüber sind Friese mit Miniaturpavillons und Szenen aus den Jatakas, den vorangegangenen Leben des Buddha, angebracht. Nr. 4, eine Chaitya-Halle aus dem 1. Jh. v. Chr., besitzt keine Fassade und ist stark verwittert; auf der rechten Seite sitzt ein Buddha. Den Buddha im Sanktum von Nr. 5 deuteten die Jainas in den Tirthankara Parshvanatha um.

Nr. 6, die erste der östlichen Gruppe, liegt hoch am Hang; der Buddha ist von Männern und Frauen in Anbetungshaltung umgeben. Nr. 7, ein Vihara mit unorthodoxem Grundriß und reichem Skulpturenschmuck, bietet interessante Darstellungen aus dem Pantheon des Mahayana- und Vajrayana-Buddhismus. Am Eingang zur Halle stehen rechts ein Manjusri, Bodhisattva der Weisheit und Beschützer der Lehre, und links der Bodhisattva Avalokiteshvara, umgeben von acht Gefahren, vor denen er die Gläubigen schützt: Feuer, Schwert, Kerker, Schiffbruch, Raubtiere, Schlangengift, randalierende Elefanten und Tod, dargestellt durch einen Dämon, der einer Mutter das Kind entreißt. Im Heiligtum

blickt dem Besucher ein großer thronender Buddha entgegen; rechts von ihm an der Wand sieht man Avalokiteshvara und Tara, an der linken Wand die hinreißende Darstellung einer nur mit Schleiern und Schmuck bekleideten tanzenden Tara, umgeben von musizierenden Mädchen. Je drei große Frauenfiguren flankieren den Eingang zum Heiligtum.

Oberhalb von Nr. 8, einem unvollendeten Vihara, befindet sich die Höhle Nr. 9 mit dem bekannten Skulpturenprogramm: großer Buddha, ins Nirvana eingehend. In der sich anschließenden Höhle entdeckt man die großen stehenden Figuren der sieben hinduistischen Muttergottheiten, flankiert von Shiva und Ganesha.

Praktische Hinweise

Information: Tourist Office der Zentralregierung Krishna Vilas, Station Road, ✆ 48 17, und am Flughafen. MTDC Tourist Office, Holiday Resort, ✆ 47 13.

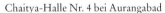

Chaitya-Halle Nr. 4 bei Aurangabad

Verbindung: Flugzeug: Indian Airlines von hier nach Bombay, Udaipur, Jodhpur, Jaipur und Delhi, Vayudoot nach Bombay, Nanded und Pune. Flughafen Chikalthana 13 km östlich der Stadt; Indian Airlines-Büro Anvikar Building, Adalat Road, nahe Busbahnhof.

Eisenbahn: Aurangabad liegt an der Meterspur-Strecke Manmad – Secunderabad, Manmad an der Breitspur-Strecke von Bombay nach Norden; an dieser Strecke auch Jalgaon 60 km nördlich von Ajanta.

Bus: Gute Verbindungen in alle Richtungen; Expreßbusse mit Platzreservierung nach Bombay und Pune; viele Busse vom Busbahnhof (4) nach Ellora (halbstündlich), Ajanta, Jalgaon. Busse nach Paithan vom Busbahnhof (3) am Bahnhof.

Organisierte Rundfahrten: Ellora+City-Tour. (Daulatabad, Ellora-Höhlentempel, Grishneshvara-Tempel, Aurangzebs Grab, Bibi-ka-Maqbara, Pan Chakki) mit State Transport, ab Busbahnhof am Bahnhof, täglich 8.00–16.30 Uhr, zusätzlich 9.30–18.00 Uhr in der Saison. Mit MTDC ab Holiday Resort täglich 9.30–18.00 Uhr. Nach Ajanta mit State Transport täglich 7.30–17.30 Uhr; mit MTDC täglich 8.00–18.00 Uhr.

Unterkunft: A: Welcome-Group Rama International*****, Airport Road, ℘ 8242. Ajanta Ambassador Hotel*****, Airport Road, ℘ 8211 und 8367. Hotel Aurangabad Ashok**, Dr. Rajendra Prasad Road, ℘ 4520 und 4521. Hotel Ravi Raj, Dr. Rajendra Prasad Road, ℘ 3939. Hotel Amarpreet, Pt. Jawaharlal Nehru Marg, ℘ 3968 und 2986. **B:** Hotel Rajdhani, Station Road, ℘ 6103 (neu, sauber, empfehlenswert). Hotel Nandanvan, Station Road, ℘ 3574 und 3311. Hotel Printravel, Adalat Road, ℘ 4707. MTDC Holiday Resort, Station Road, ℘ 4259. Hotel Neelam, Jubilee Park, ℘ 4561 und 4562. Hotel Devgiri, Airport Road, ℘ 8632. **C:** Hotel Natraj; Tourist Home; Hotel Kathiawad u. a. m. am Bahnhof. Jugendherberge, Padampura, ℘ 3801 (zwischen Bahnhof und Stadt).

Die Umgebung von Aurangabad

Ajanta

106 km nordnordöstlich von Aurangabad, 55 km südlich von Jalgaon.

Das vom Fluß Waghora tief eingeschnittene Tal mit den berühmten buddhistischen Felsheiligtümern (s. a. S. 82f.) liegt je 8 km entfernt von dem Städtchen Ajanta in seinen Mauern des

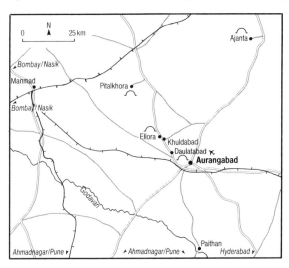

Felsheiligtümer in der Umgebung von Aurangabad

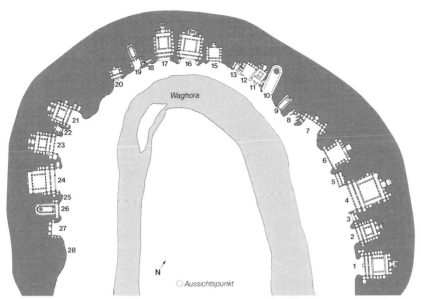

Ajanta, Felsheiligtümer 7–13 Frühe buddhistische Höhlen (Hinayana-Buddhismus), davon 7, 8, 11–13 Viharas; 9, 10 Chaitya-Hallen 1–6, 15–28 Späte buddhistische Höhlen (Mahayana-Buddhismus), davon 1–6, 15–18, 20–24, 27 Viharas und Chaitya-Anlagen; 19, 26 Chaitya-Hallen

Blick auf die Höhlentempel von Ajanta

18. Jh. und von Faradapur. 29 Höhlen befinden sich auf halber Höhe des steilen Hangs, der einen Halbkreis um eine tiefe Schlucht beschreibt, die sich nach Südosten öffnet. Über 1000 Jahre bedeckte dichter Dschungel das vergessene Heiligtum, bevor es 1819 von einem Briten auf der Jagd wiederentdeckt wurde.

Den ältesten Teil der Anlage bilden die beiden Chaitya-Hallen Nr. 9 und 10 und die dazugehörigen Viharas Nr. 8, 12 und 13. Sie stammen aus dem 1. Jh. v. Chr., der Zeit der Satavahanas, und zeigen sich in Architektur und Dekor der Geisteswelt des Hinayana-Buddhismus verpflichtet. Die übrigen Höhlen entstanden hauptsächlich im 5./6. Jh., zur Zeit der Vakatakas, und repräsentieren den Mahayana-Buddhismus. Besondere Aufmerksamkeit verdienen die Höhlen Nr. 1 und 2 (s. Abb. S. 78) mit ihren berühmten erzählenden Malereien, die aus dem frühen 7. Jh. stammen könnten, die Viharas Nr. 16 und 17 mit Skulpturen und Malereien, gestiftet von einem Minister des Königs Harisena (475–500), sowie Nr. 26, die Chaitya-Halle mit einem sitzenden Buddha vor dem Stupa in der Apsis und der großartigen Skulptur eines liegenden Buddha im linken Seitenschiff (s. Abb. S. 82 f.).

Praktische Hinweise

Verbindung: s. S. 142.

Unterkunft: In **Faradapur:** B: MTDC Holiday Resort. C: Faradapur Guest House und Travellers Bungalow Faradapur, Buchung: Executive Engineer B & C Padampura, ∅ 4874. Bei den Höhlen B: MTDC Travellers Lodge, Ajanta Caves.

In **Jalgaon:** B: Hotel Moroko, 64 Nevi Path. Nataraj Hotel, ∅ 4021 (nahe Chowk). C: Ajanta Guest House. Amar Guest House. Raisoni Vishram Grah. Seva Ashram. Vishram Grah. Visawa Lodge.

Daulatabad

13 km nordöstlich von Aurangabad, an der Straße nach Ellora.

Die Festung war unter dem Namen Devagiri Sitz der Dynastie der Yadavas (1183–1313). Ihr legendärer Reichtum wurde ihnen zum Verhängnis. 1296 eroberte Alauddin Khilji die Stadt, setzte Raja Ramachandra gefangen und erpreßte das sagenhafte Lösegeld von 15 000 Pfund Gold, 25 000 Pfund Silber, 50 Pfund Diamanten und 175 Pfund Perlen; damit kaufte er sich das Heer und usurpierte den Thron von Delhi. Daulatabad wurde noch zweimal von den Khiljis erobert und in Qutbabad umbenannt, bevor Muhammad ibn Tughluk sie 1326 zu seiner südlichen Hauptstadt machte, ihr den Namen Daulatabad (Stadt des Reichtums) gab und in den nächsten drei Jahren den Hof, die religiösen Autoritäten und die Kaufmannschaft nötigte, von Delhi hierher zu wechseln.

1346 ging von Daulatabad die Rebellion aus, die zur Bildung des Bahmani-Reiches führte. 1500 ging die Stadt mit dem nordöstlichen Teil des zerfallenden Bahmani-Reichs an Ahmadnagar und war 100 Jahre später die eigentliche Hauptstadt Malik Ambars. 1630 fiel sie in die Hände der Moghuln, die hier ab 1687 Abul Hasan Tana Shah, den letzten Qutb Shahi-Sultan von Hyderabad, gefangenhielten; ab 1757 gehörte sie zu Hyderabad.

Die **Zitadelle** galt als uneinnehmbar – die an sich schon steilen Wände des ca. 240 m hohen Felsens hatten schon die Yadavas so bearbeiten lassen, daß sie aus 50–60 m Höhe senkrecht zum 15 m breiten Graben abfielen. Der Aufstieg führt durch Tunnel, die man mit Eisenplatten abdeckte, welche durch Feuer darüber zum Glühen gebracht werden konnten.

Zur Zeit Muhammad ibn Tughluks füllte die volkreiche Stadt das Oval des äußeren Verteidigungsgürtels von 2 km Länge und 1 km Breite, durch das heute die Straße nach Ellora führt. In der stark befestigten inneren Stadt von ca. 1200 × 400 m unterhalb der Zitadelle blieben einige beachtenswerte Gebäude erhalten. Das **Haupttor** im Osten mit seinen gestaffelten Bastionen und der gewundenen Straßenführung zeigt gut die damalige Verteidigungstechnik. Links der Straße steht hinter einem großen ausgetrockneten Wasserbecken die **Juma Masjid,** 78 × 78 m groß, errichtet 1318 von Qutbuddin Mubarak Khilji. Die Baumaterialien für die Gebetshalle, besonders die 106 Säulen, stammen zu großen Teilen aus Hindu- und Jaina-Tempeln, heute dient der Mihrab als Mahadevi-Schrein. Nördlich der Basarstraße erhebt sich ein 30 m hoher Turm, **Chand Minar,** erbaut 1445 unter Alauddin Ahmad Bahmani in stark persisch beeinflußtem Stil. Er diente wahrscheinlich als Minarett für die Große Moschee und zur Überwachung der Umgebung. Innerhalb einer weiteren Verteidigungsanlage liegt am Fuße des Zitadellenhügels der Teil eines Palastes aus der Nizam Shahi-Zeit. Reste von glasierten Ziegeln in Blau und Weiß weisen auf den Namen des eleganten Baus: **Chini Mahal.**

Khuldabad (Rauza)

13 km nordwestlich von Daulatabad, 3 km ostsüdöstlich von Ellora, an der Hauptstraße gelegen.

Diese heilige Stätte der Moslems befindet sich in einem – heute – unbedeutenden Nest innerhalb einer von Aurangzeb erbauten Stadtmauer. Ungefähr in der Mitte liegt **Alamgir Dargah** mit einer Musikhalle, einer Moschee, dem

Mausoleum des Heiligen Saiyad Zainuddin (gestorben 1370) und vor allem dem schlichten **Grab des Moghul-Kaisers Aurangzeb** (1658–1707), welches auf dessen Wunsch offen ist für Sonne und Regen. Ein hier aufbewahrtes Gewand des Propheten Muhammad wird den Gläubigen einmal im Jahr gezeigt. In der Nähe liegt der Schrein eines anderen Heiligen, Hazrat Saiyad Burhanuddin (gestorben 1344), in dem einige Barthaare des Propheten als Reliquie aufbewahrt werden. Hier befinden sich auch die Gräber von Nizam-ul-Mulk (gestorben 1748), dem ersten Nizam von Hyderabad, und seines Sohnes Nasir Jang.

Pitalkhora

75 km nordwestlich von Aurangabad, weitab einer größeren Straße gelegen, nur mit dem Auto zu erreichen.

Ab 1953 wurden die Höhlen erstmals systematisch untersucht, wobei zwei

Kopf eines Türhüters, Pitalkhora

weitere, sehr frühe Höhlen gefunden wurden, Nr. 10 und 11, links einer von einem Bach gegrabenen Schlucht gelegen. Diese frühen Schöpfungen weisen nur ein schlichtes Dekor über den Eingängen auf. Im Fels gegenüber liegen halbkreisförmig angeordnet die Höhlen Nr. 1–9. In Aufbau und Ausführung der Räume ist die Anlehnung an zeitgleiche Holzbauten erkennbar, besonders gut zu sehen in Nr. 3, der einzigen Chaitya-Halle der Gruppe. An den leicht nach innen geneigten Pfeilern entdeckt man verblaßte Malereien aus dem 6. Jh. Leider ist ein großer Teil der Felswand heruntergebrochen und hat die Fassaden zerstört. Wichtige Skulpturenfunde sind im Museum in Bombay ausgestellt. Vor Ort kann man einen Naga-König, Dvarapalas und einen schönen Fries an der Flanke einer Treppenflucht bewundern.

Ellora

29 km nordwestlich von Aurangabad.

Ellora ist ein einzigartiges Freiluftmuseum frühindischer Felsbau- und Bildhauerkunst, gleichsam ein steinerner Bildband zur Ikonographie. Verteilt über 2 km am Westhang eines Felsplateaus finden sich zwölf buddhistische Kulthöhlen, 26 Felsheiligtümer der Hindus und vier der Jainas. Erstere wurden wahrscheinlich im 6./7. Jh. geschaffen, als in Ajanta die Bautätigkeit allmählich versiegte. Fast zeitgleich begannen die Hindus ihre Höhlen aus dem Felsen zu schlagen; ihre Meisterwerke schufen sie dann im 8. Jh. Die Jaina-Mönche der Digambara-Richtung folgten mit ihren Kulthöhlen erst im 9./10. Jh.

Die Höhlen von Ellora gerieten nie ganz in Vergessenheit wie beispielsweise Ajanta, ihre Berühmtheit jedoch erlangten sie im vorigen Jahrhundert durch den Umstand, daß sie den Thags, einer fanatischen Sekte, die Kali verehrte und ihr Menschenopfer brachte, als Unterschlupf dienten. Die Mitglieder dieses Geheimbundes überfielen Fremde, erdrosselten sie nach einem bestimmten Ritual und verbrannten sie. Die Briten begannen den Kampf gegen diese mörderischen Umtriebe schon 1829, konnten den Spuk aber erst 1861 beenden, nachdem sie erfolgreich Geheimagenten in diese verschworene Gemeinschaft eingeschleust hatten.

Es ist zweckmäßig, die Tempel am Nachmittag zu besuchen, wenn sie in der Sonne liegen – die Jaina-Höhlen bekommen auch am Morgen günstiges Licht. Die Zufahrtstraße führt direkt zum Kailasha-Tempel, es ist jedoch sinnvoll, im Süden bei den buddhistischen Kulthöhlen mit der Besichtigung zu beginnen.

Außer Nr. 10, der einzigen Chaitya-Halle, sind alle Höhlen Viharas. Nr. 2, ähnlich wie auch Nr. 3, zeigt schöne Säulen und das typische ikonographische Programm des fortgeschrittenen Mahayana-Buddhismus: Jambala, den Gott des Reichtums, an der Veranda; am Tor zur Halle Avalokiteshvara und Vajrapani, die zwei Bodhisattvas, als Wächter; im Sanktum Buddha auf dem Löwenthron, 2,5 m hoch – seine Handhaltung symbolisiert das Verbreiten der Lehre; ihm zur Seite Avalokiteshvara und Manjusri, in der Halle Tara mit ihrem Gefolge.

Nr. 5, die größte Halle der Gruppe, umgeben 20 Wohnzellen. Bemerkenswert sind die beiden langen Steinbänke, die sich parallel zu zwei Säulenreihen in die Tiefe des Raums ziehen; sie könnten rituellen Rezitationen gedient haben. In Höhle Nr. 6 fällt an der rechten Wand des Sanktums, gegenüber von Tara, eine Mahamayuri auf, die Göttin der Gelehr-

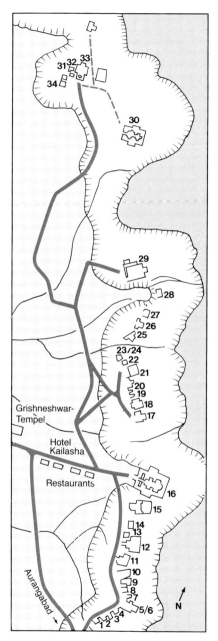

Ellora, Felsheiligtümer

30–34: Jainistische Höhlen

33	Jaganatha Sabha
32/31	Indra Sabha
34	Höhle
30	Chota Kailasha

13–29: Hinduistische Höhlen

29	Sita-ki-nahani- oder Dumar Lena-Höhle
28	Ganesha Lena-Höhle
27	Gopi-Höhle
26	Höhle
25	Khumbarvada-Höhle
24/23	Höhlen
22	Nilakantha-Höhle
21	Rameshvara-Höhle
20–17	Höhlen
16	Kailasha-Monolithtempel
15	Dash Avatara-Höhle
14	Ravanas Höhle
13	Höhle

1–12: Buddhistische Höhlen

12	Vihara: Tin-Thal
11	Vihara: Do-Thal
10	Chaitya-Halle: Vishvakarma-Höhle
9–6	Viharas
5	Vihara/Chaitya-Halle
4–1	Viharas

samkeit. Rechts und links vom Eingang an den Enden eines umlaufenden Frieses stehen die Flußgöttinnen Ganga und Yamuna. In Nr. 8 findet sich wieder eine Mahamayuri mit Gefolge und links außerhalb der Halle eine Darstellung von der buddhistischen Göttin Hariti mit Kind und ihrem Gemahl Pancika.

Die Chaitya-Halle Nr. 10 heißt auch **Vishvakarma-Höhle.** Oberhalb eines offenen Hofes und hinter einer eindrucksvollen Fassade erstreckt sich eine dreischiffige Halle, 25 m lang, 13 m breit und 10 m hoch. In der Rundung der Apsis erhebt sich ein 9 m hoher Stupa mit einem sitzenden Buddha davor, auf den am Nachmittag durch das große Chaitya-Fenster in der Fassade das Sonnenlicht fällt. Die steinernen Rippen an der Decke ahmen den Dachstuhl eines freistehenden hölzernen Baus nach.

Nr. 12 ist, wie auch Nr. 11, eine dreistöckige Anlage, genannt **Tin Tala.** Hinter schmuckloser Fassade liegen drei große Hallen übereinander; den Besucher empfängt ein großartiger Aufmarsch der zahlreichen Buddhas und Bodhisattvas sowie männlicher und weiblicher Gottheiten. So sitzen in Reihen nebeneinander die sieben Manjusri oder irdischen Buddhas, die sieben Taras, die sieben Dhyani- oder Meditations-Buddhas im zweiten Obergeschoß und die Buddhas der zehn Himmelsrichtungen (vier Haupt- und vier Nebenrichtungen sowie Zenit und Nadir). Die acht Bodhisattvas stehen entweder zu beiden Seiten des Buddha im ersten Obergeschoß – oder bilden mit ihm in der Mitte ein Diagramm im Erdgeschoß.

Vermitteln die buddhistischen Bildwerke eine Atmosphäre der Ruhe und Harmonie, so beeindrucken die hinduistischen Skulpturengruppen durch den dramatischen Impetus der Hauptfiguren und die dynamisch gestalteten erzählerischen Inhalte. Die Höhlen sind alle Shiva geweiht, was in dieser Zeit nicht ausschließt, daß auch Vishnu in seinen vielfältigen Erscheinungsformen dargestellt wird.

Nr. 14, **Ravanas Höhle,** und Nr. 15, die zweistöckige **Dash Avatara-Höhle,**

ein fälschlich nach den zehn Inkarnationen Vishnus benanntes Shiva-Heiligtum, zeigen in opulenten Bildern ein breites Spektrum der phantasievollen und phantastischen Götterwelt des Hinduismus.

Ellora, Dash Avatara-Höhle, Grundriß
1 Vishnu als Löwe (Narasimha) 2 Vishnu Trivikrama 3 Vishnu als Eber (Varaha) 4 Linga 5 Gajendra-Moksha 6 Vishnu auf der Weltenschlange (Narayana Anantashayi) 7 Krishna trägt den Berg Govardhana (Govardhana-dhara) 8 Shiva zerstört die drei Städte (Tripurantaka-Murti) 9 Shiva steht im Linga (Lingodbhava-Murti) 10 Karttikeya 11 Gajalakshmi 12 Kultzelle 13 Parvati mit musizierenden Begleiterinnen (?) 14 Ganesha 15 Shiva trägt die Ganga im Haar (Gangadhara-Murti) 16 Shiva tötet den Dämonen der Zeit (Kalari-Murti) 17 Ravana schüttelt den Berg Kailasha (Ravananugraha-Murti) 18 Hochzeit von Shiva und Parvati (Kalyanasundara-Murti) 19 Shiva und Parvati beim Würfelspiel 20 Linga 21 Tanzender Shiva (Nataraj) 22 Shiva bezwingt den Dämon Andhaka (Andhakasura-Murti)

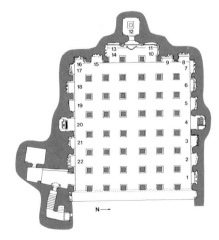

Nandi-Pavillon des Kailasha-Monolithtempels, Ellora

Die Hauptattraktion Elloras ist der **Kailasha-Tempel** (Nr. 16). Dieses größte Felsheiligtum Indiens, eine der letzten Arbeiten der Hindus in dieser Technik, bildet den absoluten Höhepunkt der Felsbaukunst in Südasien. Sein Name suggeriert, daß der Tempel ein Abbild des Götterberges im Himalaya darstellt, auf dem Shiva thront, Zentrum des Universums und Achse der Welt. Vermutlich schon unter dem Rashtrakuta-König Dantidurga (735–757) begonnen, entstand die Anlage im wesentlichen in der Regierungszeit seines Nachfolgers Krishna I. (757–773).

Technik und Arbeitsleistung sind beeindruckend. Aus dem leicht abfallenden Felsrücken wurde in einem Geviert von 60 × 90 m das harte vulkanische Gestein bis zu 30 m tief abgetragen, wobei in der Mitte ein Block von 30 × 60 m stehengelassen wurde, aus dem dann unter den Händen der Bildhauer-Architekten durch weitere Steinmetzarbeiten das Meisterwerk eines voll ornamentierten Tempels entstand. Man schätzt, daß 150 000 Tonnen Gestein ›entfernt‹ wurden. Das Ergebnis ist ein vollständiger Tempelkomplex im südindischen Stil mit Torbau, Nandi-Pavillon, Haupttempel,

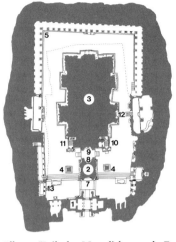
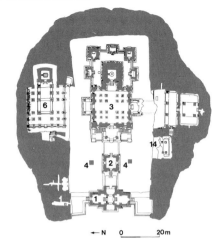

Ellora, Kailasha-Monolithtempel, Erd- und Obergeschoß 1 Torbau 2 Nandi-Pavillon 3 Tempelanlage 4 Ornamentierter Pfeiler 5 Säulenumgang 6 Lankeshvara-Tempel 7 Gajalakshmi 8 Shiva bezwingt den Dämon Andhaka (Andhakasura-Murti) 9 Shiva als Yogi (Dakshina-Murti) 10 Mahabharata und Krishna-Legende 11 Ramayana 12 Ravana schüttelt den Berg Kailasha (Ravananugraha-Murti) 13 Schrein der Flußgöttinnen 14 Sieben Mütter-Gruppe (Sapta-Matrikas)

diversen Nebenschreinen und umlaufender Kolonnade.

Der Torbau (1) in Form eines zweistöckigen Gopurams wurde aus der Felsbarriere herausgearbeitet, die zwischen Tempelhof und dem Hang des Plateaus stehenblieb und quasi die westliche Umfassungsmauer bildet. Die Reliefs an der Außenwand sind leider stark verwittert. Nandi-Pavillon (2) und Haupttempel sind zweistöckig, wobei sich die Innenräume über dem massiven Untergeschoß im oberen Stockwerk befinden, was auch die Brücken zwischen Torbau, Nandi-Schrein und Tempel erklärt. Der Tempel (3) besteht aus Vorhalle, Halle und Sanktum mit Umwandlungsgang. Über dem Sanktum, mit Linga und einer Mahesha-Darstellung an der Rückwand, erhebt sich ein klassischer dreistöckiger Vimana. Zu beiden Seiten des Nandi-Schreins steht, je 15 m hoch, ein reich ornamen-

tierter Pfeiler (4). Ein Säulenumgang (5) mit Nebenschreinen und zahlreichen Reliefpaneelen entlang der Rückwand wurde im Norden, Osten und Süden aus den senkrechten Felswänden geschlagen, weitere Nebenschreine und der große Lankeshvara-Tempel (6) aus späterer Zeit befinden sich in der Ebene darüber.

Aus der Vielzahl eindrucksvoller Bildwerke seien nur einige hervorgehoben. Gleich nach Passieren des Tores stößt man auf eine anrührende Gajalakshmi-Darstellung (7): Kleinere Elefanten tragen das Wasser herbei, das größere über die Göttin der Schönheit und des Wohlstands ausgießen. Auf der Rückseite des Nandi-Pavillons, im Portikus, bezwingt ein dynamischer achtarmiger Shiva den Elefantendämon Andhaka, gegenüber findet man dieselbe Gottheit, nun als meditierenden Yogi, umgeben von den acht Weltenhütern. An der Nordwestekke des Tempels erzählen sieben übereinanderliegende Friesreihen in Flachrelief (10) aus dem Mahabharata und der Krishna-Legende. Das Gegenstück auf der Südseite zeigt in acht Reihen Szenen aus dem Ramayana (11). Weiter rechts schildert eine großartige Darstellung, wie der zehnköpfigen Dämon Ravana sich müht, den Berg Kailasha zu erschüttern, auf dem in lässiger Haltung Shiva und Parvati sitzen (12). Die 43 m lange Rückseite der Kolonnade ist bedeckt mit Szenen aus den Puranas und den großen Epen. Bemerkenswert ist in der Nordwestecke des Hofes ein Schrein für die Flußgöttinnen Yamuna, Ganga und Sarasvati (13) – letzteren Fluß gibt es nur in der Legende. Von den Schreinen im Obergeschoß beeindruckt vor allem auf der rechten Seite der der Sieben Muttergottheiten (14) mit lebensgroßen Sitzfiguren an drei Seiten des Raumes.

Höhle Nr. 17 besteht aus einer Veranda, einer Halle mit acht Pfeilern und einem Schrein mit Umwandlungsgang. Man sieht Skulpturen von Brahma, Vishnu, Durga als Bezwingerin des Büffeldämons und Ganesha. Nr. 21, die **Rameshvara-Höhle,** gilt als früheste der hinduistischen Kulthöhlen und wird Anfang 7. Jh. datiert. Auf hohem Sockel erheben sich fein gearbeitete Säulen mit Topf- und Rankenwerkkapitell, geschmückt mit den Flußgöttinnen als Konsolenfiguren und untereinander verbunden durch einen flachen Elefantenfries. Skulpturen von hoher Qualität zeigen Darstellungen aus der Vorgeschichte zur Hochzeit Shivas mit Parvati und anderer Shiva-Auftritte; im Vorhof steht eine Sapta-Matrika-Gruppe.

In der Vorhalle von Nr. 22, der **Nilakantha-Höhle,** finden sich Ganesha und Karttikeya, in der Halle zehn Säulen mit

Mithuna-Paaren als Konsolenfiguren, an den Wänden Ganesha, die Sieben Mütter, Virabhadra und Lakshmi. In Höhle Nr. 25 ist eine Darstellung vor dem Sanktum, Surya auf seinem von sieben Pferden gezogenen Wagen, interessant.

Nr. 29, genannt **Sita-ki-nahani** (Sitas Bad) oder Dumar Lena, scheint eine Kopie des Shiva-Heiligtums in Elephanta zu sein, denn wie dort ist in der großen Halle mit drei Eingängen die nach vier Seiten offene Cella (Catur-Mukha) mit den riesigen Wächterfiguren um ein Joch aus der Mitte nach Osten verschoben. Auch die Säulen und ebenso die Skulpturenpaneele ähneln denen in Elephanta, nur sind sie weit weniger gut ausgeführt.

Die fünf Jaina-Höhlen liegen separat ca. 1,5 km weiter nordwärts. Nr. 30, genannt **Chota Kailasha** (Kleiner Kailasha, 27 × 43 m), imitiert offensichtlich das große Vorbild. Am kleinen Torturm sieht man Tirthankaras mit Gefolge, in der Vorhalle Dvarapalas, in der Halle wieder sitzende Tirthankaras sowie neben dem Eingang zum Sanktum links Gommateshvara und rechts Parshvanatha.

Die Höhlen Nr. 31, 32, 33 und 34 sind untereinander verbunden. Nr. 32, **Indra Sabha** (Indras Versammlungshalle), die schönste der Gruppe, ist zweistöckig angelegt. Den Sockelbereich schmücken Reliefpaneele mit Parshvanatha, den großen Versucher Kumatha besiegend, Gommateshvara mit seinen Schwestern, dem Yaksha Matenga (jainistischer Gott des Reichtums) auf einem Elefanten und der Yakshi Ambika auf einem Löwen sitzend. Das Untergeschoß blieb unvollendet. Im Obergeschoß liegt die eigentliche Halle mit prächtigen Säulen und, vollplastisch herausgearbeitet, Matenga auf einem liegenden Elefanten thronend und ihm gegenüber die Fruchtbarkeitsgöttin

Ravana erschüttert den Kailasha, auf dem Shiva und Parvati sitzen, Höhle Nr. 14, Ellora

Praktische Hinweise

Unterkunft: Kailash Hotel, ✆ 43 (direkt bei den Höhlen, Restaurant). **Restaurants:** Gegenüber dem Hotel.

Nasik

185 km nordöstlich von Bombay, 202 km nördlich von Pune, 218 km westlich von Aurangabad.

Nasik, in 600 m Höhe am heiligen Fluß Godavari gelegen, ist eine der vier gesegneten Städte, die beim Kampf der Götter mit den Dämonen etwas vom Unsterblichkeitstrank abbekamen (s. S. 42) und in denen deshalb abwechselnd alle drei Jahre – also in jeder einmal alle zwölf Jahre – das große Fest der Kumbh Mela gefeiert wird, welches Hunderttausende von Pilgern anzieht. Wie auch in den anderen drei Städten Ujjain, Hardiwar und Allahabad säumen Ghats und zahlreiche Tempel und Tempelchen den Fluß, darunter als ältester der Stadt der **Kapaleshvara-Tempel** aus dem 14. Jh. und der **Sundar-Narayan-Tempel** von 1756.

Zur besonderen Heiligkeit des Platzes trägt bei, daß hier Rama im Exil gelebt haben und Sita durch Ravana entführt worden sein soll (s. S. 43 f.). Szenen dieses folgenschweren Kidnappings sind in naiv-bunten Reliefs im Hof eines Tempels in der Nähe der Grotte, in der Sita gelebt haben soll **(Sita Gumpha),** dargestellt. In der Höhle ist noch Küchengerät der braven Hausfrau zu bestaunen, welches sie verständlicherweise bei ihrer überstürzten Abreise nicht mitnehmen konnte. Auf den Besucher, der die Stadt nicht mit frommen Augen sieht, wirkt sie chaotisch und wenig attraktiv.

Sidhaika unter einem Baum voller Früchte. Im Sanktum steht Mahavira, am Eingang flankiert von Parshvanatha und Gommateshvara, im abgeschlossenen Hof ein großer Elefant und ein hoher Flaggenmast.

Die **Jaganatha Sabha** genannte zweistöckige Höhle Nr. 33 und die kleinere Nr. 34 sind ebenfalls mit sorgfältig gearbeiteten Skulpturen ausgestattet. Auf dem Hügel über der Höhle thront eine freistehende Skulptur des Parshvanatha unter einem später hinzugefügten Baldachin.

Im nahen Dorf Verul steht der hochverehrte **Grishneshwara-Tempel** mit einem der zwölf Jyotir-Lingas Indiens, errichtet im 18. Jh. von Ahalya Bai von Indore. In der Nähe liegt ein schön gestaltetes Wasserbecken mit Stufen und Schreinen ringsum.

Praktische Hinweise

Verbindung: Flugzeug: Flugverbindung nach Bombay. Flughafen 5 km vom Zentrum.

Eisenbahn: Bahnstation Nasik Road, 8 km südöstlich der Stadt, an der Hauptstrecke Bombay – Agra.

Unterkunft: B: Hotel VIP, Old Agra Road, ✆ 41 21. Hotel Green View, Trimbak Road, ✆ 24 39. Hotel Manali ›Hem Varsha‹, Gole Colony, ✆ 33 10. Hotel Vasco Tourist, Shastri Path, ✆ 65 11 (nahe Bahnhof Nasik Road).

Die Umgebung von Nasik

Pandu Lena

8 km südöstlich von Nasik, mit dem Stadtbus zu erreichen, nahe dem National Highway Nr. 3 nach Bombay.

An der Nordseite eines felsigen Hügels, 90 m über der Ebene, liegt eine Gruppe von 23 frühbuddhistischen Kulthöhlen, bekannt unter dem Namen Pandu Lena.

In Nr. 3, **Gautamiputra** (s. Abb. S. 78) genannt, kontrastiert eine reich skulptierte Veranda mit der fast schmucklosen Halle ohne Säulen, um die 18 identische Wohnzellen der Mönche angeordnet sind. An der Rückwand zeigt ein Relief die Verehrung des Stupa durch Frauen und himmlische Wesen. Die Veranda tragen Atlanten in Menschengestalt; über eine reich verzierte Brüstung erheben sich Säulen vom ›Bedsa-Typ‹ (s. S. 122). Über die volle Länge der Veranda läuft ein Architrav, der die Holzbauweise nachahmt, darüber sieht man wiederum eine Reihe von Tieren, Gitterwerk und nochmals Tieren. Die drei frühbuddhistischen Symbole Baum, Rad und Stupa, die für Erleuchtung, Verbreitung der Lehre und Einzug Buddhas ins Nirvana stehen, prangen oberhalb des Eingangs.

Veranda der Höhle Nr. 3, Gautamiputra, Pandu Lena

Nagpur

865 km nordostöstlich von Bombay, 1,2 Mio. Einwohner.

Nagpur liegt ziemlich genau im geographischen Zentrum des heutigen Indien und nennt sich selbst die zweite Hauptstadt Maharashtras. Es ist eine typische indische Großstadt ohne speziellen Reiz mit einer florierenden Baumwollindustrie. Die weiten Gebiete um Nagpur werden zum großen Teil von Gonds bewohnt, einer alteingesessenen Volksgruppe, die mit Hindi vermischte Dravida-Dialekte spricht.

Geschichte

Die Region um Nagpur nennt sich Vidharbha, und man führt diesen Namen gern auf die Puranas oder das Mahabharata zurück. Archäologische Grabungen in Mansar bei Ramtek brachten großartige Skulpturen aus der Zeit um das 5. Jh. ans Licht, die heute im Zentralmuseum zu sehen sind. Nach einem Intermezzo durch Muhammad Bahmani im Jahre 1467 regieren die Gond-Könige bis 1740, als Raghuji Bhonsla, ein Marathe, sich mit seinem Heer ein Reich eroberte; die Bhonsla herrschten in Nagpur für über 100 Jahre. Die Briten übernahmen das Land 1854, 1861 wurde Nagpur zur Hauptstadt der britischen Zentralprovinz.

Besichtigung

Nagpur, das selbst wenig zu bieten hat, eignet sich gut als Standquartier für den Besuch von Ramtek und als Ausgangspunkt für Ausflüge zu den Wildschutzgebieten von Nagzira im Osten, Bor im Westen und den Nationalparks Pende im Norden und Nawegaon im Osten. Im modernen, ehemals britischen Stadtteil westlich der Bahn liegen alle öffentlichen Gebäude, u. a. die Universität, das Hauptpostamt (GPO), das Telegraphenamt, die State Bank of India (nicht weit vom Bahnhof) und das sehenswerte **Zentralmuseum** (10.00–17.00 Uhr, montags geschlossen). Die berühmten und wirklich vorzüglichen mandarinenartigen Orangen kauft man günstig und in größeren Mengen an der Straße hinter dem Bahnhof.

Im Südosten der Stadt, nahe dem Fluß Naga, kann man in der Altstadt mit einiger Mühe die wenigen Relikte der Bhonsla-Herrschaft finden. Vom Palast, der 1864 niederbrannte, ist nur noch ein Torbau (**Nagar Khane**) übriggeblieben, in dem einst morgens und abends musiziert wurde. Noch etwas weiter, im Stadtteil Shukrawari, stehen in einem umbauten Garten die **Chatris der Bhonsla-Herrscherfamilie.** Der größte und schönste Bau ist das Grabmal Raghujis I., des Gründers der Dynastie. Die leicht verkommenen Bauwerke zeigen sowohl Merkmale der Marathen-Architektur als auch starke bengalische Einflüsse.

Praktische Hinweise

Verbindung: Flugzeug: Indian Airlines nach Delhi, Bombay, Bhubaneshvar/Calcutta (täglich) und nach Hyderabad; Flughafen ca. 10 km südwestlich des Zentrums. **Eisenbahn/ Bus:** Bestens in das Eisenbahnnetz eingebunden; Direktanschlüsse in alle Richtungen. Expreßbusverbindungen zu allen umliegenden Großstädten und Bombay. Bahnhof und Busbahnhof im Zentrum, ca. 1 km voneinander entfernt.

Unterkunft: A/B: Die meisten der besseren Hotels entlang der Central Avenue, die knapp nördlich des Bahnhofs über die Bahn nach Osten führt. Hotel Jagsons***, 30 Back Central Avenue, ✆ 48 611. Hotel Pal Palace, 25 Central Avenue, ✆ 44 724. Hotel Skylark,

119 Central Avenue, ✆ 446 54. Hotel Upvam, 64 Mount Road, ✆ 347 04. Hotel Blue Moon, 129 Central Avenue, ✆ 460 61. **C:** Im Stadtteil Sitabaldi, südlich des Bahnhofs, in der Nähe des Busbahnhofs und ebenfalls entlang der Central Avenue.

Die Umgebung von Nagpur

Ramtek

47 km nordöstlich von Nagpur.

Auf diesem einsam aus der weiten Ebene aufragenden Berg soll der Legende nach Rama auf dem Weg ins Exil verweilt haben – beste Voraussetzung, um zum indienweiten Pilgerziel aufzusteigen. Auf dem ›Ramagiri‹ steht, umgeben von weitläufigen Befestigungsanlagen, eine Gruppe schneeweißer Tempel, die Rama, Sita, Lakshmana und Hanuman geweiht sind. Ihr Bau geht laut einer nicht ganz eindeutigen Inschrift auf das 13./14. Jh. zurück, doch mit Sicherheit wurden sie später oft ergänzt und umgebaut. Die Mauer des Forts wurde teilweise erst unter dem Bhonsla-König Raghuji I. errichtet (s. Farbabb. 36).

An den unteren Hang des Hügels schmiegt sich im Süden der reizvolle Ort Ramtek. Im Osten des Hügels liegt im Grünen das kleine Dorf Ambala mit einem See, an dem malerisch zahlreiche kleine Tempel privater Stifter stehen; von hier führt ein Treppenweg hinauf zum Gipfel. Vor dem Torbau steht ein kleiner Pavillon mit einer rot angemalten Steinskulptur, die den Gott Vishnu als Eber darstellt. Im Eingang sitzen die Brahmanen des Tempel-Trusts und kassieren, und überall toben die Nachkommen der Heerscharen Hanumans herum.

Praktische Hinweise

Verbindung: Eisenbahn oder Bus von Nagpur; von der Endstation des Busses ist es nicht weit bis Ambala. **Unterkunft:** MTDC Holiday Resort in Ramtek.

Sevagram und Punnar (Paunar)

72 km südwestlich von Nagpur.

In Sevagram, dem ›Dorf des Dienens‹, errichtete Mahatma Gandhi 1933 seinen Ashram, hier lebte er mit seiner Frau, von hier aus leitete er den Unabhängigkeitskampf seines Volkes, hier entwickelte er seine Ideen zur Erneuerung der indischen Gesellschaft auf der Grundlage ihrer dörflichen Wurzeln sowie Modelle und Programme zum Aufbau von ländlichen Industrie und zur Verbesserung der Lage der Bauern. Der Ashram ist eine nationale Institution. Die einfachen Hütten Gandhis, seiner Frau und seiner Mitarbeiter mit ihrer schlichten Ausstattung beherbergen heute ein Museum; eine Ausstellung mit Fotos dokumentiert Werk und Leben Gandhis.

Um den Ashram, der von Anhängern des Mahatma und Verfechtern seiner Ideale unterhalten wird, gruppieren sich am Ort und in der Umgebung Einrichtungen im Geiste Gandhis: Das Mahatma Gandhi-Forschungsinstitut für Medizin, das Kasturba Hospital mit Ambulanz und Ausbildungsstätten, das Magan Sangrahalaya, ein Museum zum Thema Dorfentwicklung und Heimindustrie, und das ›Centre of Science for Villages‹ bei Wardha.

In Punnar gründete Acharya Vinoba Bhave, den Gandhi als seinen geistigen Erben bezeichnete, einen Ashram. Bhave wird von seinen Landsleuten als der Vater der Bhudan-Bewegung verehrt: 1951 begann er anläßlich eines blutigen Aufstandes landloser Bauern in Andhra Pradesh mit seinem Kreuzzug ›Schenkung der Erde‹; er veranlaßte Grundbesitzer, Land an Arbeiter und Pächter abzugeben. 15 Jahre wanderte Bhave zu Fuß von Dorf zu Dorf und bewirkte, daß 3 Mio. Hektar Land an ehemals landlose Bauern übertragen wurden.

Praktische Hinweise

Verbindung: Sevagram liegt 6 km nordöstlich von Wardha, Punnar 10 km nordöstlich von Wardha nahe der Straße nach Nagpur. Busverbindungen mit Wardha und Nagpur (72 km). Gute Bahnverbindung von Wardha nach Nagpur und Chandrapur und nach Westen. Sevagram ist Bahnstation für Bummelzüge.

Unterkunft: Der Ashram unterhält Gästehäuser mit 2-, 4- und 8-Bett-Zimmern und Schlafsälen. In Wardha: B: MTDC Holiday Camp (nahe dem Busterminal). C: Einige einfache Hotels (nahe Bus und Bahn).

Das Bor-Wildschutzgebiet

80 km südwestlich von Nagpur, 32 km nördlich von Wardha.

Ein aufgestauter See am Fluß Bor bildet das Zentrum des Reservats in den Hingui-Bergen, das durch seinen großen Reichtum an Vögeln, Hirschen und Bären berühmt ist. Raubkatzen sind allerdings selten.

Praktische Hinweise

Verbindung: Bus von Wardha (32 km) zum Bor-Damm. **Unterkunft:** Forest Rest House, Buchung: Divisional Forest Officer, Wardha.

Das Nagzira-Wildschutzgebiet

170 km nordostöstlich von Nagpur.

In dem um zwei Seen liegenden ausgedehnten Waldgebiet in den Tirora-Hügeln gibt es verschiedene Hirscharten, Antilopen und mit viel Glück Bisons, Bären oder gar Panther und Tiger zu sehen.

Praktische Hinweise

Verbindung: Bus von Nagpur, Gondia (25 km) und Bhandara (ca. 70 km). **Unterkunft:** Zwei Rest Houses der Forstverwaltung Bhandara, Buchung: Divisional Forest Officer, Bhandara.

Der Nawegaon-Nationalpark

132 km östlich von Nagpur.

Der Nationalpark liegt südlich von Nagzira in einem großen Waldgebiet des Bhandara-Distrikts um einen See, der im 18. Jh. angelegt worden sein soll. Vögel sowie eine der Nagziras vergleichbare Tierwelt sind hier zu sehen.

Praktische Hinweise

Verbindung: Bus von Nagpur, Bhandara und Devalgaon. **Unterkunft:** PWD Rest House, Buchung: Executive Engineer PWD Bhandara. Blockhaus der Forstverwaltung, Buchung: Divisional Forest Officer, Gondia.

Chandrapur (Chanda)

150 km südlich von Nagpur, Distrikthauptstadt.

An dieser Stelle lag früher die Stadt Bhadravati, die der chinesische Pilger Xuanzang im 7. Jh. besuchte und beschrieb. Später wurde Chandrapur die Hauptstadt eines Gond-Königs; heute ist es Industriestadt und Zentrum eines wichtigen Kohleabbaugebiets. Die moderne Stadt liegt im Norden, das von einer kompletten Mauer mit vier Toren umgebene Chanda-Fort mit der Altstadt im Süden. Diese wirkt mit ihren vielen verfallenen Häusern und schmutzigen Straßen etwas verwahrlost. Am südlichen der vier Stadttore steht in einem von Mauern umgebenen Hof der **Achaleshvar-Tempel** mit einigen Nebenschreinen; Shikhara und Mandapa erinnern stark an Marathen-Tempel. Daneben, in einem ebenfalls von Mauern umgebenen Garten verstreut, befinden sich die **Chatris der Gond-Herrscher.** Zu dem frühesten Grabmal, dem von Ballal Shah (1207–1242), gehört ein schöner Treppenbrunnen. Das größte und aufwendigste ist das von Bir Shah, der 1672 starb.

Wenige hundert Meter südlich steht der große **Mahakali-Tempel.** Er wird von Gläubigen stark frequentiert, was auch die Bettler anzieht, die in langen Reihen entlang dem Zugang zum Tempel sitzen. Der große Innenraum wirkt reichlich leer. Das Kultbild befindet sich in einem winzigen Raum unter dem Tempel; es ist ein von der Natur zufällig so geformter Stein, keine Skulptur von Menschenhand – eine silberne Gesichtsmaske, Kleidung und Schmuck wurden der Natur ›nachgeliefert‹ (s. Farbabb. 26). Die Gläubigen drängen sich mit ihren Opfergaben durch die engen niedrigen Gänge bis zur Großen Göttin.

Eigenartig und rätselhaft wirkt ein kleiner buckliger Rasenplatz im Südwesten des Mahakali-Tempels. Umgeben von den ärmlichen Hütten der Arbeiter der Lalpeth-Kohlenbergwerke stehen und liegen hier etwa ein Dutzend riesiger **Steinskulpturen.** Sie stellen vollplastisch den Fisch- und den Schildkröten-Avatar des Gottes Vishnu dar, als Flachreliefs eine zehnarmige, zehnbeinige und fünfköpfige Durga, einen gewaltigen Vishnu, Bhima, Hanuman, Ganesha,

Vishnu in der Erscheinungsform als Fisch (Matsya-Avatar), Chandrapur

einen Naga usw. Wer dieses bizarre Freiluftmuseum schuf und wofür es bestimmt war, ist unbekannt.

Besonders im Süden der Stadt, bei Ballalpur, ist die Landschaft vollkommen durch den Kohletagebau verwüstet. Zwischen den chaotischen Abraumhalden liegen schlammige Pisten und Tümpel, Wracks von Fahrzeugen und technischem Gerät. Auch die Luft ist vollkommen verschmutzt.

Praktische Hinweise

Verbindung: Bahnhof und Busbahnhof zwischen der modernen Stadt und dem Chanda-Fort; Chandrapur liegt an der Bahnstrecke Kazipet/Secunderabad – Wardha/Nagpur. Busse nach Wardha und Nagpur (häufig) sowie Hyderabad.

Der Tadoba-Nationalpark

45 km nördlich von Chandrapur, 208 km südlich von Nagpur.

Der Nationalpark, mit 117 km² einer der größten Maharashtras, wurde schon 1931 zum Schutzgebiet erklärt. Das Zentrum des Parks bildet ein großer runder See. Eine Krokodilfarm befaßt sich mit der Aufzucht der stark gefährdeten Art des Paul-Stus-Krokodils. Im Park lebt – laut offizieller Angabe – eine stattliche Zahl von Tierarten, vom Tiger bis zum Faultier. Die meisten der Tiere sind ausgesprochen ›publikumsscheu‹, nur Affen, Wildschweine und Hirsche sieht man öfter.

Praktische Hinweise

Verbindung: Bus nach Chandrapur und Nagpur. **Unterkunft:** Bungalows und Zimmer in den Lodges am See (Kantine), Buchung: Divisional Forest Officer, West Chanda Division, Chandrapur.

Goa

Goa ist ein Teil des südlichen Konkan, der bis 1961 eine Kolonie Portugals war. Gemeinsam mit zwei kleineren ehemaligen portugiesischen Besitzungen an der Küste weiter im Norden bildet es heute eine Verwaltungseinheit: Das Bundesterritorium Goa, Daman und Diu mit der Hauptstadt Panaji (Panjim).

Goa ist ›Indien in gefilterter Form‹. Im Gegensatz beispielsweise zu Bombay gibt es hier kaum Slums und nicht die vielen kranken und verkrüppelten Bettler, der Verkehr läuft weitgehend geordnet, die Busse sind sauber und selten überfüllt; hier geht es geruhsamer zu, die freundlichen Menschen sind an Fremde gewöhnt, viele sprechen Englisch, Hotels und Restaurants haben sich auf den Geschmack der internationalen Klientel eingestellt – der ideale ›Einstieg‹ ins Reiseland Indien, also.

Geschichte

Auch in Goa hatten die Götter die Hände im Spiel! Parashurama, Vishnu in seinem sechsten Avatar, gewann der Legende nach den Küstenstreifen mit einem Pfeilschuß dem Meer ab, um ihn mit seinen Anhängern zu besiedeln. Schon im Mahabharata, den Puranas und anderen alten Schriften wird Goa unter dem Namen Gomanta oder Gove erwähnt. Erstmals unter den Kadambas erlangte Goa im 11. Jh. eine gewisse Eigenständigkeit. Sie verlegten ihren Sitz von der alten Hauptstadt Chandrapur nach Goapuri, das zu einem bedeutenden Handelszentrum aufstieg. Von diesen beiden frühen Hauptstädten, die im südlichen Goa lagen, blieb jedoch nichts erhalten.

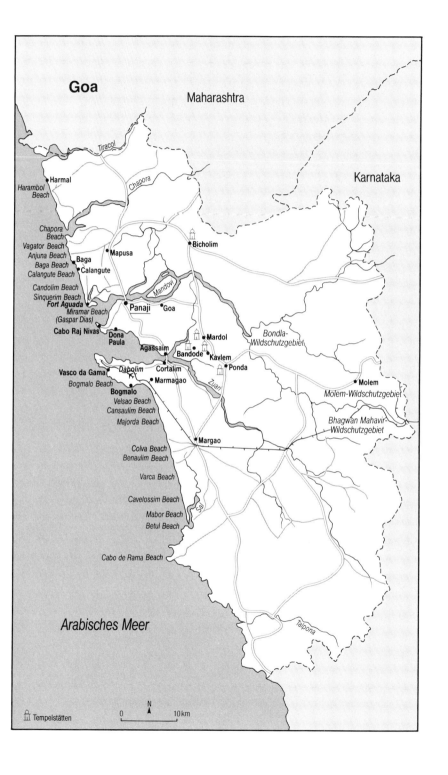

Goa

Maharashtra

Karnataka

Tiracol

Harambol Beach
• Harmal

Chapora

Chapora Beach
Vagator Beach
Anjuna Beach
Baga Beach
Calangute Beach

• Baga
• Calangute

• Mapusa

Bicholim

Candolim Beach
Sinquerim Beach
Fort Aguada
Miramar Beach
(Gaspar Dias)
Cabo Raj Nivas

Mandovi

• Panaji
• Goa

• Dona Paula

Agassaim
• Mardol

Bandode
• Kavlem

Bondla-Wildschutzgebiet

Vasco da Gama
Bogmalo Beach

Dabolim
• Cortalim

• Marmagao

Ponda

• Molem

Bogmalo
Velsao Beach
Cansaulim Beach

Majorda Beach

Zuari

Molem-Wildschutzgebiet

Bhagwan Mahavir-Wildschutzgebiet

• Margao

Colva Beach
Benaulim Beach

Varca Beach

Cavelossim Beach

Mabor Beach
Betul Beach

Sal

Cabo de Rama Beach

Talpona

Arabisches Meer

Anjuna Beach, Goa

Für das Vijayanagar-Reich war Goa als Importhafen für arabische Pferde von Bedeutung. 1469 eroberte Mahmud Gavan den gesamten Konkan für die Bahmani-Sultane; als deren Reich auseinanderbrach, fiel Goa 1488 an das Sultanat von Bijapur. In den folgenden Jahren gedieh Old Goa zu einer reichen Handelsstadt und zur zweiten Hauptstadt des Reiches. Die Adil Shahis konnten die ersten Versuche der Portugiesen, hier Fuß zu fassen, abwehren, aber 1510 eroberte Afonso de Albuquerque mit 1500 Mann die Stadt und machte sie zu seiner Hauptstadt.

Die Portugiesen dehnten ihr Gebiet schrittweise aus. Im 16. Jh. kamen die Provinzen Bardez und Salcete hinzu; im 18. Jh. erhielt die Kolonie ihre endgültige Größe. Bedroht wurde das Reich noch einmal von den Marathen. Sambhaji stand mit seiner Armee schon vor den Toren der Stadt. Auch die Engländer nahmen Goa im 18. Jh. einmal kurz in Besitz; endgültig verloren ging Goa den Portugiesen jedoch erst 1961, als es ohnehin längst seine Bedeutung verloren hatte.

Panaji (Panjim)

594 km südlich von Bombay, 184 km westlich von Hubli, 331 km nördlich von Mangalore, Hauptstadt von Goa.

Die meisten Reisenden werden in Panaji ankommen. Die Stadt liegt im mittleren Bereich der Küste, an der breiten Mündung des Mandovi. Hier legen die Schiffe von Bombay an, starten die Langstreckenbusse. Der Flughafen Dabolim und die Bahnhöfe Vasco da Gama und Margao liegen ganz in der Nähe (1). Panaji, das wirtschaftliche und kulturelle Zentrum von Goa, ist keine hektische Metropole; in weiten Teilen, besonders in der Altstadt, blieb die europäisch-südländische Atmosphäre noch präsent, vermischt mit dem Flair des tropischen Indien.

Die schönste Art, in Goa anzukommen, erfolgt per Schiff: Am frühen Morgen passiert man links die ausgedehnten Befestigungsanlagen von **Fort Aguada (2)** und steuert dann gegenüber dem **Reis Magos-Fort (3)** die Stadt in der tiefen Mündung des Flusses an. Die Anlegestelle (4) im Zentrum der Stadt liegt nur wenige Meter vom alten **Palast der Sultane von Bijapur (5)** entfernt, einem großen, aber wenig spektakulären Bau aus der Zeit Yusuf Adil Shahs, der heute die Ministerien beherbergt. Viele Hotels sind zu Fuß oder auf einer kurzen Riksha-Fahrt erreichbar.

Im Winkel zum großen zentralen Platz der Stadt, den **Municipal Gardens (6),** steht am Hang eines Hügels, zugänglich über eine repräsentative Treppenanlage, die Hauptkirche der Stadt, die **Kirche der Unbefleckten Empfängnis (9).** Von der Spitze des Hügels, genannt Altinho, hat man einen schönen Blick über Stadt, Fluß und Umgebung. Auf der anderen Seite, im Winkel zwischen dem Fluß und einem Wasserarm, dem Ourem Creek, liegt der erhaltene Teil der romantischen **Altstadt,** die wie ein portugiesisches Provinzstädtchen anmutet. Hier, zwischen den alten Häusern mit ihren hölzernen Balkonen und dem üppigen Blumenschmuck, gibt es zahlreiche einfache und billige Hotels und kleine Restaurants wie das Hotel Venite, wo man die Spezialitäten der Goa-Küche probieren und zum Ausklang des Tages einen Feni, den einheimischen Schnaps, oder ein köstliches Bier genießen kann. Die nächstgelegenen Strände sind Miramar (auch: Gaspar Dias), 3 km flußab-

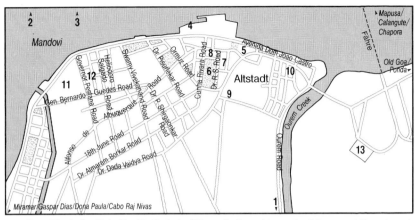

Panaji   1 Flughafen Dabolim/Endbahnhof Vasco da Gama/Agassaim/Margao   2 Fort Aguada
3 Fort Reis Magos   4 Anlegestelle   5 Palast der Sultane von Bijapur   6 Municipal Gardens
7 Karnataka Tourist Office   8 Tourist Office/Railway Booking Office   9 Kirche der Unbefleckten Empfängnis   10 Hauptpostamt (GPO)   11 Hospital   12 Markt   13 Busbahnhof

wärts, und Dona Paula, auf der anderen
Seite von Cabo Raj Nivas, quasi in der
Mündung des Zuari.

Praktische Hinweise

Information: Goa Tourist Office im Erdgeschoß des Tourist Hostel, Pato Bridge, ∅
5583, 100 m östlich des Adil Shahi-Palastes;
hier auch Buchung und Start der Rundfahrten. Gleich daneben das Informationsbüro
von Maharashtra, ∅ 3572. Die Informations-
büros der Zentralregierung und von Karnataka unterhalb der Kirche im Communidade
Building, ∅ 3412, bzw. am anderen Ende der
Municipal Gardens, im Velho Building, ∅
4110. Hauptpostamt (GPO) nahe Tourist
Hostel, Pato Bridge.

Verbindung: Flugzeug: Indian Airlines
täglich zwischen Goa und Bombay, Delhi,
Bangalore, Cochin und Trivandrum, Vayu-
doot dreimal wöchentlich nach Pune und Hy-
derabad. Indian Airlines Stadtbüro: Dempo
House, Bandodkar Marg, ∅ 3826, 3831.
Frühzeitig buchen! Flughafen Dabolim 29 km
südlich von Panaji, 3 km von Vasco da Gama;
Busverbindung zwischen Stadtbüro und
Flughafen.

Schiff: Shipping Corporation of India täglich außer dienstags Bombay – Goa und täglich außer mittwochs Goa – Bombay; kein
Schiffsverkehr während des Monsuns und bei
extrem schlechtem Wetter. Abfahrt in Bombay: New Ferry Wharf, 10.00 Uhr, Ankunft
in Goa am nächsten Tag 8.00 Uhr. Buchungen
in Bombay: New Ferry Wharf, täglich außer
montags 10.00–15.00 Uhr, ∅ 864071. In Panaji: M/s Moghul Lines, V S Dempo & Co,
gegenüber Custom Wharf, ∅ 3842. Es gibt
Deluxe-Kabinen A und B, 1. Klasse, Ober-
deck, unter Deck.

Eisenbahn: Goa ist über die Bahnstrecke
Vasco da Gama – Londa (Karnataka) an das
gesamtindische Bahnnetz angeschlossen. Von
Norden her ist der nächste Bahnhof Vasco da
Gama, 30 km südlich von Panaji. Wer sich im
Süden aufhält, z. B. in Colva Beach, reist bes-
ser ab Magaon. Direktverbindungen: Goa –
Pune/Bombay/Delhi (Gomantak Express,
Miraj Express), Goa – Bombay (770 km;
Mandovi Express, Lakshmi Express), Goa –
Bangalore (675 km; Mandovi Express).

Bus: Neben den Bussen der staatlichen
Transportunternehmen Goas (Kadamba),
Maharashtras und Karnatakas im Fernver-
kehr, z. B. zwischen Goa und Bombay und

entlang der Küste nach Süden, zahlreiche Busse privater Gesellschaften; sie bieten allen Komfort (luxury, video luxury, semi luxury!), sind etwas teurer und sehr beliebt, weshalb sie frühzeitig gebucht werden sollten. Büros der Privaten gegenüber der Anlegestelle der Bombay-Schiffe, nahe dem Hotel Vistar. Von hier und vom Old Bus Stand starten auch die Busse, nach Bombay z. B. meist am Nachmittag; Fahrzeit ca. 17 Stunden. Der Kadamba-Busbahnhof, ☏ 5620, befindet sich jenseits des Ourem Creek, auf der Höhe der zusammengebrochenen Brücke über den Mandovi-Fluß. Reservierungen (bis drei Tage im voraus): Kadamba Transport Corporation, ☏ 5401 und 5058, 6.00–15.00 Uhr, sowie Maharashtra STC, ☏ 4363, und Karnataka STC, ☏ 5126, 8.00–10.00 und 14.00–16.00 Uhr. Das Busnetz innerhalb Goas ist gut ausgebaut, der Fahrzeugpark moderner und besser gewartet als in den Nachbarstaaten; auf den Hauptstrecken fahren die Busse sehr häufig.

Organisierte Rundfahrten: Nord-Goa-Tour: Mayem-See, Arvalem Wasserfall und Rudreshvara-Tempel, Dattadreya-Tempel bei Bicholim, Mapusa, Vagator Beach, Anjuna Beach, Calanguti Beach, Fort Aguada, täglich 9.00–18.00 Uhr. Süd-Goa-Tour: Old Goa, Mangesh-Tempel bei Mardol, Shanta-durga-Tempel bei Ponda, Margao, Colva Beach, Hafen von Marmagao, Vasco da Gama, Missionszentrum Pilar, Dona Paula, Miramar Beach, täglich 9.00–18.00 Uhr. Besonders an Feiertagen Fahrten zum Bondla-Wildschutzgebiet und zur Festung Terekhol und dem Arambhol Beach im äußersten Norden Goas.

Unterkunft: Hotels in der Stadt, in Miramar und im Vorort Dona Paula. **A:** Cidade de Goa, Welcome Group*****, Vainguinim Beach, Dona Paula, ☏ 3301–3308. Hotel Fidalgo***, 18th June Road, ☏ 3321. Keni's Hotel***, 18th June Road, ☏ 4581–4586. Hotel Mandovi***, D. Bandodkar Road, ☏ 4481, 4466. Hotel Solmar*, D. Bandodkar Road, Miramar, ☏ 4555, 4556. Prainha, Cottages by the Sea, Dona Paula, ☏ 4004 (reiz-

volle Anlage im portugiesischen Stil in einem Palmenhain, kleiner Privatstrand). Hotel Rajdhani, Dr. Atmaram Borkar Road/Cunha Rivara Road. Hotel Nova Goa, Dr. Atmaram Borkar Road, ☏ 4575–45–80.

B: Hotel Goa International, Tonca Miramar, ☏ 5804. Hotel Delmon, Caetano de Albuquerque Road, ☏ 5616. Tourist Hostel, Pato, ☏ 3396, 3903 (staatliches Hotel, gut, aber meist ausgebucht). Hotel Solimar, Avenida Gaspar Dias, ☏ 4555, 4556. London Hotel, Miramar, ☏ 6017. Aroma Hotel, Cunha Rivara Road, ☏ 3519. **C:** Safari Hotel, Cunha Rivara Road. Hotel Republica; Hotel Palace, Jase Falcao Road u. v. m. zwischen Adil Shahi-Palast und Ourem Creek.

Restaurants: O Coqueiro, Porvorim, jenseits des Mandovi-Flusses (goanesisch, Fisch); O Pescador, Dona Paula (goanesisch, polynesisch, Fisch); Riorico (portugiesisch, goanesisch), Goenchin (chinesisch), Shivrak (vegetarisch), Lotus (goanesisch) und Macau (chinesisch) im Hotel Mandovi. Populäre Restaurants: Cappuccina, New Punjab, Kamat an den Municipal Gardens; Hotel Venite hinter dem GPO; Sher-e-Punjab, 18th June Road; Shalimar, Taj Mahal, Alfonso de Albuquerque Road.

Old Goa (Velha Goa)

10 km östlich von Panaji, nahe dem Fluß.
Eine schöne Uferstraße mit reizvollen Blicken auf den Mandovi-Fluß führt durch üppiges Grün und alte Siedlungen zur alten Hauptstadt Goas, wo man gut einen ganzen Tag verbringen kann.

Geschichte

Ursprünglich eine Gründung der Kadambas im 11. Jh., entwickelte sich die Stadt bald zu einem wichtigen Handelszentrum. Ibn Battuta, der berühmte arabische Reisende, besuchte sie 1342. Durate Barbosa berichtet aus der Zeit, da sie

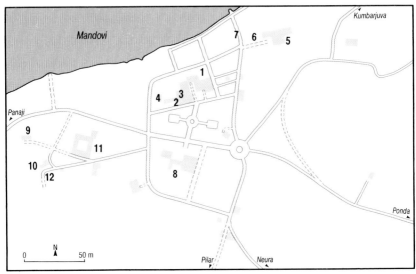

Old Goa 1 Sé-Kathedrale/Palast des Erzbischofs 2 Kirche des hl. Franz von Assisi 3 Museum 4 Kapelle der hl. Katharina 5 Kirche und Kloster St. Cajetan 6 Tor des Adil Shahi-Palastes 7 Ehrentor des Vizekönigs 8 Basilika Bom Jesus 9 Kirche der Jungfrau mit dem Rosenkranz 10 Königliche Kapelle des hl. Antonius 11 Kirche und Konvent der hl. Monika 12 Klosteranlage der Augustiner

die zweite Hauptstadt der Adil Shahi-Dynastie von Bijapur war, von einer stark befestigten, großen Stadt mit hohen Gebäuden, zahlreichen Moscheen und Tempeln und prächtigen Plätzen.

Nach der Eroberung durch Afonso de Albuquerque 1510 wuchs sie schnell zu einer Metropole heran, die man mit Lissabon und Rom verglich. Schon 1517 kamen die Franziskaner nach Goa, andere Orden folgten, und alle bauten sie prächtige Kirchen und Klöster. Doch bereits 1543 raffte eine Epidemie einen großen Teil der Bevölkerung von annähernd 200 000 Menschen dahin. Die Niederlage Vijayanagars 1565 bei Talikota wirkte sich äußerst negativ auf die Wirtschaft Goas aus. 1635 dezimierte erneut eine schlimme Seuche die Bevölkerung. Die profitable Vorherrschaft auf dem Meer war längst an Holländer und Engländer

verlorengegangen, und die Inquisition beschleunigte mit ihrem fanatischen Terror den Niedergang der Stadt. 1695 verlegte der portugiesische Vizekönig seine Residenz nach Panelim außerhalb der Stadt und 1759 in den Palast der Adil Shahis in Panaji, der dann 1843 offiziell zur Hauptstadt erhoben wurde. Eine restriktive Politik der Regierung zwang 1835 die religiösen Orden, Goa zu verlassen. Die letzten Menschen wanderten ab und überließen die Geisterstadt dem Verfall.

Besichtigung

Umgeben von gepflegten Grünflächen liegen die Kirchen von Old Goa wie auf einer Insel in einem weiten Meer von Kokospalmen.

Die **Sé-Kathedrale** oder **Kathedrale der hl. Katharina (1)**, der größte Kirchenbau in Old Goa, wurde 1562–1619 für den Orden der Dominikaner errichtet und aus dem Kronschatz finanziert. Der prächtige Hochaltar wurde 1652 vollendet, der Nordturm neben der Renaissancefassade brach 1776 zusammen. Im erhaltenen Südturm hängt die berühmte Goldene Glocke. Im Inneren sind die 16 reich geschmückten Kapellen, der vergoldete Hauptaltar mit Darstellungen des Martyriums der hl. Katharina von Alexandria, zahlreiche Gemälde sowie die anschließende Sakristei beachtenswert.

Die **Kirche des hl. Franz von Assisi (2)** wurde 1661 an der Stelle errichtet, wo die acht Franziskaner-Mönche, die 1517 hier eintrafen, eine Kapelle errichtet hatten und wo ab 1521 eine erste Kirche stand. Die Renaissancefassade des heutigen Baus besitzt ein schönes Portal im Manuelinischen Stil. Das Innere ist reich mit Wandmalereien ausgestattet, so zeigen die Bilder zu beiden Seiten des barocken Altars Szenen aus dem Leben des Heiligen. Das anschließende Kloster dient heute als **Museum (3).** Zu sehen sind u. a. hinduistische Skulpturen von den Kadambas bis zur Vijayanagar-Zeit und zahlreiche Sati- und Heldensteine. Die frühen Heldensteine zeigen, daß die Kadambas sich auch als Seemacht etabliert hatten. Im 1. Obergeschoß kann man auf Gemälden einheimischer Künstler alle portugiesischen Gouverneure und Vizekönige sehen; die Bilder hingen ursprünglich in der Residenz.

Die **Kapelle der hl. Katharina (4)** wurde 1552 auf den Fundamenten eines Vorgängerbaus errichtet, den Afonso de

Kirche des hl. Franz von Assisi und Sé-Kathedrale, Old Goa

St. Cajetan, Old Goa

Albuquerque 1510 zur Erinnerung an die Einnahme der Stadt am Tag der hl. Katharina hatte errichten lassen und der 1550 erweitert worden war. Er diente ab 1534 bis zur Fertigstellung des Neubaus als Kathedrale.

Die **Kirche St. Cajetan (5)** wurde im 17. Jh. von italienischen Mönchen des Theatiner-Ordens errichtet, die Papst Urban III. ausgesandt hatte, in Golkonda zu missionieren. Da ihnen vom Sultan eine Arbeitserlaubnis verweigert wurde, ließen sie sich 1640 in Goa nieder. Die Kirche wurde genau nach dem Vorbild von St. Peter in Rom errichtet. Im hellen Innenraum sind neben den sechs kleineren Altären besonders der prächtige barocke Hauptaltar und die Kanzel sehenswert. Der anschließende Konvent wird als Priesterseminar genutzt.

Im Park vor der Kirche steht ein **Tor des Adil Shahi-Palastes (6)** als einziges Relikt des prächtigen mehrstöckigen Baus, der nach dem Sultan auch den Vizekönigen als Residenz gedient hatte, bis sie diese nach Panelim verlegten. Der Palast verfiel und wurde 1820 auf Anordnung der Regierung als Steinbruch benutzt. Über die Straße, die von St. Cajetan zum Fluß führt, wölbt sich das **Ehrentor des Vizekönigs (7)**. Der kurz nach der Eroberung erbaute Triumphbogen wurde mehrfach umgebaut und 1954 komplett rekonstruiert, er zeigt auf der Flußseite eine Skulptur Vasco da Gamas und auf der Gegenseite eine Darstellung der Argonauten. Zwei Originalinschriften erinnern an Vasco da Gama und an die Wiedererlangung der Unabhängigkeit von Spanien im Jahre 1656.

Die **Basilika Bom Jesus (8),** die berühmteste Kirche in Goa und hochverehrt in der gesamten katholischen Welt, birgt in einem kostbaren Sarkophag die sterblichen Überreste des hl. Franziskus Xavier. 1541 damit beauftragt, den Menschen im weiten Osten des portugiesischen Kolonialreichs das Christentum nahezubringen, kam Franziskus Xavier, ein Schüler Ignatius von Loyolas, 1542 nach Goa, von wo aus er entlang den Küsten Süd-Indiens missionierte. 1547 ging er auf die Molukken und 1548 nach Japan, 1552 starb er auf einer kleinen Insel vor China. Seine Gebeine gelangten über Malacca 1554 nach Goa. 1622 sprach ihn Papst Gregor XV. heilig. Alle zehn Jahre wird der gut erhaltene, wenn auch infolge dringender Reliquiennachfrage aus aller Welt nicht mehr ganz komplette Körper des Heiligen den Gläubigen gezeigt. Jedes Jahr am 3. Dezember, seinem Todestag, feiern die Gläubigen in Old Goa und in der Basilika ein großes Fest.

Nachdem die Jesuiten ihr Kloster 1585 fertiggestellt hatten, errichteten sie daneben von 1594–1605 die Basilika Bom Jesus. Sie steht auf einem kreuzförmigen Grundriß; nach rechts schließt sich die Sakristei an. Auf der dreistöckigen Renaissancefassade prangt oben in der Mitte das Ordenswappen der Jesuiten. Im schlichten Innenraum sind gleich links

die barocke Holzskulptur des Heiligen zwischen zwei gedrehten Säulen und die Kanzel auf der rechten Seite mit schönen Schnitzereien bemerkenswert (s. Farbabb. 25). Der ganz in Gold gehaltene barocke Hauptaltar zeigt übereinander das Jesus-Kind, Ignatius von Loyola, den Gründer des Jesuiten-Ordens, ein strahlendes Medaillon mit dem Ordenswappen ›IHS‹ und ganz oben die heilige Dreifaltigkeit. In der südlichen Seitenkapelle befindet sich der überladene Schrein des hl. Franziskus Xavier. Das prunkvolle Grabmal wurde von einem Herzog der Toskana gestiftet und von dem Florentiner Bildhauer Giovanni Batista Foggini in zehnjähriger Arbeit bis 1698 geschaffen. An den Wänden der Kapelle zeigen Gemälde Szenen aus dem zur Legende gewordenen Leben des Heiligen.

Die schön gelegene **Kirche der Jungfrau mit dem Rosenkranz (9)** wurde zwar erst 1544–1549, also nach dem Tode des Vizekönigs, erbaut, gilt aber als Einlösung eines Gelübdes Afonso de Albuquerques, der von hier aus die Schlacht seiner Truppen gegen die Armee Bijapurs beobachtete. Der kleine, wie eine Festung anmutende Bau zeigt sowohl Anklänge an die Gotik als auch Elemente des Manuelinischen Stils. Von hier ergibt sich ein herrlicher Blick über den Fluß in Richtung Panaji.

Die **königliche Kapelle des hl. Antonius (10),** des Nationalheiligen Portugals, wurde im frühen 17. Jh. erbaut, ist aber in ihrer heutigen Form ein Werk des späten 19. Jh. **Kirche und Konvent der hl. Monika (11)** stammen ebenfalls aus dem 17. Jh. Der dreistöckige Gebäudekomplex dient noch als Nonnenkloster und ist nur nach Voranmeldung zu besichtigen. Von der **Klosteranlage der Augustiner (12)** aus dem Jahre 1602 stehen nur noch Ruinen, deren eindrucks-vollste die 46 m hohe Hälfte eines der Türme ist; die andere Hälfte und die Fassade der Kirche stürzten 1931 ein.

Praktische Hinweise

Verbindung: Panaji-Old Goa: Direktbusse und alle Busse nach Ponda. **Unterkunft:** In Panaji. Getränke und Snacks in Kantine.

Die Hindu-Tempel bei Ponda

Ca. 35 km südöstlich von Panaji.

Die Portugiesen zerstörten bei ihrer Ankunft in ihrer maßlosen Intoleranz alle erreichbaren Hindu-Tempel und Moscheen. Hindus, die nicht bereit waren zu konvertieren, zogen sich ins schwer zugängliche Hinterland zurück. So entstanden im 16./17. Jh. an versteckten Plätzen um Bicholim und Ponda sowie weiter südlich neue Tempel. Sie zeigen einen interessanten, eigenwilligen Stil, der sich einerseits an die Marathen-Bauweise anlehnt und andererseits Elemente des christlichen Kirchenbaus adaptiert – so haben die Tempel statt eines Shikhara oft eine Kuppel. Von den Marathen wurden die weiten Hallen und vor allem die Stambhas übernommen, die Säulen, bzw. Türme, in deren Nischen unzählige Lichter aufgestellt werden können.

Von Old Goa kommend erreicht man zuerst den **Shri Mangesh-Tempel,** ein kleines Shiva-Heiligtum auf einem Hügel mit einem weithin sichtbaren weißen Turm am Eingang. Im **Shri Mahalsa-Tempel,** nur 1 km weiter in Mardol, wird Vishnu als Mohini verehrt. Im Dorf Bandode, 4 km östlich von Ponda, stehen der **Shri Nagesh-Tempel,** ein Shiva-Tempel mit schönen Holzschnitzereien der acht Weltenhüter sowie Szenen aus dem Ramayana an der Galerie der Halle,

und der **Shri Mahalakshmi-Tempel,** ein Zentrum des Shakti-Kults. Das Kultbild ähnelt dem in Kolhapur, auf der Galerie der Halle sind als Holzskulpturen 18 Erscheinungsformen Vishnus dargestellt. Der Haupttempel des Shri Ramnath bildet mit vier kleineren Tempeln für weitere Götter den **Shri Ramnath Panchayatan.** In Kavlem steht ein interessanter Tempel für **Shri Shantadurga.**

In Ponda, der Hauptstadt der alten Provinz und heute des Kreises (Taluk) Ponda, steht außerdem eine sehenswerte Moschee, die **Safa Shahouri Masjid,** mit einem großen rechteckigen Wasserbecken davor. Sie wurde 1560 von Ibrahim Adil Shah errichtet.

Die Wildschutzgebiete von Bondla und Molem

Das **Bondla Forest Resort,** 55 km östlich von Panaji, ist eher ein Natur- und Freizeitpark mit weiten Tiergehegen, Minizoo, einem Rosengarten und Dschungelspazierwegen. Das **Molem-** und das angrenzende **Bhagwan Mahavir-Wildschutzgebiet** bilden zusammen mit 240 km² tierreichen Dschungelgebiets entlang den Westlichen Ghats und der Grenze zu Karnataka das größte Wildschutzgebiet Goas. Der National Highway Nr. A 4 und die Eisenbahn erklimmen innerhalb des Gebiets die steile Gebirgsstufe. 13 km nördlich von Molem liegt im Schutzgebiet der **Tambdi Surla-Tempel** aus dem 13. Jh., der einzige aus der Zeit der Kadambas erhaltene.

Praktische Hinweise

Verbindung: Von Panaji organisierte Rundfahrten oder mit dem Bus über Ponda nach Bondla oder Molem. **Unterkunft:** Bungalows, Buchung: Tourist Office, Panaji.

Vasco da Gama, Marmagao und Bogmalo Beach

Auf einer Halbinsel, südlich der breiten Mündungsbucht des Zuari, liegen der Hafen Marmagao mit einem Marinestützpunkt, die moderne Stadt Vasco da Gama ohne irgendwelche Sehenswürdigkeiten, aber mit dem nächsten Bahnhof von Panaji aus, und nur 3 km entfernt der Flughafen Dabolim. Man erreicht die drei Plätze entweder mit Fähre und Bus von Dona Paula aus oder schneller mit dem Bus über die neue Brücke von Agassaim nach Cortalim und dann auf einer schönen Uferstraße entlang dem Fluß. Unterhalb des Flughafens, an der Südseite der Halbinsel, liegt in einer kleinen Bucht Bogmalo Beach.

Praktische Hinweise

Unterkunft: A: Oberoi Bogmalo Beach Hotel*****, ☏ 21 91/92. Wer ein frühes Flugzeug nicht verpassen möchte, kann auch im Airport Hotel (angenehm, mit gutem Restaurant) an der Zufahrtsstraße zum Flughafen übernachten.

Der Norden

Mapusa

15 km nördlich von Panaji.

Mapusa, die Hauptstadt der alten Provinz Bardez, ist ein nettes Landstädtchen ohne besondere Sehenswürdigkeiten, abgesehen vom malerischen Freitagsmarkt. Für den Individualtouristen aber erlangt Mapusa Bedeutung als Ausgangspunkt und Versorgungszentrum für die Strände im Norden. Busbahnhof, Taxi- und Rikscha-Stand, die State Bank of India und das Tourist Hostel liegen am Südende der Stadt dicht beieinander. Nahe dem Taxistand warten auch die Jungen mit ihren Motorrädern auf Kundschaft – ein schnelles, luftiges und angenehmes Verkehrsmittel im Hinterland der Strände (vor dem Start Preis aushandeln!). Wer mit dem Bus von Norden kommt und nicht an einen der Südstrände will, kann hier umsteigen.

Praktische Hinweise

Unterkunft: B: Tourist Hostel, ☏ 27 94. Hotel Bardez; diverse Lodges. **Restaurants:** The Lobster; Imperial Bar & Restaurant; Restaurant im Tourist Hostel; Casa Bella (Taxistand); Woodlands; Poornima (vegetarisch).

Fort Aguada, Calangute, Baga

Die Kette der schönen Strände nördlich der Hauptstadt beginnt gleich an der Mündung des Mandovi, am Fort Aguada. In die alte Festung aus dem 16. Jh. wurde geschickt – und in dieser Form akzeptabel – Goas beste Strandhotelanlage hineingebaut: ›Fort Aguada Beach Resort‹. Dazu gehören auch das gleich daneben liegende Taj Holiday Village, eine große gepflegte Anlage mit vielen, recht gleichförmigen Komfortbungalows.

Von hier nordwärts bis Baga erstreckt sich durchgehend über fast 8 km ein breiter, feinsandiger Strand. Seine Teilstücke heißen nach den Ortschaften, die, in dichten Palmenhainen versteckt, an einer parallel zur Küste verlaufenden Straße liegen: Sinquerim, Candolim, Calangute, Baga. Sie sind vom Strand aus nicht zu sehen und reichen nur mit einzelnen ›touristischen Spitzen‹ über die den Strand begrenzende Düne.

In Calangute, dem aus der Frühzeit des Goa-Tourismus berühmten Zentrum des Küstenstreifens, ist von der alten Hippi-Seligkeit nicht viel geblieben: Die Nostalgiker haben sich an abgelegenere Strände zurückgezogen. Tagsüber, besonders aber zum Sonnenuntergang hin, bestimmen indische Touristen das Bild des Hauptstrandes. Die Straße dorthin säumen dann fahrbare Restaurants, Snack-, Cold Drink- und Souvenir Shops. Nur wenig abseits, besonders südlich des touristischen Zentrums und im Hinterland, gibt es noch die netten einfachen Unterkünfte und Restaurants, kann man für längere Aufenthalte Häuser mieten. Zwischen dem Abzweig nach Baga und dem alten Dorfkern liegen nützliche Einrichtungen wie das Tourist Office, die Post, die Bank von Baroda und die State Bank, die beide Geld wechseln, ein Second Hand-Buchladen, das hilfreiche Reisebüro MGM und ein Fahrradverleih. Ein reger Busverkehr herrscht nach Mapusa, Baga und Panaji.

Die kleineren Komfortherbergen entlang der Küste, im Stil der Umgebung angepaßt und oft in Gärten eingebettet, mindern nicht den Charme dieses herrlichen Küstenstreifens. Wenn man jedoch mit dem Fahrrad die Straße nach Baga entlangfährt, erlebt man mit Schrecken, wie hier die Räume zwischen den Palmen mit Protzbauten regelrecht zubetoniert werden, und versteht den Unwillen der Bevölkerung gegen die maßlosen Pläne der Regierung.

In Baga selbst herrscht dann wieder eine angenehme Atmosphäre. Bei dem alten Kirchlein gibt es einige feinere romantische Restaurants (Casa Portuguesa), in den kleinen Kneipen und Restaurants am Strand trifft man sich zum ›Sunset Highlife‹.

Praktische Hinweise

Unterkunft: A: Fort Aguada Beach Resort*****, Sinquerim, ∅ 4481, angeschlossen die komfortablen Aguada Hermitage-Bungalows. Taj Holiday Village, Sinquerim, ∅ 4415/16. **B:** Hotel Baia do Sol**, Baga, ∅

84–86. Varma Beach Resort, Calangute, ∅ 77 (zentral aber ruhig gelegen, gepflegt und geschmackvoll ausgestattet). Beach Resort Estela do Mar; Ancora Beach Resort; Julma Beach Resort; Sunshine Resort (alle zwischen Calangute und Baga). Cavala Motel (saubere Anlage an der Straße nahe Baga). Hotel Riverside, Baga (geöffnet Mai–Oktober). Tourist Hostel, Calangute (direkt beim hektischen Strandzentrum). **B/C:** Mehrere kleinere Hotels und Beach Resorts an der Seeseite der Straße zwischen Calangute und Baga, so am Weg zum Richdavy Restaurant. Villa Bomfin (einfache Hütten bei einem alten Herrenhaus).

Restaurants: Sousa Lobo, Starco und Restaurant im GTDC Tourist Home (Calangute); Casa Portuguesa (Baga Road); St. Anthony's Bar; River Side (Baga); zahlreiche Strandrestaurants.

Anjuna, Chapora, Harmal

Anjuna Beach ist ein reizvoller, überschaubarer Strand mit Palmen im Hintergrund, gerahmt von wilden Klippen. Oberhalb eines Steilhangs im Norden endet die Straße, die vom bescheidenen Ort kommt, an einem Aussichtspunkt bei einigen Kneipen, Restaurants und Souvenir Shops. Entlang der Straße findet sporadisch ein Hippi-Markt statt. Anjuna mit seiner begrenzten Zahl meist einfacher Unterkünfte und kaum neuen Hotels hat sich seinen intimen Charme weitgehend bewahren können.

Nördlich des beschriebenen Aussichtspunktes erstrecken sich bis zu einem ähnlichen Platz mit Restaurants und Läden am Ende einer Stichstraße einige Sandbuchten und von da bis zum Chapora-Fort ein großer Strand: Vagator Beach. Der Ort Chapora liegt, jenseits des Bergrückens zu Füßen der Festung, reizvoll an einer weiten, palmengesäumten Bucht, der Mündung des Chapora. Hier werden Boote gebaut, Fische angelandet und Kokosnüsse geerntet; die zahlreichen ›Traveller‹ sind integriert und fallen gar nicht auf. Baden geht man zum Vagator Beach oder zu einer der vielen kleinen Buchten zwischen den Felsen rund um das Fort.

Von der hochgelegenen Festung, deren eindrucksvolle Mauer einen weiten unbebauten Innenraum umschließt, genießt man einen großartigen Rundblick. Nach Norden erstrecken sich jenseits der breiten Flußmündung, auf deren Sandbänken oft Hunderte von Vögeln lagern, einsame Strände, soweit das Auge reicht. In bescheidenem Maße erschlossen ist davon nur Harambol Beach nahe dem kleinen Dorf Harmal, das man von Mapusa aus mit dem Bus erreichen kann und wo einige wenige Privatunterkünfte zur Verfügung stehen.

Praktische Hinweise

Unterkunft: Vagator Beach Resort, Fort Chapora Anjuna, ☏ 41 (Siolim) – empfehlenswert. In Anjuna gibt es außer den zwei oder drei einfachen, fast immer belegten Hotels gegenüber der Bushaltestelle und dem ebenfalls einfachen Palmosol Beach Resort die Möglichkeit, Häuser und Hütten oder einzelne Zimmer bei Privatleuten zu mieten. In Chapora ist die Situation ähnlich. Außer dem Nobel Nest and Rest nahe der Kirche und Valles Happy Holiday Home nur – aber dafür reichlich – Zimmer und Häuser von privaten Vermietern.

Der Süden

Margao

Margao, das alte Zentrum der Provinz Salcete und die größte Stadt im Süden Goas, ist Ausgangspunkt und Versorgungszentrum für die Strände von Colva und Benaulim. Reizvoll sind die alte Kirche und die umliegenden Straßen im nördlichen Teil der Stadt und der gedeckte Basar in der Stadtmitte. Das moderne Leben konzentriert sich um die Municipal Gardens, einen langen Platz mit Grünanlagen. Hier liegen das Tourist Office, die State Bank of India, der allgemeine Busbahnhof, das Hauptpostamt, das Mabai Hotel und die Bushaltestelle für Colva. Nach Südosten führt die Station Road zum Bahnhof, links der Straße liegt der Markt, in der Umgebung einfachere Hotels.

Praktische Hinweise

Unterkunft: B: Hotel Metropole**, Avenida Concessao, ☏ 2 11 56. Mabai Hotel, Praca Dr. George Baretto (empfehlenswert). **C:** Tourist Hostel. Hotel Rayan. Hotel Silveirado. Milan Kamat Hotel u. a.

Restaurants: Mabai (Hotel-Restaurant); Kandeel (am Hauptplatz); Longuinhos (gegenüber Rathaus); La Marina Cafe (nahe Colva Bushaltestelle); Kamat.

Colva Beach und die Südstrände

Von der Halbinsel, auf der Vasco da Gama und der Flughafen liegen, erstrecken sich nach Süden 25 km feinsten breiten Strandes. Auch hier heißen die Teilstükke oft nach den Fischerdörfern. Velsao Beach und Cansaulim Beach machen den Anfang im Norden. Beim Majorda Beach liegt das luxuriöse Majorda Beach Resort, eine der Spitzenanlagen in Goa. Colva Beach hat sich zum Zentrum des gesamten Küstenstreifens entwickelt, ohne daß sich deshalb der Tourismus hier überschlägt. Nach wie vor nutzen auch die Fischer einen Teil des Strandes – man kann ihnen aus dem Schatten der Palmen heraus bei der Arbeit zusehen. Die Hotels, meist kleinere Bungalowanlagen, liegen unter Palmen hinter dem Strand. Häuser, Hütten und Privatzimmer kann man im Dorf mieten, das etwas

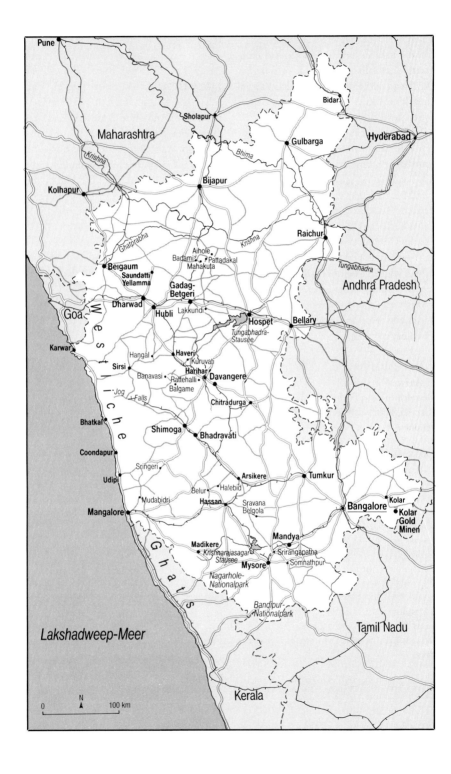

weiter von der Küste zurückliegt. Dort gibt es auch ein Postamt und in der alten Kirche eine Filiale der Bank of Baroda. Die Busse von und nach Margao fahren über Benaulim.

Benaulim Beach liegt schon dicht am Rande der Einsamkeit. Hier gibt es das L'Amour Beach Resort mit netten Zimmern und einem guten Restaurant und auf der anderen Straßenseite die O Palmar Beach Cottages. Mit dem Strandrestaurant Pedro und einer weiteren Bar in Form einer Palmblätterhütte und natürlich dem endlosen Strand ist der paradiesische Platz umfassend beschrieben.

Nach Süden geht der Strand endlos weiter. Varca und Cavelossim Beach, Mabor Beach und schließlich Betul Beach vor dem Cabo de Rama sind menschenleere Strände ohne jegliche touristische Infrastruktur.

Praktische Hinweise

Unterkunft: B/C: Majorda Beach Resort, Majorda, ✆ 20164. Silverstar Deluxe, Colva (schöne Anlage gleich nördlich der Bushaltestelle). White Sands Hotel (nach Norden anschließend, Zimmer und Cottages, Restaurant). Hotel Silver Sands, ✆ 21645; Sukh Sagar Beach Resort, ✆ 21888; Mare del Sol Hotel; Jimmy's Cottages (alle unmittelbar südlich der Stichstraße). William's Resort (klein und komfortabel, an der Straße zum Dorf). Tourist Nest Hotel (romantisches Hotel mitten in Palmenhain beim Dorf, winzige Zimmer, gutes Restaurant). L'Amour Beach Resort und O Palmar Beach Cottages, Benaulim Beach.

Restaurants: Dolphin (GTDC White Sands Hotel); Nossa Lar (nahe Tourist Nest Hotel); Lactancia; zahlreiche Strandrestaurants.

Karnataka

Bangalore

3,5 Mio. Einwohner, Hauptstadt von Karnataka.

Bangalore, der ›Stadt der Bohnen‹, in ca. 920 m Höhe auf dem Dekhan-Plateau gelegen, werden ganzjährig ein gesundes Klima und moderate Temperaturen nachgerühmt; außerdem gilt die Stadt als eine der saubersten und am besten organisierten in Indien. Ersteres war Anreiz genug für die britische Regierung in Madras, im Sommer die ›Presidency‹ von hier aus zu verwalten, sowie für Pensionäre des Civil Service und der Armee, sich hier niederzulassen. 1809 wurde das britische ›Cantonment‹ gegründet und im Laufe des 19. Jh. mit all den prächtigen offiziellen Bauwerken und privaten Bungalows im viktorianischen Mischstil der vergangenen Jahrhunderte bestückt. Selbst der Bangalore-Palast der Mysore-Rajas wirkt wie eine Imitation von Windsor Castle. Parks und baumbeschattete Alleen wurden angelegt – und diese großzügige Stadtplanung führte man auch nach Erlangung der Unabhängigkeit weiter.

Geschichte

1537 wurde ein kleiner lokaler Stammesfürst, Kempegowda, vom König von Vijayanagar mit einem größeren Stück Land belehnt. Er baute eine Festung aus Lehmziegeln, gründete eine Stadt und setzte auf vier Hügel der Umgebung Wachtürme zu ihrem Schutz. Nach dem Untergang von Vijayanagar wurden die Nayaks von Mysore im 17. Jh. zu selbständigen Fürsten. Haidar Ali, der 1761 den Thron von Mysore usurpierte, er-

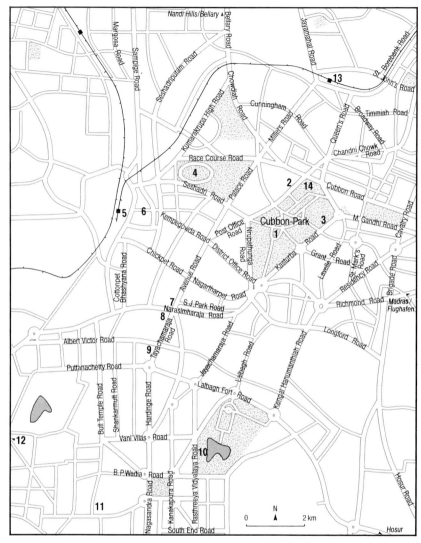

Bangalore 1 Cutton Park/Bibliothek/Justizpalast 2 Vidhana Soudha 3 Vishveshvaraya Industrial and Technological Museum/Government Museum 4 Rennbahn 5 Bahnhof 6 Busbahnhof 7 Zentraler Markt 8 Reste des Forts 9 Sommerpalast des Tipu Sultan 10 Lalbagh 11 Bullentempel 12 Gavipuram/Gangadhareshvara-Tempel 13 Cantonment Bahnhof 14 Hauptpostamt (GPO)

richtete statt der Lehmfestung eine solche aus Stein und begann, sich hier einen Sommerpalast zu bauen, den sein Sohn Tipu Sultan vollendete. Nach dessen To-

de übernahmen die Briten faktisch die Macht.

Der Staat Karnataka in seiner heutigen Form entstand 1956. Um seine Hauptstadt siedelten sich viele Betriebe an, besonders aus den Bereichen der modernen Technologien, des Flugzeugbaus und der Raumfahrt, und machten Bangalore zu einem der wichtigsten Industriezentren Süd-Indiens.

Besichtigung

Die Stadt ist kein Muß einer Süd-Indien-Reise. Sie liegt jedoch verkehrsgünstig und hat eine weite Skala guter Hotels zu bieten. Die Sehenswürdigkeiten kann man gut an einem Tag besuchen. Mitten in der Stadt liegt der 120 Hektar große **Cutton Park (1).** Er wurde 1864 angelegt. Um ihn gruppieren sich im aufwendigen Kolonialstil die öffentlichen Gebäude der Stadt wie die **Bibliothek** in ›Backsteingotik‹ mitten im Park und der weitläufige **Justizpalast.** Am Nordende des Parks steht der imposante Granitbau des **Vidhana Soudha (2),** ein nachkolonialer Gebäudekomplex im neu-dravidischen Stil, in dem Parlament und Regierung ihren Sitz haben. Plenum und Sitzungssaal der Regierung können mit einem Permit (Erlaubnisschein) der Personalabteilung (im Hause) besichtigt werden.

Auf der entgegengesetzten Seite des Parks, an der Kasturba Road, stehen das **Vishveshvaraya Industrial and Technological Museum** (10.00–17.00 Uhr, montags geschlossen) und gleich daneben das **Government Museum (3)** (9.00–17.00 Uhr, mittwochs geschlossen) von 1886, eines der ältesten in Indien. Die Sammlungen sind übersichtlich, aber leider schlecht gewartet, Beschriftungen fehlen sehr oft. Neben einer naturkundlichen Abteilung mit Massen ausgestopfter Tiere gibt es Münzen und frühgeschichtliche Grabungsfunde zu sehen. Sehenswert sind die Skulpturen-

abteilung mit zahlreichen Stücken aus der Hoyshala-Zeit und besonders die Venkatappa Art Gallery mit Miniaturen und interessanten Malereien der Mysore-Schule.

An der Albert Victor Road steht der **Sommerpalast des Tipu Sultan (9).** Den luftigen zweistöckigen, größtenteils aus Holz gefertigten Bau, den Haidar Ali 1778 begann und sein Sohn 1789 fertigstellte, hat man kürzlich restauriert und in etwas eigenartig gelbbraunen Tönen bemalt. Eine kleine Ausstellung illustriert und kommentiert das Leben von Haidar Ali und Tipu Sultan (täglich 8.00–18.00 Uhr). Südwestlich des Palastes, im Stadtteil Vishveshvaram, liegt der ebenfalls von Haidar Ali und seinem Sohn angelegte **Lalbagh (10),** ein sehenswerter, 96 Hektar großer Botanischer Garten mit über 1000 Pflanzenspezies.

Aus der Zeit Kempegowdas stammen auch die zwei ältesten Tempel der Stadt, der **Bullentempel (11)** im Südwesten des Lalbagh und etwas oberhalb von diesem ein **Shiva-Tempel.** Im benachbarten **Gavipuram (12)** befindet sich der interessantere **Gangadhareshvara-Tempel.** Unter einem Felsüberhang öffnet sich eine große, aber flache Höhle mit mehreren Kultplätzen und interessanten Skulpturen, u. a. einer des Feuergottes Agni. Vor dem Höhlentempel stehen auf vier Säulen, groß in Granit nachgebildet, ein Dreizack und eine Stundenglastrommel, Attribute Shivas, und die Sonne und der Mond, als runde Scheiben dargestellt. In der Umgebung liegen kleinere Tempel, Schlangensteine und Reste eines Kempegowda-Turms.

Praktische Hinweise
Information: ITDC Tourist Office im KFC Building, 48 Church Street (nahe Mahatma Gandhi Road), ✆ 57 95 17. Zentrales KSTDC

Tourist Office in der 9 St Mark's Road, ∅ 579139. Info-Schalter außerdem im Shrungar Shopping Centre, Mahatma Gandhi Road, im Bahnhof und am Flughafen.

Verbindung: Flugzeug: Indian Airlines nach Ahmadabad, Bombay, Calcutta, Cochin, Coimbatore, Dabolim (Goa), Delhi, Hyderabad, Madras, Madurai, Mangalore, Pune, Tirupati, Trivandrum. Vayudoot nach Bellary, Hyderabad, Mysore, Tirupati. Indian Airlines Office (auch für Vayudoot): Karnataka Housing Board Building, Kempegowda Road, ∅ 76851. **Eisenbahn:** Täglich Expreßzüge nach allen wichtigen Städten Zentral- und Süd-Indiens. Reservierungen im Bahnhof. **Bus:** Expreßbusse in alle wichtigen

Zentren in Karnataka und Süd-Indien. Gut organisierter Busbahnhof direkt gegenüber dem Bahnhof, in den Straßen darum viele private Busunternehmen – gleiche Ziele, Busse mit mehr Komfort, entsprechend teurer.

Organisierte Rundfahrten: Bangalore City Tour: Lalbagh, Bullentempel, Tipus Palast, Ulsoor Lake, Vidhana Soudha, Museum und Government Seifenfabrik, täglich 7.30 bis 13.00 und 14.00–19.30 Uhr. Mysore Tour: Mysore und Srirangapanra, täglich 7.15–22.45 Uhr, drei Komfortklassen: De luxe, Video, A/C. Nandi Hills: Täglich (in der Saison) 8.00–18.00 Uhr. Außerdem: Sravana Belgola, Belur, Halebid. Hampi. Tirupati. Ootacamund.

Arbeitsintensiver Bau eines Hauses

Dorfschmiede bei Hospet

Unterkunft: A: Nördlich der Rennbahn (4): Welcome Group Windsor Manor*****, Sankey Road, ✆ 28031. Hotel Ashok*****, Kumarakrupa High Road, ✆ 79411. **B:** Hotel Taj Residency, Mahatma Gandhi Road, ✆ 568888. West End Hotel***, Race Courçe Road, ✆ 29281. Hotel Bangalore International***, Crescent Road, ✆ 28281. Hotel Nilgiri Nest**, Brigade Road, ✆ 577501. Shilton Hotel**, St Mark's Road, ✆ 578672. Woodlands Hotel**, Sampangi Tank Road, ✆ 225091.2). **C:** Um Fort (8) und Zentralen Markt (9): YMCA (für Familien), 57 Millers Road, ✆ 575885. YWCA Guest House, 86 Infantry Road, ✆ 570997. Youth Hostel, 25 Gangadhara Chetty Road, ✆ 611292. Komplette Hotelliste bei Tourist Office (Bahnhof, Flughafen).

Restaurants: Zahlreiche Restaurants in der Nähe vom Gandhi Nagar und Chickpet; viele Kamat-Restaurants; Ghandi Nagar/Tribhuvan-Kino: Hotel Blue Star.

Mysore

138 km südwestlich von Bangalore, 500000 Einwohner.

Mysore ist eine übersichtliche Stadt in 770 m Höhe mit breiten, baumbestandenen Straßen, Parks und Palästen und einer heiteren, entspannten Atmosphäre. Die Stadt mit ihrer großen Vergangenheit steht nicht unter dem Druck einer Metropole, sich als Motor des Fortschritts darstellen zu müssen. Obwohl sie selbst keine hervorragenden Attraktionen zu bieten hat, wird sie gern von Touristen als Standquartier für Ausflüge aufgesucht und hat ein entsprechend großes Angebot guter Hotels und Restaurants.

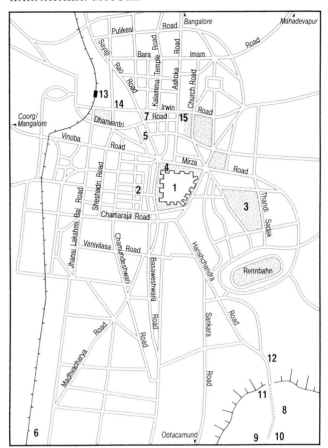

Mysore

1 Stadtpalast der Maharajas von Mysore
2 Shri Chamarajajendra Art Gallery im Jahanmohan-Palast
3 Zoo
4 Busbahnhof
5 Devaraja-Markt
6 Government Sandelwood Oil Factory
7 Kaveri Arts and Crafts Emporium
8 Camundi Hill
9 Camundeshvari-Tempel
10 Sommerpalast
11 Granitskulptur eines Nandi
12 Lalitha Mahal-Palast
13 Bahnhof
14 Tourist Office
15 Hauptpostamt (GPO)

Geschichte

Mysore wird erstmals Anfang des 12. Jh. als ›Mayisur‹ (Büffelstadt) erwähnt. 1524 errichtete Bettada Camaraja III. hier eine Festung, Mahisuru-nagara. Er war der erste historisch greifbare Herrscher aus der Dynastie der Wodeyars, die ihren Ursprung auf die Yadavas zurückführten und sich, wie mehrere rührende Legenden erzählen, um 1400 hier etablierten. Raja Wodeyar (1578–1617) übernahm von seinem Vorgänger immerhin schon 33 Dörfer und eine Armee von 300 Mann. Er legte sich mit Tirumala, dem Vizekönig der Vijayanagar-Herrscher, an und konnte diesen schließlich 1610 aus Srirangapatna vertreiben; König Venkata I. (1586–1614), nicht unglücklich über das Schicksal seines wenig loyalen Neffen, bestätigte den Sieger Raja Wodeyar daraufhin als neuen Vizekönig. Die Hauptstadt wurde nach Srirangapatna verlegt. Die Wodeyars blieben formal bis zum Ende des Reiches treue Gefolgsleute der Vijayanar-Könige.

Auch unter den erfolgreichen Rajas des 17. Jh. wurden Fort und Stadt ausgebaut, Paläste und Tempel entstanden.

Mitte des 18. Jh. usurpierte Haidar Ali die Macht im Staate – die Fürsten führten noch bis 1796 ein Schattendasein. Nach der endgültigen Niederlage Tipu Sultans (1799), Haidar Alis Sohn, gegen die Briten setzten diese die alte Dynastie wieder ein. Krishnaraja Wodeyar III. (1799–1868), ein fünfjähriges Kind, wurde als Maharaja inthronisiert und Mysore für weitere 150 Jahre wieder Hauptstadt.

Besichtigung

Im Zentrum steht im weitläufigen, von Mauer und Graben umgebenen Fort der **Stadtpalast der Maharajas von Mysore (1; s. Farbabb. 19).** Dieser indische Märchenpalast wurde Anfang dieses Jahrhunderts an Stelle eines 1897 niedergebrannten Vorgängerbaus von dem englischen Architekten Irwin errichtet. Einen Teil des Palastes bewohnt noch die Fürstenfamilie der Wodeyars, die mehr offiziellen Teile des Prunkbaus jedoch können besichtigt werden. Tausende von Touristen, vom Ausländer bis zum indischen Bauern, schieben sich täglich barfuß über die Marmorfußböden und bewundern die angehäufte Pracht: die farbigen Glasfenster, die kunstvoll gearbeiteten Säulen und mit Gold und Spiegeln ornamentierten Wände, die mit Einlegearbeiten überzogenen, schweren Edelholztüren, Kristallüster und Kitsch der Jahrhundertwende. Im Kalyana-Mandapa zeigen endlos lange Wandgemälde die berühmte Dushera-Prozession in allen Details. Der mit Gold, Silber und Elfenbein belegte Thron soll der Legende nach der Pandavas aus dem Mahabharata sein. Wahrscheinlicher ist jedoch, daß er 1699 Cikka Deva Raja von Mysore vom Moghul-Kaiser Aurangzeb geschenkt wurde (Zugang zum Palast an der Südseite des Forts, 10.30–17.30 Uhr, Fotografieren im Palast verboten).

Drei Straßenzüge westlich vom Fort befindet sich im **Jahanmohan-Palast** die **Shri Chamarajajendra Art Gallery (2)** mit Miniaturmalereien, Bildern der Mysore-Schule und von Ravi Varma sowie Musikinstrumenten (8.00–17.00 Uhr, donnerstags geschlossen). Der schöne, parkartig angelegte **Zoo (3)** befindet sich östlich vom Fort. Die Hauptgeschäftsstraße Sayaji Rao Road beginnt an der Nordwestecke des Forts (New Statue Square), nahe dem Busbahnhof (4), und zieht sich in nördlicher Richtung durch die geschäftige Basargegend. Sie führt mitten durch den farbigen und von allen Wohlgerüchen des Orients gesättigten **Devaraja-Markt (5).**

Mysore ist ein Zentrum der indischen Parfumherstellung und Sandelholzverarbeitung sowie Hauptlieferant von Räucherstäbchen. Wer sich für die Gewinnung von Sandelholzöl und seine Weiterverarbeitung interessiert, kann die **Government Sandelwood Oil Factory (6)** im Süden der Stadt besuchen (9.00–11.00 und 14.00–16.00 Uhr, sonntags geschlossen).

Im **Kaveri Arts and Crafts Emporium (7),** ebenfalls in der Sayaji Rao Road, gibt es die größte Auswahl an Elefanten: in Sandelholz, Rosenholz oder Teak und in allen Größen. Auch für Schnitzarbeiten in Edelhölzern und Einlegearbeiten ist Mysore bekannt.

Im Südosten der Stadt, ca. 3 km vom Zentrum entfernt, liegt der 1065 m hohe Camundi Hill. Auf seinem Gipfel steht der **Camundeshvari-Tempel (9)** mit einem siebenstöckigen, 40 m hohen Gopuram. Camunda, eine furchterregende Form der Durga, ist die Schutzgöttin der Fürsten von Mysore und der Stadt, deren Name übrigens von Mahisha abgeleitet ist, dem Büffeldämon, der von Durga besiegt wurde (auch für Nicht-Hindus offen, täglich 9.00–12.00 und 17.00–21.00 Uhr). Der kleine, 1939 im italienischen Stil erbaute **Sommerpalast (10)** der Fürsten dient jetzt als Hotel.

Auf den Hügel führt eine Straße mit zahlreichen Kehren (10 km) und ein Treppenweg mit 1000 Stufen. Nach zwei Dritteln des Weges erreicht man die 5 m hohe **Granitskulptur eines Nandi (11)**, datiert 1659. Sie ist das Ziel vieler Besucher, die die schwarz polierte Figur mit Blumen schmücken und dem Priester Opfer übergeben. Am Fuße des Hügels liegt der **Lalitha Mahal-Palast (12)**. Er wurde 1931 nach dem Vorbild der St. Pauls-Kathedrale in London für ausländische Gäste des Maharajas gebaut und dient heute als Hotel.

Praktische Hinweise

Unterkunft: A: Nördlich vom Fort: Lalitha Mahal Palace Hotel*****, ITDC, Narsipur Road, ✆ 27650. Hotel Metropole***, 5 Jhansi Lakshmi Bai Road, ✆ 20681. Rajendra Vilas Palace Hotel, Camundi Hill, ✆ 22050. Hotel Krishnarajasagar***, Brindavan Gardens (19 km), ✆ 22 (Belagola). Hotel Southern Star, Vinoba Road, ✆ 27217. Hotel Highway, New Bannimantap Extension, ✆ 21117 (gutes Restaurant). Hotel Dasaprakash Paradise, 105 Vivekananda Road, ✆ 25555. **B:** Hotel Dasaprakash*, Gandhi Square, ✆ 24444. Hotel Ashivad, 3 Nazarbad Road, ✆ 23210. Hotel Srikanth Lodging, CPC Building, Gandhi Square, ✆ 26111. Hotel Ritz, Bangalore-Ooty Road, ✆ 22668 (Restaurant mit Atmosphäre). **C:** Zwischen Busbahnhof und Bahnhof: Hotel Mayura Hoysala, KSTDC, 2 Jhansi Lakshmi Bai Road, ✆ 25349. Hotel Mayura Cauvery, KSTDC, Brindavan Gardens (19 km), ✆ 52 (Belagola). Viele einfache Hotels an der Dhanvantri Road und am Gandhi Square.

Restaurants: Dhanvantri Road: New Gayathri Bhavan; Hotel Indra Bhavan; Punjabi Restaurant; Bombay Juice Centre; Kwality Restaurant. Sayaji Rao Road: Bombay Indra Bhavan; Indra Cafe. Ghandi Square: Hotel Durbar, Shilpashtri Restaurant. Anfang der Ooty Road (Palast des Maharajas): Gun House Imperial.

Die Umgebung von Mysore

Brindavan Gardens

19 km nordöstlich von Mysore.

1932 wurde hier die Cauvery durch einen 2621 m langen und 39 m hohen Damm zum Krishnarajasagar aufgestaut. An der Seite des Damms legte man ausgedehnte Terrassengärten mit Teichen und Springbrunnen an, die am Abend farbig illuminiert werden – sehr beliebt bei Indern als ›Picnic Spot‹! Die beiden guten Hotels Krishnarajasagar und Mayura Cauvery (s. o.) werden meist von Gruppen genutzt.

Srirangapatna

16 km nordnordöstlich von Mysore, an der Straße nach Bangalore, Bus von Mysore.

Srirangapatna erlangte Bedeutung unter den Königen von Vijayanagar, die hier die Festung bauen ließen; von hier aus regierten Vizekönige für sie das südliche Karnataka. Während es mit der Zentralgewalt im 16. Jh. bergab ging, erstarkten in der Nachbarschaft von Srirangapatna die Fürsten von Mysore; 1610 machte sich Raja Wodeyar von Mysore selbst zum Vizekönig und Srirangapatna zu seiner Hauptstadt. Um 1760 usurpierte Haidar Ali (gestorben 1782) die Macht und startete von Srirangapatna aus seine Eroberungszüge und den erbitterten Krieg gegen die Briten. Diese bela-

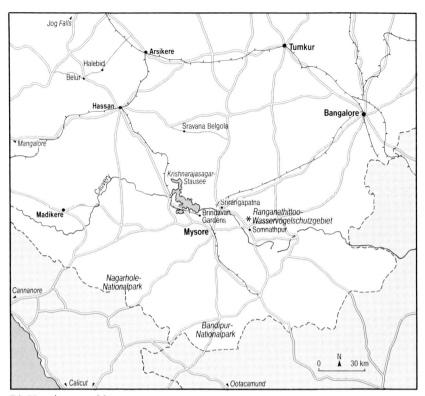

Die Umgebung von Mysore

gerten 1792 unter Lord Cornwallis mit Unterstützung der Marathen und des Nizams von Hyderabad die Festung und zwangen Tipu Sultan (1784–1799), den Sohn Haidar Alis, zur Kapitulation. Er verlor die Hälfte seines Territoriums an die Verbündeten und mußte zwei seiner Söhne als Unterpfand künftigen Wohlverhaltens an die Briten ausliefern.

Sieben Jahre später erschien wieder eine britische Armee vor den Mauern. Die Festung wurde sturmreif geschossen und am nächsten Tag, dem 4. Mai 1799, drangen die britischen Truppen durch eine Bresche in der Mauer ein und überwältigten die überraschten Verteidiger. Tipu Sultan wurde verletzt und später von einem beutelüsternen Soldaten wegen seines prächtigen Schwertgurts erschossen.

Srirangapatna liegt auf einer 5 km langen Insel in der Cauvery. Am westlichen Ende befindet sich die geräumige Festung, umgeben von einer doppelten Mauer. Zu sehen sind nahe dem Delhi-Tor die schaurigen Kerker, in denen Haidar Ali und Tipu Sultan britische Offiziere gefangenhielten, und im äußersten Westen die verhängnisvolle Bresche von 1799; ein Obelisk von 1907 erinnert an das Ereignis. Innerhalb der Mauern steht der Shri Ranganathaswami-Tempel, ein altes, vielbesuchtes Heiligtum, nach dem die später gebaute Fe-

181

stung benannt wurde. Über einem **Hanuman-Tempel** des 18. Jh. ließ Tipu Sultan, einem Gelübde entsprechend, um 1784 die **Juma Masjid,** die Große Freitagsmoschee, errichten. Der Bau nahe dem östlichen Tor beherrscht mit seinen zwei hohen Minaretten das weite Fort. Von den Palastbauten sind nur unbedeutende Ruinen geblieben.

Einige hundert Meter östlich der Festung liegt in einem gepflegten Garten der **Sommerpalast Tipu Sultans** von 1784. Das luftige, zweigeschossige Gebäude, das den Namen Daria Daulat (Reichtum der See) trägt, erhebt sich auf einer quadratischen Plattform und ist von einer säulengeschmückten Veranda umgeben. Eine sehenswerte Ausstellung zeigt u. a. Zeichnungen von Tipus Söhnen sowie Gemälde mit Darstellungen aus dem Leben Tipus wie die Übergabe der Söhne an die Briten und sein letztes Gefecht, Ereignisse, die die britischen Maler der Zeit stark beeindruckt haben müssen (s. Farbabb. 18).

Am östlichen Ende der Insel liegt im **Lalbagh,** einer weiteren Parkanlage, das **Gumbaz** genannte Mausoleum Haidar Alis und Tipu Sultans, ebenfalls 1784 erbaut. Der kubische Bau ist von einer großen Kuppel überwölbt und von einer Galerie mit schwarzen Marmorsäulen umgeben, die einen starken Kontrast zum Weiß der Stuckdekorationen bilden. Im Inneren sieht man die Gräber von Haidar Ali, Tipu Sultan und seiner Mutter, in der Galerie und vor dem Mausoleum die von Kindern und anderen Familienmitgliedern. Im Park steht außerdem eine kleine **Kirche des Abbé Dubois** aus dem Jahre 1800.

Im Ranganathittoo-Wasservogelschutzgebiet

Das Ranganathittoo-Wasservogel-schutzgebiet

16 km nordöstlich von Mysore, 3 km von Srirangapatna.

Das landschaftlich ausgesprochen reizvolle kleine Schutzgebiet besteht aus einigen Inseln in der Cauvery, wo auf Bäumen, Felsen und in hohem Schilf Vögel in großen Kolonien brüten, so z. B. verschiedene Arten von Kormoranen, Störchen und Reihern, u. a. Löffelreiher, Schlangenvögel und Ibisse. Außerdem gibt es zahlreiche fliegende Füchse, die größten Fledermäuse Indiens, und im Fluß Krokodile. Die Tiere können von Booten aus beobachtet werden (beste Zeit Mai–November, Brut- und Nestzeit Juni–August).

Der Bandipur-Nationalpark

80 km südlich von Mysore.

Die Straße nach Ootacamund führt mitten durch das 700 km² große Gebiet, das in ca. 1000 m Höhe liegt und an die Wildschutzgebiete von Mudumalai (Tamil Nadu) und Wynad (Kerala) grenzt. Große Herden von Elefanten und Axis-Hirschen leben hier, die Gaurs wurden durch die Rinderpest stark dezimiert. Viele interessante Kleintiere wie Mungos, Stachelschweine, Faultiere, Riesenhörnchen und verschiedene Affenarten kann man sehen, wenn man es nicht zu eilig hat.

Praktische Hinweise

Unterkunft: Gut organisiertes Camp in Bandipur. Unterkünfte, Fahrzeuge für Rundfahrten und Elefanten für Ausritte in den Dschungel stehen zur Verfügung; Buchung: Field Director, Project Tiger, Government House Complex, Mysore, ✆ 20901. Beste Besuchszeit März–Juli und August/September.

Madikere (Mecara) und Coorg

125 km westlich von Mysore, 25 000 Einwohner.

Madikere, in 1170 m Höhe gelegen und Hauptstadt des Distrikts Kodagu (englisch: Coorg), war einst Hauptstadt und Sitz eines hinduistischen Fürstengeschlechts. Die Coorgs oder Kodavas, wie sie eigentlich heißen, sind ein eigener Menschenschlag, hochgewachsen und hellhäutig. Mit ihrer kriegerischen Art und ihrem unbändigen Freiheitswillen machten sie es den jeweiligen Oberherren, den Gangas oder Hoyshalas, nicht leicht. Um 1600 gründete ein ehemaliger Wanderprediger als Viraraja I. die Dynastie der Lingayats. Haidar Ali und Tipu Sultan eroberten und besetzten Coorg 1773 und 1782/83, mußten es aber 1792 nach dem Vertrag von Srirangapata zurückgeben. 1834 schickten die Briten den letzten Lingayat-Raja ›in Pension‹.

Die Stadt besitzt an Sehenswertem ein altes **Fort,** dessen heutiges Aussehen auf das islamische Interregnum zurückgeht, den **Omkareshvara-Tempel** und eine wunderschöne, grüne Umgebung mit Reisfeldern im Tal, Kaffee- und Orangenplantagen an den Hängen und herrlichen Wäldern. Berühmtester ›Viewpoint‹ dieser angenehmen ›Hill Station‹ ist ›**Raja's Seat**‹. In Talacauvery, 44 km östlich von Madikere, entspringt die Cauvery, der ›Ganges des Südens‹. Die Quelle ist natürlich heilig und wird von vielen Pilgern besucht.

Praktische Hinweise

Unterkunft: B: Hotel Mayura Valley View, KSTDC, ✆ 387 (nahe ›Raja's Seat‹). Hotel East End, ✆ 496. Hotel Cauvery, ✆ 292. Su-

Getreideernte in Karnataka

darshan Guest House, ∅ 301. **Verbindung:** Bus von Mysore oder Cannanore.

Der Nagarhole-Nationalpark

96 km westsüdwestlich von Mysore, 65 km südöstlich von Madikere.

Der 570 km² große Nationalpark liegt im Süden der Landschaft Coorg auf einer Höhe von 800–850 m. Er besteht aus einem kleineren für Besucher offenen Teil zu beiden Seiten des Schlangenflusses (Nagarhole) und der ›Core Area‹ (absolutes Schutzgebiet), eine sinnvolle, in den meisten indischen Wildschutzgebieten praktizierte Aufteilung. In dem hügeligen Gelände wechseln dichte Wälder mit grasbedeckten Sumpfflächen und eingestreuten Teakholzpflanzungen. Häufig zu sehen sind Elefanten, Wildschweine und Herden von Gaurs und Axis-Hirschen, außerdem Sambar- und Zwerghirsche sowie eine Vielzahl von Vögeln und Reptilien. In der abgelegenen Region leben Angehörige von vier verschiedenen Stämmen, von denen einige als Führer von Trekking-Touren fungieren (beste Zeit Oktober–Mai).

Praktische Hinweise
Verbindung: Bus von Mysore.
Unterkunft: B: Cauvery Lodge und Gangotri Lodge, Nagarhole, Buchung: Asst. Conservator of Forests, Wildlife Sub-Division, Vanivilas Road, Mysore-570 002, ∅ 21159. **C:** Kabini River Lodge und Zeltcamp (Tented Camp), Karapur, Buchung: Jungle Lodges & Resorts Ltd., Brooklands 348/349, 13th Main Road, Rajmahal Vilas Extension, Bangalore-560 080, ∅ 3 10 20.

Hassan

120 km nordwestlich von Mysore, Distrikthauptstadt.

Das Provinzstädtchen besitzt einen farbigen Basar und ein großes, rechteckiges Wasserbecken im Zentrum, aber keine eigentlichen Sehenswürdigkeiten. Seine Bedeutung für den Touristen erwächst aus der günstigen Lage zu einer großen Zahl sehenswerter Plätze im südlichen Karnataka in Verbindung mit seiner Hotelkapazität. Viele weniger bekannte Hoyshala-Tempel wie **Doddagaddavali, Nuggihalli** und **Harnahalli** liegen in erreichbarer Nähe der Stadt. In Hassan gibt es nahe dem Hotel Ashok ein Tourist Office. Will man in Belur oder Halebid übernachten, ist es sinnvoll, hier die KSTDC-Unterkünfte im voraus zu buchen.

Praktische Hinweise
Verbindung: Eisenbahn: Täglich drei Züge (nur ›Passenger-‹, also Bummelzüge!) nach Mysore (4½ Stunden) und Arsikere. Bahnhof 2 km vom Zentrum. **Bus:** Täglich ca. 20 Busse nach Mysore und Bangalore. Gute Busverbindungen nach Belur (ca. 18mal täglich, 1½ Stunden) und Halebid (ca. 10mal täglich, 2 Stunden). Viele Busse zwischen beiden Orten. Direktbusse nach Sravana Belgola (ca. dreimal täglich) oder mit Umsteigen in Channarayapatna. Dichte Busfolge nach Arsikere. Direktbusse nach Mangalore.
Unterkunft: B: Hotel Hassan Ashok, ITDC, BM Road, ∅ 8731 (sehr angenehm, gutes Restaurant, häufig ausgebucht). **B/C:** Hotel Apoorva, ∅ 7153. Hotel Palika, Race Cource Road, ∅ 7145. Hotel Harsha Mahal, BM Road, ∅ 853. LJV Lodge, BM Road, ∅ 8574. Hotel Sanman, BM Road, ∅ 8024. Hotel Satya Prakash, Bus Stand Road, ∅ 8521 (mit Restaurant Shanbad). Hotel Sujatha, Bus Stand Road, ∅ 8081. **C:** Viele weitere einfache Hotels wie Hotel Dwaraka am Busbahnhof; Vijaya Lodge, Nasipur Road; Hotel Madhu Nivas u. a. m.
Restaurants: Nähe Busbahnhof: Shanbag Cafe; Madhu Nivas Hotel; Three Star Lodge.

Belur

155 km nordwestlich von Mysore, 37 km von Hassan, 14 000 Einwohner.

Geschichte

Noch in der zweiten Hälfte des 10. Jh. waren die Hoyshalas Kleinfürsten in einer wenig entwickelten, hauptsächlich von Wald bedeckten Region westlich von Belur. Der Legende nach wurde ein Asket bei seinen Übungen von einem Tiger bedroht; er schrie ›Hoy, Sala‹ (Schlag zu, Sala), und Sala, der Gründer der Dynastie, tötete den Tiger. Als ›Staatswappen‹ ist diese Szene an jedem Hoyshala-Tempel zu sehen (s. Abb. S. 64).

Der erste überragende König der Hoyshalas, Vishnuvardhana (1110 bis 1152), hieß am Anfang seiner Regierungszeit Bittiga und war ein frommer Jaina. Als Ramanuja, der große tamilische Philosoph und Erneuerer des Vishnuismus, vom militanten Shivaismus der Cholas ins Exil getrieben wurde, nahm ihn der König auf. Unter dem Einfluß des Heiligen konvertierte er zum Vishnuismus und nahm seinen neuen Namen an. Er wurde der eigentliche Gründer des Großreiches, welches sich in seiner Hochzeit von Gadag im Norden bis Madurai im Süden erstreckte. Auf seinen Kriegszügen, die ihn in die alten Kulturlandschaften des Südens führten, hatte der König die prächtigen Tempel der eroberten Länder gesehen und wollte dem nun Gleichwertiges entgegensetzen. So begann unter seiner Herrschaft in größerem Umfang die Bautätigkeit – und aus den Vorgaben der Chalukyas entwickelte sich der unverwechselbare Hoyshala-Stil. Mit dem Vishnu geweihten Chennakeshara-Tempel in Belur entstand bereits 1117 eines seiner bedeutendsten Meisterwerke.

Besichtigung

Der **Chennakeshara-Tempel** liegt mit zwei kleineren Hoyshala-Tempeln und Nebenschreinen, Hallen und Pavillons späterer Zeit in einem weiten Hof (132 × 108 m), der entlang der Mauer von einem Säulengang umgeben und im Osten durch zwei Tore mit Türmen darüber zu betreten ist. Der Tempel weist einen kreuzförmigen Grundriß und Eingänge im Osten, Süden und Norden auf. Nach Westen schließt sich das sternförmige Sanktum mit wiederum drei Kultnischen an. Der gesamte Tempel steht auf einer 1,5 m hohen Terrasse, die mit einigem Abstand der äußeren Form des Tempels folgt und so eine Umwandlung ermöglicht.

Um den Sockel des Tempels laufen Friese mit endlosen Reihen von Elefanten, Makaras, Vyalas und Reiterprozessionen. Darüber sieht man kunstvoll gearbeitete Steinfenster mit Stern- und Pflanzenornamenten oder mythologischen Darstellungen, wobei keins dem anderen gleicht. Und um den Turm herum zeigt sich das ganze Pantheon der Götter in großen, von Ornamenten überzogenen Skulpturen. Unter dem vorkragenden Dach stehen Trägerfiguren in Gestalt junger Frauen (Madanikas) in einer vollendeten Darstellung weiblicher Reize. Der Eingang wird von Torhütern flankiert und von einem Krokodilstor (Makara-Torana) von exquisiter Machart überspannt. Daneben befinden sich Abbildungen König Vishnuvardhanas und seiner Gemahlin Santala Devi.

Im Inneren entdeckt man Säulen aus Speckstein, die auf einer Drehbank gedrechselt wurden, darüber ebenfalls Trä-

Tänzerin als Trägerfigur am Chennakeshara-Tempel, Belur

gerfiguren von großem Liebreiz, an der Decke die acht Weltenhüter. Das Kultbild, Vishnu als Prasannacennakeshara, soll der Legende nach aus Candradrona (Mondkrater) in den Bababudan-Bergen (1895 m, nordwestlich von Belur) stammen. Nicht-Hindus haben Zutritt.

Praktische Hinweise

Verbindung: Busse von Hassan. **Unterkunft: B:** Hotel Mayura Velapuri, KSTDC, ∅ 9 (nahe dem Tempel). **C:** Hotel Vishnu Prasad, Main Road, ∅ 63. New Gayatri Hotel, Main Road, ∅ 55.

Halebid

16 km ostnordöstlich von Belur, 31 km nördlich von Hassan.

Geschichte

König Vishnuvardhana war ein toleranter Herrscher – jeder in seinem Reich konnte seinem Glauben leben. Er selbst ließ in Belur und an anderen Plätzen prächtige Tempel für Vishnu bauen; die Anhänger Shivas wollten jedoch nicht zurückstehen. Um 1121 begann Ketamalla, ein General des Königs, mit dem Bau des Hoyshaleshvara-Tempels in Dvarasamudra, dem heutigen Halebid, dem Platz, der bald zur unumstrittenen Hauptstadt des Reiches aufstieg. An diesem Tempel wurde fast 100 Jahre gebaut.

Auch spätere Herrscher und Edle des Reiches schmückten die Metropole mit weiteren Tempeln. So ist von König Ballala II. (1173–1220) und seiner Königin Abhinava Ketala Devi der 1219 erbaute Kedareshvara-Tempel erhalten geblieben. Auch König Someshavara (1235 bis 1260) machte sich um die Stadt verdient, bevor er sich, von Lepra befallen, auf den Pushpagiri, einen Hügel südlich der Stadt, zurückzog. 1310 erreichte Malik Kafur, ein Heerführer Alauddin Khiljis, auf seinem beispiellosen Raubzug durch Süd-Indien die Stadt, plünderte sie und machte Ballala III. zu seinem Vasallen. 1326 zerstörte eine Armee des Sultans von Delhi die Stadt endgültig. Die Stätte verödete, und später sprach man von ihr als Halebidu, der ›alten Hauptstadt‹.

Besichtigung

Der **Hoyshaleshvara-Tempel** (der Tempel des Gottes der Hoyshalas) ist ein Doppelheiligtum für Shiva. Die gesamte Anlage steht auf einer 1,60 m hohen Terrasse, die mit ca. 6 m Abstand den Grundriß des Doppeltempels nachvollzieht. Hier ist eine freistehende Säule zu beachten, die an einen rituellen Selbstmord erinnern soll. Die Außenwände, 7,50 m hoch, gliedern sich in den hohen Sockel mit neun Reliefbändern übereinander und kunstvoll durchbrochene Steinfenster an der Ostseite der Halle bzw. über 280 große, nebeneinanderstehende Skulpturen an der Westseite und in den beiden Sanktuarien (s. Abb. S. 91 u. 46). Die Reliefbänder zeigen von un-

ten nach oben Elefanten, Löwen, Pflanzenornamente, Pferde, Episoden aus dem Ramayana, Mahabharata und aus Shiva-Legenden, Makaras und Hamsas (Wildgans).

Im Inneren stützen schön gedrechselte Säulen mit Trägerfiguren die Decke mit Darstellungen Shivas und der acht Dikpalas sowie vieler anderer Götter. Auf der leicht angehobenen runden Fläche in der Mitte der Halle tanzten einst die Devadasis zu Ehren der Gottheit. In der Nähe des Tempels steht ein großer, aus einem Stein gehauener **Ganesha**. Folgt man dem Weg entlang der Tempelmauer nach Süden, gelangt man zu einigen **Jaina-Bastis** aus dem 12. Jh. mit einer Stambha (?) davor.

Östlich davon steht der kleinere, aber nicht weniger kunstvolle **Kedareshvara-Tempel**. Der Bau auf dem Grundriß eines Sterns mit 16 Spitzen ist ebenfalls mit großartigen Skulpturen besetzt. Das Umfeld des Tempels, der dem Archaeological Survey untersteht, wurde in einen gepflegten Park verwandelt. Gleich gegenüber befindet sich auch das **Museum** mit einer Sammlung schöner und interessanter Skulpturen und Architekturfragmente, die z. T. auch im Freien aufgestellt sind (10.00–17.00 Uhr, freitags geschlossen).

Praktische Hinweise

Verbindung: Busse von Hassan und Belur. **Unterkunft:** B: Tourist Cottages der KSTDC, ☏ 24 (Cafeteria). **Restaurants:** Mehrere kleine Cafés/Restaurants.

Sravana Belgola

50 km ostsüdöstlich von Hassan, 89 km nördlich von Mysore, 5000 Einwohner.

Der Ort liegt zwischen zwei runden Granithügeln, dem 66 m hohen Chandragiri (auch Chikkabetta) und dem Indragiri (auch Vindyagiri oder Dottabetta), der sich 143 m über die Ebene erhebt. Der Name leitet sich ab von Sravana (Sanskrit: Asket) und Bili-Gola (weißer Teich). Um welches der vielen Wasserbecken sich die erste Niederlassung bildete, ist ungewiß. Der den Ort beherrschende Kalyana Tank, eine Stiftung Cikka Deva Raja Wodeyars, wurde jedenfalls erst 1723 fertiggestellt. Sravana Belgola ist einer der heiligsten Pilgerorte der Jainas und das Zentrum der Digambaras, der ›Luftgekleideten‹, in Süd-Indien.

Geschichte

Neben anderen Superlativen bietet Sravana Belgola auch die größte Anzahl von Inschriften an einem Platz: ca. 580 in der engeren Umgebung der Stadt. Eine der ältesten (600) wie auch frühe Werke der Literatur berichten vom Heiligen Bhadrabahu, der im 3. Jh. v. Chr. in Ujjain lebte, wo der Maurya-Kaiser Chandragupta, einer seiner Anhänger, herrschte. Dem Heiligen wurde eine Hungersnot von zwölf Jahren Dauer prophezeit, so daß er sich dazu entschloß, mit 2000 seiner Schüler nach Süden zu ziehen. Auch der Kaiser dankte ab und schloß sich ihm an. In Sravana Belgola angekommen, fühlte Bhadrabahu sein Ende nahen; seine Anhänger schickte er weiter südwärts, doch der Heilige und der Exkaiser bezogen eine Höhle auf dem Chandragiri. Bhadrabahu begann, sich auf den Tod vorzubereiten. Er reduzierte die Tagesration von 32 Bissen jeden Tag um einen Bissen und fastete sich so zu Tode. Chandragupta lebte hier noch zwölf Jahre in strenger Askese.

Die frühe Geschichte Sravana Belgolas ist eng verbunden mit dem Herrscherhaus der Gangas, die von Kuvalalapura (Kolar) bzw. Talakat aus regierten. Schon die Gründung der Dynastie im 2. Jh. durch die beiden Brüder Madha und Dadiga soll mit dem Segen des Jaina-Acarya Simhanandi erfolgt sein. Viele der nachfolgenden Ganga-Könige waren fromme Jainas und großzügige Stifter religiöser Einrichtungen: Die ersten Tempel hier und besonders die Kolossalstatue des Bahubali oder Gommata stammen aus ihrer Zeit. Unter ihren Nachfolgern, den Hoyshalas, deren frühe Könige selbst Jainas waren, wurden weitere bemerkenswerte Tempel gebaut, und auch die Wodeyars von Mysore traten als freizügige Gönner auf. In einer Inschrift von 1159 wird die Stadt unter dem Namen Gommatapura erstmals erwähnt. Sravana Belgola heißt sie erst seit dem frühen 19. Jh.

Besichtigung

Chandragiri

In der Zeit zwischen 600 und dem Bau der ersten Tempel im 9. Jh. lebten auf dem Hügel viele Einsiedler. Über 92 von ihnen, ihr Leben und ihren Tod durch rituelles Fasten, berichten Inschriften auf dem Fels. Auf dem Hügel, dessen Gipfel man über in den Fels gehauene Treppenfluchten erreicht, stehen innerhalb einer Mauer aus dem 19. Jh. zwölf Tempel, sieben Hallen, zwei Gedenksäulen und eine stark beschädigte Skulptur. Außerhalb der Einfriedung liegt die Höhle, in der Bhadrabahu und Chandragupta gelebt haben sollen. Die Tempel auf dem Hügel stammen aus der Zeit vom 9. Jh. bis 1125.

Als ältester Bau gilt die **Chandragupta Basti,** angeblich errichtet von Kaiser Ashoka, dem Enkel Chandraguptas. Der heutige Bau, eine schöne Hoyshala-Arbeit, stammt aber aus dem 12. Jh. Die **Chavundaraya Basti** entstand im 10. Jh.; benannt ist sie nach dem Stifter des Bahubali-Monolithen auf dem Indragiri. Architektur und plastischer Schmuck des stattlichen Baus verraten den Stil der Gangas. In der **Parshvanatha Basti** aus dem 11. Jh. steht als Kultbild eine 4,5 m hohe, ausgesprochen fein gearbeitete Skulptur Parshvanathas, des 23. Tirthankaras. Die drei wichtigsten Tempel sind komplett in Granit gebaut, die späteren meist aus Ziegeln; sie gehören fast alle zum südindischen Vimana-Typus. Die sog. **Kuge-Brahmadevi-Säule,** die ältere der beiden Manastambhas, wurde 974 zu Ehren des Ganga-Königs Marasimha errichtet, die andere, neben der Parshvanatha Basti, stammt aus dem 17. Jh.

Indragiri

Chavundaraya, ein General des Ganga-Königs Racamalla, ließ um 980 die 17,5 m hohe **Skulptur des Bahubali** (auch Gommata oder Gommateshvara) aus einem Granitfelsen herausarbeiten, bis heute die größte der Welt. Bahubali war der Legende nach der zweitgeborene Sohn des Königs Vrishabha, der später als Adinatha zum ersten der 24 Tirthankaras wurde. Zwischen ihm und seinem Bruder Bharata brach ein erbitterter Kampf aus, in dem Bahubali siegte. Er wurde des Sieges indes nicht froh, überließ das Königreich und all seinen weltlichen Besitz seinem Bruder – dem ›Urvater‹ Indiens und Namenspatron der heutigen Republik – und zog sich zum Meditieren in die Einsamkeit zurück. Die eindrucksvolle Statue zeigt ihn in bewegungsloser Versenkung; Ameisenhügel umgeben seine Beine, Pflanzen ranken

an ihm empor. Die langen Arme und die langen Ohrläppchen sind Zeichen eines Auserwählten.

Alle 12 bis 13 Jahre wird das große Fest der ›Kopf-Salbung‹ (Mahamastaka-Abhisheka) gefeiert. Von einem eigens zu diesem Zweck errichteten Gerüst hinter dem Rücken bis hoch über den Kopf des Bahubali wird aus 1008 Tongefäßen heiliges Wasser über Kopf und Körper des Heiligen gegossen. Nach diesem rituellen Bad beginnt die Salbung. Gemische aus 15 Substanzen – u. a. Milch, Ghee (Butterfett), Yoghurt, Zuckerrohrsaft, Kokosnußmilch, Mandeln, Datteln, Safran, Mohn, zerriebenes Sandelholz und Goldmünzen, angereichert mit verschiedenen Farbpigmenten – werden über den Kopf des Kolosses ausgegossen und rinnen seinen Körper entlang. Eine Inschrift von 1389 berichtet erstmals über eine ähnliche Zeremonie. Die Feierlichkeiten von 1981, gleichzeitig die Tausendjahrfeier für die Riesenskulptur, besuchten 750 000 Menschen.

Im 12./13. Jh. bekam die einst freistehende Figur zwei Wedelträger (Yaksha und Yakshi) zur Seite gestellt und wurde nach und nach mit Tempelkorridoren umbaut, in denen 53 Kultbilder, die meisten Statuen der 24 Tirthankaras, von Yakshas und Bahubali, aufgestellt wurden. An der Decke der Vorhalle finden sich neun Felder mit Reliefs von Indra und den acht Weltenhütern und vor der Halle eine Manastambha mit Brahmadevi.

Aus der Zeit des Stifters stammt das **Akhanda-Bagilu** genannte, aus zwei nebeneinander stehenden Felsen geschaffene Tor mit einem eindrucksvollen, großen Gajalakshmi-Relief darüber. Die zwei Zellen zu beiden Seiten des Tores mit den Darstellungen Bahubalis und Bharatas wurden 1130 gestiftet. Eine in

Granitskulptur des Bahubali, Sravana Belgola

1159 von Hullamayya, General und Schatzmeister des Hoyshala-Königs Narasimha I. Von besonderem Interesse sind hier das Relief eines zwölfarmigen, tanzenden Indras über dem Eingang und die im Sanktum in einer Reihe stehenden Skulpturen der 24 Tirthankaras.

In unmittelbarer Nähe befindet sich das **Matha,** der Sitz der obersten Autoritäten der Digambaras. In dieser Klosteranlage sind die Wandmalereien aus dem 17./18. Jh. sehenswert, die u. a. die Parshavanatha-Legende und das Leben Bharatas erzählen; stilistisch erinnern die Malereien an Hampi und Lepakshi. Am anderen Ende des Städtchens liegt die **Akkana Basti,** 1181 von der Frau eines Ministers König Ballalas II. gestiftet, ein schöner Hoyshala-Bau mit sternförmigem Grundriß.

der Nähe stehende, reich verzierte Brahmadevi-Säule, **Tyagada Kamba,** stammt ebenfalls von Chavundaraya, aber die Yaksha-Skulptur auf der Säule wurde erst um 1200 aufgestellt. Im frühen 14. Jh. entstand die **Odegal Basti;** in den drei Sanktuarien des Tempels stehen (von links nach rechts) Neminatha, Adinatha und Santinatha. Die **Siddhara Basti** stammt aus dem späten 14. Jh., **Chauvisa Tirthankara Basti** und **Chennanna Basti** aus dem 17. Jh. Ab dem 18. Jh. wurden die Befestigungsanlagen errichtet.

Die Stadt

Die Stadt hat sich weitgehend ihren mittelalterlichen Charakter bewahrt. In den schönen alten Häusern mit ziegelgedeckten, flachen Giebeldächern mit offener Front kann man Handwerker und Händler beobachten. Der älteste und größte der zahlreichen sehenswerten Tempel ist die **Bhandara Basti,** errichtet

Jinanathapura

Das kleine Dorf liegt im Norden am Fuße des Chandragiri, leicht erreichbar von der Akkana Basti oder über den Hügel. Die **Shantishvara Basti,** erbaut um 1200 von Recana, einem General König Ballalas II., ist derjenige Jaina-Tempel, der die Hoyshala-Architektur am typischsten widerspiegelt. Sternförmiger Grundriß, gedrechselte Säulen, aufs feinste ausgearbeitete Tore und Decken, exquisite Kultbilder und 68 vorzügliche Darstellungen von Tirthankaras und Yakshas, Musikanten und anderen Begleitfiguren an den Außenwänden zeichnen ihn aus.

Praktische Hinweise

Verbindung: Direkte Busverbindung mit Bangalore, Mysore und Hassan, weitere Busse über Channarayapatna (13 km).

Unterkunft: B: Rest House, KSTDC, ∅ 54 (nahe Busbahnhof, am Fuße des Indragiri, Kantine mit vorzüglichem Essen). **C:** Dha-

Ländlicher Markt

ramshalas: Nicht vergleichbar mit den oft schmuddeligen Pilgerunterkünften bei Hindu-Tempeln, sondern großzügige Anlagen, extrem sauber und billig; das Bett ist oft eine auf dem Boden ausgerollte dünne Matratze. Ein Komplex gleich beim Busbahnhof. Buchung: SDJMI Committee, Secretary, Sravana Belgola.

Somnathpur

35 km östlich von Mysore, 137 km südwestlich von Bangalore, kleines Dorf an der Cauvery.

Nach einer Inschrift am Tempel wurde 1258 von Somanatha, einem Minister König Narasimhas III. (1254–1292), der Ort Somanathapura gegründet und zehn Jahre später der **Keshara-Tempel** gestiftet. Zu dieser Zeit hatten sich die Gegensätze zwischen Vishnuiten und Shivaiten

so zugespitzt, daß wir an diesem Vishnu-Tempel kaum noch Darstellungen Shivas finden (s. Abb. S. 40). Der Bau ist ein letztes großes Meisterwerk der Hoyshala-Kunst, geschaffen mit aller noch vorhandenen schöpferischen Energie in einer Zeit, da die Kräfte und Ressourcen des Reiches schon zu schwinden begannen.

Der Tempel liegt in einem rechteckigen Hof (75 × 60 m), den man von Osten durch eine Säulenhalle betritt. Entlang der Mauer zieht sich im Süden, Westen und Norden ein Säulengang, hinter dem regelmäßig angeordnet 64 quadratische Zellen liegen, in denen ursprünglich Skulpturen von Gottheiten standen. Über eine Treppe gelangt man auf das Dach des Umgangs.

Das Heiligtum in der Mitte besteht aus drei Schreinen mit einem sechzehnzackigen Stern als Grundriß, die jeweils über

Keshara-Tempel, Somnathpur

eine kleine Vorhalle mit der gemeinsamen Haupthalle (14,5 × 11 m) verbunden sind. Der Hauptschrein für Vishnu als Keshara (der ›Haarige‹) liegt im Westen, gegenüber dem Eingang, im rechten Winkel dazu im Süden ein Schrein für Krishna als Venugopala (mit Flöte) und gegenüber Janardhana (Krishna als der von der Menschheit Verehrte). Das Kultbild im Hauptschrein wurde später durch eine Lakshmi-Narayan-Gruppe ersetzt. Über den Schreinen erhebt sich je ein 11 m hoher Turm (Vimana). Die Decke der Halle (Navaranga), die von 16 gedrechselten, kannelierten oder mit Yakshas verzierten Säulen getragen wird, besteht aus 16 reich geschmückten quadratischen Feldern, von denen keines einem anderen gleicht und die alle in ihrer Feinheit an Elfenbeinschnitzereien erinnern.

Entlang der Außenwände laufen im Sockelbereich sechs Relieffriese übereinander mit Reitern auf Elefanten, Pferden und Kamelen, Pflanzenornamenten, Episoden aus Ramayana und Mahabharata, Makaras und ganz oben ein Hamsa-Fries. Auch dieser Tempel steht auf einer Terrasse, die in ihrer Form der Kontur des Tempels folgt. An den Spitzen der Sterne standen früher überall Elefanten, in den Vertiefungen dazwischen Nagas.

Praktische Hinweise
Verbindung: Bus von Mysore. **Unterkunft:** Rest House mit Kantine, KSTDC, ✆ 85 (Bannur), dicht beim Tempel.

Mangalore

240 km westnordwestlich von Mysore, Distrikthauptstadt.

Mangalore liegt an einer Lagune hinter der Küste und ist von alters her ein wichtiger Hafen, wie uns schon Ibn Battuta, der arabische Weltreisende aus dem 14. Jh., berichtet. Haidar Ali ließ hier seine Schiffe bauen. Heute ist Mangalore ein wichtiger Exporthafen für Kaffee und Cashewnüsse und inzwischen auch eine moderne Industriestadt. Attraktionen gibt es in der Stadt kaum, aber mit ihren guten Hotels eignet sie sich als Ausgangspunkt einer Rundfahrt zu den sehenswerten Jaina-Kultstätten von Mudabidri. 8 km südlich von Mangalore gibt es in Ullal einen schönen Strand und ein sehr gutes Hotel.

Praktische Hinweise
Verbindung: Flugzeug: Von und nach Bombay und Bangalore. **Eisenbahn:** In Mangalore beginnt die Eisenbahnlinie entlang der Malabar-Küste nach Cochin. Verbindung über Hassan nach Bangalore und dem Norden. **Bus:** In alle Richtungen. Entlang der Küste Karnatakas viele Privatbusse aller Kategorien.

Unterkunft: A: Summer Sands Beach Resort, Ullal, Chotamangalore, ✆ 62 53, 62 84 (Bungalowanlage im lokalen Baustil zwischen Kokospalmen direkt am Meer, Swimmingpool, Restaurant). **B:** Hotel Moti Mahal, Falnir Road, ✆ 22 11 – 5. Hotel Navaratna, K.S.R. Road, ✆ 27 941 – 10. Hotel Srinivas, Ganapathy High School Road, ✆ 22 381 – 10. Hotel Mayura Nethravathi, KSTDC, Kadri Hill, ✆ 24 192 (3 km vom Busbahnhof). **C:** Varnath Mahal; Nirmal Lodge u. a. m. (Nähe Busbahnhof).

Die Umgebung von Mangalore

Mudabidri

30 km nordöstlich von Mangalore, Bus von Mangalore und Udipi.

Mudabidri ist ein verschlafenes Städtchen, herrlich in Grün eingebettet, was die Orientierung jedoch etwas erschwert. Der Name Mudabidri bedeutet ›Bambushain im Osten‹ (der Küste). Bambus gibt es zwar heute weniger, dafür um so mehr Kokos- und Arecapalmen. Mudabidri, genannt ›Jain Kashi (Benares) Süd-Indiens‹, war schon um die Zeitenwende eine reiche Stadt und ein wichtiges religiöses Zentrum. Eine Katastrophe unbekannter Art ließ den Platz veröden. Jahrhunderte später sah ein Jaina-Mönch – so erzählt es die Legende – im Dschungel eine Kuh und einen Tiger friedlich nebeneinander aus einem Teich trinken. Er ging dem Phä-

nomen nach und fand an dieser Stelle im Boden eine Granitstatue des Parshvanatha. Daraufhin weihte er das Kultbild aufs neue und baute einen großen Tempel, das Guru Basadi: Die Stadt erwachte wieder zum Leben.

Heute gibt es hier 18 Tempel, entstanden in der Zeit zwischen dem 12. und 15. Jh. Sie stehen konzentriert entlang der Jain Temple Street, wo sich auch das **Guru Basadi** befindet. In diesem werden kostbare Palmblattmanuskripte und wertvolle Kultbilder, aus edlen Metallen und mit Edelsteinen besetzt, aufbewahrt

Kompositelefant an einer Holzsäule im Chauta-Palast, Mudabidri

(täglich 7.00–8.00 und 19.00–20.00 Uhr).

Der größte und eindrucksvollste Tempel, das **1000-Säulen-Basadi,** liegt etwas abseits, umgeben von einer hohen Mauer, entlang deren Innenseite ein Säulengang läuft. Die große, mehrstöckige Anlage wurde 1429 erbaut und 1451 um die große Halle erweitert. Sie erinnert mit ihren von skulptierten Holzpfeilern getragenen Pagodendächern an Nepal, entspricht aber im Aufbau den Hindu-Tempeln der Malabar-Küste: mehrere Hallen hintereinander mit hohen, ornamentierten Granitsäulen. Im Sanktum befindet sich eine Sammlung von Bronzen, am Sockel außen sieht man Flachreliefs, u. a. von einer Giraffe und einem chinesischen Drachen, was die weltweiten Kontakte der Jaina-Kaufleute dokumentiert, vor dem Eingang eine knapp 17 m hohe Säule (ganztägig geöffnet).

Nicht weit entfernt steht der **Alte Palast** der örtlichen Fürsten, der Chautas, aus dem 17. Jh. Das Dach der Halle, die sich zum Innenhof öffnet, wird von mächtigen Holzsäulen mit großartigen Schnitzereien getragen. Interessant sind die Darstellungen von Tieren, die sich aus Körpern von Mädchen zusammensetzen. Am anderen Ende des Ortes stehen ca. 15 pagodenartige Grabmale aus Laterit-Quadern für prominente Jaina-Mönche.

Udipi

58 km nördlich von Mangalore, 55 km nordöstlich von Mudabidri.

Udipi, Namengeber für unzählige vegetarische Restaurants in ganz Indien, ist ein freundliches, altertümliches, aber lebendiges Städtchen im dichten Kokospalmengrün der Küstenebene. Hier liegt die Keimzelle der vishnuitischen Dvaita-Sekte. Ihre Anhänger heißen auch Madhvas nach Madhvacarya, der im 12./13. Jh. diese religiöse Richtung begründete und hier in Udipi mit dem Bau des Krishna-Tempels ein religiöses Zentrum schuf.

Der **Krishna-Tempel** ist eine bemerkenswerte Anlage: Es macht Spaß, ihn zu erkunden und das vielfältige Tempelleben zu beobachten. Drei Torhüterpaare bewachen den Hauptschrein, doch Krishna zeigt den Eintretenden den Rücken. Grund für diese Kehrtwendung war der Hochmut eines Brahmanen, der einst ein Bäuerlein aus dem Tempel warf. Der fromme Mann ging zur Rückseite des Schreins, um seinem Gott zu huldigen – da drehte sich dieser ihm zu. Man kann das eigenwillige Kultbild durch ein schönes Silbergitter in der Tempelrückwand betrachten; auch die Pujaris haben ihre Aktivitäten hinter den Schrein verlegt.

Im Säulengang um das Heiligtum, dessen Wände mit naiven Malereien bedeckt sind, sitzen fromme Männer, die in heiligen Schriften lesen und aus diesen rezitieren. In den Tiefen des Tempelkomplexes gelangt man zu Schreinen für andere Götter, z. B. für Shiva. In dunklen Fluren bereiten Brahmanen Sandelholzpaste oder trennen Kokosnüsse aus der äußeren Schale. Man kommt an großen Stallungen mit Reihen ›glücklicher Kühe‹ vorbei, und in einer der hinteren Hallen stößt man plötzlich auf eine Versammlung von Göttern: Prozessionsfiguren (s. Farbabb. 27). Am äußersten Ende steht in einem Pavillon der Tempelelefant, vor dem Tempelteich warten die großen Tempelwagen auf das Tempelfest im Januar.

Um den großen Platz stehen die schönen alten Häuser der **Mathas** oder Klostergemeinschaften. Über den Eingängen sieht man oft Schnitzereien und Malereien der Vishnu-Avatare wie Narasimha und Varaha. Schräg gegenüber dem Krishna-Tempel liegt der **Anandeshvara-Tempel;** der interessante Bau mit einer Apsis, einem zweiten Stockwerk über dem Sanktum sowie mit Steinplatten gedeckten Schrägdächern verrät deutlich seine Herkunft aus der Holzarchitektur. Das Tempelinnere ist für Touristen tabu. In den Kolonnaden um den Tempel herum finden sich zahlreiche neuzeitliche Götterdarstellungen.

5 km östlich liegt am Hang der ersten Vorberge der Westlichen Ghats Manipal, die moderne Schwesterstadt Udipis. Hier gibt es außer einer der modernsten medizinischen Hochschulen des Landes und anderen Forschungs- und Bildungseinrichtungen einige gute Hotels.

Praktische Hinweise

Verbindung: Am ›City Bus Stand‹ Busse der staatlichen Busgesellschaft KSRTC. Am ›Municipal Bus Stand‹ Privatbusse, komfortabler und weniger überfüllt. Zahlreiche Busse entlang der Küstenstraße nach Mangalore und nach Norden sowie nach Karkala/Mudabidri.

Unterkunft: A: Hotel Valley View International, Manipal, ✆ 8285–7. **B:** Hotel Sharada International, Bannanje, ✆ 21968, 21672 (zwischen Udipi und Malpe, nahe der großen Nord-Süd-Küstenstraße; gut geführtes Haus mit ausgezeichnetem Restaurant). Hotel Mallika, Surekha Building, Kavi Muddanna Marg, ✆ 7121–7. **C:** Mehrere Hotels im Zentrum um die beiden Busbahnhöfe.

Sringeri

90 km östlich von Udipi, 100 km nordwestlich von Belur.

Sringeri liegt, umgeben von Wäldern und weitab der großen Zentren, in 800 m Höhe oberhalb der regenreichen Westlichen Ghats. Hier gründete der große Reformer Shankara die shivaitische Klostergemeinschaft Amnaya Matha, hier verließ er auf geheimnisvolle Weise die Welt. Zuerst wurde an diesem heiligen Platz ein Linga aufgestellt, später ein kleiner Tempel gebaut und um 1350/60 schließlich von den Gründern des Vijayanagar-Reiches, Harihara und Bukka, für ihren geistigen Lehrer, den Weisen Vidyaranga, der großartige **Vidyashankara-Tempel** errichtet. Dieses bemerkenswerte Bauwerk aus rötlichem Granit, ein wahres künstlerisches Experiment, vereinigt harmonisch Elemente verschiedener indischer Stile.

Der Grundriß hat die Form zweier nebeneinander liegender und miteinander verbundener Kreise, d. h. der Bau besitzt zwei Apsiden. Im westlichen Teil befindet sich, durch einen Umgang von der Außenmauer getrennt, das Sanktum, welches außer der zentralen Cella mit dem Vindyashankara-Linga drei weitere von Süden, Westen und Osten zugängliche Schreine für Brahma und Sarasvati, Vishnu und Lakshmi sowie Mahesha (Shiva) und Uma umfaßt. Dazu kommen noch zwei Kulträume für Durga und Ganesha, wie das Hauptheiligtum von Osten durch den Tempel zugänglich. Den östlichen Teil des Innenraums bildet eine große Halle mit zwölf Kompositpfeilern. Ihr Motiv sind brüllende Vyalas über unterwürfigen Elefanten. Die Säulen, mit Tierkreiszeichen markiert, werden nacheinander von dem durch die drei Eingänge einfallenden Sonnenlicht getroffen. Über dem Sanktum steht der sich über drei Stockwerke verjüngende und von Shikhara und Stupi gekrönte runde Turm.

Der Tempel steht auf einer Terrasse, die der äußeren Form des Baukörpers folgt. Über einem Sockel mit Reihen von Friesen folgen wie in der Hoyshala-Kunst rund um den Tempel Nischen mit Abbildern der Götter: die Avatare Vishnus, sogar ›eingemeindete‹ Buddhas und Tirthankaras, vielfältige Erscheinungsformen Shivas und der Devi. Die Dvarapala-Paare an den sechs Toren tragen die Symbole Vishnus, Shivas und Brahmas. Die im Zickzack geführten Baulinien der Apsiden und des Turmes ergeben je nach Sonnenstand überraschende rhythmische Effekte.

Auf dem Gelände gibt es noch weitere Tempel. Die kleineren im Westen sind früheren Datums, der große, außen fast schmucklose **Sharadoka-Tempel** im Norden ist das Hauptziel der vielen Pilger: Um das Sanktum aus poliertem schwarzen Stein sind andere Schreine mit interessanten großen Bronzen und u. a. einem silbernen Tempelwagen angeordnet. Am Ghat unterhalb des Tempels füttern die Pilger Schwärme großer, gieriger Fische, auf der anderen Flußseite besuchen sie die Hütte des Weisen.

Ein Erlebnis ist schon die Fahrt von Udipi nach Sringeri. Am Fuße der Berge beginnen ausgedehnte Wälder, bei Rameshvaram liegt ein Wildschutzgebiet. Dann geht es durch herrliche Wälder über 14 Haarnadelkurven die Agumbe Ghat Road hinauf zum **Sunset Point** mit großartigem Fernblick.

Praktische Hinweise

Verbindung: Bus von Udipi. **Unterkunft:** In Agumbe ein schön gelegener Tourist Bungalow. Auf Anfrage Unterkünfte im Tempel in Sringeri.

Vidhyashankara-Tempel, Sringeri

Entlang der Küste

Maravanthe

39 km nördlich von Udipi.

Die Fahrt von Udipi entlang der Küste nordwärts kann man ebenfalls genießen. Die schmale Küstenebene wird von Palmenhainen und Reisfeldern bestimmt, die Hügel dahinter sind oft kahl. In mehr oder weniger großer Entfernung sieht man immer die Kammlinie der Westlichen Ghats. Die Städte, z. B. Coondapur und Honavar, liegen oft reizvoll an Flußmündungen oder Lagunen. 9 km nördlich von Coondapur liegt der angenehme Strand von Maravanthe. Die Straße läuft hier mehrere Kilometer dicht hinter der Küste (keine Unterkünfte in unmittelbarer Nähe).

Bhatkal

85 km nördlich von Udipi, 135 km südlich von Karwar.

Das moderne ›Zentrum‹ der Stadt ist eine Straßenkreuzung an der großen Nord-Süd-Küstenstraße: Shamshuddin Circle. Der eigentliche Ort und der Hafen liegen an einer kleinen Lagune, verborgen zwischen Kokospalmen. Die Stadt mit einem hohen Bevölkerungsanteil von Moslems war im 15./16. Jh. ein wichtiger Hafen, über den – wie auch über Mangalore und Goa – Pferde aus Arabien importiert wurden. Heute liegen bunt bemalte Kutter am Kai und auf dem Pflaster Garnelen zum Trocknen. Abends verläßt eine ganze Flottille kleiner Boote zum Fischfang die schützende Bucht (s. Farbabb. 5).

Aus Bhatkals großer Zeit blieben einige kleinere, aber originelle Tempel erhalten, vollendete Nachbildungen von Holzbauten in Stein, die auf perfekte Weise den klimatischen Bedingungen besonders der Monsunzeit gerecht werden: Die schrägen Dachflächen lassen das Wasser ablaufen, die Steinlamellen der Seitenwände die Luft zirkulieren. Manche, wie der Santappa Nayak Tirumal, stehen dazu noch auf einer Art von Stelzen. Der große Jaina-Tempel **Chandranatheshvara Basti** westlich der Straße wirkt außen wie innen sehr streng. Beachtenswert sind die fein gearbeiteten Torhüter.

Im Osten der Straße stehen zwischen niedrigen Häusern und hohen Palmen einige z. T. sehr schöne Tempel, so der von einer Mauer umgebene **Ketapai Narayana Devasthana,** dessen Kolonnaden nur an der Eingangsseite erhalten blieben (am Sockel Darstellungen aus dem täglichen Leben; s. Abb. S. 29 u. 43). Auch der **Santappa Nayak Tirumal** blieb gut erhalten. Er ist noch ›in Puja‹, seine Kolonnaden werden als Wohnungen benutzt. Im **Narasimha-Tempel** sind das Kultbild und die Decke mit den acht Dikpalas interessant. Einige Kilometer nordwärts, beim Abzweig zum Ort Murdeshvara, stehen in einem Mauergeviert ca. 20 **Helden- und Sati-Steine.**

Von Bhatkal gibt es eine direkte Busverbindung zu den Jog Falls. Die schöne Fahrt führt die Westlichen Ghats hinauf und entlang dem **Hirebhasagar-Stausee.** Interessant ist auch eine Fahrt über Honavar, ein Hafenstädtchen in reizvoller Lage an der Mündung des Shiravadi-Flusses, weiter mit dem Boot bis Gersoppa (Ruinen aus der Zeit der ›Pfeffer-Königin‹ in der Nähe) und dann über die Ghat-Straße zu den Wasserfällen.

Jog Falls

52 km südlich von Sirsi, ca. 55 km von Honavar oder Bhatkal an der Küste.

Der Fluß Shiravati stürzt hier in vier einzelnen Kaskaden (Rani, Rocket, Raja, Roarer) nebeneinander in eine 260 m tiefe Schlucht. Allerdings *stürzt* dieser höchste Wasserfall Indiens nur während des Monsuns oder kurz danach, ansonsten *rieselt* er. Ein eindrucksvoller Panoramablick bietet sich von der anderen Seite der Schlucht.

Praktische Hinweise

Verbindung: Eisenbahn: Bei Talguppa, ca. 20 km südöstlich der Jog Falls, endet die Bahnstrecke, die bei Birur von der großen Nord-Süd-Linie abzweigt. **Bus:** Direktverbindung von Bhatkal; Bus u. a. nach Hubli über Sirsi, Shimoga und Bhatkal.

Unterkunft: Hotel Woodland, ✆ 22 (›nicht ganz auf der Höhe moderner Gastlichkeit‹); Restaurant; Jugendherberge am Aussichtspunkt.

Tempelstätten der Späten Chalukyas

Im zentralen Karnataka liegen zahlreiche Orte mit mehr oder weniger gut erhaltenen Tempeln der Späten Westlichen Chalukyas, oft in ausgesprochen reizvollen, aber touristisch überhaupt nicht erschlossenen Gebieten. Mit Hilfe eines ortskundigen Fahrers kann man die oft kleinen Dörfer und Tempel finden und noch ganz ursprüngliche Landstriche und deren Bewohner kennenlernen. Als Standquartier für den Besuch einiger der schönsten Plätze aus der Blütezeit dieser Chalukya-Dynastie, die vom Ende des 10. bis zum Ende des 12. Jh. dauerte, können Harihar und Gadag-Betgeri dienen.

Harihar

An der Kreuzung des National Highway Nr. 4 zwischen Dharwad/Hubli (152/130 km) und Bangalore (276 km) mit der Hauptstraße zwischen Hospet (118 km) und Shimoga (80 km) bzw. der Küste bei Udipi/Mangalore.

Im alten Zentrum der betriebsamen, ansonsten wenig attraktiven Stadt steht etwas oberhalb der Tungabhadra in einer Einfriedung der **Harihara-Tempel.** Er wurde 1224 von einem Minister des Hoyshala-Königs Narasimha II. errichtet. Im Sanktum sieht man eine überlebensgroße Skulptur des sitzenden Harihara aus schwarzem Stein, bekleidet und mit einer Krone geschmückt, in den rechten Händen die Embleme Shivas, in den linken die Vishnus. Ein Turm aus neuerer Zeit ersetzt das zerstörte Original. Die große Halle mit mächtigen gedrechselten Säulen besitzt eine Decke mit den acht Welthütern, aus deren Mitte eine Darstellung Hariharas entfernt wurde. Viele Stelen mit Inschriften schmücken den Tempelhof.

Praktische Hinweise

Verbindung: Eisenbahn: An der Bahnstrecke von Norden nach Bangalore. **Bus:** In alle Richtungen. Busbahnhof nahe dem National Highway Nr. 4.

Unterkunft: Travellers Bungalow, an der Straße nach Ranibennur im Nordwesten. Suswagatha Lodge, Shimoga Road (sauber, Moskitonetze). Mahalakshmi Lodge (sauber). Vijaya Lodge (sehr einfach, aber sauber). Sri Rama Krishna Lodge (schmuddelig).

Kuruvati

30 km nordwestlich von Harihar.

In dem abgelegenen, großen Dorf an der Tungabhadra liegt der gut erhaltene

Lambadi-Frauen beim Wasserholen

Mallikarjuna-Tempel hinter hoher Mauer. Über den Nischen für die Skulpturen entdeckt man komplette, reich verzierte Miniaturtempel, zu beiden Seiten des Eingangs elegant gearbeitete Trägerfiguren (s. Abb. Umschlaginnenklappe).

Haveri

55 km nordwestlich von Harihar, am National Highway Nr. 4.

Der **Siddheshvara-Tempel** besitzt eine ungewöhnliche Sapta-Matrika-Gruppe rechts vor dem Hauptschrein, neben dem Tempel einen kleinen **Narasimha-Tempel** mit großer Kultfigur, mehrere interessante Skulpturen und Heldensteine um den Tempel herum sowie eine schöne Sapta-Matrika-Gruppe in der Wand des Stufenbrunnens vor dem Tempel.

Rattehalli

30 km westsüdwestlich von Harihar.

In dem großen Dorf gibt es einen lebendigen Basar in schöner Umgebung. Der **Kadambeshvara-Tempel** besteht aus drei Schreinen mit einer gemeinsamen Halle, an die eine weitere, ehemals offene Halle angebaut ist. Einer der Türme fehlt, der mittlere trägt das bereits bekannte ›Wappen‹ der Hoyshalas: Sala tötet den Löwen. An den Türmen sieht man die typischen Reihen von Nischen übereinander, die nach oben kleiner werden und je Reihe dasselbe Motiv zeigen.

Balgame

70 km westlich von Harihar.

Einer Inschrift ist zu entnehmen, daß Balagamve eine Hauptstadt Jayasim-

202

has II. (1018–1042) war. In der Zeit der Hoyshala-Könige muß es eine reiche Stadt mit einiger Bedeutung gewesen sein. Hauptsächlich aus dieser Zeit stammen die erhaltenen Tempel und die vielen Skulpturen, Säulen, Helden- und Sati-Steine (s. Abb. S. 62) sowie andere Funde aus der Umgebung, die in einem kleinen **Museum** auf dem Gelände des **Kedareshvara-Tempels** gesammelt und ausgestellt sind. Der Kedareshvara-Tempel steht am Ufer eines großen künstlichen Wasserbeckens am Südende des Dorfes. Er besitzt drei Schreine, verbunden durch eine Halle, der eine größere, offene vorgebaut ist. An der Decke ist eine bis ins feinste Detail ausgearbeitete Darstellung der acht Weltenhüter um einen tanzenden Shiva angeordnet, am Turm prangt die bekannte Hoyshala-Gruppe.

Interessant ist der leider etwas stärker beschädigte **Tripurantaka-Tempel** im Nordosten des Dorfes. Zwei Steinfenster, deren Maßwerk in Ranken integrierte Musikanten und Tänzer bilden, und weitere einmalig schöne Bildhauerarbeiten sind zu bewundern. Außen läuft um den Tempel ein Fries mit Darstellungen aus dem Ramayana und ›deftigen‹ erotischen Szenen.

Im Dorf und seiner reizvollen Umgebung gibt es viel zu entdecken. So erhebt sich im Zentrum eine 10 m hohe **Säule mit einem Ganda-Bherunda,** einem Vogelmenschen mit zwei Köpfen, der sich von Elefanten nährt. Heute steht die Skulptur zu Füßen der Säule in einem kleinen Schrein; errichtet wurde sie 1047 von einem Kadamba-General der Chalukya-Könige. Am Ostrand des Dorfes um einen idyllischen See herum findet man

Erotische Szenen vom Tripurantaka-Tempel, Balgame

überall Tempelchen, Pavillons, Nandis, Stelen mit Inschriften und Reliefs, an anderen Stellen im Dorf auch Teile großer Jaina-Figuren.

Banavasi

Ca. 90 km westlich von Harihar.

Banavasi ist ein Platz von großer historischer Bedeutung. Nach einer Inschrift in Balgame hielten sich die fünf Pandavas in der Zeit ihres Exils hier auf. Im 3. Jh. v. Chr. wurde ein buddhistischer Lehrer von Pataliputra nach Banavasi geschickt. Ptolemäus berichtete über die Stadt, und später war sie die Hauptstadt der Kadambas.

An die alte Stadt erinnern noch die Mauern der Zitadelle in Form von bewachsenen Erdwällen, innerhalb derer das heutige Dorf liegt, und Ruinen alter Ziegel-Stupas im Nordwesten des Ortes. Innerhalb eines großen Mauergevierts steht der **Madhukeshvara-Tempel.** Vieles stammt aus neuerer Zeit. Im Inneren sind ein Thron und eine Art Sitzplattform aus Stein mit reichem plastischen Schmuck beachtenswert. Entsprechend der ihnen zugeordneten Himmelsrichtung stehen entlang der Hofmauer verteilt acht ungewöhnlich große, fein gearbeitete Reliefstelen der Weltenhüter. Auch Banavasi liegt in einer waldreichen, landschaftlich sehr reizvollen Umgebung.

Hangal

80 km nordwestlich von Harihar.

Der **Tarakeshvara-Tempel** ist einer der größten seiner Art und bis auf die Spitze des Turms gut erhalten. Die bemerkenswerteste Schöpfung an diesem Bau ist die zentrale Decke der Halle in Form einer flachen Kuppel von 7 m Durchmesser, getragen von acht großen Säulen an den Spitzen eines Achtecks und acht Paaren kleinerer Säulen dazwischen. Die aufs feinste gearbeitete, in acht kreisförmigen Absätzen ansteigende, ca. 2,70 m hohe Kuppel endet in der Mitte in einem 1,5 m großen herabhängenden, sternförmig gestalteten Zapfen.

Gadag-Betgeri

53 km östlich von Hubli, 80 km südlich von Badami.

Gadag-Betgeri ist das wirtschaftliche Zentrum eines großen Baumwollanbaugebietes. In der Stadt stehen einige gut erhaltene Tempel der Chalukya-Zeit. Außerdem besitzt sie akzeptable Hotels und kann so als Standquartier für den Besuch weiterer sehenswerter Plätze im Osten und Südosten dienen.

Im Süden der Stadt, im sog. Fort, liegen nebeneinander der **Trikuteshvara-** und der kleinere Sarasvati-Tempel. In der größeren Cella stehen drei Lingas nebeneinander – daher der Name Trikuteshvara, ›Herr der drei Gipfel‹. An der großen Halle prangt überreicher plastischer Schmuck. Am **Sarasvati-Tempel** sind die 18 Säulen des Portikus von nicht zu übertreffender handwerklicher Finesse. Die vier Säulen in der Mitte entwickeln sich vom unteren quadratischen Schaftende mit reichen Götterdarstellungen über den achteckigen Dikpala-Fries in der Mitte zum runden und dünnsten Teil unterhalb des Kapitells, welches aus einer flachen runden Scheibe und einem achteckigen Teil besteht. Das einstmals prächtige Kultbild der Göttin des Lernens und Wissens ist leider arg verstümmelt. Unmittelbar hinter den

Bildhauerwerkstatt, Gadag-Betgeri

beiden Tempeln befindet sich ein tiefer Stufenbrunnen.

Im Stadtzentrum steht der kleinere **Someshvara-Tempel,** ebenfalls ein gutes Beispiel eines voll entwickelten Chalukya-Tempels, allerdings ohne die sonst offene Halle. Den Tempel überzieht rundherum, fast schon zu viel und zu regelmäßig, feinster Bauschmuck.

Praktische Hinweise

Verbindung: Eisenbahn: Nach Westen (Hubli), Norden (Badami/Bijapur) und Osten (Hospet). **Bus:** U. a. nach Badami, Bijapur, Goa, Harihar, Hospet, nach Lakkundi stündlich mit Stadtbus. **Taxi:** Fahrt zu den Tempeln von Kukanur und Ittagi umständlich, Taxi empfehlenswert. Taxistand unmittelbar neben Busbahnhof.

Unterkunft: Prasat De Luxe Lodge (ca. 1 km vom Busbahnhof mit vegetarischem Restaurant, bestes Hotel am Ort, sauber und ruhig). Mehrere einfache Hotels nahe dem Busbahnhof, u. a. Durga Lodge.

Lakkundi

13 km ostsüdöstlich von Gadag-Betgeri, nahe der Hauptstraße nach Hospet.

Lokkigundi, wie es einst hieß, muß um das 12. Jh. herum ein wichtiger Platz gewesen sein. Der Hoyshala-König Ballala II. (1173–1220), der sein Reich weit nach Norden ausgedehnt hatte, machte es 1191 zu seiner nördlichen Hauptstadt. Das lebendige kleine Dorf ist voller Relikte aus dieser glanzvollen Zeit, doch viele alte Tempel wurden in Wohnhäuser einbezogen oder anderweitig zweckentfremdet. Künstlich angelegte Wasserbecken, Brunnen, Reste der Stadtbefestigung und Ruinen anderer Gebäude stehen noch inmitten der Häuser im traditionellen Stil, mit von Holzsäulen getragenen Vordächern und geschnitzten Türen. Diese Schatzkammer indischer Kunst ist nun wohl auch von der Landesregierung als solche erkannt worden, so daß man sich bemüht, die Bauwerke vor dem weiteren Verfall zu bewahren und zu restaurieren.

Der älteste Tempel, ein großer **Jaina-Tempel** im Westen des Dorfes, hat noch Ähnlichkeit mit den Bauten der Frühen Westlichen Chalukyas. Der dravidische Turm ist klar in Stockwerke gegliedert, wobei das untere besonders hoch ist, da es, wie bei vielen Jaina-Tempeln üblich, einen zweiten Schrein über dem Sanktum birgt. Dicht daneben stehen zwei weitere alte Jaina-Tempel und nordöstlich der ehemalige **Parshvanatha-Tempel,** der heute dem Naga-Kult dient. Unterhalb des großen Jaina-Tempels befindet sich das kleine **Museum** mit Fundstücken aus Lakkundi.

Am Südende des Dorfes steht der perfekteste der erhaltenen Tempel, der **Kashivishveshvara-Tempel;** eine Inschrift nennt 1087 als Entstehungsjahr. Wahrscheinlich fiel der Tempel der Chola-Invasion zum Opfer und wurde im 12. Jh. in seiner heutigen Form erneuert. Er besteht aus dem Sanktum mit dem Turm darüber, einer geschlossenen Halle, einem offenen Hof auf hohem Niveau und einem zweiten Schrein. Im Hauptschrein steht ein Linga; der zweite, nach Westen ausgerichtet, ist ungewöhnlicherweise Surya-Narayana geweiht. An diesem Granitbau erreichte die Bildhauer- und Tempelbaukunst der Chalukyas ihren Höhepunkt: Die Skulpturen sind von vollendeter Plastizität, die Gestaltung der Eingänge im Süden und Osten mit ihren lebendigen Friesbändern und den Gruppen von Göttern über der Tür und als Abschluß der Friese ist von einmaliger Schönheit. Wenige Schritte westlich steht der etwas kleinere **Nanneshvara-Tempel.** Er entstand zeitgleich mit dem Kashivishveshvara-Tempel und ähnelt ihm auch weitgehend in Aufbau und Ausstattung.

Südlich dieser beiden Tempel liegt sehr reizvoll ein großes **Wasserbecken.** Unter einem riesigen Baum suchen die Herden Zuflucht vor der Hitze, am Wasser schlagen Frauen die Wäsche auf großen glatten Steinen sauber, rote Chilischoten werden zum Trocknen ausgelegt, und mit Hilfe ochsengezogener Steinwalzen wird das Getreide aus den Ähren gedrückt.

Am anderen Ende des Dorfes, nahe der Hauptstraße, steht eine weitere Gruppe interessanter Tempel: **Ishvara-Tempel** (13. Jh.) und **Manikeshvara-Tempel** sind besonders wegen der schwarzen Basaltpfeiler an den Eingängen und dem steingefaßten Wasserbecken beachtenswert. Ein tiefer Stufenbrunnen (Baoli) in unmittelbarer Nähe war dem Zusammenbruch nahe und wird gerade restauriert – während der Arbeiten dient der Tempel nebenan als Geräteschuppen! Für Lakkundi sollte man sich einen langen Tag Zeit lassen (einfache Restaurants im Ort).

Vijayanagar/Hampi

13 km nordöstlich von Hospet.

Der Schauplatz einer der größten Katastrophen Indiens, einst Brennpunkt eines mächtigen Reiches und heute eine der spektakulärsten Sehenswürdigkeiten Süd-Indiens, heißt ganz einfach Hampi oder Hampi Ruins. Hampi ist ein ärmliches Dorf, das sich in die Überreste einer Weltstadt eingenistet hat. Diese strahlende Metropole hieß Vijayanagar, Siegesstadt, und war 1343–1565 die Hauptstadt des letzten großen Hindu-Königreichs. Sie umfaßte ein Gebiet von 26 km², war von sieben Mauern umgeben und wurde ob ihrer Prachtentfaltung von europäischen Reisenden bewundernd mit Rom verglichen.

Geschichte

Aus dem Ramayana wissen wir, daß die Gegend um Hampi Kishkindha hieß und lange vor Vijayanagar schon einmal Schauplatz dramatischer Ereignisse war. Der Affenkönig Vali hatte seinen Bruder Sugriva, den rechtmäßigen Herrscher, vertrieben, dieser mit seinem früheren Minister Hanuman Zuflucht bei dem

Vijayanagar/Hampi 1 Bad der Königin 2 Thronplattform oder Mahanavami Dibba 3 Audienzhalle des Königs 4 Zenana 5 Stallungen der Staatselefanten 6 Quartier der Wachen 7 Ramachandra- oder Hazara-Rama-Tempel 8 Königliche Münze 9 Unterirdischer Tempel 10 Danaik-Komplex 11 Uddhana-Virabhadra-Tempel 12 Chandikeshvara-Tempel 13 Yoga-Lakshmi-Narasimha-Skulptur 14 Linga 15 Krishna-Tempel 16 Zwei Granitskulpturen Ganeshas 17 Virupaksha-Tempel 18 Prozessionsstraße 19 Hemakuti-Hügel 20 Matanga-Hügel 21 Chakratirtha Bade-Ghat 22 Kodandarama-Tempel 23 Sulai Bazar 24 Achyutaraya-Tempel 25 Varaha-Tempel 26 Rama-Tempel und Sugrivas Höhle 27 Reste einer Steinbrücke 28 Königswaage 29 Vitthalashvami-Tempel 30 Prozessionsstraße 31 Talarigattu 32 Anegondi 33 Malyavanta-Hügel 34 Ragunatha-Tempel 35 Oktagonales Wasserbecken 36 Sarasvati-Tempel 37 Chandrashekhara-Tempel 38 Ganigitti Jaina-Tempel

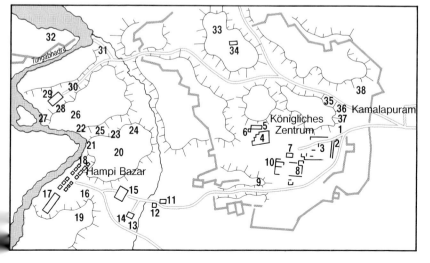

3

6

7

8

9

10

11

12

13

14

5

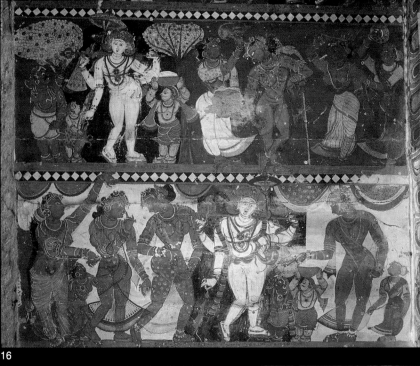

16

17   18 ▷

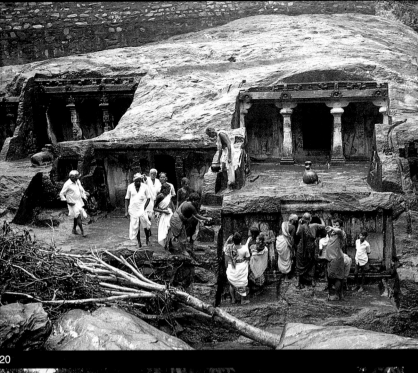

20

21

25

26

27

28 ▷

29

Weisen Matanga auf einem nahen Hügel (dem heutigen Matanga Hill) gefunden. Rama und sein Bruder kamen auf der Suche nach Sita hierher, und Sugriva konnte ihnen berichten, daß er Ravana, den Kidnapper, mit seinem Opfer habe in Richtung Lanka vorbeifliegen sehen und daß Sita Schmuck und ein Kleidungsstück abgeworfen habe. (Die Stelle, wo die Beweisstücke aufschlugen, und die Höhle, wo Sugriva sie aufbewahrte, kann man natürlich besichtigen!) Rama revanchierte sich für diese wertvolle Nachricht, indem er Vali mit einem Pfeil tötete und Sugriva wieder auf den Thron half, der nun seinerseits dankbar Hanuman als Kundschafter gen Süden schickte (s. S. 43).

Das Chaos und das politische Vakuum der auf die Kriegszüge Malik Kafurs folgenden Zeit (s. S. 63) nutzten die zwei Prinzen Hakka und Bukka zur Gründung eines neuen Reiches (um 1336). Wahrscheinlich regierte der König von Anegondi am Ufer der Tungabhadra aus, bevor Vijayanagar ab 1343 als neue Hauptstadt dienen konnte. Sowohl in Anegondi als auch in der Gegend von Hampi weisen Tempel aus der Chalukya-Zeit darauf hin, daß der Platz schon vorher einige Bedeutung besaß. Im Laufe der nächsten 200 Jahre dehnte sich das Reich bis an die Küste im Osten und Westen und bis zur Südspitze Indiens aus, und Vijayanagar wurde zu einer der glanzvollsten Städte der damaligen Welt.

Im Jahre 1565 kam es jedoch zur Katastrophe. Die vereinten Armeen der Sultane von Golkonda, Bidar, Ahmadnagar und Bijapur schlugen bei Talikota die riesige Armee des Hindu-Königreichs, begünstigt durch den Verrat zweier Moslem-Generäle in Vijayanagars Diensten und den Tod des Regenten und obersten Heerführers Rama Raya in der Schlacht. Der Hof floh in Panik südwärts, und Vijayanagar fiel kampflos erst in die Hände marodierender Banden und am dritten Tag nach der Schlacht in die der Moslems: Fünf Monate wurde die Stadt geplündert und verwüstet, 100 000 Menschen sollen in der Schlacht und vor allem danach ihr Leben gelassen haben. Die Stätte verödete und wurde nie wieder richtig besiedelt. Lokale Häuptlinge eigneten sich das fruchtbare Land an, und später bildeten sich an günstigen Stellen kleine Dörfer.

Die Paläste waren dem Erdboden gleich gemacht und die Tempel schwer beschädigt worden, aber eine großartige Schöpfung der Vijayanagar-Zeit blieb zu Teilen erhalten und konnte leicht wieder in Funktion genommen werden: die Wasserversorgung. Die optimal geplanten Anlagen dienten sowohl zur Deckung des Trinkwasserbedarfs der Riesenstadt als auch zur Bewässerung der Gärten, Parks und Pflanzungen. Das damals entstandene Kanalsystem mußte nur wenig an die heutigen Gegebenheiten angepaßt werden, wird genutzt und trägt so entscheidend zum einmaligen kontrastreichen Landschaftsbild von Vijayanagar bei.

Die Felsformationen entlang dem Fluß Tungabhadra und die steilen Hügel, die unvermittelt aus der Ebene aufsteigen, bestehen aus nacktem Granit. Erosion hat das Gestein in Blöcke aller Größen und Farben aufgespalten und deren Kanten gerundet. In den Senken dazwischen entstand fruchtbarer Boden, der nur noch bewässert werden mußte. So ragen heute Granitformationen – natürliche und die von Menschen geschaffenen Tempel – aus dem satten Grün von Reisfeldern, Zuckerrohrdickicht und einem Meer von Bananenstauden.

Besichtigung

Die Kernstadt der ausgedehnten Metropole lag auf hohem Niveau in einiger Entfernung südlich der Tungabhadra. Die Mauer, die sie umschloß, lief an drei Seiten auf der Kammlinie schroffer Hügelketten entlang. Den Südwesten der Zitadelle belegte die Palaststadt, das Zentrum der königlichen Macht. Außerhalb, im Nordwesten und Norden der Stadt, jenseits eines langen bewässerten Tals, lag entlang dem Fluß das sakrale und kultische Zentrum mit den meisten der wichtigen Tempel. Die Vorstädte erstreckten sich weit nach Südwesten und Süden.

Die Sehenswürdigkeiten konzentrieren sich im Palastbereich und entlang dem Fluß. Für beide Bereiche sollte man sich jeweils mindestens einen Tag Zeit lassen. Das Königliche Zentrum beginnt knapp hinter dem Dorf Kamalapuram. Wer gut zu Fuß ist, sollte bis Hampi laufen und von dort zurückfahren (Verbindung s. S. 243). Den Besuch der Stätten entlang dem Fluß kann man dann von Hampi aus starten.

Das Königliche Zentrum

Als ersten größeren Bau erreicht man nördlich von Kamalapuram das **Bad der Königin (1)**; das von außen schmucklose Gebäude umschließt ein Wasserbecken von 15 × 15 m. Der Bau verrät wie die meisten Profanbauten der Zeit starken islamischen Einfluß. Hinter der Innenfassade verläuft ein offener Korridor, man sieht luftige Balkone über dem Wasserbecken und schöne Stuckornamente.

Landschaft an der Tungabhadra nahe Hampi

Das Königliche Zentrum besteht aus mehreren Bereichen, jeweils von einer Mauer umgeben. Sie gruppieren sich um den Ramachandra-Tempel, eine Art Staatsheiligtum, denn die Könige identifizierten sich gern selbst mit Rama. Die einzelnen Sektoren dienten unterschiedlichen Funktionen: So lag vermutlich die königliche Residenz mit den privaten Palästen der königlichen Familie westlich des Ramachandra-Tempels, während sich die repräsentativen, öffentlichen Gebäude des Reiches im südöstlichen Teil in dem großen, ehemals auch von einer hohen Mauer eingefaßten Bereich befanden. Hier waltete der König seines Amtes, hier liefen die Fäden der Verwaltung des Riesenreiches zusammen, von hier aus leitete bzw. beobachtete der König die wichtigen Zeremonien, Rituale und Feste. Dieser Bereich wird zur Zeit besonders intensiv erforscht und rekonstruiert.

Das markanteste Bauwerk hier ist eine massive Steinplattform, bekannt unter dem Namen Thronplattform oder **Mahanavami Dibba (2)**. Sie stellt den Unterbau eines prächtig bemalten mehrstöckigen Pavillons dar, von dem aus der König den Ablauf des neuntägigen Mahanavami-Festes verfolgte. Der portugiesische Reisende Domingos Paes hat uns den Bau beschrieben und berichtet, Krishnadeva Raya habe ihn nach der Rückkehr von seinem erfolgreichen Feldzug nach Orissa erbauen lassen. Der Prunkbau aus Holz fiel dem Feuersturm zum Opfer, geblieben ist die Plattform mit lebendigen Flachreliefs, die alle Arten königlicher Vergnügungen zum Thema haben: Jagd, Tanz, Musik, Prozessionen und Empfänge.

In der Nähe der Plattform wurde eine **unterirdische Kammer** entdeckt, erbaut aus grünem Chlorit-Kalk, die den Staats-

schatz beherbergt haben könnte oder lediglich ein Schrein war. Ca. 135 m westlich der Thronplattform steht der Unterbau einer riesigen 100-Pfeiler-Halle, der **Audienzhalle des Königs (3)**. Erst vor kurzem wurde ein Wasserbecken freigelegt, zu welchem von allen vier Seiten geometrisch reizvoll gestaltete Treppenfluchten hinabführen. Steinerne Wasserleitungen, denen man überall begegnet, versorgten dieses und die vielen anderen Teiche und Bäder mit Wasser.

Weiter nördlich liegt, ebenfalls von einer Mauer umgeben, eine Gruppe von Gebäuden, die als **Zenana (4;** Wohnbereich der Frauen) bekannt ist; diese Zuordnung stützt sich nur auf die außerordentliche Eleganz des **Lotus Mahal**, eines zweistöckigen, offenen Pavillons, der auf vollendete Art Elemente der Hindu- und Moslem-Architektur vereint. Innerhalb der Einfriedung befinden sich außerdem drei Wachtürme unterschiedlicher Bauart, ein Wasserpavillon, ein fensterloses Gebäude, welches vermutlich ein Lagerhaus war, und die Fundamente eines großen Palastes.

Außerhalb der Mauern steht ein repräsentatives Gebäude, das als **Stallungen der Staatselefanten (5)** gedient haben könnte. An einen zweistöckigen Pavillon schließen sich rechts und links gleichartige Gebäudeflügel an, die von jeweils fünf unterschiedlichen kuppelförmigen Dächern gekrönt werden. Die Fassade ist interessant gegliedert, die verschwenderische Stuckornamentierung ging jedoch weitgehend verloren. Das Gebäude mit der säulengeschmückten Veranda und einem offenen Innenhof, das im rechten Winkel zu den Stallungen steht, wird als **Quartier der Wachen (6)** bezeichnet, kann aber auch eine Trainingsstätte oder Sporthalle des Militärs gewesen sein.

Auf dem Weg von der Zenana zum Ramachandra-Tempel passiert man den **Hazara Rama Bazar,** der vom Tempel nach Nordosten verläuft, eine Hauptstraße der alten Stadt. Auch hier wird gegraben, und zahlreiche Schreine und Hallen aus der Frühzeit der Stadt kamen ans Tageslicht. Auf halbem Wege steht unter einem alten Margosabaum, halb in der Erde versunken, ein Tempel der Stadtgöttin Pattanada Ellamma. Er wird noch heute von den Kurumbar besucht, einer Volksgruppe, der auch die Könige von Vijayanagar entstammen sollen. (Ein Bauwerk von großem Wert für den müden Kunstfreund ist die Tourist Canteen ganz in der Nähe.)

Der **Ramachandra-** oder auch **Hazara-Rama-Tempel (7)** stammt im wesentlichen aus dem 15. Jh. und besteht aus dem Haupttempel, dem Devi-Schrein, einer Hochzeitshalle und mehreren Nebenschreinen. Sehenswert sind die Basaltsäulen in der großen Halle mit schönen Darstellungen der Avatare Vishnus und die Friese in Flachrelief entlang der Außenwände des Tempels und des benachbarten Devi-Schreins, die das gesamte Ramayana erzählen. Ähnliche ›Comics in Stein‹ befinden sich auch an der Innenseite der Umfassungsmauer. Leider wird ein Teil in der Nordostecke durch die erst 1521 hinzugefügte Hochzeitshalle verdeckt.

Im Westen bzw. Südwesten gibt es zwei große, von kräftigen Mauern – regelrechten Verteidigungsanlagen – eingeschlossene Bereiche, die früher mit der **Königlichen Münze (8)** und dem obersten Heerführer (Danaik, von Dandanayak) in Verbindung gebracht wurden. Neuere Grabungen haben hingegen hier und auch nördlich des sog. unterirdischen Tempels Fundamente vieler Paläste zu Tage gebracht, was die These

stützt, daß sich hier der private Teil des Königlichen Zentrums befunden hat.

Im **Danaik-Komplex (10),** der durch viele Mauern in kleinere Einheiten aufgeteilt wird, blieb eine an drei Seiten geschlossene Pfeilerhalle erhalten, die zu Unrecht als Moschee bezeichnet wird. Von mehreren Wachtürmen stehen noch zwei, der massige **Moslem-Wachturm** und der **Band Tower,** einem achteckigen Pavillon ähnlich. Westlich vom Danaik-Komplex liegt der **große unterirdische Tempel (9).** Diese etwas unübersichtliche Anlage geriet erst nach der Zerstörung der Stadt unter die Erde. Der Tempel war Virupaksha geweiht, der Familiengottheit der Vijayanagar-Könige, und diente, aus seiner Lage zu schließen, als ›Privatkapelle‹ der königlichen Familie.

Nach Norden verläßt man die innere Stadt. Einen halben Kilometer in Richtung Hampi Bazar passiert man zwei Tempel. Der **Uddhana-Virabhadra-Tempel (11)** ist noch ›in Puja‹. Im Sanktum steht ein 3,60 m hohes Kultbild Virabhadras, vierarmig mit Pfeil und Bogen, Schwert und Schild. Der Brahmane verkauft frische Kokosnüsse gegen den Durst. Gleich gegenüber erhebt sich der **Chandeshvara-Tempel (12),** ein typischer Vijayanagar-Tempel, mit dem zugeordneten Devi-Schrein innerhalb eines Mauergevierts mit Kolonnaden. Garuda-Figur am Sockel im zerstörten Sanktum und übriger Figurenschmuck weisen den Tempel als Vishnu-Heiligtum aus.

Wenig weiter nordwärts führt ein Weg nach links (Westen) zu der eindrucksvollen, 6,70 m hohen monolithischen Granitskulptur eines sitzenden Narasimha: Sie ist eine Stiftung Krishnadeva Rayas von 1528; die einst vierarmige Figur sitzt unter einem Makara-Torana, über sie wölbt sich eine siebenköpfige Schlangenhaube. Vor einiger Zeit fand man neben vielen anderen Bruchstücken der Figur auch eine Lakshmi, die ursprünglich auf dem linken Knie des Narasimha saß. So konnte die Darstellung richtig als **Yoga-Lakshmi-Narasimha (13)** identifiziert werden, und der Archaeological Survey begann, die Skulptur zu restaurieren und ergänzen, was zu heftigen Auseinandersetzungen um Nutzen, Methoden und Umfang einer solchen ›Wiederherstellung‹ und schließlich zur Einstellung der Arbeiten führte. Nur wenig links der Umfassungsmauer des Narasimha steht in einem kleinen Shiva-Schrein ein 3 m hohes **Linga (14),** dessen Fundament aus dem Wasser ragt.

Als nächstes erreicht man den **Krishna-Tempel (15).** Dieser große Komplex mit Swami- und Amman-Schrein sowie zahlreichen Nebenschreinen innerhalb eines weiten Tempelhofs ist ebenfalls eine Stiftung Krishnadeva Rayas (1513), der hier eine von Udayagiri mitgebrachte Bala-Krishna-Figur aufstellen ließ. Einer der Pfeiler im Ardha-Mandapa zeigt die interessante Darstellung sämtlicher Vishnu-Avatare inklusive Kalkin als sitzende menschliche Figur mit Pferdekopf; am Ost-Gopuram entdeckt man Kriegsszenen vom Orissa-Feldzug des Stifters. Die 50 m breite Festival- und Basarstraße verliert sich nach Osten in den Feldern.

Hinter dem Krishna-Tempel stehen am Hang des Hemakuti-Hügels zwei große **Granitskulpturen Ganeshas (16),** links der Straße zuerst ein 2,40 m hoher sitzender Ganesha in einer großen offenen Halle, weiter oben am Hang der ebenfalls sitzende 4,50 m hohe Ganesha in einem Schrein mit einer luftigen Halle davor, deren Dach von ungewöhnlich

schlanken Pfeilern getragen wird. Von hier aus bietet sich ein schöner Ausblick auf Hampi Bazar und den Fluß.

Der **Virupaksha-Tempel (17**; s. Farbabb. 32) auch unter dem Namen Pampapati-Tempel bekannt, war über Jahrhunderte ein wichtiges Heiligtum und blieb als solches auch nach der Katastrophe von 1565 lebendig – als einziges im ehemaligen Stadtgebiet. Ihren Ursprung nahmen Kult und Tempel weit vor der Vijayanagar-Zeit. Pampa, als Personifizierung des Flusses Tungabhadra eine hochverehrte lokale Göttin, verliebte sich der Legende nach in Shiva-Virupaksha und wurde ihm schließlich angetraut. So kam Shiva zu seinem Namen Pampapati, Herr der Pampa. Diese Hochzeit ist Anlaß des alljährlichen großen Wagenfestivals. Kleinere Schreine aus der Zeit der Chalukyas und Hoyshalas innerhalb des Tempelkomplexes sowie am Hemakuti-Hügel und im Norden des Tempels bezeugen die frühe Bedeutung des Platzes.

Der große Tempelkomplex liegt, von einer hohen Mauer umschlossen, zwischen dem Hemakuti-Hügel im Süden und der Tungabhadra im Norden, der Haupteingang befindet sich im Osten. Der neunstöckige, 52 m hohe Gopuram stammt aus dem Jahre 1440, in seiner heutigen Form allerdings erst aus der Zeit Krishnadeva Rayas. Über den großen äußeren Hof mit vielen Nebenschreinen und durch einen zweiten, kleineren Torturm von 1510 gelangt man in den von Kolonnaden umgebenen inneren Hof. Hier befindet sich der Haupttempel mit dem Sanktum und mehreren vorgelagerten Hallen. Die Ranga-Mandapa genannte fünfschiffige große Halle mit verschiedenartigen Kompositpfeilern stammt ebenfalls von Krishnadeva Raya (1510). Bemerkenswert sind

Ruinenlandschaft in Vijayanagar, im Hintergrund das Lotus Mahal

hier Malereien an der Decke, die neben denen von Lepakshi zu den bedeutendsten der Vijayanagar-Zeit zählen; dargestellt wird besonders Shiva in verschiedenen Erscheinungsformen. Historisch interessant ist eine Darstellung des Weisen Vijayaranga.

Vom Haupteingang ostwärts erstreckt sich über 750 m die 10 m breite **Prozessionsstraße (18).** Am anderen Ende, wo das Gelände anzusteigen beginnt, liegt ein riesiger Nandi aus Granit. Davor steht eine zweistöckige Halle mit schön gearbeiteten und polierten schwarzen Säulen im Stil der Späten Chalukyas. Die Straße wird zu beiden Seiten gesäumt von den baufälligen Überresten ehemals vornehmer ein- und zweistöckiger Hallen und Pavillons aus Granit, in denen sich heute die Dorfbewohner eingerichtet oder in die sie ihre Lehmhütten gebaut haben – ein bizarrer Anblick! Hampi Bazar, wie diese eigenartige Dorfstraße heute heißt, ist das ›moderne Zentrum‹ von Vijayanagar. Bis hierher fährt der Bus, hier gibt es zwei einfache Lodges, ein kleines Restaurant, einige ›Tea Stalls‹ und Souvenirs.

Am kahlen Nordhang des **Hemakuti-Hügels (19)**, im Süden oberhalb des Virupaksha-Tempels, liegt eine Gruppe von Tempeln aus der Zeit vor der Gründung Vijayanagars, mehrheitlich aus dem 9. und 10. Jh. Die ganz aus Granit erbauten Tempel ähneln einander in Aufbau und Ausstattung. Jeweils zwei oder drei Schreine haben eine gemeinsame Halle mit einem halboffenen Vorbau, die Türme sind pyramidal gestuft. Die meisten Tempel waren Shiva geweiht. In der Frühzeit hatten die Vijayanagar-Könige den Hügel stark befestigt – möglicherweise lag hier ihr erstes Machtzentrum.

Im Südosten von Hampi Bazar liegt, den Nordwesten der Stadt beherrschend, der **Matanga-Hügel (20)**. Hier fanden Sugriva und Hanuman beim Weisen Matanga Schutz vor dem mordlüsternen Vali. Der Tempel auf dem Gipfel ist Virabhadra, einer kämpferischen Erscheinungsform Shivas, geweiht. Wer den steilen Aufstieg nicht scheut, erlebt Vijayanagar aus der Sicht des Adlers und bekommt eine Vorstellung von der einzigartigen Lage der Stadt.

Am Ende des Hampi Bazars führt ein Fußweg durch eine phantastische Felsenlandschaft hinunter zum Fluß und zum **Chakratirtha (21)**, dem heiligen Bade-Ghat. Oberhalb davon erhebt sich an der Stelle, wo Rama Sugriva nach der Vernichtung Valis zum König gekrönt haben soll, der **Kodandarama-Tempel (22)**. Im Sanktum stehen, in Hochrelief aus einem Felsblock herausgearbeitet, die großen Figuren von Rama, Sita und Lakshmana, davor, am Kalyana-Mandapa, schön gearbeitete Säulen. Der Tempel ist ›in Puja‹ und das Ziel vieler Pilger. In der Umgebung des Tempels leben viele Affen. Überall an den Felsen, auch auf dem Felsplateau, welches schräg zum

Wasser hin abfällt, kann man zahlreiche Reliefs entdecken.

Vom Weg entlang dem Fluß zweigt nach rechts (Süden) der **Sulai Bazar (23)** ab, so benannt nach den Tempeltänzerinnen, die hier gewohnt haben sollen. Diese lange und breite Prozessionsstraße, die jetzt für den Reisanbau genutzt wird, führt zum **Achyutaraya-Tempel (24)**. Ein Feldherr dieses Königs ließ den Tempel für die Gottheit Tiruvengalanatha errichten. Die Schreine für den Gott und seine Shakti sind von zwei Mauergevierten mit umlaufenden Kolonnaden umgeben, einige der Säulen der offenen Halle nahe dem großen Nord-Gopuram mit erotischen Darstellungen geschmückt. Am Nordende des Sulai Bazars steht der baufällige **Varaha-Tempel (25)**, der seinen Namen der Darstellung eines Ebers, dem Wappentier der Vijayanagar-Könige, an einer Tempelwand verdankt. Eigentlich handelt es sich um einen Shiva-Tempel.

Der **Rama-Tempel (26)** ist, ähnlich den Bauten auf dem Hemakuti-Hügel, im sog. Kadamba-Stil erbaut, für den der pyramidal gestufte Turm charakteristisch ist. Er liegt, von einer Mauer eingefaßt, auf einer erhöhten Plattform; davor steht eine hohe Dipa-Stambha, eine Trägersäule für Öllampen. Gegenüber befindet sich in einem Felsspalt **Sugrivas Höhle**, wo er Sitas Juwelen für Rama aufbewahrt haben soll, daneben eine Vertiefung im Fels, wo die offenbar schweren ›Klunker‹ aufschlugen. Im Flußbett sieht man die **Reste einer Steinbrücke (27)** von 1383, nur wenig flußabwärts eine Säulenhalle, die mit Purandaradasa, einem berühmten Musiker des 16. Jh., in Verbindung gebracht wird.

Auf dem Weg zum Vitthalashvami-Tempel gelangt man nun zu einer luftigen Konstruktion aus zwei schlanken, mit Reliefs verzierten Granitpfeilern und einem ebensolchen Querbalken mit drei Ösen. Hier sollen die Könige, z. B. anläßlich ihrer Krönung, zugunsten der Tempel-Brahmanen gegen Gold und Edelsteine aufgewogen worden sein – daher der Name **Königswaage (28).** An einem der Pfeiler entdeckt man die Darstellung eines Königs, vielleicht Krishnadeva Rayas, mit zwei seiner Gemahlinnen.

Der **Vitthalashvami-Tempel (29)** gehört zu den Spitzenleistungen der Vijayanagar-Kunst und ist, obwohl auch er verwüstet wurde, die prächtigste der in Hampi erhaltenen Anlagen. Sie stammt aus dem 16. Jh. und darf im Aufbau als typisch für den fortgeschrittenen Stil der Zeit gelten. Im Zentrum eines weiten, von einer Mauer mit drei Toren umschlossenen Hofes (165 × 95 m) steht der Haupttempel für Vitthala, eine Form

Vishnus. An das Sanktum mit einem gedeckten Umgang und einem Turm in Ziegelbauweise darüber schließen sich nach Osten eine geschlossene Halle und der prächtige Maha-Mandapa (30,5 × 30,5 m) an. Über einem vieleckigen Grundriß steht dieser auf einem 1,50 m hohen, mit Skulpturenfriesen von Pferden, Kriegern und Wildgänsen sowie Miniaturtempelnischen mit Darstellungen der zehn Avatare geschmückten Sockel. Das Dach wird von 56 Säulen (3,60 m hoch, 1,50 m im Durchmesser) mit weitgespannten Konsolen getragen.

Die Säulen im Inneren zeigen Darstellungen von sich aufbäumenden Fabeltieren, von Tänzern, Musikanten und schönen Frauen oder verschiedene Formen Narasimhas. Die meisten Kompositpfeiler entlang der Außenseiten haben die Künstler in Gruppen schlanker Säulen verwandelt, an denen jeder Fremdenfüh-

Vijayanagar-Bauten, Hampi Bazar

rer trotz eines Verbotsschildes wild herumklopft, um seiner Gruppe den Klang dieses steinernen Musikinstruments vorzuführen. Die Treppen zum Tempel sind von Elefanten- bzw. Yali-Balustraden gesäumt.

Auf Achse mit den Hallen steht im Westen vor dem Tempel der aus Granit geschaffene Garuda-Pavillon in Form eines reich geschmückten Tempelwagens. Die Nachbildung ist perfekt bis zu den ebenfalls aus Stein gehauenen und dann beweglich aufgehängten Rädern. Der Oberbau des Pavillons in Ziegelbauweise ging um die Jahrhundertwende verloren. In der Nordwestecke des Hofes steht der Devi-Schrein; links des hohen Süd-Gopurams, durch den man die Anlage betritt, liegt eine 100-Pfeiler-Halle und rechts, vor der großen Halle, der Kalyana-Mandapa von 1554, die Hochzeitshalle des Götterpaares, ebenfalls mit großartigem Skulpturenschmuck.

Verläßt man den Tempel in östlicher Richtung, parallel zu der von Kolonnaden gesäumten **Prozessionsstraße (30),** stößt man nach ca. 600 m auf die Straße, die nordwärts zum Dorf **Talarigattu (31)** führt, von wo man sich in einem runden Korbboot nach **Anegondi (32)** übersetzen lassen kann. In südlicher Richtung führt die Straße nach Kamalapuram. Auf halbem Wege liegt links (Osten) der **Malyavanta-Hügel (33),** auf dem sich Rama aufgehalten haben soll, während er auf die Rückkehr Hanumans von seiner Erkundungstour nach Lanka wartete.

Der **Ragunatha-Tempel (34)** aus dem 16. Jh., der an dieser Stelle steht, ist von der nach links abzweigenden Straße nach Kampli aus durch den fünfstöckigen Süd-Gopuram zu erreichen. Innerhalb einer hohen Umfassungsmauer mit zwei Tortürmen liegen der Haupttempel, der Devi-Schrein und eine Hochzeitshalle. An dieser und der Halle des Tempels kann man schöne Skulpturen, an der Mauer phantasievolle Darstellungen von Fischen, Seeungeheuern und Schlangen entdecken.

Das Kultbild bildete die aus einem hohen Granitfelsen herausgearbeitete Gruppe von Rama und Sita mit Lakshmana und Hanuman. Der riesige Findling ragt oben aus dem Schrein hervor und dient, von einem Stupi gekrönt, als Tempelturm. In der Nähe, unterhalb eines kleinen Shiva-Schreins, hat man entlang einer Felsspalte, die Rama mit einem Pfeilschuß verursacht haben soll, zwei Reihen Lingas und Nandis aus dem Fels herausgearbeitet.

Kurz vor Kamalapuram liegt auf der rechten Seite ein **oktagonales Wasserbecken (35)** mit einem Pavillon in der Mitte, umgeben von einer Säulenkolonnade. Die schön gearbeitete Anlage gehörte wohl einst zu einem der Vergnügungsgärten dieser Gegend. Dicht daneben steht auf einem niedrigen Hügel der kleine **Sarasvati-Tempel (36),** etwas weiter südlich der kompakte **Chandrashekhara-Tempel (37).** Östlich der Straße erhebt sich mit einem gestuften Pyramidendach der **Ganigitti Jaina-Tempel (38),** gestiftet 1385 von einem General Hariharas II., wie einer Inschrift der hohen monolithischen Säule vor dem Tempel zu entnehmen ist.

Anegondi

Ruinen von umfangreichen Befestigungsanlagen sowie Tempeln aus der Chalukya- und frühen Vijayanagar-Zeit belegen die Bedeutung dieses Platzes am Nordufer der Tungabhadra, im Nordwesten der Stadt. Vermutlich lag hier der erste Sitz der Vijayanagar-Herrscher, auf die auch die Rajas von Anegondi, die seit Talikota hier über ein kleines Gebiet herrschten, ihre Herkunft zurückführen. Der Raja ist heute noch Schutzherr des Virupaksha-Tempels in Hampi. Sehenswert sind mehrere frühe Tempel im Stadtgebiet und entlang dem Fluß, ein Palastbau aus dem 17. Jh., der heute den Dorfbewohnern als Versammlungshalle dient, und der Palast der Rajas. Im Westen des Ortes finden sich innerhalb starker Befestigungsanlagen auf einem Felsen Ruinen von Palästen, Brunnen, Kasernen und Speichern. Beim Dorf Ajjunahalli steht der große **Pampa Sarovar-Tempel.** An den Felsen in der Nähe finden sich auch Reliefs mit hinduistischen und jainistischen Motiven.

Von Kamalapuram nach Hospet

In Kamalapuram stehen die Überreste eines **Hindu-Forts** mit runden Bastionen an den vier Ecken und einem Turm innerhalb der Umfassungsmauer. Zu beiden Seiten des Tores sieht man als Flachreliefs Darstellungen Ganda-Bherundas, eines zweiköpfigen Vogelwesens, das den frühen Vijayanagar-Königen als eine Art Wappen diente. Östlich des Dorfes, an der Straße nach Bellary, liegt der große **Pattabhi-Rama-Tempel,** ein typischer Vijayanagar-Bau aus der Zeit Achyuta Rayas (1530–1542). (Der ›Travellers Bungalow‹ ist ein umgebauter ehemaliger Vishnu-Tempel.) Im Westen des Dorfes führt die Straße nach Hospet über den Damm eines Stausees aus der Vijayanagar-Zeit.

Ca. 3 km westlich von Kamalapuram zweigt die Straße nach Hampi ab. Beim Dorf Kadirampuram stehen zwei **Moslem-Grabbauten,** ein kleinerer, von einer Kuppel überspannt, und ein größerer ohne Dach; sie erinnern an Gulbarga

und werden ins 15. Jh. datiert. In Malpannagudi, an der Straße nach Hospet, steht der **Mallikarjuna-Tempel.** Er scheint mit seiner mit Bastionen besetzten Umfassungsmauer in das Verteidigungssystem der Stadt integriert gewesen zu sein. Der Kern des Tempels, der noch ›in Puja‹ ist, scheint aus früherer Zeit zu stammen. Man beachte außerdem den achteckigen Stufenbrunnen, bekannt unter dem Namen **Soolai Bhavi,** der wahrscheinlich im Jahre 1412 errichtet wurde.

Ungefähr 1,5 km vor Hospet, im kleinen Dorf Anantasayanagudi, liegt ein riesiger **Anantapadmanabha-Tempel** (Vishnu als Weltenschöpfer, auf dem Schlangenbett liegend). Über der rechteckigen Cella für das langformatige Kultbild Vishnus, das abhanden kam, erhebt sich ein mächtiger, 24 m hoher Turm mit einem ungewöhnlichen, an den Enden gerundeten Tonnendach in Ziegelbauweise von allein 10 m Höhe. Alles andere ist typisch für die Vijayanagar-Zeit. Die Anlage, die 1524 von Krishnadeva Raya zusammen mit der Stadt Sale Tirumala Maharayapura (dem heutigen Dorf) gestiftet wurde, zeigt besonders deutlich die Spuren des Feuersturms von 1565.

Hospet

105 km östlich von Gadag-Betgeri, 150 km südöstlich von Badami.

Die Stadt, eine Gründung Krishnadeva Rayas, nannte er zu Ehren einer seiner Gemahlinnen Nagalapuram. Der portugiesische Kaufmann Nuniz berichtete mit Bewunderung von dieser stark befestigten, reichen Stadt und davon, daß der König die Fürsten seines Reiches anhielt, die neue Siedlung mit Palästen zu schmücken. Von all dieser Pracht blieb nichts erhalten: Hospet ist heute ein typisches Landstädtchen.

Ein großer Stausee in unmittelbarer Nähe liegt trocken und wird landwirtschaftlich genutzt. Über die 12–15 m hohe ›Mauer‹ führt die Straße nach Harihar. Dafür wurde 1945–1953 westlich von Hospet (5 km) die Tungabhadra mit einer gewaltigen Staumauer (2420 m lang und 49 m hoch) zu einem 370 km² großen See aufgestaut; er dient der Bewässerung weiter Gebiete in Karnataka und Andhra Pradesh und der Energieerzeugung, in seiner Nähe beginnt sich Industrie anzusiedeln. Für die Inder ist er die größte Attraktion der Gegend, weshalb auch das staatliche Hotel Mayura Vijayanagar unterhalb des Staudamms steht und nicht bei den Ruinen. Hospet hat sich alles in allem in den letzten Jahren recht gut auf seine Rolle als Standquartier für Besuche der alten Hauptstadt eingestellt.

Praktische Hinweise

Verbindung: Eisenbahn: An der Strecke zwischen Hubli/Gadag-Betgeri und dem Knotenpunkt Guntakal; Verbindungen in alle Richtungen, zeitlich lohnen sich aber nur längere Strecken. Nach Badami und Bijapur mit Umsteigen über Gadag-Betgeri. Bahnhof im Nordwesten am Stadtrand. **Bus:** Direktbusse u. a. nach Badami, Hyderabad, Bangalore, Harihar/Shimoga und Karwar. Viele Busse nach Gadag-Betgeri und Bellary, stündlich und öfter nach Hampi, Kamalapuram und zum Tungabhadra-Staudamm.

Unterkunft: Neuere Hotels entlang der Station Road, besonders im unteren Bereich, zu beiden Seiten des neuen Busbahnhofs und gegenüber, nahe dem Tourist Office (Shanbag Lodge, Lokare Lodge u. v. m.). In Richtung Bahnhof, wo die Straße ruhiger wird, z. B.: Hotel Sandarshan, ☎ 8574; Hotel Priyadarshini, ☎ 8838 (nahe der State Bank, sauber); Malligi Tourist Home, ☎ 8377 (etwas abseits der Bellary/Hampi Road, östlich des Busbahnhofs; empfehlenswert, gute Zimmer mit

Moskitonetzen im neueren Deluxe-Anbau; vegetarisches Restaurant, Freiluftrestaurant mit Bierausschank im Garten gleich gegenüber). Einfachere Hotels auch in der Gegend des alten Busbahnhofs. Vaikunta Guest Houses, ☎ 8241 (Luxushotel auf einem Hügel über dem See). Hotel Mayura Vijayanagar, KSTDC, ☎ 8270 (unterhalb des Damms).

In **Kamalapuram:** Hampi Power House Guest House, ☎ 8272 (3 km vom Dorf). PWD Inspection Bungalow, ☎ 8754 (in einem ehemaligen Vishnu-Tempel).

In **Hampi Bazar:** Zwei kleine, sehr einfache Lodges. Im Rahmen des laufenden Entwicklungsprogramms für die Gegend sollen auch Hotels in der Nähe der Sehenswürdigkeiten gebaut werden.

Saundatti Yellamma

39 km nördlich von Dharwad, 20000 Einwohner.

Die kleine Stadt liegt zu Füßen einer eindrucksvollen Festung mit mächtigen

Hijras in Saundatti Yellama

Hijras in Saundatti Yellama

Bastionen an den fünf Ecken, innerem Fort mit Tempel, Brunnen und Zisternen, das Yellamma-Heiligtum 5 km östlich der Stadt, in der Senke eines baumlosen, steinigen Plateaus. Der Tempel (13./14. Jh.) ist bunt bemalt und von einer Mauer umgeben. Es gibt eine Quelle, einen kleinen, engen Basar mit großem Angebot an gelbem und rotem Kurkumapulver und Devotionalien sowie Pilgerunterkünfte.

Yellamma (Mutter der Erde) wird hauptsächlich von niederkastigen Hindus verehrt. Eine wirre Legende rechtfertigt auch den Brauch, junge Mädchen als Devadasis der Göttin zu weihen; dies ist zwar durch ein Gesetz von 1982 verboten, wird aber nach wie vor praktiziert. Zur Bharata Purima, dem Fest der Göttin, das im Januar/Februar 500 000 Pilger anzieht, sollen jedes Jahr mehrere tausend Mädchen, zwischen drei und 20 Jahren alt, der Göttin – und damit der

Prostitution – zugeführt werden. Yellamma ist auch die Herrin der Hijras, der Eunuchen, was die Anwesenheit so vieler frecher, männlich wirkender ›Frauen‹ mit tiefer Stimme im Tempelbereich erklärt.

Praktische Hinweise

Unterkunft: Hotel Gokul (gegenüber Busbahnhof, einfachst).

Zentren der Frühen Westlichen Chalukyas

Von der Mitte des 6. bis zur Mitte des 8. Jh. beherrschte die Dynastie der Frühen Westlichen Chalukyas den mittleren Dekhan; hier lag ihr Machtzentrum, hier finden wir auch, vom 250 km entfernten Alampur abgesehen, die Zeugnisse ihres großartigen Kunstschaffens. Zwei schroffe Felsbarrieren an den Enden und Hügelketten parallel zum Fluß Malaprabha bilden ein Tal von 20 km Länge und 5 km Breite, das für die Chalukyas von zentraler Bedeutung gewesen sein muß. Badami, am äußeren Rand des Felsmassivs im Südwesten gelegen, fungierte als Hauptstadt des Reiches. Aihole, in gleicher Position am entgegengesetzten Ende, war ebenfalls eine wichtige und reiche Stadt, aber ihre genaue Funktion im Reich ist nicht bekannt. Dazwischen liegt inmitten des Tales Pattadakal, ein religiöses Zentrum mit den prächtigsten Tempeln; hier wurden die Könige gekrönt. Das beschriebene Gebiet ist von großer landschaftlicher Schönheit, dünn besiedelt, touristisch kaum erschlossen und deshalb wenig besucht.

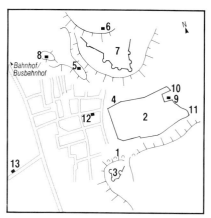

Badami 1 Höhlen Nr. 1–4 2 Agastya Tirtha-Tank 3 Südliches Fort 4 Museum 5 Unterer Shivalaya-Tempel 6 Oberer Shivalaya-Tempel 7 Nördliches Fort 8 Malegitti-Shivalaya-Tempel 9 Bhutanatha-Tempel 10 Reliefs verschiedener Gottheiten 11 Natürliche Höhle mit Skulptur 12 Jambulinga-Tempel 13 Hotel Mayura Chalukya, KSTDC

Badami

108 km nordwestlich von Hospet, 70 km nördlich von Gadag-Betgeri, 125 km südlich von Bijapur.

Zu Füßen schroffer Felsen, die ein hufeisenförmiges Tal umschließen und nach Osten unvermittelt in die Ebene abfallen, liegt das Landstädtchen Badami an der Stelle, wo sich einst Vatapi, die Hauptstadt des Chalukya-Reiches, befand. Der aufgestaute See zwischen den weißen Häusern des Ortes und den roten Sandsteinklippen und die Festungsanlagen und alten Tempel schaffen ausgesprochen reizvolle Perspektiven. Diese Tempel und besonders die Felsheiligtümer aus dem 6./7. Jh. sind die Attraktionen für den Kunstfreund (s. a. S. 84).

Geschichte

Pulakeshin I. (543–566), der Begründer Chalukya-Dynastie, machte Vatapi zu seiner Hauptstadt und befestigte sie, nach einer Inschrift ›oben und unten‹. Wahrscheinlich entstanden in dieser Zeit auch der Damm am Ausgang des Tales und der künstliche See. Zur Zeit Kirtivarmans I. (566–598) wurden die hinduistischen Höhlentempel geschaffen; die Jaina-Höhle entstand erst 100 Jahre später. Im Jahre 642 eroberte der Pallava-König Narasimhavarman die Stadt und konnte erst 13 Jahre später wieder vertrieben werden. 753 besiegte der Rashtrakuta-König Dantidurga die Chalukyas endgültig und übernahm die Macht. Badami hat danach viele Herren gesehen – ein Wunder, daß noch so viel zu sehen ist.

Besichtigung

Im Südosten des Ortes, nahe einem moslemischen Kuppelgrab aus der Zeit Tipu

Sultans, führt ein steiler Pfad hinaus zu den vier Höhlentempeln (1) in der Flanke des südlichen der Burgfelsen. Die **Höhle Nr. 1** ist Shiva geweiht und nach dem gleichen Schema aufgebaut und nach Norden ausgerichtet wie die anderen auch: An eine breite, rechteckige und von Säulen getragene Veranda schließen sich auf einer Achse liegend eine tiefere Säulenhalle und das kleine quadratische Sanktum an. An den Wänden links von der Veranda fällt ein achtarmiger Shiva Nataraj auf.

Die höhergelegene **Höhle Nr. 2** ist ein Vishnu-Heiligtum. An den beiden Stirnseiten der Veranda sind der Eber-Avatar (links) und Vishnu bei einem seiner raumgreifenden Schritte in der Vamana-Inkarnation abgebildet, an der Decke u. a. die interessante Darstellung eines Matsya-Cakras, eines Rades, dessen Speichen aus 16 Fischen geformt sind.

Die größte und schönste ist die ebenfalls Vishnu geweihte **Höhle Nr. 3** (s. Abb. S. 79). Der Sockel der Veranda ist auch hier wie in Höhle Nr. 1 geschmückt mit einem Fries von Paaren dickbäuchiger Zwerge in einer Vielzahl witziger Posen. Die quadratischen Säulen der 23 m langen Fassade, aufs feinste bearbeitet, zeigen phantasievolle Pflanzen- und Tiermotive, Medaillons, Girlanden und Ketten sowie fast vollplastische Konsolenfiguren von Göttern und Liebespaaren. Noch außerhalb der Veranda sieht man ein großes Relief Vishnus als Trivikrama, innen dann (von links nach rechts) Narasimha-Avatar, Harihara, Varaha-Avatar und Vishnu, auf einem Schlangenthron sitzend mit der fünfköpfigen Haube Sheshas über sich, wieder außerhalb Vishnu achtarmig und aufrecht stehend. Oben an den Architraven von Veranda und Halle sieht man zahlreiche Friese mit Szenen aus alten Legen-

den wie das Quirlen des Milchozeans und Vishnu als Mohini beim Verteilen des Unsterblichkeitsnektars sowie all die Heldentaten des jungen Krishna. Beachtenswert sind die sechs Deckenpaneele mit Gottheiten und den Weltenhütern, kreisförmig angeordnet. Die vollkommenen, runden und kannelierten Säulen der Halle mit ihren geriffelten Kissenkapitellen erinnern an Ellora und Elephanta.

Die viel kleinere **Jaina-Höhle, Nr. 4**, entstand ungefähr 100 Jahre später. Von hier oben ergeben sich schöne Blicke auf den algengrünen See, den **Agastya Tirtha-Tank (2)**, und die flach hingebreitete, dicht gestaffelte Stadt; das ganze Tal hallt wider vom Arbeitsrhythmus der Wäscherinnen. Zwischen den Höhlen Nr. 2 und 3 führt eine steile Treppe hinauf zu den Resten der Befestigungsanlagen des **südlichen Forts (3)**.

Auf der anderen Seite des Tals liegt am Fuße des Felsens, von Resten der unteren Festung umgeben, das **Museum (4)**. Die kleine Sammlung zeigt Skulpturen und Architekturfragmente, Fundstücke aus Badami und Umgebung. Ein reizvoller Weg führt von hier durch enge Schluchten in vielen Windungen und über steile Treppen auf den nördlichen Festungshügel; Affen beobachten die seltenen Besucher. Am Weg steht der **Untere Shivalaya-Tempel (5)**, auf dem Gipfel in beherrschender Position der **Obere Shivalaya-Tempel (6)**. Beide stammen aus dem 7./8. Jh. und weisen den typischen südindischen Baustil auf. Am oberen Tempel ist ein schöner Fries mit Darstellungen aus der Krishna-Legende beachtenswert.

Die Reste der **nördlichen Forts (7)** stammen aus der Vijayanagar-Zeit. An exponierter Stelle, einem Felsvorsprung unterhalb des Forts, am besten vom Ort aus zu erreichen, liegt der **Malegitti-Shi-valaya-Tempel (8)**, der wichtigste der Gruppe. Er besteht aus dem Sanktum mit dem Vimana darüber, der Halle und einer Vorhalle mit kräftigen, schmucklosen Pfeilern.

Entlang dem Ufer des Sees liegt östlich vom Museum die Butanatha-Tempelgruppe aus dem 11./12. Jh., und am Ostufer steht inmitten späterer Zubauten der **Butanatha-Tempel (9)** aus der frühen Chalukya-Zeit (s. Farbabb. 2). An den großen Felsen dahinter sieht man **Reliefs (10)** diverser Gottheiten wie Brahma, Durga, Ganesha und Vishnu in verschiedenen Formen, ein Stück weiter, von einem kleinen Schrein geschützt, ein mit vielen Details liebevoll gearbeitetes Relief von Vishnu auf der Weltenschlange. An der Südostecke des Sees gibt es eine **natürliche Höhle (11)** mit niedrigem Eingang, in deren Innerem, effektvoll beleuchtet durch eine Einbruchstelle, ein Tirthankara auf dem Löwenthron zu sehen ist. Einer örtlichen Legende nach handelt es sich allerdings um einen gewissen Koshtaraya, der durch ein Bad im See von der Lepra geheilt wurde.

Auch im Ort gibt es einige interessante Tempel wie den **Jambulinga-Tempel (12)** von 699 mit drei Kultzellen für Brahma, Vishnu und Shiva und den Dattatreya-Tempel, nahe dem Aufstieg zu den Höhlen, mit einem interessanten Kultbild dieser Gottheit aus dem 12. Jh. und ebenfalls einem Matsya-Cakra.

Praktische Hinweise

Verbindung: Eisenbahn: Badami liegt an der Bahnstrecke Hubli/Gadag-Betgeri – Bijapur/Sholapur – nur ›Passenger‹ (Bummelzüge). Bahnhof 5 km vom Zentrum. **Bus:** Nach Bagalkot, Gadag-Betgeri, Hubli mehrere Busse täglich, nach Bijapur und Hospet jeweils täglich ein- oder zweimal. Verbindung nach Pattadakal und Aihole beinahe stündlich.

Shiva Nataraj am Höhlentempel Nr. 1, Badami

Unterkunft: Hotel Mayura Chalukya, KSTDC, Ramdurg Road, ✆ 46 (am Westrand des Ortes, sauber und angenehm). Sehr einfache Unterkünfte an der Hauptstraße wie Mahakuteshvara Lodge und Chalukya Lodge nahe dem Busbahnhof. **Restaurant:** ›Canteen‹ am Busbahnhof (bestes Restaurant am Ort).

Aihole

27 km nordöstlich von Badami, 12 km nordöstlich von Pattadakal.

Aihole ist ein archaisch wirkendes Dorf und liegt an der Stelle der alten Chalukya-Stadt Aryapura (auch: Ayyavole). Innerhalb der annähernd kreisförmigen, zum Teil gut erhaltenen **Stadtbefestigung (1)** von wenig mehr als 500 m Durchmesser sind über 30 Tempel des 7.–9. Jh. und weitere aus späterer Zeit erhalten. Einige waren, als Wohnbauten oder Ställe genutzt, vollkommen in die labyrinthische Dorfstruktur integriert und wurden erst in den letzten Jahren entdeckt und ›herausgeschält‹; dabei wurden auch Ziegelfundamente aus der Zeit vor den Chalukyas gefunden. Die ungewöhnlichen Namen der Tempel sind oft nicht die ihrer göttlichen, sondern die späterer menschlicher Bewohner. Rund um das Dorf in den Feldern und entlang dem Fluß Malaprabha liegen malerisch zahlreiche weitere Kultbauten und Tempelgruppen verstreut (s. a. S. 83 f.).

Auf dem flachen Plateau des steilen Hügels im Südosten des Ortes erhebt sich der **Meguti-Tempel (2)** von 634, aus der Zeit Pulakeshins II., eines der frühesten datierten Bauwerke Indiens. Ursprünglich bestand dieser Jaina-Tempel nur aus der nach außen geschlossenen, quadratischen Pfeilerhalle mit dem Sanktum und einer Vorhalle. Die Halle im Norden wurde später hinzugefügt; das Kultbild im dunklen Inneren stellt einen sitzenden Tirthankara dar. Außerhalb

der Wehrmauer liegen mehrere **Dolmen (3)**, von hier ergibt sich ein informativer Blick über Dorf und Umgebung. In der südwestlichen Flanke des Hügels befindet sich eine **Kulthöhle der Jainas (4)** aus dem 8. Jh.

Das einzige hinduistische Felsheiligtum in Aihole, **Ravana Phadi (5)**, liegt bei einer Geländestufe im Nordosten des Dorfes. Es soll um die Mitte des 6. Jh. entstanden sein und fasziniert mit seinen zahlreichen kraftvollen Skulpturen. In der Nähe befindet sich ein schöner Stufenbrunnen mit interessanten kleinen Paneelen.

Innerhalb der Mauern sind besonders zwei Gruppen von Tempeln interessant. Die eine liegt im Norden des Dorfes und wird gebildet aus dem **Chakra-Gudi (6)** mit einem komplett erhaltenen nordindischen Shikhara, dem **Gauda-Tempel (7)** und dem Lad Khan als typischen Hallentempeln sowie dem **Surya-Narayana-Tempel (9)** mit einem schönen Kultbild des Sonnengottes und dem berühmten

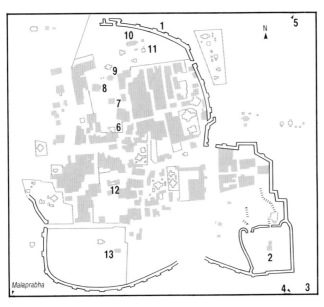

Aihole

Ravana Phadi-Höhle, Aihole

Durga-Tempel. Der **Lad Khan (8)** aus dem 7./8. Jh. besteht aus einer fast quadratischen, geschlossenen Pfeilerhalle unter einem flachen, zweistufigen Schrägdach aus großen Steinplatten und einer offenen Vorhalle. Aufgrund der schlichten Bauweise wurde er fälschlicherweise als einer der frühesten Tempel eingestuft.

Der **Durga-Tempel (10)** ist der größte in Aihole, ungewöhnlich in der Form und reich geschmückt. Er steht auf einem hohen Sockel; an ein halbrundes Sanktum mit Umwandlungsgang schließen sich eine dreischiffige Halle und eine Vorhalle an; um den gesamten Bau läuft eine offene Kolonnade – die Ähnlichkeit mit einer buddhistischen Chaitya-Halle ist unverkennbar. Über der Apsis erhebt sich mit quadratischem Grundriß ein Shikhara. Der Tempel wird ins 7./8. Jh. datiert. Seinen irreführenden Namen bekam das Vishnu-Heiligtum von einer Festungsmauer (Durga), innerhalb derer es stand und von der nur Reste eines Tores erhalten blieben. In der Nähe befindet sich das kleine **Museum (11)** mit interessanten Fundstücken.

Die vier Tempel der **Kont Gudi-Gruppe (12)** mitten im Ort ähneln in Aufbau und Anordnung der Kultzelle, dem Lad Khan. An der Decke der Vorhalle des nordwestlichen Tempels finden sich die für die Chalukya-Kunst charakteristischen drei Paneele: Brahma auf einem Lotus sitzend, Shiva mit Parvati auf Nandi und Vishnu auf dem Schlangenbett liegend. An der Decke des **Hucchappayyamatha-Tempels (13)** im Süden des Dorfes sind ähnliche Darstellungen erhalten, nur scheint Brahma hier auf einem ›Brathendl‹ zu reiten.

Praktische Hinweise

Verbindung: Busse u. a. nach Badami, Pattadakal und Bagalkot.

Unterkunft: Tourist Home, KSTDC, ✆ 41 (Aminagad), ca. 500 m nördlich des Durga-Tempels (ähnlich Badami, sauber, Verpflegung nach Absprache).

Pattadakal

15 km nordöstlich von Badami, 12 km südwestlich von Aihole, Busse nach Badami und Aihole.

Zwischen Badami und Aihole, an einem heiligen Platz, wo der Fluß Malaprabha in nördliche Richtung, also auf das magische Zentrum der Welt, den Berg Meru, zufließt, errichteten die Chalukya-Könige ihre prächtigsten Tempel. An diesem Platz, wo alle Herrscher gekrönt wurden, feierten sie ihre großen Siege in Stein. Die Stätte diente besonders im 7. und 8. Jh. der Verherrlichung der Götter und auch der Könige, die sich als deren Verkörperung auf Erden empfanden.

Der **Virupaksha-Tempel (1),** der größte von allen, wurde von Loka Maha Devi, einer Gattin Vikramadityas II. (733–746), zur Erinnerung an dessen Sieg über die Pallavas und die Eroberung Kanchipurams gestiftet und im südindischen Stil erbaut. An den Säulen der Vorhallen und an den Außenwänden des Tempels findet man Darstellungen wie Shiva Nataraj und Gajendra-Moksha (Norden), Narasimha und Ravana, der den Kailasha erschüttern will (Süden), Liebespaare und Torhüter, an den 18 Säulen im Inneren Szenen aus Ramayana und Mahabharata. Entlang der umgebenden Tempelmauer stehen 32 Nebenschreine.

Der **Mallikarjuna-Tempel (5),** dem Virupaksha-Tempel benachbart, wurde von Trailokya Maha Devi, der jüngeren Schwester Loka Maha Devis und wie diese mit Vikramaditya verheiratet, zur gleichen Zeit und aus gleichem Anlaß gestiftet. Er ist etwas kleiner, aber nach gleichem Plan und Programm erbaut. An den Säulen im Inneren kann man Szenen aus Kindheit und Jugend Krishnas bewundern.

Der **Sangameshvara-Tempel (6)** in der Mitte des Tempelgeländes, der älteste der Gruppe, stammt aus der Zeit Vijayadityas (697–733). Er ist ebenfalls im südindischen Stil erbaut, aber nie fertig geworden. Der **Kashivishveshvara-Tempel (7)** nahe dem Mallikarjuna-Tempel sowie **Kada-Siddheshvara- (8), Jambulinga- (9)** und **Galaganatha-Tempel (10)** weiter nördlich sind überwiegend im nördlichen Stil gebaut, d. h. mit einem Shikhara ausgestattet. Der Galaganatha ähnelt stark den Tempeln in Alampur.

Weiter im Süden, abseits der eingezäunten Tempelgruppe, steht der **Papanatha-Tempel (11)** aus der Mitte des 8. Jh. Er ist ungewöhnlich lang, weil sich an das Sanktum mit dem Umwandlungsgang und die obligatorische Halle eine weitere Pfeilerhalle anschließt. An diesem Tempel sind deutlich die übernommenen Stilelemente zu erkennen: Shikhara, die Schmuckformen über den Nischen und die Veranden vor den Steinfenstern aus dem Norden, die Brüstung mit Miniaturpavillons entlang der Dachkante und die Blattwerk speienden Makaras im schmuckbetonten Eingangsbereich aus dem Süden. Entlang der Außenwände laufen Ramayana- und Mahabharata-Friese.

Die Tempelstätte war ursprünglich keiner Niederlassung zugeordnet. Das kleine Dorf bei den Tempeln ist neueren Datums.

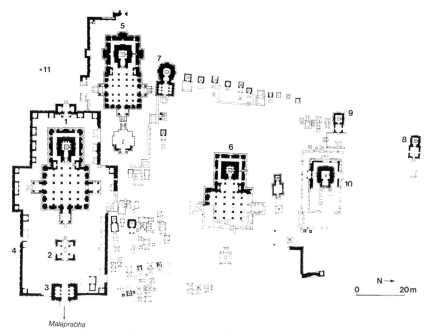

Pattadakal 1 Virupaksha-Tempel 2 Nandi-Pavillon 3 Tore 4 Umfassungsmauer 5 Mallikarjuna-Tempel 6 Sangameshvara-Tempel 7 Kashivishveshvara-Tempel 8 Kada-Siddheshvara-Tempel 9 Jambulinga-Tempel 10 Galaganatha-Tempel 11 Papanatha-Tempel

Mahakuta

Ostnordöstlich von Badami; erreichbar zu Fuß (5 km direkt oder 3 km von Bushaltestelle Shivayoga Mandir).

Das hochverehrte Shiva-Heiligtum liegt, umgeben von alten Bäumen, einsam am Fuße kahler Hügel. Eine hohe Mauer umschließt zwei größere und viele kleine Tempel des 7./8. Jh., angeordnet um ein rechteckiges Wasserbecken mit schönem viergesichtigen Linga (6./7. Jh.) in luftigem Pavillon. Der südindische Mahakuteshvara-Tempel (noch ›in Puja‹) und die kleinen Tempel im nordindischen Stil sind mit vielen schönen Skulpturen geschmückt.

Chaturmukha-Linga (viergesichtiges Linga), Mahakuta

Hauptstädte der Dekhan-Sultanate

Bijapur

145 km südwestlich von Gulbarga, 125 km nördlich von Badami, Distrikthauptstadt.

Die Stadt, die nach Berichten von Zeitgenossen in ihrer Glanzzeit einen Umfang von 48 km gehabt haben soll, füllt heute nicht einmal ganz den Raum innerhalb der Festungsmauer von 10 km Länge. Über die ganze Stadt verteilt gibt es zahlreiche Monumente aus der Zeit der baufreudigen Adil Shahi-Sultane, überraschend gut erhalten oder auch als romantische Ruinen, oft umgeben von Parks und Gärten. Die verschlafene Stadt mit dem quirligen Basar hat sich ihren moslemischen Charakter bewahrt. Nähert man sich der Stadt, taucht ihr Wahrzeichen Gol Gumbaz wie eine Fata Morgana über dem Horizont auf, lange bevor man der Stadt ansichtig wird.

Geschichte

Bijapur war erst Hauptstadt einer Provinz und dann eines der fünf Teilstaaten, in die das Bahmani-Reich am Ende des 15. Jh. zerfiel. Yusuf Adil Shah, vom Sklaven zum Provinzgouverneur aufgestiegen, sagte sich 1489 von Bidar los und gründete seine eigene Dynastie. Knapp 200 Jahre beherrschten die Adil-Shahi-Sultane ein großes Reich, wie ihre moslemischen Nachbarn in ständige Kriege untereinander, mit Vijayanagar und den Portugiesen verwickelt. 1686 übernahm Aurangzeb nach knapp einjähriger Belagerung die Stadt; sie wurde geplündert und gebrandschatzt, und noch während der Moghul-Kaiser in der Stadt war, ließ

eine Epidemie die Bevölkerung auf die Hälfte schrumpfen. Im frühen 19. Jh. fand der britische Historiker Grant Duff innerhalb der gut erhaltenen Stadtmauer eine Kakteenwüste, »Einsamkeit, Stille und Verwüstung«.

Besichtigung

Die imposante **Ringmauer (1)** der Stadt blieb komplett erhalten: 10 m hoch, 10–12 m breit mit 96 massiven Bastionen und neun Toren, umgeben von einem 13–17 m breiten Graben. Die Bastionen waren mit Kanonen bestückt, die z. T. heute noch in Stellung sind, so auf der Löwenbastion (**2; Burj-i-Sherza**) die berühmteste Kanone Bijapurs, genannt **Malik-i-Maidan** (Herr des Schlachtfeldes); sie ist 4 m lang, 1,3 m im Durchmesser und wird auf ein Gewicht von 5,5 Tonnen geschätzt; ihre Mündung weist die Form eines aufgerissenen Löwenrachens auf. Ebenfalls im Westen erhebt sich innerhalb der Festung, freistehend auf ovalem Grundriß, die 24 m hohe Obere Bastion (auch: **Haidar Burj; 3**) von 1583, bestückt mit zwei langen (9 bzw. 8,5 m) Kanonen. Schön zu sehen ist auch die mächtige Gebetsmauer, **Dakhani Idgah (4),** von 1538.

Nicht ganz in der Mitte der Stadt liegt die **Zitadelle (5)** mit einem Durchmesser von ca. 500 m. Hier befanden sich, von Mauern und Graben umgeben, die Paläste und Gärten des Sultans. Die Mauern wurden weitgehend abgetragen, von den Palästen stehen noch einige sehenswerte Fragmente, so im Nordwesten das **Gagan Mahal** (**6**; Himmelspalast), erbaut unter Ali Adil Shah um 1560. Von dieser königlichen Audienzhalle steht noch die Fassade mit drei gewaltigen Spitzbogen. Das Dach wurde von hohen Teakholzsäulen getragen, an den Seiten befand

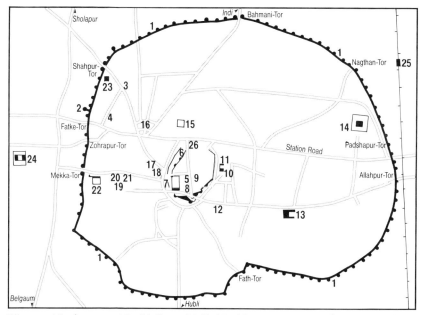

Bijapur 1 Stadtmauer 2 Burj-i-Sherza/Malik-i-Maidan-Kanone 3 Haidar Burj 4 Dakhani Idgah 5 Zitadelle 6 Gagan Mahal 7 Sat Manzil 8 Karimuddins Moschee 9 Mekka-Moschee 10 Asar Mahal 11 Jahaz Mahal 12 Mihtar Mahal 13 Juma Masjid 14 Gol Gumbaz 15 Grabmal Ali Adil Shahs II. 16 Grabmal Sikandar Adil Shahs 17 Malika Jahan-Moschee 18 Busbahnhof 19 Grabmal Khan Muhammads 20 Grabmal Khawas Khans 21 Grabmal Abdul Razzaq Qadirs 22 Wasserreservoir Taj Bauri 23 Wasserreservoir Chand Bauri 24 Grabanlage Ibrahim Rauza 25 Bahnhof 26 Hotel Mayura Adil Shahi

sich oben eine Galerie, von wo aus die Damen des Hofes durch enges Gitterwerk die Vorgänge in der Halle verfolgen konnten. Hier mußte Sikandar Adil Shah, der letzte Sultan, sein Reich an Aurangzeb abtreten.

In der Nähe stehen an der Nordwestecke eines großen Palastkomplexes noch fünf Stockwerke des **Sat Manzil (7),** eines siebenstöckigen Palastes Muhammad Adil Shahs (1627–1656). Davor befindet sich ein vorzüglich gearbeiteter kleiner Wasserpavillon, genannt **Jal Mandir.** Nahe dem Südtor der Zitadelle steht **Karimuddins Moschee (8),** ein interessanter flacher Bau, hauptsächlich aus Bauteilen alter Hindu-Tempel errichtet und 1320 datiert. Nördlich davon liegt die kleine, aber wohlproportionierte und mit feingearbeiteten Flachreliefs versehene **Mekka-Moschee (9)** aus der Zeit Ali Adil Shahs II.

Im Osten, außerhalb der Zitadelle und mit dieser durch eine Brücke verbunden, steht das **Asar Mahal (10),** einst Justizpalast und Aufbewahrungsort einer Reliquie, einiger Barthaare des Propheten, von Ibrahim Adil Shah um 1591 errichtet und verschwenderisch mit Intarsien und Malereien ausgeschmückt. Daneben spiegeln sich die trostlosen Ruinen des **Jahaz Mahal (11)** in einem Teich.

Die Straße vom Südtor der Zitadelle ostwärts zum **Allahpur-Tor** war eine Hauptstraße der Stadt. Das **Mihtar Mahal (12)** an der rechten Seite, ein hoher Bau mit Zierminaretten und Balkonen, ist kein Palast, sondern der Torbau einer bescheideneren Moschee dahinter. Beachtenswert an diesem Bau von ca. 1620 sind die ungewöhnlich langen Stützen an Balkonen und Vordächern mit reichen und extrem feinen Steinmetzarbeiten.

Die große Freitagsmoschee, **Juma Masjid (13),** wurde von Ali Adil Shah I. 1567 errichtet, aber nie vollendet. Sie ist 137 × 70 m groß und bietet für 2250 Gläubige Platz. Über der Gebetshalle, neun Joche breit und fünf Joche tief, mit einem prächtigen, in Gold und kräftigen Farben gearbeiteten Mihrab, erhebt sich auf einem quadratischen Unterbau die halbrunde Kuppel von 17 m Durchmesser, überragt von einem Halbmond.

Gol Gumbaz (14), das Mausoleum Sultan Muhammad Adil Shahs (1627–1656), gilt als Hauptattraktion Bijapurs und trägt der Stadt den Vergleich mit Agra ein; indes erreicht der Bau, sicher eine einmalige technische Glanzleistung, nicht annähernd die ästhetischen Qualitäten des Taj Mahal. Auf einem gemeinsamen Sockel (180 × 180 m, 60 cm hoch) stehen ein Torbau mit Musikgalerie, der heute ein archäologisches Museum beherbergt, eine Moschee, ein Dharmashala und in der Mitte der Kuppelbau mit dem Grab. Sein Grundriß ist quadratisch, fast 60 × 60 m. Über vier siebenstöckigen Ecktürmen erhebt sich die Kuppel auf eine äußere Höhe von 59 m (innerer Durchmesser 37 m; zum Vergleich St. Peter in Rom 38,5 m!). Die überkuppelte Gesamtfläche ist mit 1600 m² die größte der Welt! Unter der Kuppel läuft ein 3,60 m breiter Umgang, bekannt als Flüstergalerie. Der akustische Effekt geht leider meist im lautstarken ›Geflüster‹ mindestens dreier Schulklassen unter.

Im Norden der Zitadelle steht auf großer Grundfläche das unvollendete **Grabmal Ali Adil Shahs II. (15;** 1656–1672), wenige hundert Meter westlich das einfache **Grab Sikandars (16),** des letzten Sultans. Die **Malika Jahan-Moschee (17)** von 1587 im Westen der Zitadelle sticht durch feine Steinmetzarbeiten hervor und ist die erste, bei der die Kuppel einen Dreiviertelkreis umschreibt. Geht man vom Busbahnhof (18) daneben westwärts, kommt man zuerst zu den schön in einem Park mit hohen Bäumen gelegenen **Grabbauten von Khan Muhammad (19),** der wegen Hochverrats umgebracht wurde, seinem Sohn **Khawas Khan (20)** sowie dem Heiligen **Abdul Razzaq Qadir (21).** Nahe dem Mekka-Tor liegt das große **Wasserreservoir Taj Bauri (22)** mit eindrucksvollen Treppenanlagen und Türmen, benannt nach Taj Sultana, der Hauptfrau Ibrahims II. Eine ähnliche Anlage liegt im Nordwesten der Stadt: **Chand Bauri (23),** benannt nach der berühmten Chand Bibi, die hier einige Jahre für den unmündigen Ibrahim regierte, bevor sie zurück nach Ahmadnagar ging und die Stadt erfolgreich gegen ein Moghul-Heer verteidigte. Das **Mekka-Tor,** durch das jetzt nur ein Fußpfad führt, ist ein beeindruckendes Beispiel für die perfekten Verteidigungsanlagen Bijapurs.

Außerhalb der Stadtmauer liegt die **Grabanlage Ibrahim Rauza (24),** Grab und Moschee Sultan Ibrahims II. (1580–1627), seiner Frau Taj Sultana, für die das Grabmal ursprünglich errichtet wurde, und weiterer Familienmitglieder. Diese zu Recht berühmte Anlage zeigt den Bijapur-Stil in seiner vollendeten Form. Innerhalb einer Gartenanlage von

Grabanlage Ibrahim Rauza, Bijapur

137 × 137 m stehen sich das Mausoleum, umgeben von einer offenen Veranda, und die Grabmoschee auf einem gemeinsamen Sockel gegenüber. Beide tragen eine Dreiviertelkuppel auf einem Ring von Blütenblättern und zeigen eine Fülle feinster Steinmetzarbeiten als Bauschmuck. Die zahlreichen hohen Zierminarette dürfen ebenfalls als charakteristisch für Bauwerke in dieser Stilphase gelten.

Praktische Hinweise

Information: Tourist Office im Hotel Mayura Adil Shahi, Anand Mahal Road.

Verbindung: Eisenbahn: Bijapur liegt an der Bahnstrecke Sholapur (Bombay, Secunderabad) – Gadag-Betgeri (Hubli/Bangalore, Hospet). **Bus:** Direktbusse nach Sholapur, Bagalkot, Hubli, Belgaum (häufiger) sowie Bombay, Pune, Aurangabad, Badami (u. U. über Bagalkot), Bellary (Umsteigen nach Hospet), Gadag-Betgeri und Bangalore.

Unterkunft: Hotel Mayura Adil Shahi, KSTDC, Anand Mahal Road, ✆ 934 (am Nordeingang zur Zitadelle, Restaurant, Bar; das weitaus beste Hotel der Stadt). Ashok Travellers Lodge, ITDC, Station Road, ✆ 401, 402. Hotel Midland, Station Road (einfach). Hotel Tourist, Main Road, ✆ 655 (laut und schmuddelig). Mysore Lodge, Station Road (neben Hotel Midland, sehr einfach). An der östlichen Station Road, Richtung Gol Gumbaz, sind einige bessere Hotels in Bau.

Restaurants: Kamat Hotel; Bombay Restaurant (nahe Modern Lodge).

Gulbarga

53 km südwestlich von Bidar, 140 km nordöstlich von Bijapur, Distrikthauptstadt.

Geschichte

Muhammad ibn Tughluk konnte trotz aller Anstrengungen der vielen Aufstände in seinem Reich nicht Herr werden. So scharte beispielsweise Hasan Zafar Khan, einer der Adligen an seinem Hofe, eine große Zahl Aufständischer um sich; 1347 wurde er unter dem Namen Alauddin Hasan Bahman Shah zum König gewählt, 1350 machte er Gulbarga als Hasanabad zu seiner Hauptstadt. Sein Reich teilte er in vier Provinzen: Gulbarga, Daulatabad, Berar und das moslemische Telingana, die von Gouverneuren regiert wurden. In der Regierungszeit seines fähigen Sohns Muhammad I. (1358–1375) wurde die Stadt stark befestigt, und die ersten religiösen Bauten entstanden: die Shah Bazar-Moschee, die Juma Masjid und das Grabmal des Herrschers. Nur die Regierungsjahre Muhammads II. (1378–1397) verliefen weitgehend friedlich, alle anderen Herrscher waren in endlose Kriege, hauptsächlich mit Vijayanagar, verwickelt.

Im Inneren spitzte sich der Konflikt zwischen den alteingesessenen Adligen, den Dakhnis, und den Afakis, Zugewanderten aus Persien, Transoxanien usw., zu. Unter Tajuddin Firoz (1397–1422), einem gebildeten und fähigen Herrscher, kam 1401 der einflußreiche Moslem-Heilige Hazrat Muhammad Gesu Daraz nach Gulbarga. Nach dessen Tod verlegte Shihabuddin Ahmad I. (1422–1436) 1424 die Hauptstadt nach Bidar. Sowohl während des 15./16. Jh. unter den Bahmanis und ihren Nachfolgern in Bidar, den Bariden, als auch ab Ende des 16. Jh. unter der Herrschaft Bijapurs blieb Gulbarga eine wichtige Provinzstadt; unter den Gouverneuren der Adil Shahis entstanden weitere prächtige Bauwerke in der Stadt.

Besichtigung

Die Stadt wird von der stark befestigten **Zitadelle** beherrscht, die eine 16 m dicke Mauer mit halbrunden Bastionen und ein 30 m breiter Graben umschließen. Von den beiden Toren im Osten und Westen ist das letztere ein beeindruckendes Beispiel militärischer Architektur. Der Zugang führt in ständigen Windungen zwischen hohen Mauern durch vier Tore und vier Höfe. Überhaupt sollte man einen Spaziergang entlang der Mauer, auf der viele Kanonen stehen und von der sich herrliche Blicke bieten, nicht versäumen.

Die große Fläche innerhalb der Mauern wirkt hingegen ziemlich leer. Die **Bala Hisar** ist ein hoher, rechteckiger und vollkommen fensterloser Bau mit einigen halbrunden Bastionen. Den Eingang hoch oben an der Nordwand erreicht man über eine schmale äußere Treppe. Diese Zwingburg muß sowohl als Wachturm als auch als letzte Zuflucht gedacht gewesen sein. Der **Basar** besteht aus zwei Reihen gleichartiger Räume entlang einer gepflasterten Straße, alle mit einem eigenen pyramidenförmigen Dach und separatem Eingang.

Die Große Freitagsmoschee (**Juma Masjid**) ist in ihrem Aufbau einmalig in Indien: Nur sie ist komplett überdacht und besitzt keine offenen Höfe. Der 70 × 60 m weite Raum wird von einer großen Kuppel über dem religiösen Zentrum, 75 kleinen über dem Hauptraum und vier mittelgroßen Kuppeln an den

Juma Masjid, Gulbarga

Ecken sowie drei Reihen von Spitzbogen an der Nord-, Ost- und Südseite überspannt. Der konsequente Aufbau, unterstützt durch das Fehlen jeglichen Schmucks an den Säulen, läßt faszinierende Perspektiven entstehen. Die Spitzbogen entlang der Außenseiten waren einst mit gemauertem Maßwerk ausgefüllt.

Nach einer Inschrift bereits im Jahre 1367 begonnen, wurde die Moschee vermutlich erst Anfang des 15. Jh. fertiggestellt. Sie faßt 5000 Menschen und war damit der größte Bau ihrer Zeit auf dem Dekhan. Das Fehlen eines Minbars und der Waschanlagen legen die Vermutung nahe, daß der Bau den frühen Bahmani-Herrschern primär als Versammlungshalle zu politischen Anlässen diente. Eine oberflächliche Ähnlichkeit mit der Großen Moschee in Cordoba hat zu Spekulationen über ein Mitwirken spanisch-maurischer Baumeister geführt. Wahrscheinlicher ist jedoch eine Adaption arabischer oder persischer Vorbilder.

In den Feldern außerhalb des Westtors der Festung liegen die **Grabbauten der frühen Bahmani-Sultane,** einfache Baukörper auf quadratischem Grundriß mit nach oben leicht konisch zulaufenden Wänden, einer flachen Kuppel und Zierminaretten. Typisch sind die simplen, kantigen Spitzbogenfenster und die Spitzbogentür in der Mitte jeder Seite; deutlich erkennt man das Vorbild der Tughluk-Grabbauten. Nördlich der Grabstätten der ersten Könige steht die ihres geistigen Führers und Lehrers, des Heiligen Shaykh Sirajuddin Junaydi. Dem einfachen Grab und einer schmucklosen kleinen Moschee aus dem späten 14. Jh. fügte Yusuf Adil Khan im frühen 16. Jh. einen monumentalen Torbau mit zwei flankierenden hohen Minaretten hinzu.

Die in dem Stadtteil nördlich des Forts gelegene älteste Moschee Gulbargas, die **Shah Bazar-Moschee** aus der Zeit Muhammads I., wurde zum Vorbild aller nachfolgenden Moscheebauten auf dem Dekhan. Umfassungsmauer und Gebetshalle schließen einen quadratischen Raum ein. Den Eingang in der Mitte der Ostseite bildet ein überkuppelter würfelförmiger Baukörper mit einem Spitzbogen als Öffnung an jeder Seite. Das von 15 × 6 Kuppeln geformte Dach der Gebetshalle tragen schlichte gemauerte Säulen.

Auf der östlichen Seite der Stadt liegen die **Grabstätten der späteren Bahmani-Sultane,** die von Gulbarga aus regierten. Die Gruppe heißt nach der Anzahl der Kuppeln **Haft Gumbad,** sieben Kuppeln. Anders als bisher sind hier nun die Mausoleen von Dawud I. und Tajuddin Firoz aus zwei Kuppelbauten zusammengesetzt und verbunden durch einen schmalen Gang. Der aufwendige Stil der Bahmanis zeigt sich hier bereits voll ausgereift.

Dargah des Hazrat Gesu Daraz, Gulbarga ▷

Nordöstlich des Haft Gumbad erstreckt sich ein ausgedehnter Komplex von Grabbauten, Moscheen, Schulen, Pilgerunterkünften und Höfen, der **Dargah des Hazrat Gesu Daraz.** Diese Anfang des 15. Jh. von dem Moslem-Heiligen gegründete Institution stellt auch heute noch eines der heiligen Zentren des Islam auf dem Dekhan dar. Das Mausoleum des Gründers, errichtet 1422, ist ein stolzer Bau mit einer zweistöckigen Fassade, reichem ornamentalen Bauschmuck und einer aufwendigen ausgemalten Kuppel im Inneren.

Weiter im Südosten liegt auf einem Hügel, umgeben von anderen Moslem-Grabbauten, der **Dargah des Shah Kamal Mujarrad,** eines Heiligen, der ebenfalls in Gulbarga lebte. Der Komplex besteht aus einem einfachen Grabmal im Stil des späten 14. Jh., einer kleinen, mit feinen Stuckarbeiten versehenen Moschee und zwei weiteren Gebäuden.

Praktische Hinweise

Verbindung: Eisenbahn: Gulbarga liegt an der Bahnstrecke Pune/Sholapur – Hyderabad bzw. Guntakal. **Bus:** U. a. nach Bidar, Hyderabad, Bijapur und Sholapur.

Unterkunft: Hotel Mayura Bahmani, KSTDC, ✆ 644 (liegt schön im Stadtpark, Restaurant, Bar). Mehrere Hotels im Zentrum und nahe dem Busbahnhof am Stadtrand.

Bidar

53 km nordöstlich von Gulbarga, Distrikthauptstadt.

Die von Touristen wenig besuchte Stadt auf 750 m Höhe hat außer einem gesunden Klima und dem Reiz einer ländlichen Moslem-Stadt zahlreiche beeindruckende Baudenkmäler zu bieten.

Geschichte

Bidar besaß schon zur Zeit der Chalukyas von Kalyani eine kleine, aber wichtige Festung. Später gehörte es zum Königreich von Warangal und wurde 1322 von Ulugh Khan, dem späteren Muhammad ibn Tughluk, erobert, zu dessen Reich es gehörte, bis er durch Alauddin Hasan Bahman Shah vom Dekhan verdrängt wurde. Der neunte der Bahmani-Sultane, Shihabuddin Ahmad I., verlegte 1424 seine Hauptstadt von Gulbarga nach Bidar.

Als das Reich unter seinen schwachen Nachfolgern zu zerbrechen drohte, machte Alauddin Humayun (1458–1461) den fähigen Perser Khwaja Mahmud Gavan zu seinem Premierminister (s. S. 65). Die Provinzgouverneure erzwangen nach und nach ihre Unabhängigkeit, und die Premierminister der Familie Baridi beherrschten den Reststaat, bis sich Ali Barid 1543 selbst zum König machte und eine neue Dynastie gründete. 1619 wurde Bidar von Ibrahim Adil Shah annektiert und gehörte hinfort zu Bijapur, bis es 1656 von Aurangzeb erobert und dem Moghul-Reich eingegliedert wurde. 1724 fiel es an Hyderabad.

Besichtigung

Stadt und Fort liegen auf einem ansteigenden Plateau, das im Norden und Osten bis zu 100 m steil abfällt. Das **Fort,** stark befestigt mit gewaltigen Mauern und meist polygonalen Bastionen, sichern nach Westen und gegenüber der Stadt im Süden zusätzlich drei aus dem Lateritboden herausgeschlagene Gräben, im Südosten verbinden es drei befestigte Tore mit der Stadt.

Das älteste und wichtigste Gebäude im großräumigen Inneren der Festung, die

Festung von Bidar

Kuppeln der Solah Khamba-Moschee, Bidar

Solah Khamba-Moschee, stammt nach einer Inschrift von 1327, aus der Zeit Muhammad ibn Tughluks, und wurde später erneuert. Die ausgedehnten Palastbauten zerfielen zum großen Teil zu Ruinen. Das **Takht Mahal** war wohl der Palast von Shihabuddin Ahmad I., an einem hohen Torbau im Westen lassen Überreste von farbigen Fliesen die einstige Pracht ahnen. Das **Rangin Mahal** nahe dem Tor, der besterhaltene Teil, bietet ein gutes Beispiel der Palastarchitektur zur Zeit Ali Barids. Die Säulen, Konsolen und Deckenbalken aus edlem Holz oder hartem Stein, kunstvoll bearbeitet und mit Perlmutt ausgelegt, zeigen sowohl Moslem- als auch Hindu-Motive.

Eine Mauer mit mehreren befestigten Toren umschließt die Stadt. Zwei Hauptstraßen schneiden sich im rechten Winkel, an deren Kreuzung steht ein massiver, 23 m hoher Turm aus der Zeit Ahmads I.; der **Chaubara** genannte Bau diente vermutlich der Beobachtung und Überwachung. Die Hauptbasarstraße verläuft in Ost-West-Richtung. An der Nord-Süd-Achse liegen einige der wichtigsten Gebäude der Stadt, so südwestlich der Kreuzung die **Juma Masjid,** ein schlichter Bau der späten Bahmani-Zeit vom Anfang des 16. Jh., von den Baridis erneuert und ausgeschmückt. Nahe dem nördlichen Ende der Straße steht an der Straße der Torbau eines verschwundenen Palastes, **Takht-i Kirman** genannt; an der Fassade des gut erhaltenen Baus von 1430 erkennt man Stuckarbeiten, die zu den feinsten der Bahmani-Zeit gehören.

Das wichtigste Bauwerk der Stadt, die **Madrasa des Khwaja Mahmud Gavan** von 1472, steht für den wachsenden Einfluß der persischen Afakis am Hofe der Bahmani-Sultane und die Ausbreitung des Shiismus. Der dreistöckige, um einen quadratischen Innenhof angeordnete Bau mit ehemals zwei hohen Minaretten wurde nach dem Vorbild der Koranschulen der Timuriden-Zeit in Zentralasien errichtet. Von dem leuchtenden Fliesenschmuck an Minarett und Fassade blieben nur noch Teile erhalten. Das Gebäude wurde 1695 durch Blitzschlag stark beschädigt.

Bei Ashtur, in den Feldern östlich der Stadt, drängen sich dicht beieinander die **Grabbauten der Bahmani-Sultane;** der späte Bahmani-Stil zeigt zunehmend persischen Einfluß. Die Wände sind nicht mehr nach innen geneigt, die Kuppeln wirken voll und rund. Das früheste und eines der schönsten Mausoleen, das von Shihabuddin Ahmad I. (1422–1436), beeindruckt durch die in kräftigen Farben mit floralen, geometrischen und arabesken Motiven ausgemalte Kuppel. Am Grabmal Alauddin Ahmads II. (1436–1458) fallen die ungleich hohen Spitzbogen und Reste schöner Fliesendekorationen auf.

1 km stadtwärts steht der **Chawkhandi** genannte Grabbau für den shiitischen Heiligen Khalil Allah (gestorben 1460). Ungewöhnlicherweise wird der quadratische Kuppelbau mit dem Grab von einer achteckigen, zwei Stockwerke hohen Umbauung eingeschlossen; man beachte die schöne Kalligraphie in schwarzem Basalt.

Westlich der Stadt liegen, etwas weiter voneinander entfernt, da sie einst von schönen Gartenanlagen umgeben waren, die **Gräber der Baridi-Sultane.** Die Wände sind durch Spitzbogennischen gegliedert: je zwei kleine zu beiden Seiten eines größeren. Die Zinnen der umlaufenden Brüstung und die Basis der unten leicht eingezogenen Kuppel zeigen sorgfältig gearbeitete florale Verzierungen (s. Farbabb. 4). Am eindrucksvollsten ist die Grabanlage von Ali Barid (1543–1580).

Praktische Hinweise

Verbindung: Eisenbahn: An der Bahnstrecke Aurangabad-Hyderabad. **Bus:** U. a. nach Hyderabad, Gulbarga, Sholapur.

Unterkunft: Hotel Mayura Barid Shahi, KSTDC, Uadgir Road, ✆ 571 (angenehm; Restaurant, Bar, Nähe Busbahnhof). Beim Busbahnhof und an der Straße zur Stadt einige kleine Lodges. Palace Lodge, Khila Road (Nähe Fort).

Andhra Pradesh

Hyderabad

3,3 Mio. Einwohner, Hauptstadt von Andhra Pradesh.

Geschichte

Als die Qutb Shahi-Dynastie im nahen Golkonda auf der Höhe ihrer Macht stand, gründete 1590 ihr fünfter Herrscher, Muhammad Quli Qutb Shah (1580–1612), Bhagnagar am Südufer des Flusses Musi. Mit dem Char Minar als Zentrum der architektonisch interessanten und städtebaulich wohldurchdachten Stadt setzte sich der kunstsinnige Fürst ein bleibendes Denkmal. Sein Nachfolger Sultan Muhammad Qutb Shah (1612–1626), der nächste Herrscher, wurde von Aurangzeb aus der Stadt vertrieben. 1687 fiel auch Golkonda an die Moghuln.

Nach Aurangzebs Tod 1707 verloren die schwachen Kaiser in Delhi rasch die Kontrolle über ihre fernen Provinzen, und die Statthalter der Krone entwickelten sich zu selbständigen Fürsten. Asaf Jah (1671–1748), ein fähiger Staatsmann turkmenischer Herkunft, avancierte 1713 zum Vizekönig des Dekhan mit dem Titel Nizam-ul-Mulk. 1724 besiegte er Mubariz Shah, den der wankelmütige Moghul-Herrscher gegen ihn ausgesandt hatte, und etablierte sich als de facto unabhängiger Fürst in Hyderabad. Seine Nachfolger fungierten abwechselnd als Figuren der Engländer oder der Franzosen im wirren und blutigen Spiel um die Macht in Süd-Indien. Der fünfte Nizam Ali schlug sich letztlich auf die Seite der Briten, und die Herrscher von Hyderabad stiegen unter der diskreten Kontrolle britischer Residenten zu den ranghöchsten Fürsten Indiens auf.

1948 wurde auch der Nizam gezwungen, sein Reich in die Union einzubringen. Er hegte noch Ambitionen, sich selbständig zu machen. Indem er sich jedoch durch eine radikale Moslem-Vereinigung unterstützen ließ, schuf er selbst die Begründung für eine Militäraktion der Zentralregierung: Die 85 % Hindus in der Bevölkerung des Fürstentums mußten geschützt werden. Mir Osman Ali Khan Asaf Jah, der siebte Nizam, lenkte ein und dankte ab; er starb 1967. Telengana, der größte Teil des ehemaligen Staatsgebietes des Nizam, wurde im Jahre 1956 mit anderen telugusprachigen Landesteilen zusammengeschlossen; Hauptstadt des neuen Bundesstaates Andhra Pradesh wurde Hyderabad.

Besichtigung

Die Stadt

Das moderne Zentrum der Stadt, der fünftgrößten Indiens, liegt zwischen dem Fluß Musi im Süden und dem großen, künstlich angelegten See Hussain Sagar im Norden. Hier befand sich auch schon die Stadt der späten Nizams; ihren Mittelpunkt bildet der Stadtteil Abids, wo sich in den vielen Basaren das kom-

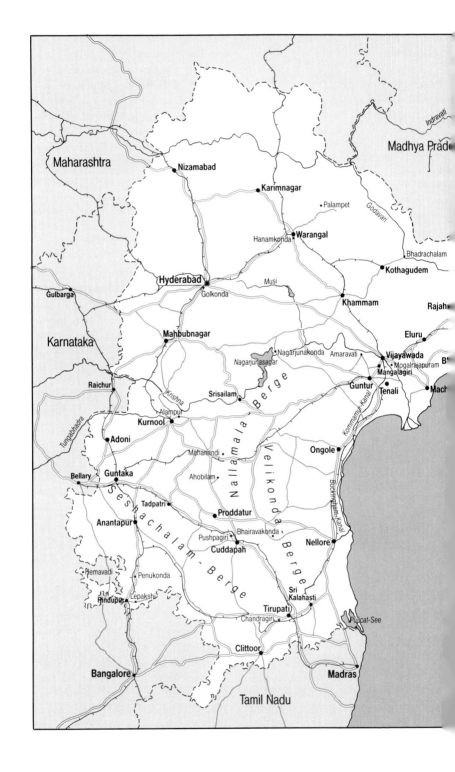

Orissa

Vizianagaram

Bheemunipatnam
Simhachalam

Anakapalle • Vishakhapatnam

lkot • Chalukya-Bhimavaram
• Kakinada
avolu • Draksharama

olf von Bengalen

0   N   100 km
     ▲

Andhra Pradesh

merzielle Leben der Stadt konzentriert. Im Süden, nahe dem Fluß, stehen prächtige Kuppelbauten des 19. Jh. im indosarazenischen Stil wie das riesige Osmania General Hospital.

Secunderabad, aus dem Cantonment der Briten entstanden und heute mit Hyderabad zu einer Zwillingsstadt zusammengewachsen, erstreckt sich nördlich des Hussain Sagar. Man erreicht es über eine eindrucksvolle Uferstraße, besetzt mit zahlreichen Denkmälern. Wichtig ist Secunderabad wegen seines Bahnhofs, der der Hauptbahnhof der Zwillingsstadt ist (vom Bahnhof Hyderabad kommt man nicht weit).

Zwischen Hyderabad und Secunderabad liegt im Osten das ausgedehnte Gelände der Osmania-Universität. Im Westen der Stadt, 10 km vom Zentrum, findet man die Festung Golkonda und die Gräber der Qutb Shahi-Sultane.

Südlich der Musi liegt die Altstadt, die Stadt der Qutb Shahis, zum Teil noch in den Mauern, die der Moghul-Statthalter Mubariz Khan später aufführen ließ. Mittelpunkt und Wahrzeichen Hyderabads ist der mächtige Bau des **Char Minar (5**; Vier Türme). Über quadratischem Grundriß ruhen drei Stockwerke auf 15 m hohen Bogen, die sich nach vier Seiten öffnen; an den Ecken reichen vier Minarette 53 m hoch in den Himmel. Über den Torbogen ziehen sich Arkadengänge um den Bau, in dessen Innerem sich u. a. eine Moschee befindet. Errichtet wurde dieser bemerkenswerte Bau 1591, kurz nach der Stadtgründung, der Legende nach zum Gedenken an eine gerade überstandene Epidemie. Der Blick von oben über die Kuppeln der

265

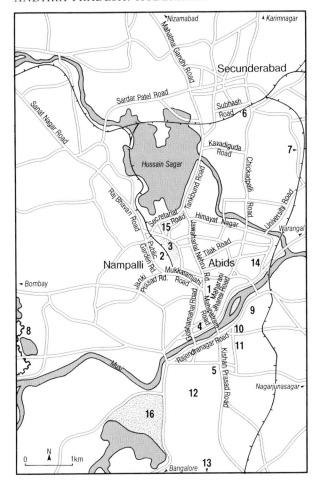

Hyderabad

1 Hauptpostamt (GPO)
2 Bahnhof von Hyderabad
3 Public Gardens/ Archäologisches Museum
4 Busbahnhof
5 Char Minar/Juma Masjid/Basaranlagen/Mecca Masjid
6 Bahnhof von Secunderabad
7 Osmania-Universität
8 Festung Golkonda
9 Badshahi Ashur Khana
10 Salar Jang-Palast
11 Purani Haveli
12 Chaumahalla-Palast
13 Faaknuma-Palast
14 King Kothi
15 Shri Vekateshvara-Tempel (Birla Mandir)
16 Zoo und Nehru-Park

Stadt und auf das Menschengewimmel zu seinen Füßen ist überwältigend. Der selbstmörderische Sprung einiger Frauen in die Tiefe veranlaßte allerdings die Behörden vor einiger Zeit, keinen Besucher mehr hinaufzulassen.

Am Char Minar schneiden sich rechtwinklig die Nord-Süd-Achse der Stadt und die in Ost-West-Richtung verlaufende Hauptbasarstraße. Nur wenig nördlich davon werden an einer Kreuzung die gleichen städtebaulichen Akzente gesetzt: Vier gewaltige Bogen (**Char Kaman**) überspannen die abge-

henden Straßen. Zwischen den beiden Kreuzungen führt ostwärts eine Gasse zur **Juma Masjid** mitten im Basar. Sie ist, 1598 ebenfalls von Muhammad Quli Qutb Shah erbaut, die älteste Moschee der Stadt.

Im Südwesten, unmittelbar gegenüber dem Char Minar, steht die **Mecca Masjid (5)**, mit einem Fassungsvermögen von 10 000 Menschen eine der größten Moscheen Indiens; sie wurde aus riesigen Granitquadern erbaut, die Fassade der Großen Moschee in Mekka nachempfunden. Außerdem sollen in die Pfeilerbogen Ziegel eingelassen sein, die aus Erde von Mekka geformt wurden. Der Bau der Moschee, 1614 begonnen, wurde erst unter Aurangzeb vollendet. In dem langgestreckten Bau links vor der Moschee befinden sich die Gräber der Herrscher seit Nizam Ali.

Meist im Gewirr enger Gassen liegen versteckt einige alte Paläste; leider wurden die der Qutb Shahis fast vollständig zugunsten von Neubauten der nachfolgenden Herrscher abgerissen. Eine Halle, die auf Muhammad Quli Qutb Shah zurückgeht, ist noch im **Badshahi Ashur Khana (9)** zu sehen, nahe dem **Palast von Salar Jang (10)**. Der ›Alte Palast‹ des Asaf Jah, **Purani Haveli (11)**, liegt ungenutzt im Nordosten vom Char Minar. Südlich davon erstreckt sich der ausgedehnte Komplex des **Chaumahal-la-Palastes (12)**, seit dem 18. Jh. die Residenz der Nizams, und auf einem Hügel im Süden außerhalb der Stadt steht der **Faaknuma-Palast (13)** aus dem 19. Jh., der sich noch im Besitz der Fürstenfamilie befindet. Die ›griechische‹ Fassade sieht man gut vom Zug aus, wenn man nach Süden fährt.

In den Stadtteilen nördlich der Musi gibt es viele meist öffentliche Gebäude aus dem 19. Jh., die mit ihren Kuppeln und Ornamenten zur orientalischen Atmosphäre der Stadt beitragen. Versteckt in den Basaren liegen die ehemaligen **Britische Residenz**, erbaut 1803 und heute eine höhere Mädchenschule, sowie der **King Kothi (14)**, wo der letzte Nizam bis zu seinem Tode lebte.

Auf einem der beiden Hügel nahe den Public Gardens steht der **Shri Venka-teshvara-Tempel (15)**, die neueste Attraktion Hyderabads. Dieser handwerklich vorzüglich gearbeitete Tempelkomplex aus makellos weißem Marmor im ›All India-Mischstil‹ wurde in den 70er

Jahren von dem Großindustriellen Birla gestiftet, deshalb sein volkstümlicher Name ›Birla Mandir‹ – der richtige Platz, um den Sonnenuntergang zu erleben und dabei halb Hyderabad zu treffen! Angenehm sind auch die **Public Gardens** zur Erholung von der Hektik der Stadt und ihrer abgasgesättigten Luft. Zwischen hohen alten Bäumen, Rasenflächen und Teichen verstreut liegen hier u. a. Parlamentsgebäude und -bibliothek, eine Moschee und ein bunt bemaltes Tempelchen, die Jubilee Hall, erbaut anläßlich des Thronjubiläums des letzten Nizams 1934, ein Freiluftkino und das **Archäologische Museum (3)**.

Letzteres ist in einem interessanten nizamzeitlichen Bau untergebracht. Die Sammlungen sind nicht groß und nicht gerade nach modernsten museumsdidaktischen Erkenntnissen aufgestellt, aber doch recht sehenswert: Skulpturen und Architekturfragmente buddhistischer, jainistischer und hinduistischer Kultbauten von Fundstätten des östlichen Dekhan, Bronzen, Münzen, Waffen und Kunsthandwerk, z. B. Bidri-Arbeiten (im Eingangsgebäude ein Laden mit Büchern aus staatlichen Verlagen).

Das **Salar Jang-Museum** befindet sich heute einige Schritte die Musi flußabwärts hinter der Afzalgani-Brücke in einem Neubau. Die Exponate beschränken sich nicht mehr nur auf Kuriositäten, die Salar Jang, der 30 Jahre lang bis zu seinem Tode 1883 Premierminister der Nizams war, in aller Welt zusammengetragen hat. Sehenswerte Sammlungen von indischen Bronzen, Malereien auf Stoff, Miniaturmalereien und illustrierten Büchern, von Skulpturen, Elfenbein und kostbaren Waffen sowie Ausstellungsstücke von historischer Bedeutung werden in großzügigen Räumen ansprechend präsentiert. Die Abteilung mit eu-

Char Minar, Hyderabad

sie durch Alauddin Khilji unter die Oberhoheit Delhis, 1364 fiel sie in die Hände der Bahmanis von Gulbarga und blieb über 150 Jahre in deren Besitz; sie ersetzten die Erdwälle durch Steinmauern. Zwischen 1512 und 1518, als das Bahmani-Reich immer mehr verfiel, machte sich auch die Provinz Telengana unter ihrem letzten Gouverneur Muhammad Quli Qutb Shah unabhängig.

Er verlegte die Hauptstadt von Warangal nach Golkonda. Die Qutb Shahi-Sultane beherrschten von hier aus ein reiches Land mit ergiebigen Diamantenfeldern und durch Bewässerung ertragreicher Landwirtschaft. 1590 zog der Hof in die neue Hauptstadt Bhagnagar/Hyderabad um, von wo ihn 1656 die Moghuln wieder nach Golkonda zurücktrieben. Die Festung hielt jedoch stand; erst 1687 fiel sie nach acht Monaten Belagerung durch Verrat an Aurangzeb. Die Frauen des letzten Sultans Abdul Hasan Tana Shah begingen ›Johar‹: Beim Nahen des Feindes sprangen sie in einen Brunnen.

Die Stadt ist umgeben von einem Graben und einem **dreifachen Mauerring mit 87 Bastionen und acht Toren (1)**. Von Hyderabad kommend gelangt man durch das Siegestor, **Fateh Darwaza (2)**, in die Stadt. An der Straße zur Burg sollen die Juweliere Quartier und Läden gehabt haben. Das schöne **Mekka-Tor** war den Pilgern sowie Staatsbesuch und Gesandtschaften vorbehalten. Durch das **Banjara Darwaza (3)**, das man auf dem Weg zu den Königsgräbern passiert, drang Aurangzeb mit Verräterhilfe ein. Besonders eindrucksvoll sind die Festungsanlagen im Westen mit der **Petla-Bastion (4)**. Im Osten wurden die Befestigungen nach der ersten Moghul-Belagerung durch **Naya Qila (5)** vervollständigt.

ropäischen Gemälden, Skulpturen und Kunsthandwerk bringt den fremden Besucher dagegen eher zum Schmunzeln über den Sammeleifer und den Geschmack eines indischen Gentlemans des 19. Jh. (10.00–17.00 Uhr, freitags geschlossen).

Über 120 Hektar erstreckt sich südwestlich der Stadt einer der größten **Zoos** Indiens. Die Tiere werden in weit über die Landschaft verstreuten, großen Gehegen gehalten. Ein angegliederter Löwen-Safaripark, ein naturhistorisches Museum und andere Ausstellungen sowie Vergnügungseinrichtungen für Kinder erhöhen die Attraktivität des **Nehru-Parks** für die Einwohner von Hyderabad (9.00–18.00 Uhr, montags geschlossen).

Golkonda

Unter dem Namen Mangalwaram oder Mankal war die **Festung** (8; s. a. Frontispiz) schon unter den Kakatiya-Königen von Warangal von Bedeutung. 1346 kam

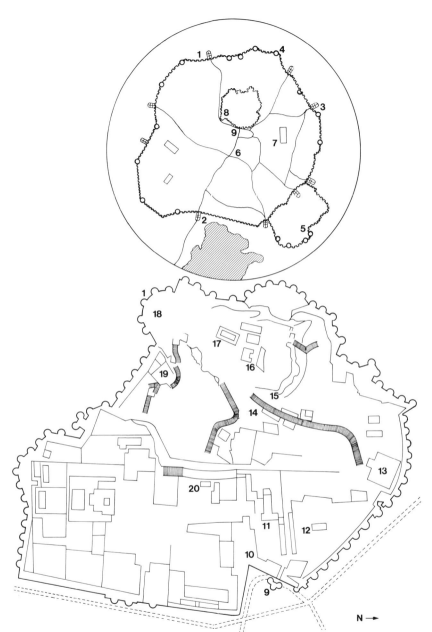

Golkonda 1 Dreifacher Mauerring/Bastionen/Tore 2 Fateh Darwaza (Siegestor) 3 Banjara Darwaza 4 Petla-Bastion 5 Naya Qila 6 Juma Masjid 7 Kotara Houz 8 Balahisar (Zitadelle) 9 Balahisar-Tor 10 Aslah Khana/Imbiß/Tourist Office 11 Unterkünfte der Wachen 12 Nagina Bagh 13 Badi Baoli 14 ›Gefängnis des Ramdas‹ 15 Ambar Khana 16 Moschee des Ibrahim 17 Mahakali-Höhlentempel 18 Baradari/Durbar Hall 19 Harem 20 Taramati-Moschee

In der Stadt blieben nur wenige Gebäude erhalten, weit verstreut um die Zitadelle in ihrem westlichen Teil. Die **Juma Masjid (6)**, vom ersten der Qutb Shahis erbaut, liegt nicht weit vom Tor zur Zitadelle. Nördlich von dieser befindet sich eine Zisterne, verbunden mit einem großen überdachten Wasserbecken, dem **Kotara Houz (7)**, in dem sich die Könige mit ihren Damen vergnügt haben sollen. Außerdem gibt es noch einige kleinere Moscheen und im Südosten Gebäude aus der Moghul- und Nizam-Zeit zu entdecken.

Überragt wird die Stadt von der Zitadelle (**Balahisar; 8**), die sich auf einem Granitbuckel bis zu 115 m über die Ebene erhebt. Gegenüber einem mächtigen Triumphbogen mit schönen Stuckarbeiten öffnet sich hinter einer vorgebauten Bastion das prächtige **Balahisar-Tor (9)** zur Residenz der Qutb Shahi-Sultane. Gleich nach Passieren des Tores wird der Besucher mit einem akustischen Phänomen konfrontiert: In der Vorhalle Gesprochenes kann ganz oben im Palast verstanden werden. Gleich links vom Tor steht der dreistöckige Bau des **Aslah Khana**, eines Waffen- und Munitionsdepots – davor unter kühlem Gewölbe Tische, Stühle, kalte Getränke und Informationen vom Tourist Office (10). Vorbei an den **Unterkünften der Wachen (11)**, ehemaligen Verwaltungsgebäuden, dem **Nagina Bagh (12)**, einem schönen Garten, der gerade wieder hergerichtet wird, und einem einst prächtigen Stufenbrunnen (**Badi Baoli; 13**) erreicht man einen steil nach oben führenden Treppenweg.

Auf halber Höhe stößt man auf das ›**Gefängnis des Ramdas‹ (14)**, der unter Abdul Hasan Tana Shah den Posten eines Steuereinnehmers im Bezirk Bhadrachalam innehatte und hier einsaß,

weil er sechs Lakh Rupien vereinnahmter Gelder, statt sie abzuliefern, zur Renovierung des dortigen berühmten Rama-Tempels abzweigte. Gott Rama belohnte die fromme Unterschlagung und ließ den Sultan träumen, er habe alles zurückbekommen. Ramdas erhielt Freiheit und Posten zurück, der König veranlaßte darüber hinaus jährliche großzügige Geschenke an den Tempel, die den Brahmanen auch unter den Nizams weiter zuflossen.

Knapp darüber passiert man den **Ambar Khana (15)**, wo Schießpulver gelagert wurde, und erreicht die recht gut erhaltene **Moschee des Ibrahim (16)**, des dritten der Qutb Shahi-Sultane. Unter dem Gipfel steht rechts ein kleiner **Höhlentempel für Mahakali (17)** mit naiven farbigen Malereien und ganz oben dann ein dreistöckiger Palastbau, **Baradari**, mit der **Durbar Hall (18)**, wo die Könige Hof hielten. Von der Dachterrasse aus hat man den besten Blick auf Burg, Stadt und Umgebung.

Direkt unterhalb, über eine steile Treppe erreichbar, liegt der große Komplex der privaten Paläste und des **Harems (19)**. Durch Nischen gegliederte Wände, intime Höfe und Brunnen lassen die vergangene Pracht ahnen. Interessant sind die Reste des für die damalige Zeit einmaligen Wasserleitungssystems. Das Wasser wurde von einem Becken zum anderen mit Hilfe persischer Wasserräder auf den Gipfel befördert und von da über ein raffiniertes System von Tonröhren zu den Zapfstellen geleitet, sogar eine Toilette mit Spülung wurde gefunden. Vorbei an der kleinen **Taramati-Moschee (20)** kommt man wieder zum Tor. (Bus von Nampalli, gegenüber dem Bahnhof Hyderabad – Nr. 119 und 142 – und von Afzalganj – Nr. 80 –. Endstation am Tor zur Zitadelle).

Die Gräber der Qutb Shahi-Dynastie

Im Nordwesten Golkondas, ca. 1 km außerhalb der Mauern, liegen die Grabbauten aller Qutb Shahi-Herrscher und vieler Mitglieder der königlichen Familie. Abdul Hasan Tana Shah, der letzte der Dynastie, konnte sein Mausoleum allerdings nicht mehr beziehen. Er wurde 1687 von Aurangzeb entthront und starb 1704 als dessen Gefangener in der Festung Daulatabad. Die ganze Anlage war reichlich heruntergekommen, als Salar Jang I., Minister der Nizams, sich ihrer annahm, sie restaurieren, die Gartenanlagen wiederherstellen und eine Mauer um den ganzen Komplex ziehen ließ. Nur der majestätische Kuppelbau des Abdullah Qutb Shah (gestorben 1672) steht außerhalb dieser Einfriedung.

Die Grabbauten sind eine Weiterentwicklung der Bahmani-Gräber von Bidar. Die unten leicht eingezogene ›Lotuskuppel‹ ruht auf einem runden Tambour und dieser wiederum auf einem Unterbau mit quadratischem Grundriß, einstöckig bei den einfachen, doppelstöckig bei den großen Bauten, umgeben von Spitzbogenarkaden. Treppen führen zu den eigentlichen Gräbern und hinauf zum Fuß der Kuppel. Die Bauten sind reich mit floralen Stuckelementen geschmückt, auf den Eckpunkten der Stockwerke stehen kleine Türmchen. Von den farbigen Fliesen, mit denen die Außenwände z. T. bekleidet waren, sind nur noch Reste zu sehen.

Den großen Grabbauten ist nach Westen eine kleine Moschee vorgelagert: eine schmale Halle mit Mihrab, zum Kuppelbau hin offen, mit zwei Minaretten an den Seiten. Das mit 56 m Höhe größte und auch eines der schönsten ist das Mausoleum Muhammad Quli Qutb Shahs (die Anlage wird bei Sonnenuntergang geschlossen).

Praktische Hinweise

Verbindung: Flugzeug: Hyderabad ist gut in das Flugnetz von Indian Airlines eingebunden. Flüge von und nach Delhi, Nagpur, Calcutta, Bubhaneshvar, Madras, Bangalore und Bombay. Büro in Saifabad, nahe Public Gardens/Secretariat Building, ✆ 36902/72910. Flughafen 7 km nordwestlich der Stadt.

Eisenbahn: Der Haupt-Bahnhof der Stadt ist Secunderabad Station. Von da gute Verbindungen nach allen Großstädten in Indien und zu touristisch interessanten Plätzen in Andhra Pradesh. Züge nach Vijayawada auch von Hyderabad Station. Kachiguda Station, östlich von Abids, liegt günstig zum Zusteigen an der Strecke von Secunderabad nach Süden: Kurnool, Bangalore, Madras… Reservierungsbüro von Secunderabad Station nicht im Bahnhofsgebäude, sondern wenige hundert Meter links (östlich).

Bus: Busbahnhof Gowliguda zentral an der Maulavi Alauddin Road südlich von Abids am Fluß. Schnellbusse, auch in die Nachbarstaaten, können im voraus gebucht werden.

Organisierte Rundfahrten: Ganztägige Stadtrundfahrten werden von zwei Veranstaltern angeboten: APTTDC, Diamond House, Liberty Road, Himayat Nagar, ✆ 36282, und ITDC, Lidcap Building, Himayat Nagar, ✆ 220730. Sie besuchen die Osmania-Universität, Birla Mandir, Public Gardens, Golkonda und Qutb Shahi-Gräber, Osman Sagar (ein Stausee der Musi), Salar Jang-Museum, Char Minar, Mecca Masjid und Zoo; täglich 8.00–18.00 Uhr (bzw. 18.30), außer freitags; De Luxe- oder AC-Busse. Die Rundfahrten starten bei den entsprechenden Büros, wo man auch Auskünfte und Info-Material bekommt. Die Info-Schalter in den Bahnhöfen und am Flughafen sind wenig nützlich. Die APTTDC organisiert außerdem Fahrten zu anderen Plätzen in Andhra Pradesh wie Nagarjunasagar, Bhadrachalam, Warangal u. a.

Unterkunft: A: Zwischen Abids und Hussain Sagar, am Südufer des Sees: Hotel Ritz (mit gepflegter britisch-kolonialer Atmosphäre und allem Komfort, ursprünglich als Palast für eine Schwiegertochter des Nizams gebaut, im Stile eines schottischen Adelssitzes). Welcome Group-Hotel Banjara, Banjara Hill (modern, blickt auf den See). Hotel Hyd-Inn (klein, in Basheer Bagh). Hotel Blue Moon, Raj Bhavan Road. Hotel Annapurna, Nampalli Station Road. Hotel Rajdhani, Siddiamber Bazar (gehört zu einer gut geführten Kette). Deccan Continental; Parklane Hotel; Asrani Hotel (alle in Secunderabad).

B: Konzentriert in Abids: Hotel Jaya International, Abids Road (nahe Hauptpostamt). Hotel Siddhartha, Troop Bazar. Taj Mahal Hotel, King Kothi Road. Hotel Dwaraka, Lakdi ka Pul. Sri Brindavan Hotel in einem Innenhof der Station Road (nicht weit vom Hauptpostamt, empfehlenswert). Tourist Hotel (liegt günstig zum Kachiguda Bahnhof).

C: Überall in Abids, z. B. Superlodge und Royal Hotel, Nampalli High Road. Sehr einfache Hotels in der Altstadt, rund ums Char Minar. Jugendherberge, Secunderabad (Nordufer des Hussain Sagar). YMCA und YWCA in Abids (hauptsächlich von Gruppen frequentiert).

Restaurants: Für den ersten Tee und ein einfaches Frühstück: Tashkent, ein Treffpunkt interessanter zentralasiatischer Typen, Station Road (nahe Hauptpostamt). Jedem guten Hotel ist ein Restaurant angeschlossen (s. o.); Kamat-Kette, auch vegetarisches Essen; eine Reihe von Restaurants in der Nampalli High Road, Station Road und Nehru Road. Shalimar Restaurant beim Brindavan Hotel.

Warangal

155 km nordöstlich von Hyderabad, Distrikthauptstadt.

Als Ekasilanagari und später Orakkal (von dravidisch: freistehender Fels) war die geräumige Stadtfestung 1110–1326 die glanzvolle Hauptstadt der Kakatiyas oder Ganapatis. 1310 wurde Warangal von Malik Kafur, dem Günstling, Geliebten und General des Alauddin Khilji

von Delhi, schwer bedrängt, der König zur Tributzahlung gezwungen. 1323 eroberte dann Ulugh Khan, der spätere Muhammad ibn Tughluk, im zweiten Anlauf die Festung. Aber schon 1346 verjagte Krishna Naik die Moslems und machte sich selbst zum König von Warangal; wenig später erstand ihm in dem Bahmani-Reich ein machtvoller Rivale. Ahmad Wali I. Bahmani verleibte 1424 Warangal und Telengana seinem Reich ein. Als dieses schließlich zerfiel, erklärte sich 1518 dessen letzter Gouverneur von Warangal, Quli Qutb Shah, für unabhängig (s. S. 268).

Die Stadt Warangal eignet sich gut als Standquartier zum Besuch der bekanntesten Relikte des Kakatiya-Reiches: der Festung Warangal, der Tempel von Hanamkonda (Hanumankonda) und der Gegend um Palampet.

Praktische Hinweise

Verbindung: Eisenbahn, Bus; wenige Kilometer vom Eisenbahnknotenpunkt Kazipet entfernt.

Unterkunft: B: Tourist Guest House, ∅ 6201. Mehrere Hotels nahe der Kreuzung R.N. Tagore Road/Chowrasta (ca. 1 km vom Bahnhof). Nataraj Lodge; Krishna Lodge (beide R.N. Tagore Road). Annapurna Lodge; Ganesh Lodge; Ananda Lodge; Venkatarama Lodge; Hotel Kohinoor (alle Chowrasta). Hotel Shankar am anderen Ende der Chowrasta, in Hanamkonda, ∅ 7171, 7541.

Die Umgebung von Warangal

Warangal Fort

Ein Mauerring von über 6 km Länge umschließt das unübersichtliche Gelände des Forts. Als zweite Verteidigungslinie

Kirti-Mukha, Architekturfragment in Warangal Fort

wurde ein Erdwall angelegt. Zwölf kleinere Tempel, verstreute Kultbilder von Hanuman und Ganesha, in die Mauern eingelassene Reliefteile sind zu entdecken. Am eindrucksvollsten wirkt ein weiter Platz, übersät mit Architektur- und Skulpturfragmenten aus grünlichem und rosa Granit, begrenzt von vier großartigen, einzig noch aufrechtstehenden Schmucktoren. Auch aus der Moslem-Zeit existieren Zeugnisse, so der kraftvolle Bau des Khasi Mahal.

Hanamkonda

Der Ort Hanamkonda, zu erreichen mit Stadtbus oder Motor-Rikscha, ist im Laufe der Zeit mit Warangal zusammengewachsen. (Wer z. B. in Warangal Geld tauschen will, muß die reichlich abgelegene ›State Bank of India‹ in Hanamkonda finden.) Die Attraktion hier ist der sog. **1000-Pfeiler-Tempel**. Er wurde 1162 von König Pratapa Rudra für Rudra errichtet, die vedische Form des späteren

Shiva. Es handelt sich um eine Anlage im Trikuta-System: Auf einer gemeinsamen hohen Plattform stehen drei Kultzellen, halbkreisförmig nach Süden, Westen und Norden ausgerichtet, um eine zentrale Halle angeordnet und mit ihr verbunden. An der vierten Seite schließt sich die eigentliche 1000-Pfeiler-Halle an, der Mandapa. Die ca. 300 Säulen der Halle sind Meisterwerke der Steinmetzkunst. Der Raum wird nach außen durch kunstvolles Steingitterwerk zwischen den äußeren Pfeilern abgeschlossen. Figurenfriese laufen um die hohe Plattform.

Palampet

60 km nordöstlich von Warangal.

Über die weite Ebene unterhalb des antiken Staudamms verstreut, zwischen Reisfeldern und Gruppen von Rafiapalmen, verstecken sich die Überreste aus der glanzvollen Zeit der Kakatiya-Könige. Im Zentrum steht der hochgerühmte sog. **Ramappa-Tempel**. Über einen Weg zum Damm und diesen entlang erreicht man, zu Fuß oder auf einem Ochsenkarren, nach ca. 2 km die einzige Unterkunft; gleich daneben, wie auch auf der anderen Seite des Staudamms, liegen zugewachsene und versteckte Tempel und Tempelchen mit schönen Skulpturen. Der Damm, der den ca. 20 km² großen **Ramappa-See** aufstaut, die Bewässerungsanlagen und die Bauten gehen auf das 13. Jh., der Haupttempel geht nach einer Inschrift auf Recerla Rudra, einen General des Kakatiya-Königs Ganapati, zurück.

Der von mehreren kleineren Schreinen umgebene Tempel steht in Ost-West-Ausrichtung auf einer hohen Plattform. Das Sanktum unter dem Turm birgt ein Linga mit Schlangenhaube. Schwarze polierte, abwechselnd gedrechselte und mit Skulpturen geschmückte Säulen tragen die Decke der Halle, die u. a. Dikpalas zieren. Über dem Eingang zur Cella tanzt ein Shiva zwischen den Matrikas und Ganesha, gegenüber liegt ein riesiger Nandi mit der für Andhra Pradesh typischen Glockenkette um den Hals. Um die Außenwände des Tempels und den hohen Sockel ziehen sich endlose Friese mit Darstellungen von Tänzerinnen und Musikanten, Mithunas, Kriegern und Göttern. Unter dem vorkragenden Dach hängen unglaublich fein gearbeitete Trägerfiguren, überschlanke Frauen in eigenartig manierierten Posen. Störend wirken die Betonstützen dazwischen, die verhindern sollen, daß das von Erdbeben stark beeinträchtigte Wunderwerk wie einige der umliegenden Tempel in sich zusammenbricht (s. Farbabb. 3).

Praktische Hinweise

Verbindung: ›Local Bus‹ von Warangal, umsteigen im Dorf Mulug.

Unterkunft: ›Vanavihar‹ Tourist Rest House (sehr einfach), Buchung: Divisional Engineer PWO, Warangal.

Bhadrachalam

320 km östlich von Hyderabad, 207 km nördlich von Vijayawada.

Bhadrachalam, am linken Ufer der Godavari gelegen, ist mit seinem **Rama-Tempel** ein berühmter Wallfahrtsort. Rama soll hier auf seinem Weg nach Lanka den Fluß überquert haben. Sein Haus wird den Gläubigen ebenso gezeigt wie – wenige Kilometer entfernt – eine Quelle, von wo Lakshmana Badewasser für Sita geholt haben soll. Der fromme Hindu pilgert auch noch die 35 km nach Parnasala, wo ein Tempel die Stelle markiert, an der Rama und Sita wohnten, bevor sie ihm hier abhanden kam (s. S. 43 f.). Auch hat man die Steine gefunden, wo Sita ihre Saris zum Trocknen auszulegen pflegte. Der Tempel, den 24 kleinere Schreine umgeben, birgt als Kultbild einen vierarmigen Rama mit Sita und Lakshmana und ist außen mit interessanten Skulpturen bestückt.

Praktische Hinweise

Verbindung: Busse von allen großen Städten im Norden von Andhra Pradesh. Eisenbahn bis Bhadrachalam Road, weitere 40 km per Bus.

Unterkunft: Einige kleine Hotels (C), reichlich Dharmashalas. In Parnasala ein Tourist Rest House.

Vishakhapatnam (Vizag)

Nordöstlich der Godavari-Mündung, Ostküste am Golf von Bengalen.

Vishakhapatnam ist ein wirtschaftliches Zentrum in Andhra Pradesh und sein wichtigster Hafen; dieser wird durch ein Vorgebirge der Östlichen Ghats geschützt, das weit ins Meer hinausragt – von dieser ›Dolphin's Nose‹ überblickt man gut die ganze Bucht. Der Aufstieg des einstigen kleinen Fischerdorfes begann Anfang dieses Jahrhunderts mit dem Bau der Eisenbahnstrecke zu den Erzlagern im Landesinneren durch die Briten. Heute besitzt Vishakhapatnam Werften, Ölraffinerien, Düngemittelfabriken und Zinkschmelzen, ein riesiges Stahlwerk befindet sich im Bau; außerdem ist es Universitätsstadt und Kriegshafen.

Für den Reisenden eignet sich Vizag mit seinen guten Hotels und brauchbaren Stränden zum ›Auftanken‹ nach anstrengenden Fahrten im Landesinneren oder als Basis für Ausflüge in die Umgebung. In der Stadt selbst kann der Inter-essierte den **Hafen** (dienstags, mittwochs, donnerstags 16.00–18.00 Uhr), die **Hindustan-Werft** (montags–samstags 16.00–18.00 Uhr) und die große **Ölraffinerie** der ›Hindustan Petroleum Corporation Ltd.‹ besichtigen (montags–freitags, Besuchserlaubnis vorher einholen).

Waltair, das ›Brighton Indiens‹, ist heute quasi ein Vorort von Vishakhapatnam, ein elegantes Seebad, Wohnort der Reichen und Sitz der Universität.

Praktische Hinweise

Verbindung: Flugzeug: Nach Hyderabad und Calcutta. Eisenbahn: Waltair liegt an der Strecke Calcutta – Madras. Bus: In das Bergland von Orissa (Koraput, Jeypore) und nach Bastar (Madhya Pradesh) sowie nach Zentralindien und weiter.

Unterkunft: A: Hotel Dolphin, ✆ 64811–20; Hotel Ooty, ✆ 64251–8 (beide Daba Gardens). B: Hotel Ocean View Inn, ✆ 64828 in Kirlampudi/Nordstrand. Hotel Park, ✆ 6308–5; Hotel Sea Pearl, ✆ 64371–6; Hotel Sun-u-Sea Park, ✆ 4333, 4856 (alle an der Beach Road). Jugendherberge.

Die Umgebung von Vishakhapatnam

Simhachalam

16 km nördlich von Vishakhapatnam, auf einem Hügel in den Östlichen Ghats.

Der Simhachalam-Tempel, Narasimha geweiht, hat als Pilgerzentrum die gleiche Bedeutung wie Tirupati im Süden. Der Tempel im Orissa-Stil ist reich mit Skulpturen geschmückt.

Praktische Hinweise

Verbindung: Bus von Vishakhapatnam oder Taxi. **Unterkunft**: APTTDC Tourist Guest House ›Chandana‹, ✆ 69.

Das Godavari-Delta

Rajahmundry

An der Godavari, ca. 75 km unterhalb der landschaftlich äußerst reizvollen Gegend, wo der Fluß durch eine eindrucksvolle Schlucht aus den Östlichen Ghats die Ebene erreicht.

Die Stadt besitzt eine glanzvolle Vergangenheit. Schon im 3./2. Jh. v. Chr. war sie die südliche Hauptstadt der Kalingas, später eine Residenz der Vengi-Könige und der Östlichen Chalukyas. Sie gehörte zum Reich der Cholas und danach zu dem der Kakatiyas, bevor die Moslems kamen. Aus der Zeit Muhammad ibn Tughluks blieb die Hauptmoschee der Stadt erhalten.

Rajahmundry hat komfortable Hotels und kann als Ausgangspunkt für Besuche der Godavari-Schluchten und der interessanten Plätze im Delta dienen. Letztere sind allerdings besser von Kakinada aus zu erreichen.

Praktische Hinweise
Verbindung: An der Bahnlinie Calcutta–Madras, die hier zusammen mit der Straße auf der zweitlängsten Brücke des Landes den Fluß überquert. Ausgezeichnete Busverbindungen.
    Unterkunft: B: Hotel Mahalakshmi, ⌀ 4008, 4122. Hotel Panchvati.

Kakinada

66 km nordöstlich von Rajahmundry.
    Kakinada ist eine geschäftige Stadt am östlichen Rand des Godavari-Deltas. Von hier aus sind drei Tempelstätten der Östlichen Chalukyas (624–1061) gut zu erreichen. Ihr Besuch kann zu einer Rundfahrt durch die reizvolle Deltalandschaft zusammengefaßt werden.

Praktische Hinweise
Verbindung: Bus von Rajahmundry.
    Unterkunft: B: Hotel Manosarovar. C: Ganesha Lodge. Venus Lodge.

Die Umgebung von Kakinada

Chalukya-Bhimavaram

Bei Samalkot, 18 km nordwestlich von Kakinada, Eisenbahn/Bus von Rajahmundry, Bus/Taxi von Kakinada.

Der **Bhimeshvara-Tempel**, versteckt in einem großen Palmenhain liegend, ist eine großzügige Anlage. Der äußere, mauerumgebene Hof ist gartenartig mit großen alten Frankipanibäumen und Palmen bestanden. Den inneren Hof umschließt ebenfalls eine hohe Mauer, an die sich zum Tempel hin ein doppelstöckiger Umwandlungspfad (Pradaksinapatha) anschließt, ähnlich einem Kreuzgang. Das Kultbild, ein riesiges Linga, reicht über beide Tempelstockwerke und wird bei der Puja von oben aus mit Wasser, Milch usw. übergossen. Schöne Skulpturen schmücken die Säulen im Obergeschoß. Links vom Eingang steht ein Steinmodell des Tempels. Ca. 300 m entfernt steht der kleinere **Manadavganarayan-Tempel**. Er ist, wie schon der Name sagt, Vishnu geweiht, ebenfalls noch ›in Puja‹ und weit mehr als sein größerer Nachbar durch ›Modernisierungen‹ verschandelt.

Biccavolu

25 km westlich von Kakinada, Bus/Taxi von Rajahmundry oder Kakinada.

Im Zentrum des kleinen Dorfes stehen innerhalb einer Umfassungsmauer mit modernem Gopuram drei Shiva geweihte Tempel aus der Zeit zwischen 950 und 1050. Der mittlere, der **Golingeshvara-Tempel**, ist reich mit interessanten Skulpturen geschmückt. Er bietet ein gutes Beispiel für den Stil der Östlichen Chalukyas mit seinen Einflüssen sowohl von Orissa als auch von Süd-Indien. Drei weitere Tempel und ein großer monolithischer Ganesha stehen einzeln am Dorfrand bzw. in den Reisfeldern; sie stammen aus der Zeit zwischen 850 und 950.

Draksharama

45 km südöstlich von Rajahmundry, 17 km südwestlich von Kakinada, Bus/Taxi von Rajahmundry oder Kakinada.

Der **Bhimeshvara-Tempel** entspricht im Aufbau dem von Chalukya-Bhimavaram, nur ist er größer, weiß gestrichen und noch heute ein wichtiges Pilgerzentrum. Das hochverehrte, 6 m große Linga im Sanktum gilt als Schöpfung aus den sieben ›Mündern‹ des heiligen Godavari-Flusses, und ein Bad an den Tempel-Ghats bringt dem gläubigen Pilger in konzentrierter Form das gleiche wie eine mühsame ›Badereise‹ zu den sieben Mündungsarmen des Flusses.

Entlang dem Pradaksinapatha kann man interessante Nebenschreine entdecken, links vom Eingang befindet sich ebenfalls ein Tempelmodell aus Stein. Vom oberen Umwandlungsgang gibt es einen direkten Zugang zum oberen Stockwerk des Tempels. Interessant sind auch die hängenden Trägerfiguren an den Pfeilern; sie stellen Musik- und Tanzszenen dar, u. a. den Volkstanz Kolattam, bei dem die Tänzerinnen mit einem Stock gegen Stöcke der Mittänzerinnen schlagen und so den Takt angeben.

Vijayawada

Am linken Ufer der Krishna, ca. 60 km vor ihrer Mündung, ca. 400 000 Einwohner.

In dieser lebendigen und sympathischen Stadt treffen Straßen und Bahnstrecken aus dem Norden (Bengalen, Orissa), von Hyderabad und Warangal im Westen und von Madras im Süden aufeinander. Aus diesem Grunde und wegen ihrer guten Hotels ist sie ein idealer Ausgangspunkt zum Besuch vieler interessanter Stätten in der Umgebung.

Geschichte

Der Legende nach fand die Begegnung zwischen Shiva und Arjuna nach dessen beeindruckender Bußübung – beschrieben im Mahabharata – auf dem die Stadt überragenden Indrakiladri-Hügel statt. Bezvada, wie Vijayawada früher hieß, war schon vor über 2000 Jahren im Königreich von Vengi eine wichtige Stadt, der Buddhismus blühte. Um 605 eroberte Vishnuvardhana, der Begründer der hinduistischen Dynastie der Östlichen Chalukyas, die Gegend. Der berühmte chinesische Reisende Xuanzang, der hier eine Zeitlang in einem Kloster lebte, mußte jedoch bereits um 640 den Niedergang des Buddhismus bedauern.

Vom 11. Jh. an beherrschten die Cholas das Land für ca. 200 Jahre, danach die Kakatiyas von Warangal für 100 Jahre. 1323 eroberten es die Moslems, und nach deren Rückzug regierte hier eine lokale Dynastie, die Reddi. Von 1427 an bis zur Übernahme durch die Briten gehörte die Stadt erst zum Reich der Qutb Shahis von Golkonda und später zu Hyderabad.

Besichtigung

Direkt am Fluß, unterhalb des steilen Indrakiladri-Hügels, liegt die quirlige Altstadt mit ihren zahlreichen Kanälen, deren Seitenarmen und Brücken. Dahinter schließt sich weiträumig und mit vielen Grünanlagen die moderne Stadt an.

Am Fuß des Hügels und in seiner Flanke befinden sich mehrere Tempelhöhlen, die unteren stark beschädigt und verwittert. Über eine Treppe erreicht man die **Akkanna-Madanna-Höhle** aus dem 7. Jh.; sie beeindruckt mit ihren kräftigen, einfachen Pfeilern – und einer schönen Aussicht. Die meisten der Funde, die man u. a. beim Ausheben der zahlreichen Bewässerungskanäle machte, stehen in dem sehenswerten, schon 1890 gegründeten Museum an der Straße nach Mogalrajapuram.

In **Mogalrajapuram**, nur ca. 5 km südöstlich vom Zentrum von Vijayawada entfernt, liegen, über das ganze Dorf verteilt, Höhlentempel aus der Zeit der Vishnukundin-Dynastie (6. Jh.); sie gelten als Vorbilder für die frühen Höhlentempel des Pallava-Königs Mahendravarman in der Umgebung von Kanchipuram (Tamil Nadu). Am eindrucksvollsten ist Höhle Nr. 4 mit Brahma, Vishnu und Shiva in der dreifachen Cella und Dvarapalas zu beiden Seiten.

Praktische Hinweise

Verbindung: Flug-, Eisenbahn- und Busverbindungen in alle Richtungen.

Unterkunft: Die meisten Hotels zentral, Nähe Busbahnhof: B: Hotel Kandhari International, ✆ 6 13 11; Hotel Manorama, ✆ 7 72 21 (Restaurant Madhuvan nicht empfehlenswert; beide an der Bunder Road). Hotel Mamata, Elura Road, ✆ 6 12 51. Hotel Tilot-

thama. Hotel Chaya, Shivalayam Street, ✆ 6 13 36. Weitere kleinere Hotels dazwischen.

Guntur

32 km südlich von Vijayawada, Distrikthauptstadt.

Guntur, staubig und drangvoll eng im geschäftigen Zentrum, ist umgeben von endlos weiten Wohngebieten. Vom Busbahnhof starten die Busse nach Amaravati, wo dann die Straße an der Krishna endet (30 km). Man hat außer der Rückfahrt nach Guntur nur noch die Möglichkeit, mit einem anderen ›Local Bus‹ an die Straße nach Vijayapuri (Nagarjunasagar) zu gelangen und dort in einen Bus nach Westen umzusteigen.

Praktische Hinweise

Unterkunft: Hotel Sudarsan, wenige Minuten vom Busbahnhof. Etwas weiter und einfacher Hotel Balaji und mehrere sehr einfache Lodges (Rama-Lodge u. a.).

Amaravati

30 km nordnordwestlich von Guntur, Bus von Guntur.

Amaravati ist ein verschlafenes Dorf. Die Hauptstraße führt von der Bushaltestelle bis zum Fluß und dem großen **Amareshvara-Tempel**; dieser stammt im Kern aus der Zeit der Östlichen Chalukyas; hier bietet sich ein herrlicher Blick über eine unberührte Flußlandschaft. Rechts an der Dorfstraße liegt das Hotel Brundaran; nach links führt eine Straße zum kleinen Museum. Dahinter liegt der Platz, wo einst der berühmte **Stupa** stand. Heute sieht man einen sehr flachen, grasbewachsenen Hügel von 48,5 m Durchmesser. Der Umwand-

Die Krishna bei Amaravati

lungsgang wird durch Fundamentfragmente des Steinzauns definiert. Im **Museum** sieht man neben sehr schönen Originalfundstücken und Abgüssen von Reliefs im Museum von Madras ein großes Modell des Stupa (s. Abb. S. 76).

Ganz in der Nähe von Amaravati lag Dhanyakataka, die östliche Hauptstadt der Satavahanas. Unter dieser Dynastie, die vom 2. Jh. v. Chr. bis ins 2. Jh. n. Chr. einen großen Teil des Dekhan beherrschte, erreichte die indische Kunst eine Hochblüte, die am Stupa von Amaravati kulminierte. Er war der größte in

Süd-Indien, wahrscheinlich über 25 m hoch und 58,5 m im Durchmesser inklusive Umwandlungspfad und Steinzaun. Dieser, fast 4 m hoch, besaß reich verzierte Tore nach den vier Himmelsrichtungen. Der Stupa war mit im unteren Bereich ausnahmslos mit Reliefs geschmückten Marmorplatten verkleidet. An den erhaltenen Kunstwerken kann man noch die Stilentwicklung vom früharchaischen Flächenstil bis zur überfeinerten Eleganz der Spätzeit ablesen. Dazu muß man aber weit reisen: in die Museen von Madras, Calcutta und Paris.

Als Colonel Mackenzie, Kunstwissenschaftler im Dienste des ›Archeological Survey of India‹, Amaravati 1797 besuchte, stand der Stupa noch weitgehend unversehrt. 1816 fand er nur noch eine Ruine vor: Der örtliche Raja und die Bauern der Umgebung hatten sich den bequemen Steinbruch zunutze gemacht.

Amaravati hatte einen kaum zu überschätzenden Einfluß auf die Kunst Süd-Indiens, besonders auf die der Chalukyas und der Pallavas. Der Stupa von Amaravati war jedoch nur einer von Hunderten in diesem Gebiet, wenn auch der größte und prächtigste. Viele blieben erhalten, so in Ghantasala und Gudivada im Krishna-Distrikt und auf der anderen Flußseite im Guntur-Distrikt, z. B. in Bhattiprolu, Garikapadu und Pedda-Ganjam.

Nagarjunasagar/Vijayapuri

In der Mitte des Staates, ungefähr gleich weit entfernt von Hyderabad (149 km) und Vijayawada (152 km).

1955 legte Jawaharlal Nehru den Grundstein für eine der größten Betonstaumauern der Welt, die heute die Krishna zum riesigen Nagarjunasagar aufstauen. Das Kraftwerk erzeugt 900 000 Kilowatt Elektroenergie; über ein von zwei gewaltigen Kanälen gespeistes System werden 15 000 km² Land bewässert – in einiger Entfernung vom See. Die direkte Umgebung ist karg, steinig und trocken. Zu beiden Seiten der Staumauer hat sich Vijayapuri entwickelt, eine Doppelstadt, denn der Fluß ist die Grenze zwischen den Distrikten Nalgonda und Guntur. Administrative Rivalitäten wirken sich aus. So scheint sich für das verwahrloste Straßennetz unterhalb des Damms keiner für zuständig zu

halten. Die Touristenunterkünfte liegen in Vijayapuri-Nord; Nagarjunakonda auf einer Insel im Guntur-Distrikt gelegen, ist nur von Vijayapuri-Süd zu erreichen.

Praktische Hinweise

Verbindung: Komfortable Busverbindungen nach Hyderabad, Guntur/Vijayawada, Srisailam. Von Macherla (22 km, an der Strecke nach Vijayawada) eine Bahnlinie nach Guntur. Die Hyderabad-Busse passieren den Vijaya Vihar-Komplex (s. u.) und halten auf Zeichen. Busbahnhof, Taxis und Rikschas vor Project House.

Unterkunft: Project House, Hill Colony Vijayapuri-Nord: Zwei ›Hotels‹ in einem weitläufigen Gebäude (Rezeption im Erdgeschoß – Department of Travel and Tourism Rezeption im 1. Stock – Department of Irrigation). Vijaya Vihar-Komplex (noble Anlage oberhalb der Hill Colony mit Blick über den See; Hauptgebäude mit Restaurant, Tourist Annex Soundarya; wochentags ein erholsamer Ort, an Wochenenden weniger). ✆ Vijaya Vihar und Project House 1. Stock: 26 72 26 35. ✆ Tourist Annex und Project House Erdgeschoß: 26 68.

Die Umgebung von Vijayapuri

Nagarjunakonda

Auf einer Insel im See; ca. ½ Stunde Bootsfahrt.

Der Name Nagarjunakonda (Hügel des Nagarjuna) war die spätere Ehrenbezeichnung für das ehemalige Vijayapuri, das, auf drei Seiten umgeben von einer Hügelkette, am rechten Krishna-Ufer lag. Nagarjuna, der im zweiten vorchristlichen Jahrhundert lebte, war ein bedeutender Denker und Reformer des Mahayana-Buddhismus und Vijayapuri die glanzvolle Hauptstadt der Ikshvakus, die sich für ihre kurze Regierungszeit (175–250) ein Stück aus dem sich auflösenden Satavahana-Reich herausgebrochen hatten. In Vijayapuri herrschte absolute religiöse Toleranz. Die Herrscher waren Hindus, die Damen des Hofes häufig Buddhistinnen. So entstanden neben einem Amphitheater für 1000 Zuschauer, schönen Treppenanlagen am Fluß und Hallen für Versammlungen und Tanz sowohl Tempel für Shiva und Karttikeya als auch buddhistische Klosteranlagen und Stupas.

Nach diesem Höhenflug versank die Stadt für Jahrhunderte in der Bedeutungslosigkeit und wurde dann verlassen und vergessen, bis sie 1926 wiederentdeckt wurde. 1927–1931 und 1938 fanden sehr erfolgreiche Grabungen statt, 1954 begann dann ein Wettlauf mit der Zeit. In den nächsten sechs Jahren wurde noch einmal intensiv gegraben; gleichzeitig wurden die wichtigsten Monumente abgetragen und auf höherem Niveau rekonstruiert. Dann überfluteten die Wasser der Krishna das Tal, der Komplex ragt nun als Insel aus dem Stausee. Eine zweite Gruppe von geretteten Relikten steht bei Anupu am Ufer.

Das moderne **Museum** zeigt Skulpturen und Reliefs, hauptsächlich mit Darstellungen aus der Buddha-Legende, im Stil ähnlich dem eleganten Spätstil Amaravatis. Ein großes Modell des gesamten Gebiets und Einzelmodelle helfen der Phantasie auf die Sprünge. Im Freigelände sind u. a. eine große Opfer- und Badeanlage der Könige, Klosteranlagen und vor allem der **Mahastupa** mit 27,5 m Durchmesser originalgetreu, wie man sie ausgegraben hat, wiederhergestellt.

Das waldreiche Gebiet zwischen Nagarjunasagar und Srisailam wurde zum Waldschutzgebiet (Wildlife Sanctuary) erklärt. Motorbootfahrten über die 110 km Wasserwege sind möglich.

Praktische Hinweise

Verbindung: Vom Südende der Staumauer verkehren regelmäßig Boote zur Insel, 9.00 und 13.30 Uhr.

Srisailam

180 km südsüdöstlich von Hyderabad, 130 km nordöstlich von Kurnool.

Srisailam liegt auf dem Rishabagiri, einem steilen Hügel in der waldreichen Nallamala-Kette der Östlichen Ghats. Die Krishna windet sich in tiefen Schluchten durch die Berge. Srisailam, ein vielbesuchtes Pilgerzentrum, ist berühmt für seinen Tempel, in dem Shiva als Mallikarjuna verehrt wird; das Kultbild ist eines der zwölf Jyotir-Lingas Indiens. Devi tritt hier in Form der Bhramaramba auf, einer der 18 Mahashaktis der Puranas. Zum Ruhme des Tempels trägt außerdem bei, daß sowohl Nagarjuna (im 1. Jh.) als auch Shankara (im 8. Jh.) hier gelebt haben sollen. Die Lingajats (oder Veera Shaivas), eine wichtige shivaitische Sekte, haben hier eins ihrer Zentren. Kleine steinerne Lingas, die die Lingajats in einem silbernen Schmuckbehälter um den Hals tragen, finden sie in der Krishna, die hier Patala Ganga heißt.

Die große Tempelanlage, umgeben von einer hohen Granitquadermauer mit vier Gopurams, stammt hauptsächlich aus der Vijayanagar-Zeit. Um das Hauptheiligtum mit schöner Eingangshalle und großem Nandi gruppieren sich zahlreiche kleinere Schreine. Das Schönste an diesem Tempel ist die Außenseite seiner 6 m hohen Umfassungsmauer, rundum bedeckt von Flachreliefs, die die Puranas illustrieren, ein riesiger ›Bilderbogen‹ mit Legenden und Erscheinungsformen der Götter.

Flachreliefs an der Außenmauer des Mallikarjuna-Tempels, Srisailam

Oberhalb des Tempels haben sich in einem malerischen Dorf Lambadis niedergelassen, unterhalb befindet sich der profane Teil der Tempelstadt mit zahlreichen Pilgerunterkünften, Kantinen, Priesterwohnungen und religiösen Einrichtungen. Der Basar ist weit entfernt, auf halbem Wege zu einem weiteren gewaltigen Damm (512 m lang, 274 m hoch), der neben Bewässerung und Stromversorgung die Aufgabe hat, Madras mit Trinkwasser zu versorgen.

Praktische Hinweise

Verbindung: Gute und direkte Busverbindungen u. a. nach Hyderabad, Guntur/Vijayawada, Kurnool; weniger gut oft Straßenzustand und Fahrweise der Fahrer auf den steilen Ghat-Straßen! Achtung: Nicht im Dunkeln fahren!

Unterkunft: Neben den ›Coultries‹, die nur Mitglieder bestimmer Religionsgemein-schaften aufnehmen, gibt es zahlreiche Unterkünfte, wo man auch als Tourist unterkommen kann, so von der Tempeladministration (Srisailam Devasthanam). Saila Vihar Tourist Rest House. Karnataka Guest House.

Kurnool

240 km südlich von Hyderabad, Distrikthauptstadt.

Die Bedeutung von Kurnool ergibt sich für den Reisenden aus seiner Nähe zu Alampur, das keine Übernachtungsmöglichkeiten hat, was man aber von hier gut mit dem Bus erreicht. Kurnool war bis 1839 Sitz eines Nawabs. Das Mausoleum des ersten, Abdul Wahab, schön gelegen zwischen Altstadt und Tungabhadra, ist recht sehenswert. Von der Stadtbefestigung stehen noch einige

Bastionen, die einen guten Blick über den Ort ermöglichen.

Praktische Hinweise

Verbindung: An der Bahnstrecke und Straße nach Hyderabad. Riesiger neuer Busbahnhof am Stadtrand.

Unterkunft: B: Hotel Ravi Prakash, Railway Station Road, (trotzdem ruhige Lage). Hotel Maharaj (mit Restaurant); Hotel Rajavihar; Hotel Nalanda (nebeneinander zwischen Zentrum und Busbahnhof).

Die Umgebung von Kurnool

Alampur

18 km nordöstlich von Kurnool.

Alampur, heute ein verschlafenes Nest, wurde im 7. Jh. ein wichtiger Platz, nachdem der Chalukya-König Pulakeshin II. die Gegend 620 erobert und seinem Reich als Provinz einverleibt hatte. Davon zeugt u. a. eine schöne Gruppe von neun Tempeln, die hier nahe dem Fluß erhalten blieb. Der pittoreske Anblick der Anlage, wozu auch noch eine kleine Moschee, Moslem-Gräber, ein schönes Tor und Reste von Festungsanlagen gehören, wird heute beeinträchtigt von einer hohen Betonschutzmauer, die an die Stelle der alten Ghats getreten ist, weil der Wasserspiegel der Tungabhadra durch den Bau eines Staudamms beträchtlich anstieg.

Die Tempel folgen alle bis auf den Taraka-Brahma-Tempel einem einfachen Bauschema: In einer Halle, die durch kräftige Pfeiler in Schiff und Seitenschiffe gegliedert wird, befindet sich gegenüber dem Eingang die Cella mit dem Kultbild, einem Linga. Nach drei Seiten bleibt zwischen Cella und Tempelwand Raum für den Umwandlungspfad. Über dem Sanktum erhebt sich ein Turm vom nordindischen Shikhara-Typ. Da alle neun Tempel Shiva geweiht sind, dominieren Darstellungen seiner Erscheinungsformen. Am reich geschmückten **Svarga-Brahma-Tempel** fallen u. a. ein sechzehnarmiger Shiva, ein Bikshatana (Shiva als Bettler), die Manifestation des Lingas (Lingodbhava-Murti) und große Darstellungen der Dikpalas ins Auge (s. Abb. S. 27). Bemerkenswert sind außerdem die für dic Chalukya-Kunst typischen reizenden Mithuna-Paare und die Gandharvas, die himmlischen Wesen im Knieflug.

Der **Bala-Brahma-Tempel**, der Haupttempel der Gruppe, ist noch ›in Puja‹. Er liegt innerhalb einer Mauer mit Umgang und einem Vorhof. Sowohl im Inneren als auch an den Außenwänden ist er reich an interessanten Skulpturen, z. B. Brahma und Ardhanarishvara beim Eingang und wieder die acht Dikpalas. Im Tempel befindet sich eine Sapta-Matrika-Gruppe in Einzelfiguren. Besonders schön ist auch der nördlichste Tempel der Gruppe, der **Vishva-Brahma-Tempel**; leider sind viele der Skulpturen hier, z. B. ein Dakshina-Murti und ein Narasimha, stark beschädigt.

Mitten in der Gruppe steht, umgeben von Architekturfragmenten, das kleine Museum mit einer Sammlung schöner Skulpturen: Durga, die den Büffeldämon tötet, die Sieben Mütter (s. Abb. S. 52), Surya und Bhairava sind neben vielen anderen gleich in mehreren schönen Beispielen vertreten. Interessant sind auch zwei Kultbilder, die man ›Lajja Gauri‹ nennt: Der weibliche Körper steht hier für Fruchtbarkeit, den Kopf ersetzt eine Lotusblüte.

Ca. 2 km flußaufwärts blieb eine weitere Gruppe von Tempeln erhalten, die vom Archaeological Survey kürzlich restaturiert wurde. Die vielen kleinen Tempel der **Papasana-Gruppe** stehen dicht beieinander und bieten ein geschlossenes Bild. In der Nähe des Dorfes erhebt sich auch der **Sangameshvara-Tempel**, der von seinem ursprünglichen Standort nahe dem Zusammenfluß von Krishna und Tungabhadra hierher versetzt wurde, um ihn vor den steigenden Fluten der aufgestauten Flüsse zu retten.

Mahanandi

115 km ostsüdöstlich von Kurnool.

Mahanandi, reizvoll am Rande eines großen Waldgebiets zu Füßen der Nallamala-Berge gelegen, besteht nur aus wenigen Häusern, Pilgerunterkünften und der typischen Budenzeile. Zentrum und Ziel der vielen Besucher ist der **Mahanandishvara-Tempel**. Den Haupttempel innerhalb der Umfassungsmauer mit den vier neuzeitlichen Gopurams überragt ein schöner Shikhara, aus der Zeit und im Stil der Tempel von Alampur. In dem von einer kräftigen Quelle gespeisten und von Arkaden eingefaßten Wasserbecken zwischen Eingang und Haupttempel wird fröhlich gebadet: in einer Ecke bescheiden die Frauen und Mädchen, im größeren Teil lärmend die männlichen ›Tempelbesucher‹.

Praktische Hinweise

Verbindung: Busse von Nandyal.

Unterkunft: Nandyal: Dwarka Lodge; Meenakshi Lodge; Tourist Lodge (alle mit vegetarischem Restaurant, nahe Busbahnhof).

Ahobilam

85 km nördlich von Cuddapah, Busse von Allaguddi an der Straße Nandyal-Cuddapah.

Ahobilam ist ein wichtiger Platz der Narasimha-Verehrung. In ›Lower Aho-

bilam‹ steht einer der beiden Haupttempel aus der Vijayanagar-Zeit mit interessanten Darstellungen an den Säulen. 5 km weiter, mit dem Bus durch dichten Wald bergauf, erreicht man am Eingang einer steilen Schlucht ›Upper Ahobilam‹. Hinter einem weiteren großen Tempel verstecken sich im Dschungel der beiden Hügel Vedadri und Garudadri höchst romantisch kleine Tempel und Kultstätten für die neun Formen des Narasimha, erreichbar über schmale, zugewachsene Pfade (Schuhe mit durch den Tempel nehmen!).

Tadpatri

150 km südlich von Kurnool, über 100 km nordwestlich von Cuddapah.

Sehenswert sind in Tadpatri zwei Tempel aus der Vijayanagar-Zeit. Der **Bugga Ramalingeshvara-Tempel** liegt sehr schön am Rande der Stadt und nahe dem Fluß Penner, wo dieser eine Biegung nach Norden vollzieht. In einem Mauergeviert stehen der Haupttempel für Shiva und ein zweiter für Parvati und Rama (jeweils eigenes Sanktum, gemeinsame Vorhalle). Die Tempel entstanden vermutlich schon um 1450. Das Bemerkenswerte an der Anlage sind die beiden Gopurams im Norden und Süden vom Beginn des 16. Jh., die nur in ihren unteren, aus Granit gebauten Teilen erhalten blieben. Beide stellen mit ihrem reichen Bauschmuck Meisterwerke der Vijayanagar-Kunst dar. Eine große Zahl der interessanten Skulpturen wurde vollplastisch ausgeführt. Am Nord-Gopuram kann man außer den Kombinationen Shiva – Parvati (= Ardhanarishvara) und Shiva – Vishnu (= Harihara) auch eine Skulptur sehen, die je zur Hälfte Vishnu und Lakshmi darstellt.

Der Vishnu geweihte **Chintala-Ven-katarama-Tempel** liegt mitten in der Stadt, er stammt aus dem ersten Viertel des 16. Jh. Hier interessieren den Besucher der große Haupttempel, der Devi-Schrein und ein kleiner Rundtempel zwischen beiden. Am Sanktum des ersteren bedecken Szenen aus dem Ramayana und der Krishna-Legende die Außenwände. Die Decke der Großen Halle (Maha-Mandapa) wird von reich skulptierten Säulen getragen. Vor der Halle steht ein schön gearbeiteter steinerner Tempelwagen als Behausung für Garuda. Der Rundbau zwischen den Tempeln ist ein Unikat in der Baugeschichte Vijayanagars. Auf der Dachkante des Devi-Schreins tummeln sich übermütige Affen – aus Stein.

Praktische Hinweise

Verbindung: Schnelle Busverbindungen nach Norden (Hyderabad/Kurnool), Süden (Cuddapah/Tirupati) und Westen (Karnataka). Busbahnhof an der Durchgangsstraße, gut organisiert. Tadpatri liegt an der Bahnstrecke Guntakal Junction – Tirupati/Madras.
  Unterkunft: B/C: Ashoka Lodge (gegenüber Busbahnhof). Hotel Ramachandra de Luxe (weiter stadteinwärts). Annapurna Lodge (gegenüber dem Rathaus, wohl die beste Wahl).

Cuddapah

115 km südöstlich von Tirupati, Distrikthauptstadt.
  Die frühere Hauptstadt der Nawabs von Cuddapah, ab 1800 unter britischer Verwaltung, bietet außer einigen verwitterten Moscheen keine Sehenswürdigkeiten, eignet sich aber gut als Standquartier für den Besuch von Pushpagiri und Bhairavakonda.

Praktische Hinweise

Verbindung: Gute Bus- und Bahnverbindungen. Nach Pushpagiri und Bhairavakonda am besten per Taxi (Kontakt über Hotelrezeption).
  Unterkunft: Ashoka Lodge; Gokul Lodge (beide Stadtzentrum, modern).

Die Umgebung von Cuddapah

Pushpagiri

15 km nordwestlich von Cuddapah.
  Pushpagiri ist ein kleines Dorf am Penner, die Straße dorthin endet am Fluß. Auf der anderen Seite, an einem langgestreckten, kahlen Hügel, dem Pushpagiri (Blumenhügel), stehen zahlreiche Tempel und Tempelchen in unterschiedlichen Stadien des Verfalls. Der Platz war einst berühmt als geistiges Zentrum einer religiösen Gemeinschaft (Shankara Pitam). Aus dieser Zeit stammen wohl auch die stattlichen Gebäude entlang der Dorfstraße, die nicht so aussehen, als hätten die Bauern, die sie heute mit ihren Kühen bewohnen, sie gebaut. In einem kleinen Museum werden Fundstücke gesammelt und gezeigt.
  Die andere Flußseite erreicht man zu Fuß durchs niedrige Wasser. Über eine Felsentreppe gelangt man zu einem hohen Gopuram und dahinter zu einer Gruppe von drei besonders schönen Tempeln: **Santanamalleshvara-, Umamaheshvara-** und **Chennakeshara-Tempel**. Die Anlage in ihrer heutigen Form stammt aus dem 15. Jh.; ihre Attraktion sind die unglaublich fein gearbeiteten Skulpturen an den Außenwänden der drei Tempel. Man benutzte hier nicht Granit, sondern einen feinporigen gelben Stein, der diese extrem detaillierte Gestaltung überhaupt erst ermöglichte.

Dargestellt wurden wiederum das ganze Götterpantheon und Szenen aus den großen Epen. Man beachte auch weniger oft dargestellte Formen und Begebenheiten wie z. B. Shiva Kankala-Murti, Arjuna und Shiva als Jäger (Kiratarjunya) sowie die Szene aus dem Mahabharata (s. Abb. S. 35), als Krishna Arjuna die Bhagavadgita lehrt.

Bhairavakonda

Ca. 120 km nordöstlich von Cuddapah.

Die Höhlentempel von Bhairavakonda liegen weitab der großen Städte in einer touristisch vollkommen unberührten Gegend. Von Cuddapah oder Nellore fährt man zunächst nach Udayagiri, einem Städtchen mit mehreren verfallenen Tempeln aus der Vijayanagar-Zeit unterhalb einer schwer zugänglichen Bergfestung, und weiter nach Norden nach Kotapalle. Vom Dorf führt ein Weg (bei trockenem Wetter mit dem Auto befahrbar) zu den bewaldeten Hügeln in 5–6 km Entfernung. An einem Bach, gegenüber einem kleinen Tempel mit buntbemaltem Bhairava-Kultbild, liegen acht Höhlentempel, neben- und übereinander in das dunkle Schiefergestein gehauen (s. Farbabb. 20).

Höhle Nr. 1 öffnet sich als einzige nach Osten, alle anderen blicken nach Norden. Die Cella mit einem Linga ist in den Fels gehauen; zu beiden Seiten stehen prächtige Dvarapalas, rechts und links davon in flachen Schreinen Brahma und Vishnu, vierarmig, an den Seitenwänden Ganesha und Chandesha und in der Mitte vor dem Sanktum Nandi. Die Höhlen Nr. 2, 3 und 4 sind ähnlich aufgebaut. Die übrigen vier besitzen jeweils eine von zwei Säulen getragene Vorhalle, wobei in Höhle Nr. 7 und 8 sitzende Löwen die Säulenschäfte bilden wie in Mamallapuram. Unterhalb des Bhairava-Tempels sieht man neben einigen unfertigen Höhlen Reliefs von Harihara und Nataraj. Nach Inschriften und Stilvergleichen sind die Tempel Nr. 7 und 8 in die erste Hälfte des 8. Jh., die restlichen in die Zeit zwischen 750 und 850 zu datieren.

Penukonda

140 km nördlich von Bangalore, 40 km von Hindupur, Kreishauptstadt.

Der kleine Ort am Fuße eines Felsmassivs war nach der Schlacht von Talikota (1565) eine Zeitlang Hauptstadt des Vijayanagar-Reiches. Tirumala, der Bruder von Rama Raya, hatte, als er von dessen Tod in der Schlacht und deren Ausgang erfuhr, den Thronschatz auf 1550 Elefanten geladen und sich samt Familie hierher abgesetzt. Er versuchte, der Anarchie Herr zu werden, und machte sich schließlich 1570 selbst zum König. Die Festung hielt mehreren Belagerungen stand, aber bereits sein Sohn regierte zeitweise vom sichereren Chandragiri aus das Reich.

Die Stadt innerhalb der Mauern macht einen geruhsamen Eindruck. Hohe, schattenspendende Bäume säumen die Hauptstraße. Es gibt hier zwei Jaina-Tempel, eine Moschee, zwei sehenswerte, Rama und Shiva geweihte Tempel aus der frühen Vijayanagar-Zeit und einen kleinen Palast von Krishnadeva Raya, genannt Gagana Mahal. Unter der Toreinfahrt zum Fort wird eine große Hanuman-Skulptur verehrt.

Praktische Hinweise

Verbindung: Günstige Lage an der Nord-Süd-Straße Hyderabad – Bangalore und an der Bahnstrecke Guntakal Junction – Bangalore.

Unterkunft: Äußerst bescheiden: C: Gheeta Lodge; Baba Lodge (beide zwischen Fort und Hauptstraße).

Alternative: Hindupur. 40 südlich von Penukonda, 14 km westlich von Lepakshi. An der Straße Hyderabad–Anantapur–Penukonda – Bangalore. Bahnstation. Geeignet als Standquartier für Besuche von Penukonda und Lepakshi. B.S. Tourist Lodge, gegenüber APRTC Busbahnhof. Privater Busbahnhof im Zentrum.

Lepakshi

14 km östlich von Hindupur, 100 km nördlich von Bangalore.

Der **Virabhadra-Tempelkomplex** auf dem Kurmashaila (Schildkrötenhügel) wurde zur Zeit des Vijayanagar-Königs Achyuta Raya (1529–1542) errichtet.

Für die Heiligkeit des Platzes und den Namen Lepakshi wird wieder einmal das Ramayana bemüht: Rama soll hier den nach einem Kampf mit Ravana schwer verletzten mythischen Vogel Jatayuvu gefunden und ihm mit dem Ruf ›lepakshi‹ (steh auf, Vogel) wieder auf die Beine geholfen haben. Den Bau des großen Tempels soll Virupanna, Schatzmeister des Königs, mit veruntreutem Geld finanziert haben, was ihn das Leben kostete.

Der Tempelkomplex, von einer doppelten Mauer umgeben, beherbergt außer dem Haupttempel für Virabhadra mehrere kleinere Schreine, u. a. für Vishnu und Durga. Sehenswert in der großen Halle sind sowohl die Säulen mit lebensgroßen Skulpturen als auch die einmaligen Deckenmalereien. Die Hochzeits-

Indiens größter Nandi, Lepakshi

287

halle blieb unvollendet, ihre Säulen zeigen das Brautpaar Shiva und Parvati und die himmlische Hochzeitsgesellschaft. Im Süden der Anlage sieht man, aus dem Felsen geschlagen, ein riesiges Naga-Linga und einen Ganesha, ca. 60 m vom Haupteingang, ebenfalls unter freiem Himmel, den größten Nandi Indiens, ein besonders schönes Exemplar, über 4 m hoch und 8 m lang!

Praktische Hinweise

Verbindung: Zahlreiche Busse nach Hindupur (APRTC und privat). Busse zwischen Hindupur und Kadiri fahren über Lepakshi.

Unterkunft: Rest House ›Abhaya Griha‹ (C) im Dorf. Hotels in Hindupur.

Tirupati

140 km nordwestlich von Madras, 115 km südöstlich von Cuddapah.

Das größte Pilgerzentrum Süd-Indiens mit dem reichsten Tempel des ganzen Landes besteht aus der eigentlichen Stadt und dem Tempel hoch oben auf dem Tirumala-Hügel. Die Stadt ist nicht übermäßig groß, aber sehr geschäftig und lebendig, alles liegt dicht beieinander. Der Rajagopuram des **Govindarajaswami-Tempels**, der größte der zahlreichen Tempel, überragt die Stadt. ›Der Tempel‹, d. h. der Tirupati Tirumala Devasthana, unterhält in der Stadt zahlreiche Sozial- und Bildungseinrichtungen, wie z.B. Waisen- und Krankenhaus, ein Polytechnikum und die Shri Venkateshvara-Universität. Direkt am Fuße des Hügels liegt ein alter heiliger Platz, genannt Kapila Theertam. In dem von einem Wasserfall gespeisten und von Tempeln umstandenen Wasserbecken pflegten die Pilger früher vor dem Aufstieg ein Bad zu nehmen.

Das Hauptziel der Pilgermassen ist der heilige **Venkateshvara-Tempel** von Tirumala. Er liegt, umgeben von einer eigenen Tempelstadt, 860 m hoch auf einem der sieben Gipfel der Seshachalam-Hügelkette. Der Ursprung des Tempels liegt im Dunkeln. Er wird schon in den Puranas erwähnt, und Könige der Pallavas, Cholas und Pandyas bis hin zu den Fürsten von Mysore werden als Verehrer und Gönner genannt. Ramanuja (geboren 1017), der große vishnuitische Reformer, soll den ehemals Shiva geweihten Tempel erst in ein Vishnu-Heiligtum umgewandelt haben. Auch das Kultbild, ein 2,5 m großer Vishnu, soll ursprünglich Shiva dargestellt und erst durch Hinzufügen der typischen Attribute sein heutiges Erscheinungsbild erhalten haben.

In mehreren Hallen des Tempels sind neben anderen Schätzen wertvolle und interessante Großbronzen aufgestellt, u. a. die Krishnadeva Rayas und seiner zwei Frauen sowie anderer Vijayanagar-Könige. Für Nicht-Hindus ist nur ein Teil der Anlage zugänglich (nach langem Warten in der endlosen Menschenschlange oder für Rs 25/- über eine ›Abkürzung‹).

Aber auch die Umgebung des Tempels ist hochinteressant. Die Tempeladministration hat alles im Griff: Unterkünfte in großen Hallen oder in Bungalows werden vergeben, in anderen Hallen die Pilger verpflegt. Eine Halle dient nur dem Opfer: Dutzende von Barbieren sind ständig damit beschäftigt, Männern, Frauen und Kindern den Kopf kahl zu scheren (s. Farbabb. 29 u. 12). Das ›Opfergut‹ wird exportiert.

Auf den Tirumala-Hügel führen zwei Wege. Busse und Autos fahren 18 km die neue Ghat-Straße hinauf (herrliche Ausblicke) – und kommen auf der anderen

Seite die alte Ghat-Straße wieder herunter. Zwischen beiden führt der traditionelle Pilgerpfad über zahllose Treppen und durch mehrere Gopurams nach oben. Kleinere Tempel, Erfrischungsstände und ein Gehege mit Damwild bieten willkommene Abwechslung. Als neueste Errungenschaft wird der Weg von Sonnendächern aus scheußlichstem, schwerem Beton beschattet! Wegen der Gefahr von Raubüberfällen mahnen Schilder, den Weg nach Einbruch der Dunkelheit nicht oder nur in Gruppen zu benutzen!

Praktische Hinweise

Verbindung: Flugzeug: Nach Hyderabad und Madras. Eisenbahn: Tirupati liegt an der Bahnstrecke Nellore–Chittor, nicht weit von Renigunta Junction. Bus: Direkte Verbindungen zu zahlreichen Städten Süd-Indiens (u. a. Hyderabad, Bangalore, Madras). Busse nach Tirumala vom Stadtzentrum, wo auch Tourist Office, Bank, Post und Bahnhof liegen.

Unterkunft: B: Hotel Bhimas Deluxe, Car Street, ☎ 2501–4 (sehr angenehm). Hotel Oorvasi, Renigunta Road, ☎ 2827, 2804. APTTDC Tourist Rest House, Hill View. Unterkünfte auf dem Tirumala-Hügel (B/C) beim ›Central Reception Office‹ am Eingang zum Tempelkomplex, nahe der Bushaltestelle.

Die Umgebung von Tirupati

Chandragiri

11 km westsüdwestlich von Tirupati, Bus von Tirupati.

An der Straße nach Chittor liegt am Fuße eines 200 m hohen Granitmassivs das Fort von Chandragiri. Die Festung wurde um 1500 von den Vijayanagar-Königen erbaut. 1576 ließ König Shri-ranga I. den Thronschatz von Penukonda hierherbringen, und bis 1635 König Venkata III. Vellore den Vorzug gab, diente Chandragiri dem desolaten Reich als Hauptstadt. 1639 wurde hier der Vertrag geschlossen, der die Briten berechtigte, bei dem Dorf Madraspatnam eine befestigte Faktorei zu errichten (s. S. 290).

In den Mauern des weiträumigen Forts unterhalb der verfallenen Zitadelle stehen zwei Paläste und zwischen überwachsenen Ruinen, Baumgruppen und Reisfeldern sieben meist kleinere Tempel (s. Farbabb. 10). Der größere der beiden Paläste, **Raja Mahal**, soll von Krishnadeva Raya (1509–1529) erbaut worden sein, während der Palast der Königin (**Rani Mahal**) seinem Nachfolger Achyuta Raya zugeschrieben wird. Typisch für Palastbauten der Hindus in dieser Zeit ist der starke islamische Einfluß. Nur die pyramidenförmigen Dächer oder Türme scheinen südindischen Tempeln entlehnt. Im Palast des Königs ist ein Museum im Aufbau.

Sri Kalahasti

36 km ostnordöstlich von Tirupati, Bus von Tirupati.

Der große **Kalahastishvara-Tempel** stammt im Kern aus der Chola-Zeit; Krishnadeva Raya und mehrere Vijayanagar-Könige haben an ihm weitergebaut. In drei Höfen hintereinander stehen u. a. der **Kashi-Vishveshvara-Tempel**, die bemerkenswerte **100-Pfeiler-Halle** sowie der Haupttempel mit gewaltigen Säulenkorridoren, die die Schreine Shivas und Parvatis umgeben. Der Legende nach wurde das Kultbild, ein Linga, einst von einer Spinne (Sri), einer Schlange (Kala) und einem Elefanten (Hasti) angebetet, und Tempel und Stadt kamen zu ihrem Namen!

Tamil Nadu

Madras

4,3 Mio. Einwohner (1987), viertgrößte Stadt Indiens, Hauptstadt von Tamil Nadu.

Madras ist das Zentrum tamilischer Kultur und dravidischen Geisteslebens. Es besitzt einen wichtigen Hafen und hat sich seit der Unabhängigkeit von einem wichtigen Handelsplatz zur Industriemetropole entwickelt. Die traditionelle Baumwollindustrie bildet immer noch den Schwerpunkt, dazu traten u. a. Petrochemie, Werkzeugmaschinen- und Motorenproduktion, Waggon- und LKW-Bau und die umfangreichste Filmproduktion Indiens. Mit seiner Universität und zahlreichen Forschungsinstituten ist Madras auch das Bildungszentrum des Südens.

Geschichte

Mylapore, heute ein südlicher Stadtteil von Madras, war schon vor Beginn unserer Zeitrechnung ein wichtiger Hafen. Im 4. Jh. lebte dort der Tamil-Dichter Tiruvalluvar.

Um 1595 hatten die Holländer den Portugiesen den lukrativen Gewürzhandel entrissen und erhöhten in Europa kräftig den Preis für den begehrten Pfeffer. Königin Elisabeth I. von England stattete daraufhin ihre gerade erst gegründete East India Company durch eine Charta mit dem Monopol auf den Asien-Handel aus. Die Holländer hatten 1605 in Masulipatnam im Krishna-Delta eine Faktorei gegründet und machten gute Geschäfte mit leuchtend rot eingefärbten und bemalten Baumwollstoffen, dem ›Masulipatnam-Chintz‹ – den un-

gewöhnlich haltbaren Farbstoff, das Krapprot, gewann man hier aus einer Pflanze. Die Stoffe wurden in Südostasien dann gegen Gewürze getauscht und diese in Europa mit großem Gewinn verkauft.

Nach diesem Vorbild schlossen die Engländer 1611 ebenfalls einen Vertrag mit dem Sultan von Golkonda: Pferde gegen Handelsrechte. Durch Intrigen der Holländer gezwungen, zogen sie sich jedoch 1628 weiter nach Süden zurück. 1639 sicherte Francis Day der East India Company durch einen Vertrag mit dem Raja von Chandragiri das Recht, an der Küste südlich der holländischen Niederlassung Pulicat, nicht weit nördlich des portugiesischen Sao Thomé, eine befestigte Faktorei zu errichten. Ein Jahr später begann man bei den Dörfern Chennapatnam und Madraspatnam zu bauen; 1644 stand das erste kleine Fort St. George.

Die Geschäfte begannen zu florieren. Nördlich des Forts ließen sich Händler, Weber, Färber und andere Handwerker nieder, angelockt vom Versprechen dreißigjähriger Steuerfreiheit. Die so entstandene ›Black Town‹ erhielt bald eine Mauer. Außer Indern ließen sich auch Portugiesen und Armenier hier nieder. 1683 erlangte Madras die Unabhängigkeit von der Zentrale in Bantam auf Java und wurde eine selbständige ›Presidency‹. Fünf Jahre später gewährte König Jakob II. der ›Town of Fort St. George and City of Madraspatnam‹ als erster Siedlung in Indien Stadtrechte. Inzwischen waren im Fort das erste Krankenhaus (1664), die erste Bank und die Kirche St. Mary's (1680) errichtet worden. Das Stadtgebiet wurde nach und nach erweitert – durch Landerwerb vom Sultan von Golkonda, von Aurangzeb und dem Nawab von Karnatik.

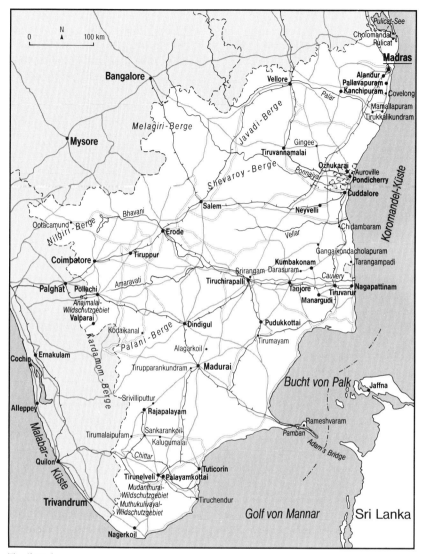

Tamil Nadu

In den Karnatischen Kriegen (s. S. 72) lag Madras im Zentrum der Auseinandersetzungen zwischen Franzosen und Briten. In den nächsten 40 Jahren sorgten Haidar Ali, der Madras 1769 angriff, und sein Sohn Tipu Sultan für Unruhe. Erst nach dessen Tod in der Schlacht bei Srirangapatna hatten die Briten den Süden fest in der Hand.

Obwohl Madras 1774 Calcutta untergeordnet worden war, begann die Stadt nun schnell zu wachsen. An der Stelle der in den Karnatischen Kriegen abgerissenen ›Black Town‹ legte man den Es-

291

planade-Park an. Nach Norden anschließend entstand ›Georgetown‹, das neue kommerzielle Zentrum der Stadt mit seinem Schwerpunkt ›Parry's Corner‹ an der Südostecke der Siedlung, genannt nach dem britischen Geschäftsmann, der sich mit seinem erfolgreichen Handelshaus 1803 hier niederließ. Bis 1809 hatten alle Kaufleute das Fort mit Wohnung und Geschäften verlassen. Die Briten siedelten jetzt auch im Süden des Forts. Entlang der Sandpiste nach Südosten, dem alten Pilgerweg zum Thomas Mount, entstanden luxuriöse Landsitze. Der Stadtteil Egmore wurde angelegt.

Als Handikap erwies sich für Madras von Anfang an die Tatsache, daß die Schiffe auf offener See vor Anker gehen mußten und Waren wie auch Passagiere in kleinen Booten, den Massulahs, durch die heftige Brandung an Land gebracht werden mußten. 1875 begann man vor Georgetown mit dem Bau eines Hafens, der sich dann schnell zu einem der wichtigsten in Südasien entwickelte. Die First Line Beach (heute North Beach Road) schmückte sich mit repräsentativen Bauten, doch schon nach wenigen Jahrzehnten wurde es zu eng um den Hafen herum, und sie verlor ihre Bedeutung an die Mount (Thomas) Road mit ihren Verlags- und Handelshäusern, Theatern, Hotels, Klubs und vornehmen Geschäften. 1844 erschien die erste indische Zeitung – in englischer Sprache, 1855 die erste in Tamil. 1857 wurde die Universität gegründet.

1858 wurde die East India Company abgelöst: Königin Viktoria avancierte zur Kaiserin von Indien. Wie auch Bombay in dieser Zeit wurde Madras mit pompösen Bauten geschmückt. 1864 errichtete der Architekt Chisholm als Gewinner eines Wettbewerbs das Senatsgebäude und das Presidency College in einem indoorientalischen Mischstil – und danach eine Menge weiterer repräsentativer Bauten, besonders an der Poonamallee High Road und in Egmore. Im gleichen Stil entstand 1889–1892 der kuppelreiche Justizkomplex auf dem Gelände des Esplanade-Parks. 1895 fuhr die erste Straßenbahn. Bis zur Unabhängigkeit Hauptstadt der ›Madras Presidency‹, einer der vier Verwaltungsbezirke Britisch-Indiens, wurde Madras nach der Unabhängigkeit Hauptstadt des Bundeslandes Tamil Nadu.

Besichtigung

Die weitläufige Stadt besitzt weder ein eindeutiges Zentrum noch erstrangige Sehenswürdigkeiten, abgesehen von den Museen und dem Kalakshetra. Fort St. George als Keimzelle der Stadt könnte man als historisches Zentrum betrachten, touristischer Mittelpunkt ist die mittlere Mount Road.

Mount Road, Egmore, Georgetown

Die Mount Road (heute offiziell: Anna Salai) lohnt immer einen Bummel: Ab und zu sieht man noch Reste alter kolonialer Pracht. Stadteinwärts liegen links eine Filiale der alteingesessenen Buchhandlung Higginbotham's, etwas weiter im Gebäude der Government Press das Kaufhaus für Kunsthandwerk (Poompuhar), auf der rechten Seite das Klubhaus des einst vornehmen Cosmopolitan Club, dann das alte Elphinstone-Theater und schräg gegenüber vom ITDC Tourist Office das Kaufhaus Spencers; leider wird sein alter Teil zugunsten eines Neubaus daneben immer weiter abgerissen.

Nordwestlich von hier, im Stadtteil Egmore, befinden sich an der Pantheon Road das **Government Museum (2)** von

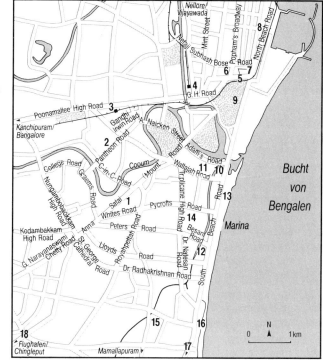

1851, die **Art Gallery** von 1951 und in der prächtigen **Victoria Memorial Hall** von 1906 die Connemara-Bibliothek und ein Theater. Sehenswert ist hier vor allem die umfangreiche Bronzensammlung, die das gesamte hinduistische Pantheon anhand großartiger Kultbronzen vorstellt sowie Jaina-Bronzen und interessante buddhistische Kultbilder von Nagapattinam zeigt. Unter den Steinskulpturen ragen vor allem die Funde von Amaravati heraus. In einem anderen Gebäude werden die Holzarbeiten von Tempeln und Tempelwagen, Kunsthandwerk in Metall, Waffen und ethnologische Exponate ausgestellt. Die Kunstgalerie zeigt neben Werken moderner Künstler auch Miniaturen nord- und zentralindischer Schulen und interessante Malereien aus Travancore/Kerala (8.00–17.00 Uhr, freitags geschlossen).

Weiter nordöstlich liegen die quirligen Basare der Georgetown mit ihrem Schwerpunkt Popham's Broadway/Parry's Corner, kurz Parry's (heute offiziell Netaji Subhash Bose Road) sowie der **Justizkomplex (5).**

Das Fort St. George

Das Fort (9; s. S. 290) lag früher direkt am Strand; heute versperren Hafenanlagen den Blick aufs Meer. Man gelangt durch zwei Tore an der Ostseite in die Festung. Die interessanten Gebäude stammen vom Ende des 18. Jh.; Anfang 20. Jh. wurden **Governor's House** und

Governor's House im Fort St. George, Madras

Assembly Hall umgebaut. Genutzt werden die Gebäude vom Parlament und den Ministerien Tamil Nadus sowie vom Militär.

St. Mary's Church, 1680 geweiht, ist die älteste anglikanische Kirche in Indien. Zu sehen sind Grabsteine aus dem 17. und 18. Jh., Gedenktafeln für ehemalige Gouverneure und andere Zeitgrößen; das Taufbecken stammt von 1681, das Altarbild angeblich aus der Schule von Raffael. Die **Alte Börse** wurde später Offiziersmesse und beherbergt heute das atmosphärisch angenehme Fortmuseum. Neben Waffen, Uniformen, Mün-

zen und Dokumenten der Company sieht man Ölbilder von Gouverneuren und indischen Fürsten sowie zeitgenössische Darstellungen in Stichen.

Die Marina und der Süden

Im Gegensatz zur schmuddeligen, übervölkerten North Beach Road mit ihren Hafenanlagen und den Buden des Burma Bazar präsentiert sich die South Beach Road oder Marina als großzügig angelegter Straßenzug, gesäumt von repräsentativen Bauten und Parkanlagen auf der Landseite, zum Meer hin von Statuen be-

294

rühmter Persönlichkeiten vor Erholungsanlagen und dem breiten Strand. Gleich südlich der Mündung des Cooum liegen **Senat/Universität (10),** Presidency College und PWD Building von 1864/68. Der etwas nach hinten versetzt am Buckingham-Kanal gelegene **Chepauk-Palast (11)** wurde 1768 von den Engländern für einen lokalen Fürsten, den Wallajah-Nawab, gebaut. Das **Vivekananda-Haus (12)** war ursprünglich das Eishaus, in dem ab 1842 aus Amerika importiertes Kühleis gelagert wurde; 1892 hat Vivekananda hier gelebt. An der Marina stehen außerdem das **Aquarium (13**; 14.00–20.00, sonn- und feiertags 8.00–20.00 Uhr) und der neue, 50 m hohe Leuchtturm.

Im Stadtteil Mylapore steht der **Kapalishvara-Tempel (15).** Inschriften deuten auf ein sehr hohes Alter dieses Shiva-Tempels hin, der heutige Bau ist jedoch nicht sehr alt. Der große Gopuram wurde erst 1906 gebaut. In Strandnähe liegt die **St. Thomas-Kathedrale (16).** Hier gründeten die Portugiesen 1505 ihre Niederlassung Sao Thomé. Über dem vermutlichen Grab des Apostels Thomas errichteten wohl schon Nestorianer eine Kapelle. Die Portugiesen erweiterten 1516 den Bau zu einer kleinen Kirche, 1898 entstand die heutige neugotische Basilika.

An dem bis zu 250 m breiten Strand wird wegen gefährlicher Unterströmungen, wegen der Gaffer und aus hygienischen Gründen kaum gebadet. Am späten Nachmittag aber, wenn die Fischerboote auf den Strand gezogen werden, trifft sich hier ganz Madras.

Adayar

Die Stadtteile südlich des Flüßchens Adayar haben dem ›Stadtflüchtling‹ viel zu bieten, angefangen beim Elliot Beach, einem echten Badestrand. Inmitten gepflegter Parkanlagen und Palmenhaine liegt in Adayar das Welthauptquartier der Theosophischen Gesellschaft: Die Bibliothek birgt reiche Schätze an indischen Manuskripten. Im Garten steht der größte Banyanbaum Indiens: Seine zu neuen Stämmen gewachsenen Luftwurzeln ließen einen ›Ein-Baum-Wald‹ von einem Drittel Hektar Größe entstehen (wochentags 9.00–10.30 und 14.00 16.00 Uhr).

Die Theosophische Gesellschaft wurde 1875 von der Russin Helena Petrowna Blavatsky in New York gegründet. Die Theosophen streben die Überwindung der Gegensätze zwischen den Religionen an; das Göttliche in jedem Menschen soll geweckt und entwickelt werden, was nicht zuletzt durch die Förderung seiner kreativen Fähigkeiten geschehen soll. Aus diesem Geiste heraus gründete die gefeierte Tänzerin Shrimathi Rukmini Devi Arundal 1936 die Schule für Tanz, Musik und Kunsthandwerk, **Kalakshetra (17).** 1963 bezog die Schule ein eigenes Areal weiter im Süden, in Tiruvanmiyur; in einem wunderschönen, luftigen Auditorium kann man hier Tanzvorführungen erleben. Über Weihnachten/Neujahr veranstaltet Madras ein Festival, während dessen hier jeden Abend erstrangige Aufführungen geboten werden (Programm in ›Hallo Madras‹ und beim TTDC Tourist Office).

Ebenfalls südlich des Adayar liegt an einem künstlichen See der **Guindy-Park (18),** ein Naturschutzgebiet, wo man neben Affen, Mungos, Damwild usw. eine große Zahl der selten gewordenen Hirschziegenantilopen sowie im benachbarten Schlangenpark die Reptilien und Amphibien Indiens sehen kann, (9.00–18.00, Giftabnahme samstags und sonntags 16.00–17.00 Uhr).

Im Südwesten der Stadt findet man die beiden christlichen Pilgerziele **Little Mount** und **Thomas Mount.** In einer Höhle am Little Mount hat der Legende nach der Apostel Thomas gelebt und wurde dort von einem Brahmanen mit einer Lanze verwundet – er flüchtete zu dem höheren Hügel in der Nähe und wurde hier angeblich im Jahre 68 (oder 72) getötet; auf der Hügelkuppe soll eine kleine von ihm selbst erbaute Kapelle gestanden haben. Marco Polo beschreibt ein von Nestorianern dort errichtetes Kirchlein, das die Portugiesen 1523 zur heutigen **Kirche ›Our Lady of Expectation‹** erweiterten. 1547 wurde das ›blutende Kreuz‹ gefunden, das heute noch große Pilgerscharen anlockt – ebenso wie ein Ölbild von der Hand des Apostels Lukas, das der hl. Thomas nach Indien mitgebracht haben soll.

Praktische Hinweise

Information: TTDC Tourist Office, 143 Anna Salai (Mount Road), Material zu Madras und Tamil Nadu; ITDC Tourist Office, 154 Anna Salai (Mount Road), Material über ganz Indien, gute Beratung.

Verbindung: Flugzeug: Mit Indian Airlines und Vayudoot Verbindung zu allen Zentren des Landes, zu interessanten Plätzen in Tamil Nadu und Andhra Pradesh sowie nach Colombo. Air India, Singapure Airlines, Malaysian Airlines, Airlanka nach Bombay, Delhi, Singapur, Kuala Lumpur, Colombo. Flughafen Meenambakkam 15 km (international) bzw. 17 km (domestic) südwestlich vom Zentrum. Flughafenbus zu den großen Hotels und Egmore Station. Air India/Indian Airlines Office: 19 Marshalls Road, nahe Mount Road/Tourist Office.

Eisenbahn: Von **Central Station** (4) hauptsächlich Züge nach Norden (km/Stunden) – Delhi: 2188/40; Bombay: 1279/26; Calcutta: 1662/33; Hyderabad, 794/16; Bangalore, 356/7; aber auch: Cochin 700/12 – Quilon – Trivandrum. Von **Egmore Station**

(3) fast alle Züge nach Süden (km/Stunden) – Tiruchirapalli: 337/8; Madurai: 492/11; Rameshvaram: 666/18. Mehrere Buchungsstellen, empfehlenswert: Southern Railway Booking Office nahe Central Station und Egmore Station: 8.30–13.00 und 13.30–16.30 Uhr.

Bus: Tamil Nadu State Road Transport Corporation TSRTC und Tiruvalluvar Transport Corporation Ltd. sind die zwei Gesellschaften, die den Busverkehr in Tamil Nadu abwickeln. Die separaten Busbahnhöfe (6 und 7) liegen nebeneinander an der Esplanade Road (Expreßbusse), nahe Parry's/Highcourt. Von hier auch Busse der APSRTC (Andhra Pradesh), u. a. nach Tirupati, und der KSRTC (Karnataka) nach Bangalore, Mysore und Mangalore. Buchungen und Reservierungen an den Busbahnhöfen 7.00–21.00 Uhr.

Schiff: Shipping Corporation of India. Linienverkehr nach Malaysia und Singapur: Madras – Nagapattinam – Penang – Singapur – Port Kelang – Penang – Nagapattinam – Madras. Linienverkehr zu den Andamanen und Nicobaren. Buchungen über KPV Sheikh Mohammed Rawther & Co, 202 Linghi Chetti Street, ✆ 51 03 46.

Organisierte Rundfahrten: Stadtrundfahrten von ITDC und TTDC täglich 14.00–18.00 Uhr. Nach Kanchipuram, Tirukkalikundram, Mamallapuram: ITDC täglich 7.30–18.00 Uhr; TTDC täglich 6.45–17.30 Uhr. Nach Tirupati: ITDC täglich 6.30–20.30 Uhr; TTDC täglich 6.00–21.00 Uhr. Buchungen im jeweiligen Tourist Office oder am TSRTC Expreßbusbahnhof, ✆ 56 18 30.

Unterkunft: In Madras gibt es reichlich Hotels aller Kategorien. Sie konzentrieren sich in einem weiten Bogen um das Tourist Office (1).

Direkt an der Anna Salai Road (Mount Road): A: Shrilekha***, Nr. 49, ✆ 84 05 82. B: Madras International**, Nr. 693, ✆ 81 18 11.

Zentral und trotzdem angenehm ruhig die Hotels im südlichen Egmore, zwischen Pantheon Road und Anna Salai Road: A: Connemara*****, Binny Road, nahe Anna

Salai Road/C-inC Road, ✆ 810051 (traditionsreiches Spitzenhotel). Ambassador Pallava*****, 53 Montieth Road , ✆ 812061 (neu und protzig). B: Ashoka***, 33 Pantheon Road, ✆ 841977 (sehr angenehm). Kanchi***, 28 C-in-C Road, ✆ 471100 (empfehlenswert). Atlantic**, 2 Montieth Road, ✆ 810561. Guru, 693 Marshalls Road (nicht alt, aber schmuddelig).

Viele Hotels der Mittelklasse in der geschäftigen und lauten Umgebung von Egmore Station und Poonamallee High Road:
B: Imperial***, 1A Gandhi Irwin Road, ✆ 845076. New Victoria***, 1 Kenneth Lane, ✆ 847738. Dasaprakash***, Poonamallee High Road, ✆ 661111. B/C: Impala Continental; Tourist Home; Vaigai (alle in der Gandhi Irwin Road). Blue Diamond; Peacock; Picnic; Arun (alle in der Poonamallee High Road).

In oder nahe Nungambakkam High Road, zentral und in relativ ruhiger Lage:
A: Taj Coromandel*****, ✆ 474849 (internationaler Standard). B: Palm Grove***, Kodambakkam High Road, ✆ 471881 (großzügig und sauber). Ranjith; Ganpat (beide Nungambakkam High Road).

Zwischen Anna Salai Road und Mylapore, gute Hotels in angenehmer Umgebung:
A: Chola Sheraton*****, 10 Cathedral Road, ✆ 473347. Savera*****, 69 Dr. Radhakrishnan Road, ✆ 474700. B: New Woodlands***, 72/75 Dr. Radhakrishnan Road, ✆ 473111. Maris**, 9 Cathedral Road, ✆ 470541. Gupta's Ajanta Hotel; Swagath (beide Royapettah High Road). Direkt am Flughafen: A: The Trident****, G.S.T. Road, ✆ 434747.

Einfache Hotels in den von Parry's abgehenden Parallelstraßen zu Popham's Broadway/Prakasam Road und um Egmore Station herum. C: Malaysia Lodge, 44 Armenian Street. Hotel Surat, Prakasam Road. Hotel Jayalakshmi, Kondi Chetty Street. YWCA Guest House mit Camping und Parkgelegenheit, Poonamallee High Road. People's Lodge. Hotel Eswari. Traveller's Home. Jugendherberge, Indiranagar, ✆ 412882 (am südlichen Stadtrand).

Restaurants: Sehr gut die Restaurants im Taj Coromandel (Mysore und Gold Dragon), Chola Sheraton (Sagari, Dachgarten-Chinarestaurant) und im Connemara. Buhari, Anna Salai Road; Hotel Imperia's, Gandhi Irwin Road; Queens, Nungambakkam High Road; Amaravati, Cathedral Road; Impala (vegetarisch und Snacks), Kreuzung Kenneth Lane/ Gandhi Irwin Road; Rama Krishna (vegetarisch), Netaji Subhash Bose Road, nahe YMCA.

Die Umgebung von Madras

Pulicat

61 km nördlich von Madras.

1609 gegründet, war Pulicat im 17. Jh. die wichtigste Niederlassung der Holländer an der Ostküste. Von dem Fort Geldria sind nur Ruinen geblieben – wie es einmal aussah, sieht man auf einem Grabstein des alten Friedhofs. Heute ist das kleine Dorf zwischen Lagune und Strand beliebt als ›Picnic Spot‹.

Praktische Hinweise
Verbindung: Bus oder Bahn bis Ennore, von da 17 km mit dem Boot (1 Stunde) auf einem Teilstück des Buckingham-Kanals bis Pulicat.

Cholamandal

20 km südlich von Madras.

In dem Künstlerdorf haben sich seit 1966 Maler, Grafiker, Bildhauer und Keramiker angesiedelt. Sie unterhalten eine gemeinsame Verkaufsausstellung (6.00 bis 20.00 Uhr), gelegentlich finden in dem Freilufttheater der Kolonie Theater- und Folkloreveranstaltungen statt.

Praktische Hinweise
Verbindung: Bus von Madras. **Unterkunft:** A: Golden Beach Resort, eine von mehreren

luxuriösen Bungalowanlagen zwischen Madras und Mamallapuram.

Covelong (Kovilam)

38 km südlich von Madras, Bus von Madras.

Bei den Ruinen einer Hafenfestung von Sadat Ali, Nawab von Karnatik, liegt das Luxus-Strandhotel Fishermen's Cove (✆ 0 41 14–2 68), im nahen Fischerdorf eine alte katholische Kirche sowie eine Moschee. 4 km südlich kann man die Krokodilfarm von Romulus Whittaker besuchen (8.00–18.00 Uhr).

Mamallapuram (Mahabalipuram)

61 km südlich von Madras.

Dieses kleine Dorf ist der einzige Platz in Süd-Indien, wo Kunstfreund und Strandfan gleichzeitig auf ihre Kosten kommen. Ein kilometerlanger feinsandiger Strand – ohne Gaffer und ›Fishermen's Souvenirs‹ – bietet Erholung nach Großstadtstreß, langer Fahrt und Exkursionen zu Höhlentempeln, Rathas, den großen Reliefs und dem Strandtempel in ihrer schönen Umgebung, die man ›portionsweise‹ genießen sollte.

Mamallapuram ist benannt nach dem großen Pallava-König Narasimhavarman I. Mamalla (630–668); der Ehrenname Mamalla (Mahamalla) bedeutet ›Großer Kämpfer‹. Mamallapuram war mit seinem Hafen die zweite Stadt im Reich. Hier rüstete Narasimhavarman seine Flotte aus und startete zwei erfolgreiche Kriegszüge nach Ceylon. Nach dem Untergang des Pallava-Reiches begann der Hafen zu versanden, Mamallapuram geriet in Vergessenheit.

In einigem Abstand zur Küste zieht sich eine der für Süd-Indien so typischen Hügelketten entlang. Die Granitbuckel unterschiedlicher Größe ragen unvermittelt aus dem Schwemmland empor. Aus dem größten der Hügel (bis 40 m) ließen schon Mahendravarman I. (600–630) und besonders Narasimhavarman I. Höhlentempel und Reliefs herausschlagen. Einige kleinere Buckel südlich davon wurden zum Rohmaterial für seine Modelltempel-Sammlung, die **fünf Rathas (1)**, bestimmt. Der Strandtempel entstand unter Narasimhavarman II. Rajasimha (680–720; s. S. 84 f.).

Die Bezeichnung ›Rathas‹ (Tempelwagen) stammt aus späterer Zeit und erinnert an die in Stein nachgebildeten Tempelwagen in ähnlicher Größe, die vor Tempeln aufgestellt wurden; auch die Benennung nach den fünf Pandava-Helden des Mahabharata und ihrer gemeinsamen Frau Draupadi (s. S. 35) ist eine nachträgliche Zutat. Diese fünf monolithischen Tempelchen wurden nie benutzt. Grund oder Anlaß ihrer Schaffung sind nicht überliefert. Sie wirken wie eine Bestandsaufnahme der damals verfügbaren Bauformen.

Der **Dharmaraja-Ratha** (so benannt nach dem ›gerechten‹ Yudhishtira, dem ältesten der Brüder) steht auf quadratischem Grundriß (s. Abb. S. 88). Der Unterbau mit von Löwensäulen gestützten Veranden trägt ein dreifach gestuftes Pyramidendach, gekrönt von einer Kuppel. Die Dachterrassen sind reich mit Miniaturpavillons, Kudus und Götterfiguren bestückt, der Unterbau mit stehenden Figuren von Harihara, Brahma, Skanda, Ardhanarishvara und von König Narasimhavarman I., dem Bauherrn.

Der **Bhima-Ratha** hat einen rechteckigen Unterbau (16 × 8 m); jeweils vier Löwensäulen flankieren die Längsseiten und bilden einen Umgang. Der **Arjuna-Ratha** entspricht in kleinerem Maßstab dem Dharmaraja-Ratha; seinen Sockel bilden Elefanten und Löwen. Der Bau besteht aus einer Vorhalle mit zwei Löwensäulen und der Cella mit einer gehörnten Figur (?) als Kultbild. Die Außenwände sind geschmückt mit zwei Torhütern, Vishnu auf Garuda, Indra auf seinem Elefanten, Shiva auf Nandi, einem Rishi mit Schüler und mit Mithuna-Paaren. Daneben liegt ein monolithischer Stier.

Der **Draupadi-Ratha** bietet das steinerne Abbild einer strohgedeckten Hüt-te dieser Zeit und Gegend. In der Cella steht eine Durga als Kultbild, davor ein Löwe; in den Nischen der Wände finden sich Aspekte der Durga. Der **Nakula-Sahadeva-Ratha** (genannt nach den jüngsten der Brüder, den Zwillingen Nakula und Sahadeva) ist ein kleiner apsisförmiger Bau, fast ohne Schmuck. Daneben steht ein großer Elefant.

Wenn diese Miniaturtempel wirklich geschaffen wurden, um Klarheit über den Stil geplanter freistehender Kultbauten zu gewinnen, dann ist klar, daß die Wahl auf Dharmaraja- und Arjuna-Ratha fiel. Sie gelten als Prototypen des südindischen Tempels mit dem Vimana als Schwerpunkt und Hauptmerkmal.

Umrundet man, von den Rathas kommend, den 40 m hohen Felsbuckel, auf dem einst ein Palast des Königs stand, kann man sich alle folgenden Sehenswürdigkeiten bequem erlaufen. Der **Dharmaraja-Mandapa (2)** ist ein einfacher Höhlentempel mit dreifacher Cella und den typischen kräftigen Pfeilern der Mahendravarman-Zeit. Ein Stück weiter in der Felswand sieht man ein **unfertiges Großrelief (3)** mit dem Thema ›Herabkunft der Ganga‹. Ob es sich dabei um eine Studie oder um eine spätere Variante zu dem berühmten Relief handelt, ist unklar.

In der Felswand hinter dem Talasayana-Dorftempel liegt der **Krishna-Mandapa (4)**, eigentlich ein Großrelief in der Felswand ohne Cella, dem später eine Vorhalle beigefügt wurde. Dargestellt ist die Szene aus der Krishna-Legende, als dieser die Bauern und Hirten, die er von einem Opfer an Indra abgehalten hatte, vor dessen Zorn schützt, indem er den Berg Govardhana mit einer Hand hochhält. Das großartige Relief zeigt neben Krishna in der Gebärde der Wunschgewährung und seinem Bruder Balarama viele gelungene und anrührende Szenen aus dem Leben der Landbevölkerung. Der **Pancha-Pandava-Mandapa (5)** ist eine große, unvollendet gebliebene Halle; fertiggestellt wurden nur sechs Säulen und zwei Pilaster mit Löwenschaft.

Die östliche Wand eines Felsens, 32 m lang und 14 m hoch, durch eine Spalte in zwei Flächen aufgeteilt, bildet Träger und natürlichen Rahmen für das Meisterwerk ›**Herabkunft der Ganga‹ (6)**, ein Großrelief, das die Welt der Götter, der Menschen und der Tiere in einer großartigen Komposition erfaßt und darstellt. Die natürliche Vertiefung im

Großrelief ›Herabkunft der Ganga‹ an einer Felswand, Mamallapuram

Fels bildet das Bett der Ganga, über das aus einer oberhalb des Felsens befindlichen Zisterne Wasser geleitet werden kann; Nagas schlängeln sich darin nach oben. Sonne und Mond, Götter und verschiedene göttliche Wesen, Asketen, Jäger und die Tiere des Waldes sind herbeigeeilt, um das Ereignis, durch das die Erde und ihre Lebewesen gerettet und erhalten werden, zu feiern. Eine andere Version bringt die Darstellung mit der Kiratarjunya-Legende in Verbindung, derzufolge Arjuna durch jahrelange Askese am Ufer des Ganges Shiva dazu bringt, ihm die Wunderwaffe Pashupata zu überlassen – daher der Name ›Arjunas Buße‹. In der Nähe sieht man die überaus lebensechte **Darstellung einer Affenfamilie (7)**.

›Krishnas Butterkugel‹, Felsformation, Mamallapuram

Der **Ganesha-Ratha (8)**, ein monolithischer, 9 m hoher Tempel, stammt aus der späten Mamalla-Zeit. Der Name rührt von einem erst in unserer Zeit installierten Ganesha-Kultbild her. Die **Trimurti-Höhle (9)** besteht aus einer dreifachen Cella – ohne Vorhalle, aber unter einem gemeinsamen Dach – mit Flachreliefs von Vishnu, Shiva und Brahma. Rechts am Fels entdeckt man Durga auf dem Kopf des Büffeldämons, in der Nähe eine unvollendete **Tiergruppe mit Affen, Elefanten und Pfauen (10)**, auf dem Felsrücken eine gefährlich labil wirkende, natürliche Steinkugel, genannt ›**Krishnas Butterkugel‹ (11)**.

Oben am Hang liegt der **Kotikal-Mandapa (12)**, ein kleiner Schrein mit Pfeilerhalle im Mahendra-Stil; die zwei Dvarapalikas (Torhüterinnen) mit Pfeil und Bogen lassen auf ein Durga-Heiligtum schließen. Neben dem unfertigen **Koneri-Mandapa (13)** liegt die **Varaha-Höhle 2 (14)**, ein Höhlentempel aus dem 7. Jh. Vier schöne Reliefs zeigen an der Nordwand Vishnu in seiner Erscheinungsform als Eber (Varaha), eine Gajalakshmi-Gruppe, eine vierarmige Durga, vor der sich ein Asket enthauptet, und an der Südwand schließlich Vishnu in seiner Vamana-Inkarnation. Der **Rayala-Gopuram (15)** ist ein ebenfalls unvollendeter Bau aus der Vijayanagar-Zeit.

Die **Varaha-Höhle 1 (Adivaraha; 16)**, ein Höhlentempel aus dem 7. Jh., zeigt Flachreliefs von Vishnu als Eber, Harihara, Brahma, Gajalakshmi, Durga Mahishasuramardini, Shiva als Gangadhara und – besonders interessant – eine Darstellung von zwei Pallava-Königen, durch Inschriften belegt als Simhavishnu (574–600), auf einem Thron sitzend, flankiert von seinen Frauen, und Mahendravarman I. (600–630), der seinem Vater seine beiden Frauen vorstellt. Vom **Palast des Königs (17)** blieb nichts als ein steinerner Löwe mit abgeflachtem Rücken, der wahrscheinlich als Thron diente, erhalten.

Bemerkenswert ist die **Mahishasura-mardini-Höhle (18)** mit zwei großen Reliefs: Vishnu auf der Weltenschlange Ananda ruhend und eine dynamisch agierende achtarmige Durga im Kampf mit dem Büffeldämon, die sich gegenseitig in ihrer Wirkung steigern. Der **Olakkanatha-Tempel (19;** pop. Old Light House), eigentlich der untere Teil eines Tempels ohne Obergeschoß und Dach, stammt aus der Rajasimha-Zeit. Der Skulpturenschmuck des **Ramanuja-Mandapa (20),** eines shivaitischen Höhlentempels aus der Mamalla-Zeit, ist weitgehend zerstört.

Östlich von Hügel und Dorf, direkt am Meer, liegt innerhalb einer mit vielen Nandi-Skulpturen besetzten niedrigen Umfassungsmauer eine aus drei Kultzellen bestehende Tempelanlage, der **Strandtempel (21).** Der Shiva geweihte Haupttempel öffnet sich nach Osten, damit die aufgehende Sonne das Linga trifft; an der Rückwand sieht man ein Somaskanda-Paneel. Darüber erhebt sich der höhere der beiden eleganten Vimanas mit dem spitz auslaufenden Stupi. Die Kultzelle unter dem zweiten Turm ist nach Westen zum Ort hin ausgerichtet, so wie es die hinduistische Architekturlehre verlangt. Zwischen beiden befindet sich ein Sanktum für Vishnu, nach Osten orientiert, mit einem Vishnu auf der Weltenschlange als Kultbild. Die schlanken Türme dieser von Narasimhavarman II. Rajasimha Anfang des 8. Jh. erbauten Anlage entsprechen im Prinzip dem Vorbild des Dharmaraja-Ratha. Ehemals auf der Ost-West-Achse gelegene Mandapas und Tortürme sind verschwunden. Im weiten Hof befinden sich die freistehende Skulptur einer Durga auf einem Löwen, eine Opferplattform und Reste von ehemaligen Wasserbecken. Etwas nördlich am Strand weist

der **Mahishasura-Felsen (22)** eine achtarmige Durga als Kultbild auf.

Außer diesen zentral liegenden Hauptsehenswürdigkeiten gibt es verstreut um den Ort eine Anzahl weiterer Rathas, Tempelchen, Höhlen und Skulpturen. So steht bei der Nordostecke des Dorfes eine interessante **Sapta-Matrika-Gruppe (23),** 5 km nördlich des Ortes liegen in Strandnähe die Shaluvankuppam-Höhlen: Die sog. **Tigerhöhle (24)** ist ein Durga-Heiligtum mit neun Löwenköpfen um den Eingang, zwei weitere Löwen sitzen als Wächter davor. Etwas weiter nördlich zeigt eine Höhle eine Somaskanda-Gruppe mit Vishnu und Brahma im Hintergrund.

Im Ort selbst gibt es eine staatliche Schule für Bildhauer und Steinmetze, außerdem Werkstätten, die Skulpturen im alten Stil – hauptsächlich für Restaurierungsarbeiten, aber auch zum Verkauf – herstellen. Kleinere Figuren werden aus einer Art Speckstein gefertigt, worunter sich geschickte und originelle Arbeiten finden.

Praktische Hinweise

Verbindung: Von der Bushaltestelle im Dorf zahlreiche Busse nach Madras und über Tirukkalikundram (15 km) nach Chingleput (29 km) zur Weiterfahrt nach Norden (Kanchipuram) und Süden (Pondicherry, Tiruchirapalli usw.) und zum Vogelschutzgebiet Vedanthangal. Bahnanschluß in Chingleput.

Unterkunft: Zwischen dem Ort und dem Dorf Shaluvankuppam (5 km nördlich) hinter dem Strand mehrere z. T. recht luxuriöse Hotels und Bungalowanlagen: Temple Bay Ashok Beach Resort ITDC***, ✆ 04113–251 bis 256, 258. TTDC Beach Resort Complex (Shore Temple Resort)**, ✆ 235, 268. Silversands***, ✆ 603104. Silver Inn (gehört zu Silversands). Golden Sun Beach Resort***, ✆ 245, 246. Ideal Beach Resort***, ✆ 240, 243.

Im Ort mehrere kleinere Hotels ohne Komfort (C): Mamalla Bavan. Namalia Lodge. Royal Lodge. Pallava Lodge. Menna. (Vorsicht mit offenen Fenstern! Affen!)

Restaurants: Rose Garden Restaurants; The Meeting Place; Aromma Cafe; Mamalla Bhavan (vegetarisch); alle an Hauptstraße und Straße zum Strand.

Tirukkalikundram

Zwischen Mamallapuram (15 km) und Chingleput (14 km), Busse von Mamallapuram und Chingleput.

Den großen **Bhaktavatsala-Tempel** mit vier hohen Gopurams baute der Pandya-König Jatavarman Sundara im 13. Jh. um einen älteren Tempel aus der Pallava- und Chola-Zeit herum. Auf dem steilen **Vedagiri-Hügel** (152 m) erhebt sich ein Pallava-Tempel vom Ende des 7. Jh. Hier werden mittags von den Priestern zwei ›Adler‹ – eigentlich sind es Milane – gefüttert, die der Legende nach auf ihrem täglichen Flug von Benares nach Rameshvaram hier Rast machen. Auf halber Höhe liegt der **Orukal-Mandapa,** ein Pallava-Höhlentempel im Mahendra-Stil.

Kanchipuram (Kanchi, Conjiveram)

65 km südwestlich von Madras, 65 km nordwestlich von Mamallapuram, ca. 150 000 Einwohner.

Nach traditioneller Zählung ist Kanchipuram eine der sieben heiligen Städte der Hindus, die einzige davon in Süd-Indien und sowohl Shiva als auch Vishnu heilig. Über 100 Tempel – 1000 sollen es einmal gewesen sein – sind das Ziel großer Pilgerscharen. Einige der Tempel – zum Glück nicht die Pilgerziele – stellen Kostbarkeiten früher indischer Tempelbaukunst und -skulptur dar. Trotz aller belastender Nebenerscheinungen wie Scharen kranker und verkrüppelter Bettler, habgieriger Brahmanen und schmuddeliger Restaurants ist die Stadt unbedingt einen Besuch wert.

Geschichte

Unter den großen Pallava-Herrschern Simhavishnu (574–600), Mahendravarman I. (600–630) und Narasimhavarman I. Mamalla (630–668) (s. S. 58) wurde Kanchi zur glanzvollen Hauptstadt ausgebaut. Das Reich dehnte sich zeitweise von der Krishna im Norden bis weit ins Pandya-Land südlich der Cauvery aus. Unter dem Druck der Rashtrakutas und der erstarkenden Cholas ging das Reich um 795 unter. Später gehörte Kanchi zum Reich der Cholas und zu Vijayanagar.

Der Buddhismus war hier weit verbreitet. Kaiser Ashoka (ca. 272–231 v. Chr.) soll in Kanchi einen Stupa errichtet haben. Auch der berühmte Xuanzang, 629–645 als Pilger in Indien unterwegs, berichtet von Buddhisten in Kanchi und ihrer Verdrängung durch Jainas. König Mahendravarman I., ursprünglich Jaina, wurde vom Nayanar Appar zum Shivaismus bekehrt und verfolgte fortan die Jainas. Er wirkte als ein großer Förderer der Künste und veranlaßte den Bau der ersten Höhlentempel. Der Kailashanatha-Tempel in Kanchi entstand, wie der Strandtempel in Mamallapuram, unter Narasimhavarman II. Rajasimha und seinem Sohn Mahendravarman III. (720–728), die weiteren Pallava-Tempel in Kanchi ebenfalls im 8. Jh. unter den Nachfolgern.

Besichtigung

Man bezeichnet das eigentliche Kanchi mit dem Zentrum als Groß (Periya-) Kanchi oder Shiva Kanchi und den süd-östlichen Stadtteil als Klein (Chinna)-Kanchi oder Vishnu Kanchi, was sich auf die heutigen Pilgerschwerpunkte bezieht, meist große Tempel aus der Vijayanagar-Zeit. So befindet sich in Vishnu Kanchi, 4 km vom Zentrum, der Karivaradaswami-Tempel; in Shiva Kanchi besuchen die Pilger hauptsächlich Ekambareshvara-, Kachareshvara- und Kamakshi-Tempel. Dort stehen auch die sehenswerten Pallava-Tempel, von denen der Vaikuntha Perumal Vishnu geweiht und noch ›in Puja‹ ist.

Der **Kailashanatha-Tempel (1)** liegt am Westrand der Stadt in dörflicher Umgebung. Gesäumt von einer Mauer, die zum Hof hin mit 58 kleinen Schreinen (Reste von Malereien) besetzt ist, steht ein prächtiger vierstöckiger Vimana. Das Zentralheiligtum umgeben sieben kleinere Schreine mit exquisiten Skulpturen

verschiedener Aspekte Shivas. Die Säulen weisen hier springende statt der sonst üblichen sitzenden Löwen auf. Vimana und Maha-Mandapa, die ursprünglich separat standen, wurden im 16. Jh. durch einen Zwischenbau verbunden.

Auf dieser Achse schließt sich dem großen Hof ein kleiner an, der nach drei Seiten den Mahendravarmeshvara-Schrein umschließt, einen rechteckigen Bau mit zweistöckigem Vimana-Dach, ähnlich einem Gopuram. Er wurde, zusammen mit dem kleinen Hof und den acht Kultnischen für verschiedene andere Gottheiten davor, von Mahendravarman III. dem Bau seines Vaters hinzugefügt.

Im Gegensatz zu früheren Bauten bestand ab der Zeit Narasimhavarmans II. Rajasimha nur noch der Sockel aus Granitquadern. Die Tempel selbst wurden in weichem Sandstein ausgeführt. Um die weitere Erosion aufzuhalten, versah man Anfang dieses Jahrhunderts die angegriffenen Skulpturen mit einer Gipsschicht und modulierte diese nach: Das Ergebnis

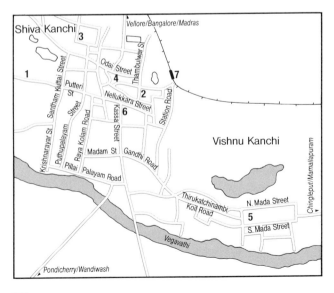

Kanchipuram
1 Kailashanatha-Tempel
2 Vaikuntha Perumal
3 Ekambareshvara-Tempel
4 Kamakshi-Amman-Tempel
5 Varadaraja-Tempel (Karivaradaswami)
6 Busbahnhof
7 Bahnhof

Kailashanatha-Tempel, Kanchipuram

waren Karikaturen. Die Zeit und später der Archaeological Survey entfernten den Überzug zum Teil wieder.

Der **Vaikuntha Perumal (2)** wurde von Nandivarman II. Pallavamalla (731–796) gestiftet. Im quadratischen, vierstöckigen Vimana liegen drei Kultzellen übereinander – Vishnu stehend, sitzend und liegend. Um diese umwandeln zu können, ist der Turm begehbar (nur für Hindus). Die den Tempel umgebende Mauer besitzt innen einen Umgang mit den typischen Löwensäulen. An den Wänden stellen Flachreliefs die Geschichte der Pallava-Könige dar, Ta-

mil-Inschriften begleiten die Bilder – nach dieser ›Chronik‹ wurde der erste Pallava aus einem Pflanzenschößling geboren!

Weitere, allerdings kleinere Pallava-Tempel aus dem 8. Jh. sind der **Matangeshvara-,** der **Mukteshvara-,** der **Tripurantakeshvara-** und der **Airavateshvara-Tempel.** Sie sind zum Teil stark verwittert oder durch Zutaten verschandelt; in ihrem Inneren blieben jedoch gute Skulpturen erhalten.

Der **Ekambareshvara-Tempel (3)** ist der größte in Kanchipuram. Die hohe Mauer mit den gewaltigen Gopurams

Versuchung der Rishis, Säulenrelief vom
Ekambareshvara-Tempel, Kanchipuram

Erster Hof und großer Gopuram des Ekam-
bareshvara-Tempels, Kanchipuram

umschließt eine Fläche von 9 Hektar.
Um einen Kern aus der Chola-Zeit wurden unter den Vijayanagar-Herrschern
eine Vielzahl von Hallen, Schreinen und
Pavillons sowie ein großes Bassin für das
Bootsfest gebaut. Der zehnstöckige,
57 m hohe Süd-Gopuram wurde 1509
von Krishnadeva Raya gestiftet. Auf der
Prozessionsstraße vor dem Tempel wie
an den Säulen einiger Mandapas im Tempel, z. B. an der 1000-Pfeiler-Halle, findet man gut gearbeitete und interessante
Darstellungen aus der Shiva-Legende.

In einem Tempelhof wächst ein heiliger, 3500 (!) Jahre alter Mangobaum, der
Früchte in vier Geschmacksrichtungen
trägt. Er soll dem Tempel den Namen
gegeben haben: Herr des Mangobaums –
seine Früchte fördern angeblich das Kin-
derkriegen. Im Sanktum ist das Pritheri
Linga installiert, eins der fünf Lingas der
Elemente (Pritheri = Erde). Shiva wird

in diesem Tempel als nackter, asketischer
Bettler verehrt – vielleicht einer der
Gründe, warum so viele Sadhus, Kranke
und abgerissene Gestalten beiderlei Geschlechts vor dem Tempel und in einigen
der Hallen lagern.

Im **Kamakshi-Amman-Tempel** (4)
wird Parvati verehrt, die Göttin ›mit den
liebevollen Augen‹. Hier fallen unter den
Besuchern die vielen jungen Paare und
die schwangeren Frauen auf. Verehrt
wird auch der große Philosoph und Lehrer Shankara-Acharya, der 820 hier gestorben und begraben sein soll.

Der **Varadaraja-Tempel (Karivaradaswami; 5)** in Vishnu Kanchi ist gleichfalls eine riesige Anlage aus dem 16. Jh.
mit einem cholazeitlichen Kern, umgeben von einer hohen Mauer mit mächtigen Gopurams. Sehenswert ist die 100-
Pfeiler-Halle, der Kalyana-Mandapa,
mit 96 exquisit gearbeiteten Säulen, die

äußeren mit Reitern auf sich aufbäumenden Pferden über Fabelwesen. Dieser Tempel mit seiner goldgeschmückten Kultfigur, einem stehenden Vishnu als Varadaraja, dem König der Gnade, gilt als eines der bedeutendsten Vishnu-Heiligtümer in Tamil Nadu.

Kanchipuram besitzt eine lange Tradition in der Herstellung kostbarer Seidenstoffe. Für Interessenten gibt es ein Weavers Service Centre in der Railway Station Road 20.

Praktische Hinweise

Verbindung: Busse u. a. nach Vellore, Madras und Chingleput (Anschluß nach Mamallapuram). Bahnverbindung nach Norden und über Chingleput nach Madras und in den Süden.

Unterkunft: B: Ashoka Travellers Lodge, 78 Kamakshi Amman Sannithi Street, ✆ 2561. NCS Lodge, 461–A/B Gandhi Road, ✆ 3054. Sri Rama Lodge, 19–20 Nellukkara Street, ✆ 3195, 2395. Sri Krishna Lodge, 68 A Nellukkara Street, ✆ 2831. SV Lodge, 53 Mettu Street, ✆ 2059.

Restaurants: New Madras Cafe und ITDC Travellers Lodge (nicht vegetarisch). In der Nähe des Busbahnhofs eine Reihe vegetarischer Restaurants.

Vellore

140 km westlich von Madras, 205 km östlich von Bangalore, am National Highway Nr. 46, ca. 150 000 Einwohner, Distrikthauptstadt.

Vellore, am Südufer des Flusses Palar gelegen, besitzt eine der eindrucksvollsten Festungen Indiens. Die Mauer aus Granitblöcken, in Abständen mit runden und eckigen Bastionen besetzt, ist von einem Graben umgeben. Erbaut wurde das **Fort** von einem Vijayanagar-Fürsten um 1500, vermutlich unter An-

leitung eines italienischen Spezialisten. Von 1630–1646 residierten hier die letzten beiden Könige des untergehenden Vijayanagar-Reiches. In den Wirren der Karnatischen Kriege und danach wechselte das Fort mehrmals den Besitzer. Die Briten hielten hier die Kinder Tipu Sultans als Geiseln gefangen und schlugen 1806 einen Sepoy-Aufstand nieder.

Im Inneren befinden sich eine Kirche, eine Moschee, einige um Höfe gruppierte Palastbauten und der **Jalakanteshvara-Tempel,** eine harmonische Tempelanlage aus der Vijayanagar-Zeit mit allen Attributen des ausgereiften Stils des 16. Jh. Ein besonderes Schmuckstück ist die Hochzeitshalle mit den in üppige Skulpturen verwandelten Säulen: Reiter auf hochaufgerichteten Pferden, Fußvolk und Fabeltiere in dramatischer Pose. 1 km westlich vom Fort liegen Gräber von Familienmitgliedern Tipu Sultans und der Witwe Haidar Alis.

Praktische Hinweise

Verbindung: Gute Busverbindungen u. a. nach Madras und Bangalore. Ausflüge zu den waldreichen Javadi Hills, und etwas weiter im Südosten zu den Elagiri Hills (empfehlenswert).

Unterkunft: C: Hotel Sangeet und andere einfache Hotels nahe Busbahnhof und Basar. Motel bei Ranipet (30 km, beim Abzweig des National Highway Nr. 46 vom National Highway Nr. 4).

Gingee (Jinji, Cenji)

140 km südlich von Madras, 80 km nordwestlich von Pondicherry.

Als Krishnadeva Raya von Vijayanagar die Verwaltung seines Reiches neu ordnete und im Süden die drei Nayaktümer Madurai, Tanjavur (Tanjore) und Senji (Gingee) schuf (s. a. S. 67), entstan-

Rast im Schatten einer Tempelhalle

den die Konzeption der heutigen Festung und ein großer Teil der Bauten. Nach der Schlacht von Talikota 1565 erlangte Gingee wie auch die beiden anderen Fürstentümer weitgehende Unabhängigkeit. Im 17. und 18. Jh. wurde die als uneinnehmbar geltende Festung mehrmals erobert: u. a. 1677 von Shivaji und 1698 von Aurangzeb. Nach dessen Tod war Gingee unter Raja Desingh noch einmal für zehn Jahre unabhängig, ehe 1717 der Nawab von Karnatik das Fort eroberte. Später wechselte es von den Franzosen an die Briten.

Eine 5 km lange Mauer mit sieben Toren verbindet drei Hügel zu einem klug durchdachten Verteidigungssystem. Zitadellen liegen auf dem Krishnagiri und dem Rajagiri, unterhalb der letzteren befindet sich das innere Fort mit den meisten der erhalten gebliebenen Bauten, so im Zentrum der Palastkomplex **Kalyana Mahal** mit dem markanten achtstöcki-

gen Turmbau. Wie bei den meisten Hindu-Profanbauten wurden moslemische Bauweise und Fassade mit einer vom Hindu-Tempel entlehnten pyramidalen Dachkonstruktion kombiniert. Außerdem gibt es ein Gymnasium (Übungshalle), Kasernen, Kornspeicher und Stallungen, einen Tempel, zwei Moscheen und den **Venkataramana-Tempel** aus dem 16. Jh. mit schönen schlanken Säulen (s. a. S. 310).

Anstrengend, aber unbedingt lohnend (Fernsicht!) ist der Aufstieg zum **Rajagiri.** Eine Felsspalte mit Holzbrücke bildet die letzte Sperre vor der Zitadelle mit Audienzhalle und Schatzkammer, Ranganatha-Tempel, Magazin und Getreidespeicher.

Praktische Hinweise

Verbindung: Bus von Pondicherry über Villupuram oder von Tiruvannamalai. Die Straße führt 2 km vor dem Ort durch das Fort.

Tiruvannamalai

97 km westnordwestlich von Pondicherry, 36 km westlich von Gingee.

Am Fuße des Arunachala-Hügels, auf dem Shiva Lingodbhava in einer Feuersäule erschienen sein soll, liegt einer der größten Tempel Indiens, der **Arunachaleshvara,** eine regelrechte Tempelstadt. Um das bescheidene cholazeitliche Sanktum entstanden im Laufe der Zeit drei immer weiträumigere Mauergebiete (Prakaras) mit Toren nach den vier Himmelsrichtungen und immer gewaltigeren Türmen darüber: Der Papageienturm (Kili-Gopuram) der inneren Mauer stammt von Vira Rajendra Chola aus dem 11. Jh., drei Gopurams der zweiten Einfriedung baute der Hoyshala-König Ballala III. im 14. Jh., den Westturm der äußeren Mauer stiftete Krishnadeva Raya von Vijayanagar Anfang des 16. Jh. und den Ost-Gopuram, 66 m hoch mit 13 Stockwerken, Serappa, Nayak von Tanjavur (Tanjore). Beachtenswert sind eine 100-Pfeiler-Halle, der heilige Lotusteich und die 1000-Pfeiler-Halle Ayirakkan-Mandapa von Krishnadeva Raya. Die 108 Tanzstellungen nach dem Natyashastra wurden neben Tanjavur (11. Jh.) und Chidambaram (13. Jh.) hier am äußeren West-Gopuram zum dritten Mal vollständig dargestellt.

Auf dem Hügel, von dem man einen hervorragenden Überblick über die Tempelanlage hat, wird einmal im Jahr, in einer Neumondnacht im November/Dezember, mit einem großen Feuer die wundersame Erscheinung Shivas nachvollzogen. Zum Karthigai Deepam gehören auch ein Tempelwagenumzug und ein zehntägiger Viehmarkt.

Praktische Hinweise

Verbindung: Busverbindung u. a. mit Vellore, Gingee und Pondicherry (über Villupuram). Bahnanschluß. **Unterkunft: C:** Park-Hotel. Modern Cafe.

Pondicherry

160 km südlich von Madras, 130 000 Einwohner.

Geschichte

Der Hafen Arikamedu, 3 km südlich der heutigen Stadt, war ein wichtiger Handelsplatz der Römer an der Route nach Hinterindien. Die Franzosen erwarben vom Sultan von Bijapur das Fischerdorf Pulicheri und begannen 1674, Pondicherry aufzubauen; sie handelten schon damals mit Branntwein und fingen mit dem Anbau von Erdnüssen an. 1693 eroberten die Holländer den Platz und hielten sich sechs Jahre. Während der Karnatischen Kriege (s. S. 72) wurde Pondicherry 1761 von den Engländern erobert und verwüstet. Am 1. November 1954 überstellte Frankreich seine Besitzungen in Indien der Regierung der Union; sie wurden aber nicht den umliegenden Bundesstaaten einverleibt, sondern bilden gemeinsam als ›Union Territory‹ eine eigene Verwaltungseinheit.

Besichtigung

Pondicherry besitzt wenig ›echte Sehenswürdigkeiten‹, dafür aber eine angenehme Atmosphäre. In französischer Zeit war Pondicherry in eine ›weiße‹ und eine ›schwarze‹ Stadt unterteilt, getrennt durch einen parallel zum Strand verlaufenden **Kanal (1).** Dieses ›Grenzgewässer‹ ist heute ein verschmutztes, stinkendes Rinnsal, aber die ›weiße‹ Stadt hat sich den Charme einer französischen Provinzstadt bewahrt. Das Schmuck-

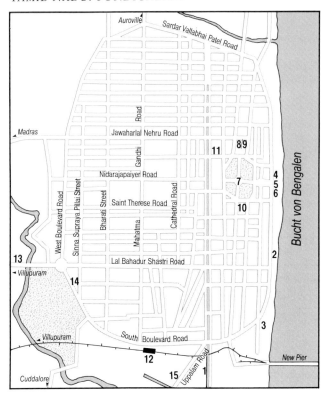

stück der Stadt, die 1,5 km lange **Strandpromenade (Goubert Salai; 2)** beginnt im Süden am Park Guest House (3), einem der Ashram-Hotels, und endet im Norden bei der größten Schnapsbrennerei der Stadt. Auf halber Strecke dazwischen sieht man eine Plattform mit acht schönen **Säulen (4),** die die Franzosen sich 1761 aus Gingee ›mitbrachten‹; sie standen bis zur Unabhängigkeit im Halbkreis um ein Standbild des rauflustigen französischen Gouverneurs Dupleix (1742–1754), das dann einer der bekannten Gandhi-Statuen weichen mußte. Dupleix steht jetzt alleine beim Kinderspielplatz weiter unten an der Straße.

Hinter dem **Gandhi Memorial (5)** erstreckt sich der zentrale Platz der Stadt, der kleine **Gouvernement Park (7)** mit schönen alten Bäumen, Pavillons, Springbrunnen und einer Statue der Jungfrau von Orléans. Nördlich davon liegen die ehemalige **Residenz der Gouverneure (Raj Nivas; 8)** und der **Alte Leuchtturm (9),** an der Südseite das **Museum (10**; 10.00–17.00 Uhr, montags geschlossen), untergebracht in einem herrschaftlichen Stadthaus. Zu sehen ist eine amüsante Mischung: die Funde der Großgrabung von M. Wheeler 1945 in Arikamedu, einige wenige interessante Steinskulpturen und Bronzen sowie Mi-

Der Sri Aurobindo-Ashram und Auroville

Aurobindo Ghosh, 1872 in Calcutta geboren, studierte in Cambridge Philosophie. 1893 trat er in den Dienst des Maharajas von Baroda und arbeitete als Sekretär, Lehrer und schließlich als Professor für Englisch. 1906 kehrte er nach Calcutta zurück und übernahm bald eine führende Rolle in der Unabhängigkeitsbewegung. Er wurde 1908 verhaftet, kam nach einem Jahr frei und entzog sich einer erneuten Festnahme durch die Flucht in die kleine französische Enklave Chandranagar, von wo er 1910 nach Pondicherry kam. Hier wendete er sich von der Politik ab und widmete sich ganz dem Yoga, sammelte Freunde und Schüler um sich und veröffentlichte seine Erfahrungen und Erkenntnisse in der Zeitschrift ›Arya‹.

1914 stieß auch die Französin *Mira Alfassa* zum Kreis um Aurobindo. Die Tochter türkisch-ägyptischer Eltern, 1878 in Paris geboren, mit musischer Begabung und spirituellen Neigungen, wurde bald zur engen Vertrauten des Meisters. 1920 begannen sie, den Ashram aufzubauen; 1926 zog sich Aurobindo vollständig zurück. Er arbeitete an seiner Lehre, dem ›Integralen Yoga‹, und teilte sich seinen Schülern nur noch in Briefen mit.

Mira Alfassa leitete jetzt den Ashram und wurde bald ähnlich verehrt wie Aurobindo. 1962 zog sich ›die Mutter‹, wie sie genannt wurde, aus der Öffentlichkeit zurück, blieb aber bis zu ihrem Tode 1973 die große Integrationsfigur des Ashrams.

Blick über das Amphitheater auf das Matrimandir, Auroville

Heute leben im *Sri Aurobindo-Ashram* über 2000 Menschen in der Nachfolge des Meisters. Gleichzeitig ist der Ashram ein wichtiger Faktor im wirtschaftlichen, erziehungspolitischen und kulturellen Leben der Stadt. Alles, was in Pondicherry Geld bringt, gehört dem Ashram – sagen Neider und Gegner. Neben Krankenhäusern, Schulen und einer Universität, Büchereien, Sportanlagen und Gästehäusern gehören zum Ashram u. a. Schneidereien, Webereien, eine Papierfabrik, ein Verlag mit Druckerei, eine Betonfabrik, Reparaturwerkstätten verschiedenster Art und landwirtschaftliche Betriebe wie auch Werkstätten für Kunsthandwerk, Läden und eine Kunstgalerie. Dem Ashram gehören ca. 400 Gebäude in der Stadt. Sie konzentrieren sich um das noble Hauptgebäude in der Rue de la Marine, dem Stadtteil, der weitestgehend seinen französischen Charakter bewahrt hat. (Der Ashram kann besichtigt werden. Im nahegelegenen Sri Aurobindo Centre of International Education werden Informationen über Filme, Diavorträge und Vorlesungen geboten.)

Die Idee zu der Stadt *Auroville* entsprang dem Wunsch, einen Platz zu schaffen, wo Menschen nach der Lehre von Sri Aurobindo zusammenleben und ein ›göttlich inspiriertes Menschsein‹ verwirklichen können. Auf der Weltkonferenz der Sri Aurobindo-Gesellschaft 1964 wurde der Traum zu einer konkreten Idee: ›Die Mutter‹ beauftragte den französischen Architekten Roger Anger mit der Planung der Stadt. Regierungen, internationale Organisationen wie die UNESCO und prominente Persönlichkeiten wurden für die Idee gewonnen.

Die Stadt wurde für 50000 Menschen geplant, sie sollte einen Durchmesser von 6 km haben. Ihr Grundriß entspricht einem Mandala, berücksichtigt aber durchaus moderne städtebauliche Überlegungen. Man begann mit dem Landankauf 10 km nördlich von Pondicherry, auf dem Gebiet von Tamil Nadu. Am 28. 2. 1968 wurde unter größter internationaler Anteilnahme der Grundstein gelegt. Aus wüstem, trockenen Brachland entstand bald eine abwechslungsreich gestaltete Kulturlandschaft mit ertragbringendem Boden, was nach und nach auch die Bewohner der Tamil-Dörfer auf dem Stadtgebiet überzeugte.

Neben dem geographischen Mittelpunkt der Stadt, einem großen Banyanbaum, sollte das spirituelle Zentrum entstehen, das *Matrimandir,* ein kugelförmiges Gebilde auf vier Stützen, belegt mit Goldplatten. Nach dem Tod ›der Mutter‹ 1973 zerstritten sich die Bewohner der Stadt mit der Sri Aurobindo-Gesellschaft. Es kam zu gerichtlichen Auseinandersetzungen, bösartigen Intrigen und gar zu Handgreiflichkeiten. 1982 erließ das höchste indische Gericht den ›Auroville Act‹; nun versucht die Regierung mit einem internationalen Gremium, das Chaos zu ordnen.

Heute leben ca. 550 Menschen aus verschiedenen Nationen in Auroville. Man hat sich eingerichtet, kleinere Projekte funktionieren; am Matrimandir wird sporadisch weitergebaut, aber andere größere Vorhaben ruhen noch immer. Das *Bharat Nivas,* seit Jahren eine Bauruine, ist das erste einer Reihe geplanter Kulturzentren verschiedener Nationen; es repräsentiert Indien.

(Man erreicht Auroville per Taxi oder besser mit dem Fahrrad, entweder über die Hauptstraße nach Madras – hinter Promesse mit dem ›Auroville Information and Reception Centre‹ die erste Straße rechts – oder über die Küstenstraße und beim Dorf Chattram Muddaliyarchavadi nach links. Eine detaillierte Karte mit allen Projekten, Siedlungen und Pfaden bekommt man zu weiteren nützlichen Informationen in der Boutique d'Auroville, 12 Nehru Road, im Stadtzentrum.)

neralien, Muscheln und Schnecken, kunsthandwerklicher Kitsch u. v. m.

Praktische Hinweise

Information: Tourist Information Bureau (6), Buchung der Stadtrundfahrt (9.00 bis 18.00 Uhr).

Verbindung: Eisenbahn: Pondicherry Express einmal täglich Madras direkt. Alle anderen Züge mit Umsteigen in Villupuram. **Bus:** Expreß- und örtlicher Busbahnhof (14) sowie Tiruvalluvar-Busbahnhof (13) an der Straße nach Villupuram, nahe dem Botanischen Garten. Von ersterem u. a. Direktbus nach Mamallapuran, vom zweiten reichlich Busse nach Madras und in den Süden. Übersichtlicher Fahrplan, schnelles Computer-Reservierungssystem.

Unterkunft: In Pondicherry hat man die Wahl zwischen drei Arten von Unterkünften. **Government Tourist Home,** Upplam Road, ✆ 3376, 3377, 3378 (am Südrand der Stadt, hinter dem Bahnhof, ruhig und sauber). **Gästehäuser des Ashram:** Park Guest House, Goubert Salai, ✆ 4421 (komfortabel und angenehm). International Guest House, Gingee Salai. Sea Side Guest House, Goubert Salai, ✆ 4494. Society Guest House, Rue Romain Rolland. Drei Gästehäuser in Auroville. Buchung: Promesse Reception Centre. **Private Hotels: A:** Hotel Mass***, ✆ 27221 (nahe Tiruvalluvar-Busbahnhof). Grand Hotel d'Europe, 12 Rue Suffern (nur Vollpension). **B:** Hotel L'Abri, Zamindar Gardens, ✆ 5673. Hotel Ellora, Rangapillai Street, ✆ 2111. Hotel Aristo, Nehru Street. Amala Lodge; Annex (beide Rangapillai Street).

Restaurants: Aristo Hotel, Jawaharlal Nehru Road; Hotel Bilal (nicht vegetarisch), West Boulevard; Dhanalakshmi (vegetarisch), Rangapillai Street.

Chidambaram

64 km südlich von Pondicherry, 113 km nordöstlich von Tanjore, 58000 Einwohner.

Die Geschichte der Stadt steht in enger Verbindung mit der ihres Tempels, eines der ältesten und heiligsten Süd-Indiens. Eine von mehreren Legenden berichtet, daß der Chola-König Vira Chola (927–997) einst Augenzeuge eines Tanzwettstreits zwischen Shiva und Parvati gewesen sei. Beide tanzten gleichermaßen perfekt: Da schwang Shiva das Bein in der Tandava-Geste hoch bis an den Kopf – und Parvati mußte sich geschlagen geben, denn es ihm gleich zu tun, wäre für sie als Frau unschicklich gewesen. Der König veranlaßte daraufhin den Bau einer goldenen Halle (Kanaka-Sabha) für Nateshvara, den Herrn des Tanzes, an dieser Stelle.

Der heutige Tempelkomplex besitzt eine Ausdehnung von 600 × 495 m; eine Mauer mit vier hohen Gopurams umgibt ihn. Die heiligen Kulthallen und ältesten Teile des Tempels liegen dicht beieinander, umgeben von einer weiteren hohen Mauer, im südlichen Zentrum des äußeren Prakara. In der **Kanaka-Sabha** steht das Kultbild des Nataraj, in der Chit-Sabha wird Shiva in Form des unsichtbaren Äther-Lingas (Akasa Linga) verehrt. Die Dächer beider Hallen sind mit vergoldeten Kupferplatten belegt. Dicht daneben sieht man die besonders schöne kleine Tanzhalle (**Nritta-Sabha**) mit 56 fein gearbeiteten Säulen sowie Rädern und Pferden an den Seiten, um den Eindruck eines Tempelwagens zu suggerieren. Diese drei Bauteile sind in die Chola-Zeit zu datieren.

Der **Govindaraja-Schrein** mit Vishnu auf der Schlange stellt quasi eine staatliche Enklave im großen Shiva-Tempel der Dikshitar-Brahmanen dar, die der Legende nach ein König aus dem Norden Indiens als Dank für seine Lepraheilung im Shivaganga-Teich einst hier angesiedelt hatte.

Nördlich von diesem Komplex liegt der große Tempelteich **Shivaganga,** umgeben von Säulengängen und Treppenanlagen. Auf seiner westlichen Seite steht der **Parvati-Tempel** mit eleganter Vorhalle und Deckenmalerei aus der Nayak-Zeit (17. Jh.; s. Farbabb. 16), daneben ein Subrahmanya-Tempel und an der östlichen Seite die 1000-Pfeiler-Halle (**Raja-Sabha**) aus dem 17. Jh.; sie diente als Festhalle der Könige. In ihrem hinteren Teil führt eine Treppe zum Dach, von wo sich ein schöner Blick über den Tempel bietet. In dieser Halle werden auch die Jungbrahmanen zwölfjährig mit zehnjährigen Mädchen aus immer denselben 300 Familien verheiratet. Danach beginnen sie ihr Sanskritstudium und werden in die Vielfalt der Tempelzeremonien eingeführt. Sie tragen von klein an eine auffällige Haartracht: Schläfen und Nacken werden ausrasiert, die langen Haare auf dem Kopf rechts oder links zu einem Knoten gebunden.

Drei der Gopurams wurden im 13. Jh. von Pandya-Königen gestiftet, der hohe Nord-Gopuram mit seinen bemerkenswerten Skulpturen stammt von Krishnadeva Raya aus dem 16. Jh.; an Ost- und Westtor sind die 108 Tanzstellungen des Bharata Natyam dargestellt. Parallel zu den vier Seiten des Tempels verläuft die breite Tempelwagenstraße, Schauplatz der großen Prozessionen an den Festtagen im Dezember/Januar.

Praktische Hinweise

Information: Tourist Office beim Hotel Tamil Nadu. **Achtung:** Es ist schwierig bis unmöglich, in Chidambaram Geld zu tauschen.

Verbindung: Busbahnhof und Bahnhof im Südosten der Stadt. Zahlreiche Busse u. a. nach Madras, Pondicherry, Tanjore und Tiruchirapalli.

Unterkunft: B: Hotel Tamil Nadu TTDC, Railway Feeder Road, ✆ 2323 (sauber und

ruhig, Restaurant mäßig). Hotel Saradha Ram, Venugopal Pillai Road 19, ✆ 2966 (nahe Busbahnhof, neu und komfortabel, gutes vegetarisches Restaurant). **C:** Hotel Palace; Hotel Sri New Gajalakshmi (beide Railway Feeder Road). Hotel Raja Rajan; Deen Lodge (beide West Car Street).

Tarangampadi (Tranquebar)

45 km südlich von Chidambaram.

1616 erwarben die Dänen Land vom Nayak von Tanjavur (Tanjore), bauten 1620 die Festung Dansborg und starteten 1706 die erste protestantische Mission in Indien. Die Missionare Ziegenbalg und Schwartz machten sich verdient mit Übersetzungen von Tamil-Texten und der ersten Druckerei (Tamil-Bibel) in Süd-Indien. 1845 übernahmen die Briten die Niederlassung.

Die Festung mit einem kleinen Museum und die Altstadt nahe dem modernen Dorf befinden sich in desolatem Zustand. Innerhalb der verfallenden Mauern findet man mehrere frühe protestantische Kirchen und Friedhöfe mit alten Grabsteinen in mehreren Sprachen.

Praktische Hinweise

Verbindung: Busse u. a. nach Chidambaram und Tanjore. **Unterkunft:** TTDC Tourist Bungalow in Poompuhar (10 km nördlich; schöne Bungalowanlage in Strandnähe).

Tanjore (Tanjavur)

310 km südlich von Madras, 159 km nordöstlich von Madurai, 54 km östlich von Tiruchirapalli, 185000 Einwohner, Distrikthauptstadt, am oberen Ende des Cauvery-Deltas.

Die Cauvery-Ebene, eine der ältesten Kulturlandschaften Süd-Indiens, ist

Shenai-Spieler im Großen Tempel, Chidambaram

dicht besiedelt, reich an kunsthistori-schen Sehenswürdigkeiten und außer-ordentlich fruchtbar. Man spricht von der ›Reisschüssel‹ Süd-Indiens.

Geschichte

Vijayalaya (ca. 850–871), mit dem der Aufstieg der Cholas begann, machte Tanjavur zu seiner Hauptstadt. Der Rashtrakuta-König Krishna III. legte die Stadt in Schutt und Asche, bevor sie zur strahlenden Metropole König Rajara-jas I. (985–1014) heranwuchs. Er und seine nicht minder erfolgreichen Nach-folger erbauten im Kernland der Chola-Herrschaft nicht weniger als 70 königli-che Tempelanlagen: Die Städte, die sie umgaben, sind oft verschwunden oder zu Dörfern geschrumpft, die Tempel ste-hen heute noch. Mit dem Tode des letz-ten Chola-Königs Rajendra III. (um

1279) fiel das Kernland und damit Tanja-vur an die Pandyas. Um 1370 wurde der ganze Süden durch Kumara Kampanna von Vijayanagar erobert und in der Fol-gezeit von Vizekönigen regiert.

1532 wurde Tanjavur Sitz eines Nayaks. Shivappa, der erste Nayak, re-gierte bis 1560, sein Sohn Achyutappa bis 1600. Als er starb, ließen sich 170 Frauen seines Harems mit ihm verbren-nen. Der fähigste und erfolgreichste die-ser treuen Gefolgsleute der Könige von Vijayanagar war Raghunatha (gestorben 1633). 1673 eroberte der Nayak von Ma-durai die Stadt. Der 80jährige (!) letzte Nayak von Tanjavur, Vijayaraghava, fiel in der Schlacht – zuvor hatte er seine ge-samte Familie in einem Raum des Pala-stes versammelt und in die Luft ge-sprengt.

1674 okkupierte der Marathe Venkaji (Ekoji), ein Halbbruder Shivajis, mit

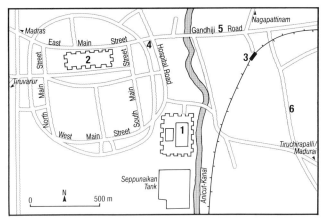

Tanjore
1 Brihadishvara-Tempel
2 Palast der Nayaks
3 Bahnhof
4 Busbahnhof
5 TTDC Tourist Office
6 ITDC Tourist Office

List und Gewalt den Thron von Tanjore und etablierte eine neue Dynastie. 1773 fiel die Stadt an Muhammad Ali, den Nawab von Karnatik, und wurde geplündert. Die Briten halfen dem Marathen-Raja Tuljaji anschließend wieder auf den Thron, doch er stand fortan unter Aufsicht der East India Company. Als er starb, war sein Adoptivsohn Serfoji noch ein Kind; der Missionar Schwartz übernahm seine Erziehung. 1798 bestieg Serfoji den Thron und überschrieb wenig später seine Territorien den Briten – nur Tanjore und Vallam blieben ihm. Als sein Sohn Shivaji II. 1853 ohne Erben starb, kassierten die Briten auch den Rest des Reiches.

Besichtigung

Von den Verteidigungsanlagen der Cholas und Nayaks blieb nicht viel erhalten. Abgesehen von ca. 70 kleineren, mehrheitlich cholazeitlichen Tempeln in den verwinkelten altertümlichen Gassen ist besonders der **Palast der Nayaks (2)** besuchenswert; er stammt aus der Zeit um 1550 mit Ergänzungen aus der Marathen-Zeit. Die unübersichtliche Anlage befindet sich bis auf wenige Teile in un-terschiedlichen Stadien des Verfalls. Das markanteste Gebäude ist ein achtstöckiger Turm, der als Arsenal gedient haben soll. Er beherbergt eine wahrhaft obskure Sammlung, so u. a. das Skelett eines gestrandeten Wals. Die Aussicht allein lohnt jedoch schon den Aufstieg.

In der **Art Gallery** findet man dagegen eine hervorragende Kollektion von Steinskulpturen und Kultbronzen des 9.–12. Jh.; nur hier kann man gleich mehrere Großbronzen des Tanzenden Shiva im Vergleich sehen (10.00–17.30 Uhr, mittwochs geschlossen). In der **Saraswati Mahal-Bibliothek** aus dem 17. Jh. liegen Schätze an Palmblattmanuskripten und illustrierten Handschriften; wenn man die Räumlichkeiten sieht, fragt man sich, wie die Kostbarkeiten auch nur einen Monsun überdauern können. In der **Durbar-Halle** sind Wandmalereien der Marathen erhalten, und die Musikhalle **Sangeetha Mahal** wird noch gelegentlich genutzt.

Im Park nahe dem Shivaganga-Teich steht ein **Kirchlein** von 1777 und das Wohnhaus des Missionars Schwartz von der Tranquebar-Mission, der Erzieher des späteren Rajas Serfoji war und wiederholt als integrer Vermittler zwischen den Briten und ihren Widersachern, z. B. Haidar Ali, fungierte. Eine Marmorgruppe des Bildhauers Flaxman in der Kirche zeigt den sterbenden Schwartz, Serfoji und einen weiteren Missionar.

Den **Brihadishvara** (1) oder nach seinem Erbauer, König Rajaraja I. (985–1014), auch Rajarajeshvara genannten Tempelkomplex im sog. ›kleinen Fort‹ betritt man von Osten durch einen höheren äußeren und einen zweiten Gopuram mit übergroßen, grimmig blickenden Dvarapalas. Auf der gleichen Achse liegt im Tempelhof in einem schönen Mandapa aus dem 13. Jh. Indiens zweitgrößter Nandi (4 m hoch, 5 m lang), aus schwarzem Granit, hochglänzend von der täglichen Pflege mit Öl. Der Tempel selbst mit Vorhalle, Halle und dem 66 m hohen Turm über dem Sanktum steht auf einem Sockel (s. Abb. S. 88 u. 80).

Kultbronze der Göttin Kali, Chola-Zeit, Art Gallery im Palastmuseum, Tanjore

Der Turm mit dem quadratischen Unterbau von 31 × 31 m verjüngt sich über 16 Stockwerke bis hinauf zur 80 Tonnen schweren monolithischen Kuppel. An der Frage, wie dieser schwere Stein in solch schwindelerregende Höhe gebracht wurde, scheiden sich die Geister. Ein Dorf in 6 km Entfernung heißt Sarapallam (Senke des Gerüstes). Nach der Überlieferung soll von dort der Abschlußstein von Elefanten über eine hölzerne Rampe zu seinem Platz gezogen worden sein. Realistischer erscheint die Theorie vom Transport über eine spiralförmige Erdrampe um den Turm herum.

In der zweistöckigen Cella steht ein riesiges Linga, und an den Wänden des Umwandlungsganges entdeckte man wertvolle Malereien zur Shiva-Legende aus der Entstehungszeit des Tempels, die im 17. Jh. übermalt worden waren. Im ersten Stock darüber sind die Skulpturen interessant: Shiva selbst zeigt die 108 Tanzhaltungen nach dem Natyashastra. Da das Tempelinnere nur für Hindus zugänglich ist, muß man sich mit Reproduktionen in dem kleinen Museum am Eingang begnügen. Die Außenwände zieren in zwei Reihen übereinander Nischen mit Götterdarstellungen.

Um den Sockel läuft ein schöner Fries von Fabeltieren mit Reitern. Darüber stehen Inschriften, die uns viel über den Bauherrn, seine Kriegszüge und frommen Stiftungen, die Entstehung des Tempels und seine Organisation berichten. So erfahren wir z. B., daß alle Städte des großen Reiches zu Lieferungen und Leistungen für den Tempel verpflichtet waren.

Den Tempelhof von ca. 150 × 75 m umgibt eine Gallerie, in deren westlichem Teil ›1000 Lingas‹ stehen. An den Wänden sieht man volkstümliche Malereien. Der kleinere **Subrahmanya-Tem-**

pel in der Nordwestecke des Tempel-hofes bietet ein hervorragendes Beispiel dafür, daß auch in der Nayak-Zeit, im 16./17. Jh., noch akzeptable Bauten und Skulpturen entstanden. Ein Ganesha-Tempel befindet sich im Südwesten, der Devi-Tempel nördlich vom Nandi-Mandapa.

Praktische Hinweise

Verbindung: Eisenbahn: Madras (8½ Stunden), Villupuram (Umsteigen nach Pondi-cherry, 4½ Stunden), Madurai (7 Stunden).
Bus: In alle Richtungen; Tiruchirapalli und Kumbakonam viertelstündlich (1 Stunde).
Unterkunft: Gandhiji Road zwischen Busbahnhof und Bahnhof: B: Hotel Parisu-tham, ∅ 21466, 21844. Hotel Tamil Nadu, TTDC, ∅ 601 (nettes, altes Gebäude, gut or-ganisiert, sauber, empfehlenswert). Hinter dem Bahnhof: Ashok Traveller Lodge, ITDC, Vallam Road, ∅ 365 (schön gelegen in Garten, Restaurant, empfehlenswert). B/C: Ashoka Lodge, Abraham Panditar Road, ∅ 594. Rajarajan House, 176 Gandhiji Road, ∅ 508. Hotel Bilal, Gandhiji Road. Yagappa Lodge, Trichy Road.
Restaurants: Eine Reihe von vegetarischen Restaurants beim Busbahnhof.

Das Cauvery-Delta zwischen Tanjore und der Küste

Gangaikondacholapuram

68 km nordöstlich von Tanjore, 30 km nördlich von Kumbakonam, 45 km süd-westlich von Chidambaram, mit Bus schwer zu erreichen, besser Taxi von Kumbakonam oder Chidambaram.

Rajendra I. (1012–1044), der Sohn Ra-jarajas I., erbaute sich hier in den Wäl-dern eine neue Hauptstadt, nachdem er auf seinem zweijährigen Feldzug nach Norden alles besiegt hatte, was sich ihm

entgegenstellte: Er hatte den Ganges er-reicht und von seinem Wasser mitge-bracht. Stolz nannte er sich ›Gangaikon-dachola‹ (der Chola, der das Wasser des Ganges besitzt). In der neuen Stadt (Pu-ram) ließ er einen Tempel nach dem Vor-bild des Brihadishvara seines Vaters in Tanjore bauen und gab ihm den Namen **Gangaikondacholishvara-Tempel.** Der Vimana ist 60 m hoch und leicht konkav geschwungen; die Skulpturen, teilweise fast vollplastisch, sehr fein gearbeitet und von beschwingter Eleganz, zeigen das volle Programm des shivaitischen Götterhimmels.

In der Nähe ließ der König ein großes Becken anlegen – quasi als ›flüssige Sie-gessäule‹ –, in dem das Wasser gesam-melt wurde, das die besiegten Könige als Tribut vom Ganges herbeibringen muß-ten. Er baute Paläste und schmückte sei-ne Stadt mit repräsentativen Gebäuden, doch nach seinem Tode geriet Gangai-kondacholapuram schnell wieder in Ver-gessenheit. Der Chola Gangam genannte Teich ist verfallen, der große Tempel steht allein auf weiter Flur. Umfassungs-mauer mit Säulengang und Gopuram wurden im vorigen Jahrhundert zum Steinbruch. Sie haben jetzt die Form eines Bewässerungsdamms. Die gesamte Stadt ist verschwunden, in der Nähe liegt lediglich ein kleines Dorf.

Kumbakonam

38 km nordöstlich von Tanjore, am Ufer der Cauvery, Bus von Tanjore.

Die cholazeitliche Gründung des 9. Jh. ist für den gläubigen Hindu auch heute noch von großer religiöser Bedeu-tung. Im Zentrum der Stadt befindet sich der von Treppenanlagen und Pavillons für die Götter der Stadt gesäumte **Maha-**

makham-Teich. Alle zwölf Jahre fließen nach einem alten Mythos die heiligen Wasser des Ganges in dieses Becken. Dann überrollen Heerscharen von Pilgern die Stadt. Alle wollen im heiligsten aller Flüsse ein Bad nehmen.

In der sonst wenig attraktiven Stadt stehen mehrere bemerkenswerte Tempel. Der größte, der **Sarangapati,** ein Vishnu-Tempel aus dem 12./13. Jh., besitzt die Form eines Wagens, d. h. Räder, Pferde und Elefanten an den Seiten vermitteln diese Vorstellung. Am elfstockigen, 50 m hohen Gopuram zeigt Krishna die 108 Tanzstellungen des Natyashastra. Aus der gleichen Zeit stammt der **Kumbheshvara,** mit einem Linga als Kultbild, das Shiva der Legende nach aus einem zerschlagenen Nektartopf (Kumbha) formte. Er gab der Stadt ihren Namen.

Der **Nageshvara-Tempel** aus der frühen Chola-Zeit besitzt eindrucksvolle Skulpturen, sowohl Shiva und andere Götter als auch Edelleute und Prinzessinnen darstellend. Die Halle aus dem 12. Jh. suggeriert wieder einen Tempelwagen. Raghunatha, Nayak von Tanjavur, stiftete den **Ramaswami-Tempel** mit Skulpturenschmuck aus dem Ramayana. Im kleinen **Cakrapani-Tempel** wird Vishnu als die Personifizierung des Rades (Cakra), eines seiner Hauptsymbole, verehrt.

schossigen Vimana mit kugelförmigem Stupi, einer Haupt- und einer offenen Eingangshalle, scheint er auf einem von dahinstürmenden Pferden, Fabelwesen und Elefanten gezogenen Wagen zu stehen. Der außerordentlich reiche plastische Schmuck überrascht mit vielfältiger Thematik. Im Gegensatz zum Granit der Architektur sind die Skulpturen in den Nischen aus einem schwarzen Stein gearbeitet. Die etwas grob wirkenden Reste von Malerei stammen aus der Nayak-Zeit.

Beachtenswert sind auch die Aufgänge zur Eingangshalle mit laufenden Elefanten an den Seiten sowie die acht äußeren Pfeiler mit Fabeltieren als Schaft. Die Haupthalle birgt bemerkenswerte Skulpturen, u. a. den Weisen Agastya, einen Ardhanarishvara mit drei Gesichtern und acht Armen, Shiva als Sharabeshvara, einen vierarmigen Virabhadra mit drei Köpfen, Tripurantaka, Mahesha mit drei Köpfen und vier Armen, Gajantaka unter der Elefantenhaut tanzend und Szenen aus dem Leben der Heiligen. Am Sockel unter dem Säulengang um den Hof läuft ein Fries mit Tanz- und Musikszenen. Östlich der Tanzhalle entdeckt man an einer Opferhalle Figuren von Königen und ihren Frauen sowie im Westen eine beeindruckende Darstellung Shivas als nackter Bettler, Kankala, von den Frauen der Rishis bewundert.

Darasuram

33 km nordöstlich von Tanjore, 5 km vor Kumbakonam, viertelstündlich Busse von/nach Tanjore und Kumbakonam.

Der **Airavateshvara-Tempel,** erbaut von König Rajaraja II. (1146–1173), gilt als ein besonderes Meisterwerk der Chola-Kunst. Bestehend aus einem fünfge-

Tiruchirapalli (Trichy, Tiruchi)

56 km westlich von Tanjore, 400 000 Einwohner, Distrikthauptstadt.

In Tiruchirapalli selbst lohnt eigentlich nur der ›Rock‹ mit seiner großartigen Aussicht und den frühen Höhlentempeln an seinen Flanken einen Besuch. Wegen der verkehrsgünstigen Lage und guter Hotels eignet sich die Stadt jedoch gut als ›Basislager‹ für Besuche der an kunsthistorischen Stätten reichen Umgebung.

Geschichte

Der ›Rock‹ war wohl seit jeher ein begehrter Stützpunkt im Grenzgebiet der Pandyas, frühen Cholas und Cheras. Ab dem 6. Jh. herrschten die Pallavas hier, spätestens vom 10. Jh. an die Cholas. Zur Zeit Shivappas (1532–1560), des ersten von Krishnadeva Raya eingesetzten Nayaks von Tanjavur, gehörte Tiruchirapalli zu dessen Gebiet. Er gab es im Austausch gegen Vallam an die Nayaks von Madurai, und diese verlegten 1616 ihre Hauptstadt nach hier. Erst Tirumallai Nayak zog 1634 wieder nach Madurai um. Seine Nachfolger bis zum Ende der Dynastie 1739 pendelten zwischen beiden Residenzen hin und her. Danach gerieten Stadt und Fort in den Strudel der Karnatischen Kriege.

Besichtung

Tiruchirapalli besteht aus der Altstadt (dicht unterhalb des steilen Festungshügels nahe der Cauvery) und der modernen Stadt, die sich aus dem britischen Cantonment entwickelt hat und sich weit nach Süden ausdehnt. Dort ragen noch zwei weitere, niedrigere Granitbuckel aus der Ebene: Fakir's Rock und Golden Rock. Im Südwesten unterhalb der **Festung (6)** liegen das große heilige Wasserbecken, **Teppakulam (7),** umgeben von alten Häusern, direkt am Fuße des Felsens der **Alte Nayak-Palast (8)**, heute von der Stadtverwaltung genutzt, und in der Nähe des Tanks auch das **Bishop Heber's College (9),** das aus der Schule hervorging, die der Missionar Schwartz 1765 hier gründete.

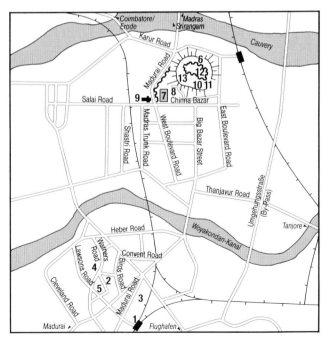

Tiruchirapalli
1 Trichy Junction
2 Tourist Office
3 Hauptpostamt (GPO)
4/5 Busbahnhöfe
6 Festung
7 Heiliges Wasserbecken: Teppakulam
8 Alter Nayak-Palast
9 Bishop Heber's College
10 Shiva-Tempel
11 Ganesha-Tempel
12 Lalitankura-Höhle
13 Pallava-Höhlentempel

Die große Basarstraße führt direkt auf den 83 m hohen Felsen zu. Überdachte Treppen mit ca. 440 Stufen führen zum Gipfel, vorbei an einer zerstörten 1000-Pfeiler-Halle, einem **Shiva-** (10) und einem **Ganesha-Tempel** (11; nur für Hindus). Hoch an der steilen Wand weist ein früher Pallava-Höhlentempel, die **Lalitankura-Höhle** (12; s. Abb. S. 79), eine Inschrift Mahendravarmans I. (600–630) auf, in der er seine Abkehr vom Jainismus kundtut. Eine großartige Darstellung Shivas als Gangadhara zeigt den vierarmigen Gott, wie er in seinen Haaren den Strom, der durch die Göttin Ganga dargestellt ist, auffängt und sanft auf die Erde leitet.

Auf dem Gipfel wird der Aufstieg durch die herrliche Rundsicht belohnt, wobei besonders der Blick nach Norden fasziniert: über den Fluß und die zahlreichen Tortürme der Tempel von Srirangam, die aus dem Meer von Palmen ragen. Weiter südlich am Fuße des Felsens liegt ein weiterer **Pallava-Höhlentempel** (13) aus dem 7. Jh., ebenfalls ein Shiva-Heiligtum mit Reliefs von Ganesha, Shiva, Durga, Surya und Brahma.

Praktische Hinweise

Verbindung: Flugzeug: Nach Madras, Trivandrum, Colombo; Indian Airlines, Railway Cooperative Building, Dindigul Road, ✆ 23116. **Eisenbahn:** Wichtiger Knotenpunkt; Direktverbindungen u.a. nach Madras (6⅚ Stunden), Rameshvaram (7 Stunden), Madurai (2½ Stunden).

Unterkunft: A: Hotel Sangam***, Collector's Office Road, ✆ 25202. Femina Hotel***, 14-C Williams Road, ✆ 32551. B: Hotel Rajali*, 3/14 MacDonald Road, ✆ 28419. Hotel Aristo*, 2 Dindigul Road, ✆ 26565. Ashok Travellers Lodge, ITDC, Race Cource Road, ✆ 234982. Hotel Tamil Nadu, TTDC, MacDonald Road, ✆ 253833. Hotel Anand, Raquet Court Lane, ✆ 26545. Hotel Ashby,

Rackings Road, ✆ 23653. Hotel Lakshmi, Alexandria Road, ✆ 25295. C: Hotel Guru; Rajasugam Hotel; Sarada Lodge; Vijaya Lodge (alle Royal Road). Hotel Ajanta; Ashok Bhavan; Hotel Kalpana (alle Rackins Road).

Restaurants: Vegetarische Restaurants nahe den Busbahnhöfen im Guru Hotel (Royal Road) und in der Selvam Lodge (Dachterrasse, Junction Road). Nicht vegetarisch im Uma Shankar Hotel (Vijay Lodge, Royal Road) und im Hotel Anand.

Die Umgebung von Tiruchirapalli

Srirangam

2,5 km nördlich von Tiruchirapalli, Stadtbus Nr. 1.

Der **Ranghanatha-Tempel** liegt im westlichen Teil einer 27 km langen, aber nur 2 km breiten Insel zwischen der Cauvery und ihrem Seitenarm Kollidam. Der Fluß ist hier schon in das überregionale Bewässerungssystem des Deltas einbezogen: am östlichen Ende der Insel (24 km von Tiruchirapalli) wurde schon in der Chola-Zeit der Grand Anicut, ein knapp 330 m langer Damm, zur Verteilung des wertvollen Wassers gebaut.

Srirangam war schon früh ein Zentrum des Vishnuismus und zu Zeiten der Verfolgung durch Shiva-Fanatiker auch eine Art Fluchtburg. Berühmte Heilige wie Ramanuja im 12. Jh. und Dichter wie Kamban, der eine Tamil-Fassung des Ramayana schuf, haben hier gelebt und gewirkt. Vom ersten Tempel aus dem 10. Jh. blieb nichts erhalten. Die Pandyas erweiterten im 13. Jh. eine cholazeitliche Anlage und stifteten das goldene Dach für das Sanktum. Die Vijayanagar-Könige und die Nayaks von Tanjavur und Madurai bauten weiter – ent-

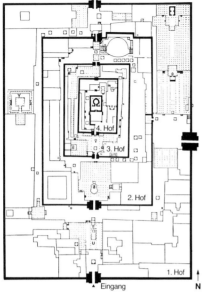

Srirangam, Grundriß des Ranghanatha-Tempels

beiden nächsten Höfen, der Wohnstadt der Brahmanen. Vor den Häusern kann man täglich neu mit Reismehl oder Farbpulver freihand geschaffene Yantras sehen.

Mit dem vierten Hof beginnt der eigentliche Tempel (Schuhe ausziehen und abgeben!). Vom Dach eines Mandapas kann man einen Blick auf den inneren Teil des Tempels werfen, der Hindus vorbehalten ist. In diesem vierten Hof steht die **1000-Pfeiler-Halle** und ihr gegenüber die sog. **Pferdehalle** (eigentlich: Sheshagiri-Rao-Mandapa). Die monolithischen Frontpfeiler variieren in unübertroffener Kunstfertigkeit das Thema der Reiter auf sich aufbäumenden Pferden über angreifenden Tigern (ähnlich wie in Vellore und Kanchipuram). Im selben Hof findet man einige weitere sehenswerte Hallen und Tempel wie z. B. einen kleinen **Krishna-Tempel** mit

sprechend der Zeittendenz immer größer und höher.

Der Tempel, das größte Vishnu-Heiligtum Süd-Indiens, stellt das Paradebeispiel einer regelrechten Tempelstadt dar. Konzentrisch gruppieren sich um den vergleichsweise bescheidenen Haupttempel sieben nach außen immer größer werdende Höfe, umgeben von Mauern mit insgesamt 21 Tortürmen, die entsprechend ihrem Abstand zum Sanktum immer höher ausfallen. Die äußere Mauer begrenzt eine Fläche von 960 × 825 m.

Man betritt die Anlage von Süden. Der Bau des 100 m hoch geplanten Gopurams blieb in den Anfängen stecken und ruhte danach für Jahrhunderte: Seit dem Ende der 70er Jahre wird auf dem Sockel von 43 × 33 m weitergebaut. Im äußeren Hof befinden sich Lagerräume, Pilgerunterkünfte und ein kompletter Basar. Seine Hauptstraße führt weiter zu den

Skulpturen am Krishna-Tempel im Ranghanatha-Tempelkomplex, Srirangam

schön ornamentierten Außenwänden und meisterlichen Skulpturen sich schmückender junger Frauen.

Östlich der großen Ausfallstraße nach Norden, die die Insel schneidet, und ca. 3 km vom beschriebenen Vishnu-Heiligtum entfernt liegt der **Jambukeshvara-Tempel,** in dem Shiva als ›Herr des Rosenapfels‹ verehrt wird. Der Platz heißt auch Tiruvannaikaval nach einem Elefanten, der dem Linga einst seine Verehrung gezollt haben soll; dieses Linga soll unter Wasser stehen, was von Nicht-Hindus aber nicht nachgeprüft werden kann. Die Anlage besteht aus fünf ineinandergeschachtelten Höfen mit sieben Gopurams und entstand in der Zeit der Pandyas und Nayaks.

Empfehlenswert ist auch ein Spaziergang von der Brücke entlang dem Fluß zum Tempel. Das tägliche Leben spielt sich hier im Freien ab: Töpfer bei der Arbeit, Frauen beim Waschen an den Ghats, Brahmanen, mit ihrer Kundschaft unter alten Bäumen sitzend, beim Zelebrieren komplizierter Riten.

Pudukkottai

50 km südlich von Tiruchirapalli, 57 km südwestlich von Tanjore, ca. 100 km nordöstlich von Madurai, Distrikthauptstadt.

Pudukkottai war von 1686–1948 ein selbständiges Fürstentum. Die Tondaman-Rajas führten ihre Herkunft auf die Pallavas zurück (von Tondaimandalam). Der Gründer des Fürstenstaates, Raghunatha Tondaman (1686–1730), wirkte vor seiner Raja-Zeit an den Höfen des Südens als gefragter Elefantenzähmer. Sein Reich überdauerte die Wirren des 18. Jh. in dieser Region, weil seine Nach-

folger unbeirrt auf die Briten setzten – die letztendlich Sieger blieben. Pudukkottai wurde erst 1974 als eigenständiger Distrikt konstituiert.

Die weitläufige Stadt wurde zu großen Teilen nach 1812 erbaut, als ein Großfeuer ganze Stadtteile vernichtet hatte. In den zahlreichen Palästen sind Verwaltungen, Gerichte, Schulen und in einem auch das kleine, sehenswerte **Museum** untergebracht. Die Stadt eignet sich bestens als Ausgangspunkt für Besuche der landschaftlich reizvollen, kunsthistorisch interessanten und touristisch weitgehend unberührten Umgebung.

Pratische Hinweise
Verbindung: Eisenbahn: Von Tiruchirapalli. Bus: Von Tiruchirapalli, Tanjore, Madurai.
Unterkunft: B: Hotel Shivalaya, 2 Tirumayam Road, ✆ 2864 (ruhige Lage, Restaurant mit Garten, empfehlenswert). **C:** Prince Lodge; National Lodge (beide gegenüber Busbahnhof).

Die Umgebung von Pudukkottai

Für den Besuch der anschließend beschriebenen Stätten empfiehlt sich ein Mietwagen (Tourist Taxi, Vermittlung über Hotelrezeption). Die Fahrt durch die trockene, dünn besiedelte Landschaft ist von großem Reiz und immer für überraschende Entdeckungen und Erlebnisse gut. In der Nähe der Dörfer gibt es vielfach Kultstätten für Aiyanar, die Schutzgottheit für Dorf und Flur (s. Farbabb. 35). Neben den Schöpfungen der neueren Zeit, großen, bunt bemalten Zementplastiken der grimmig blickenden Gottheit, von Pferden und Elefanten, gibt es auch noch die traditionellen Plätze mit Ansammlungen von schönen Keramikpferden.

Narttamalai

16 km nördlich von Pudukkottai.

Das archaisch wirkende Lehmhütten-dorf am Fuße von neun Hügeln, die der Legende nach als Krümel des Berges San-jira herunterfielen, als Hanuman damit die Gegend überflog, besitzt auf halber Höhe des Hügels Melamalai, in großarti-ger Lage und nur zu Fuß zu erreichen, den **Vijayalaya-Choleshvara-Tempel,** nach einer Inschrift die Stiftung König Vijayalayas (850–871), des Gründers der Chola-Dynastie (s. Abb. S. 80). Von den acht Nebenschreinen innerhalb einer Mauer existieren noch sechs. Die Cella des Tempels und der Turm darüber sind rund. Beachtenswert sind die schönen Skulpturen und im Inneren Reste von Malereien.

In der Felswand dahinter befindet sich ein Höhlentempel mit zwölf völlig glei-chen Darstellungen Vishnus (Mahavish-nu) im Hochrelief. Sein Name **Samanar Kudagu** (Jaina-Höhle) deutet auf die spätere Umwandlung eines Jaina-Heilig-tums aus dem 7. Jh. in einen Vishnu-Tempel hin (frühes 11. Jh.). Ein Höhlen-tempel für Shiva (links daneben) stammt aus der Zeit des Pallava-Königs Nrupa-tungavarman (859–899).

Sittannavasal

15 km westlich von Pudukkottai.

In dem jainistischen Höhlentempel am Fuße einer senkrechten Felswand, ge-nannt Arivarkoil (Tempel des Mönchs), entdeckte man 1920 sehr schöne Wand-malereien, die in Stil und Qualität denen von Ajanta gleichen. An der Decke der Halle ist ein Teich mit Lotus und Was-serlilien, Fischen, Enten, Büffeln und jungen Männern, die Blüten pflücken, dargestellt.

Kudumiyanmalai

18 km westlich von Pudukkottai.

Hier wurden die Tondaman-Rajas ge-krönt. In dem verschlafenen Dorf steht am Fuße eines schroffen Granitfelsens der große **Sikhanatha-Tempel,** dessen Kern aus dem 9. Jh., große Teile aus der Pandya- und Vijayanagar-Zeit stammen. In der 1000-Pfeiler-Halle vor dem Sank-tum beeindrucken Säulen von großer handwerklicher Finesse, die u. a. Rava-na, Hanuman, Sugriva und Vali darstel-len – in extremer Bewegung erstarrt. Bemerkenswert sind außerdem ein Höh-lentempel aus der Pallava-Zeit, daneben ein großes Ganesha-Relief, eine auf-schlußreiche Inschrift über Musik und hoch oben am Fels ein Fries: Shiva und Parvati auf Nandi mit den 63 Shiva-Hei-ligen.

Vijayalaya-Choleshvara-Tempel, Narttamalai

Tirumayam

19 km südlich von Pudukkottai.

Das Bild der Stadt bestimmt die eindrucksvolle **Festung** auf einem Granitbuckel, erbaut 1687 von Kilavan Setupati, einem der Marava-Könige von Ramnad. Am Südhang des Hügels liegen zwei Pallava-Höhlentempel aus der Zeit Mahendravarmans I.: Der **Satyagirishvara** gehört zum Shiva-Tempelkomplex gleichen Namens, während der **Yogasayana-Murti-Schrein** mit einer beeindruckenden Darstellung Vishnus auf der Schlange in den benachbarten **Satyamurti-Tempel,** das zweitwichtigste Vishnu-Heiligtum im Süden, integriert ist.

Madurai

140 km südwestlich von Tiruchirapalli, 900 000 Einwohner.

Geschichte

Dort, wo einst ein Tropfen göttlichen Nektars von Shivas Locken auf die Erde fiel, baute der Pandya-König Kusekhara Madurai – behauptet eine Legende. Megasthenes, der griechische Botschafter am Hofe Chandragupta Mauryas, berichtete um 300 v. Chr. von den Pandyas, und auch die Römer kannten das Minakshi-Heiligtum. Ebenfalls in diese Zeit wird die Gründung der ersten der drei Sangams, der berühmten Dichterakademien, datiert. Die dritte, dies gilt als sicher, wirkte unter dem Schutz der Pandya-Könige bis ins 3. Jh. in Madurai. Vom 6.–10. Jh. und noch einmal im 13. Jh. war Madurai die glanzvolle Hauptstadt eines großen Pandya-Reiches.

Malik Kafur, ein General Alauddin Khiljis, des Sultans von Delhi, nutzte 1311 die Thronfolgekämpfe zweier Halbbrüder, um in das Pandya-Gebiet einzufallen. Ungehindert plünderte er Land und Hauptstadt und legte Feuer an den großen Tempel. Ein 1329/30 von Muhammad ibn Tughluk eingesetzter Gouverneur gründete das Sultanat von Ma'bar in Madurai, das 50 Jahre, bis zur Eroberung durch Kumara Kampanna, den Sohn des Königs Bukka I. von Vijayanagar, im hinduistischen Süden Bestand hatte.

Krishnadeva Raya setzte 1529 Vishvanatha als ersten Nayak von Madurai ein. Mit dem Verfall der Zentralgewalt strebten dessen Nachfolger die Unabhängigkeit an, die Tirumallai Nayak (1623–1659), der bedeutendste seiner Nachfolger, schließlich erlangte. Mit dem Jahr 1739, in dem die letzte Herrscherin, Minakshi, Selbstmord verübte, ging der Staat von Madurai in den Wirren der Karnatischen Kriege unter und fiel 1781 an die Briten.

Besichtigung

Madurai besteht aus der Altstadt südlich der Vaigai mit dem Minakshi-Tempel als Zentrum und der Neustadt, dem ehemaligen Cantonment, nordöstlich davon auf der anderen Flußseite gelegen. Die Altstadt ist konzentrisch um den Tempel herum angelegt. Die äußere von fünf Ringstraßen, die breite Veli Street, entstand 1840, als die Briten die Stadtmauer niederreißen und den Wallgraben zuschütten ließen. In diesem Teil der Stadt pulsiert das Leben. Die Handwerker- und Händlerbasare quellen über von Waren, dazwischen drängen sich Pilgerunterkünfte, Billighotels, Restaurants und kleinere Tempel. An den vielen

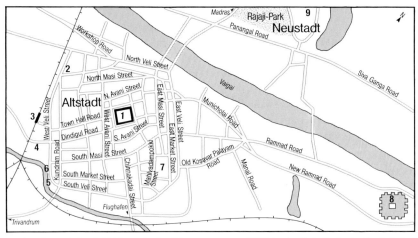

Madurai 1 Minakshi-Tempel 2 Hauptpostamt (GPO) 3 Bahnhof 4 Busbahnhof 5 Hotel Tamil Nadu (II) 6 Tourist Office 7 Tirumallai Nayak-Palast 8 Mariamman Teppakulam-Tempelteich 9 Gandhi-Museum

Festtagen werden die riesigen Tempelwagen durch die Ringstraßen gezogen.

Der große **Minakshi-Tempel (1)** war ursprünglich das Heiligtum einer vorhinduistischen Lokalgottheit, die dann mit Parvati gleichgesetzt wurde. Der Legende nach hatte Minakshi, die ›Fischäugige‹, Tochter eines Pandya-Königs, drei Brüste. Nach einer Prophezeiung sollte die überzählige verschwinden, wenn Minakshi den ihr bestimmten Mann treffe. Am Kailasha begegnete sie Shiva, das Wunder geschah, und acht Tage später erwartete sie in Madurai Sundareshvara, den ›schönen Bräutigam‹, zur Hochzeit. Diese Begebenheit wird jedes Jahr beim berühmten Chaitra-Fest im April/Mai aufs neue gefeiert.

Mit dem Bau des heutigen Tempels begann der erste Nayak Vishvanatha um 1560. Tirumallai Nayak vollendete den Bau, u. a. mit den vier gewaltigen äußeren Gopurams, von denen der östliche, genannt **Rajagopuram,** mit knapp 50 m und neun Stockwerken der höchste ist.

Diese in eleganter Kurve zum Himmel aufsteigenden Pylone sind wahre ›Götterberge‹ mit himmlichen Wesen, Dämonen, Helden, Zwergen und Riesen, voll von barocken Leibern, ineinander verschlungen und mit grellen Farben überzeichnet.

Außerhalb des Tempels steht vor dem Rajagopuram, vom gleichen Bauherrn in elfjähriger Bauzeit errichtet, der riesige Pudu-Mandapa (111 × 35 m), genannt **Tirumalla Choultry:** Hier hatte der fromme Fürst eine Begegnung mit seinem Gott. Das Flachdach der Halle wird von vier Reihen mit überlebensgroßen Skulpturen geschmückter Säulen getragen. Zehn davon stellen Fürsten dar, darunter auch Tirumallai Nayak mit seiner Frau, einer Prinzessin von Tanjavur (Tanjore). Die klaffende Stichwunde am Bein handelte sie sich mit einer Unbotmäßigkeit ihrem Gemahl gegenüber ein. (Heute kann man sich bei einem der vielen Schneider in der Halle billig eine Hose nähen lassen.)

Der äußere Umgang des Tempels ist durch alle vier Gopurams zu betreten, aber der eigentliche Zugang zum Tempel führt durch den **Ashta-Shakti-Mandapa,** links neben dem Rajagopuram. Über dem Eingang ist, bunt und figurenreich, die Götterhochzeit dargestellt (s. Abb. S. 48). An je vier Säulen zu beiden Seiten sind die acht Shaktis, weibliche Erscheinungsformen Shivas, abgebildet.

Am **Tempelteich** absolvieren Pilger ihre rituellen Waschungen, in den umlaufenden Säulengängen treffen sich nachmittags alte Herren zum Plausch und zum Singen und Rezitieren alter Texte, zum Abend hin wird in der offenen Halle gegenüber musiziert, während im nördlich benachbarten **Kalyana-Mandapa** (schöne Decke) die allabendliche, von Tempelelefanten angeführte Prozession vorbereitet wird; an der Westseite befindet sich der Eingang zum **Minakshi-Tempel** (nur für Hindus).

Nach Norden schließt sich an den Minakshi-Tempel der bedeutend größere **Sundareshvara-Tempel** an. Unter einem Gopuram hindurch betritt man seinen Umwandlungskorridor. In der

Plastischer Schmuck an einem Gopuram des Minakshi-Tempels, Madurai

Halle vor dem Tempel kann man vortrefflich südindische Tempelbräuche beobachten. Wenn der Tempel geöffnet wird, stürmen die Gläubigen im Laufschritt den Eingang (nur für Hindus). Rechts steht auf einem Sockel eine Figurengruppe der neun Planeten, die von den Besuchern mehrmals im Uhrzeigersinn umrundet wird. An einer Säule links vom Eingang ist die Abbildung einer Frau, die sich breitbeinig präsentiert, das Ziel mit Unfruchtbarkeit geschlagener Frauen. Während ein sitzender Ganesha ständig mit weißer, heiliger Asche überstäubt wird, bewerfen gegenüber dem Sanktum die Gläubigen bevorzugt zwei große Pfeilerfiguren mit Butterkugeln. Von Zeit zu Zeit klettert ein Brahmane auf ein Gerüst, schabt die Butter vom Stein in einen Topf mit kaltem Wasser und verkauft sie dann zum wiederholten Male.

Nach dem Verlassen dieser Halle durch das Tor gegenüber dem Schrein erreicht man links in der Mitte der anschließenden langen Halle, in der sich zahlreiche Händler tummeln, den Eingang zur **1000-Pfeiler-Halle.** Von vielen der 997 Stützen springen dem Besucher theatralisch bewegte Figuren entgegen: Reiter auf Kompositttieren, Helden der großen Epen und Götter. In der Halle ist das didaktisch gut aufgebaute, aber leider nicht gepflegte **Tempelmuseum** mit einer Sammlung von Bronzen, Steinskulpturen, Holzarbeiten und Textilmalereien untergebracht.

Der 48 m hohe Süd-Gopuram darf bestiegen werden (Tickets gleich links neben dem Turm im Tempelhof). Über steile und enge Stiegen geht es hinauf bis aufs Tonnendach – der Ausstieg und die Fenster auf den Etagen sind nicht gesichert! Der Rundblick bis zu den Palni-Bergen lohnt jedoch die Mühe.

(Der Tempel ist für alle geöffnet von 5.00–12.30 und 16.00–22.00 Uhr. Während dieser Zeit ist Fotografieren nicht erlaubt. Für die Zeit von 12.30–16.00 Uhr bekommt man eine Fotografiererlaubnis im Büro neben dem Süd-Gopuram und wird auf Klopfen durch die Pforte gegenüber dem Turm in den Tempel gelassen.)

Der **Palast des Tirumallai Nayak (7)** scheint für Riesen konzipiert. Den Thronsaal gegenüber dem Eingang überwölbt in 23 m Höhe eine Kuppel mit einem Durchmesser von 20 m. Das Dach der Arkaden um den Innenhof (84 × 50 m) wird von 12 m hohen Granitsäulen getragen. In der nicht minder pompösen Tanzhalle (47 × 23 m, 23 m hoch) sind im Halbdunkel schöne Skulpturen der frühen Pandyas, der Pallavas und Cholas und eine Fotodokumentation über Tirumallai Nayak und seine Bauten zu entdecken. Der schon stark verfallene Palast wurde in der zweiten Hälfte des 19. Jh. von einem Gouverneur der Madras Presidency restauriert und so zum Teil erhalten (8.00–17.00 Uhr, am Abend ›Sound and Light Show‹).

Der **Mariamman Teppakulam (8)**, mit 305 305 m² Indiens größter Tempelteich, liegt 5 km östlich der Stadt und ist im Januar/Februar Schauplatz des Teppam-Festes. Das Götterpaar wird auf Flößen in großer Prozession mehrmals um den zentralen Pavillon herum über den See gezogen.

Das **Ghandi-Museum (9)** im ehemaligen Palast der Rani Mangamal vermittelt mit Fotos und Texten sowie Originalbriefen und persönlichen Dingen des ›Vaters der Nation‹ ein klares Bild seines Wirkens. Gerade hier im Süden bekämpfte er die einseitig profitorientierte Wirtschaftspolitik der Briten und stärkte die Heimindustrie gegen den Import bil-

Palast des Tirumallai Nayak, Madurai

liger maschinenproduzierter Textilien. Im Dorf Gandhigram und einigen anderen wird noch heute nach Gandhis Vorstellungen gearbeitet. Khadi-Produkte von dort und südindisches Kunsthandwerk sind im Museum ausgestellt und können auch erworben werden (10.00–13.00 und 14.00–18.00 Uhr, mittwochs geschlossen).

Praktische Hinweise

Verbindung: Flugzeug: Verbindung mit Madras, Cochin, Bangalore. Indian Airlines, WFI Buildings, 7A West Veli Street, ℘ 22795. **Eisenbahn:** Madras (8 Stunden), Rameshvaram (6 Stunden), Quilon (8 Stunden). **Bus:** Busbahnhof (gemeinsam): West Veli Street. Stadtbusse für nahe Ziele: Nr. 5 Tirupparankundram, Nr. 44 Alagarkoil.

Unterkunft: A: Pandyan Hotel***, Alagarkoil Road, ℘ 42471. Hotel Madurai Ashok***, ITDC, Alagarkoil Road, ℘ 42531. **B:** Hotel Tamil Nadu (I)*, TTDC, Alagarkoil Road, ℘ 42451; Hotel Tamil Nadu (II), West Veli Street, nahe Busbahnhof, ℘ 31435 (empfehlenswert, Restaurant mäßig). **C:** New College House, Town Hall Road, ℘ 24311. Hotel Arima, 4 TB Road, ℘ 23261. Hotel Aspara, West Masi Street, ℘ 31444. Hotel International; Hotel Alavi; TM Lodge (alle West Perumal Maistry Street). Hotel

Ramson; Hotel Krishna; Hotel Sentosh (alle Town Hall Street).

Restaurants: Im Pandyan Hotel (sehr gut). Indo-Ceylon Restaurant und Taj Restaurant, Town Hall Road. Zahlreiche vegetarische Restaurants rund um den Minakshi-Tempel, u. a. New Arya Bhavan, West Masi Street.

Die Umgebung von Madurai

Alagarkoil

20 km nördlich von Madurai, Stadtbus Nr. 44.

Hier, in einem Tempel aus der Nayak-Zeit, ›wohnt‹ Alagar alias Vishnu, der Bruder von Parvati/Minakshi. Zur Hochzeitsfeier seiner Schwester begibt er sich einmal im Jahr nach Madurai – natürlich mit großem Gefolge! Der Tempel liegt in reizvoller Umgebung am Fuße des Alagarmalai. Der schöne Kalyana-Mandapa mit Skulpturensäulen der Spätzeit ist leider kitschig bunt bemalt.

Tirupparankundram

8 km südwestlich von Madurai, Stadtbus Nr. 5.

In einer schönen Landschaft mit See und Palmyrapalmenhainen am Fuße des mächtigen Skandamalai liegt im Dunkel des von Tirumallai Nayak vorgebauten **Subrahmanya-Tempels** ein Höhlentempel der frühen Pandyas (590–920); in ihm stehen die durch eine Stuckschicht und Ölspuren der Puja fast unkenntlichen Skulpturen von Shiva, Vishnu und Durga sowie Ganesha und Skanda. Meh-

Schneider im Pudu-Mandapa beim Minakshi-Tempel, Madurai

rere Höhlentempel etwas jüngeren Datums finden sich an der Rückseite des Hügels.

Rameshvaram

139 km südöstlich von Madurai, 300 km nordöstlich von Kanyakumari, 20 000 Einwohner.

Die Stadt und der berühmte Tempel liegen auf der palmenbestandenen Insel Pamban, der Fortsetzung einer Landzunge zwischen Palk Bay und dem Golf von Mannar. Dhanushkodi im Südosten der Insel trennen nur 30 km von Talaimannar auf Sri Lanka.

Rameshvaram, einer der heiligsten Plätze Indiens, wird von Shivaiten und Vishnuiten gleichermaßen hoch verehrt und viel besucht. Zu dieser Wallfahrt gehört vor allem die Puja im Ramanathaswami-Tempel. Die Tempelpriester waschen die beiden Shiva-Linga mit Ganges-Wasser und verkaufen es dann an die Pilger. Absolvieren diese das fromme Programm gewissenhaft, haben sie noch viele weitere Plätze zu besuchen und vor allem an runden drei Dutzend Stellen ein heiliges Bad zu nehmen. Dafür war früher ein Zeitraum von einem Monat vorgesehen – heute schaffen ganz Flinke es an einem Tag!

Auf dem Gandhamadhanam-Hügel im Norden der Insel, von wo aus Rama die Stadt des Sita-Entführers Ravana entdeckt hatte, wurde um seine Fußabdrücke herum ein Tempel gebaut. Von der Brücke, die Nala, der Sohn des göttlichen Baumeisters Vishvakarma, für das Affenheer unter Hanumans Führung erbaut hatte, ragen noch die Fundamente der Pfeiler aus dem Meer. Andere nennen die Kette von Koralleninselchen zwischen Pamban und der Insel Mannar auch Adam's Bridge und glauben, Adam und Eva hätten auf diesem Wege das Paradies (Ceylon) verlassen. Dazu paßt auch, daß die Moslems hier die Gräber Kains und Abels verehren. Um das Hauptziel der Pilger, die von Rama persönlich aufgestellten Shiva-Linga, entstand im Laufe der Zeit der riesige **Ramanathaswami-Tempel.**

Der Tempel ist aufgebaut wie die meisten Großtempel der Spätzeit: Um das Sanktum, den ältesten Teil der Anlage, gruppieren sich zahlreiche Schreine und Hallen innerhalb von drei ineinandergeschachtelten Höfen, jeweils umgeben von einer Mauer. Das Besondere an diesem Tempel stellt die Anlage der äußeren Hallen in Form gewaltig hoher (10 m), breiter (5–7 m) und vor allem langer (bis zu 230 m) Korridore dar, flankiert von skulpturengeschmückten Pfeilern. Die Gesamtlänge der Korridore beträgt 1300 m! An prominenter Stelle sieht man Portraitfiguren der Bauherren, der Setupatis von Ramnad.

Um 1600 beschlossen die Nayaks von Madurai, Ordnung in ihrem ›Wilden Osten‹ zu schaffen, und unterstellten das Gebiet der Führung eines Maravar-Fürsten dieser Gegend. Dieser sollte die Stämme der Gegend disziplinieren, ein Auge auf die Portugiesen haben, die sich um Rameshvaram niedergelassen hatten, und für den Schutz der Pilger sorgen. Dementsprechend nannten sich die Maravar-Fürsten Setupati (Herr des Dammes, d.h. der von Rama errichteten Brücke). Der erste von ihnen, Sadaikka Tevar Udaiyan Setupati (1605–1622), begann mit dem Bau der Anlage, seine Nachfolger erweiterten sie ehrgeizig immer mehr, bis Mitte des 18. Jh. die Arbeit an den großen Gopurams in den Kriegswirren dieser Zeit eingestellt wurde.

Praktische Hinweise

Verbindung: Eisenbahnbrücke zum Festland; Straßenverbindung im Bau. Züge von Madras und Madurai (6 Stunden). Busse von und bis Mandapam (19 km westlich von Rameshvaram), Weiterfahrt mit der Bahn. Täglich ein Bus nach Kanyakumari direkt. Fährverkehr zwischen Rameshvaram und Talaimannar/Sri Lanka: Montag, Mittwoch, Freitag; Dauer der Überfahrt 3–4 Stunden, kein Fährbetrieb zwischen Ende Oktober und Anfang Januar (Monsun).

Unterkunft: **B:** Hotel Tamil Nadu, TTDC, in Strandnähe, ✆ 277 (frühzeitige Zimmerreservierung empfehlenswert). **C:** Hotel Alankar, ✆ 216; Hotel Chola; Hotel Maharaja; Hotel Michael; Nadar Lodge; Santhanam Lodge; Sornam Lodge u. a. m. (alle um den Tempel). Devasthanam Bungalows und Hütten, ✆ 241, 223.

Restaurants: Mehrere vegetarische Restaurants.

Srivilliputtur

75 km südwestlich von Madurai, 50 km nördlich von Sankarankoil. 55000 Einwohner, nette Kreisstadt vor der Kulisse der unvermittelt aus der Ebene aufsteigenden Kardamom-Berge.

In Srivilliputtur, einem viel besuchten Pilgerziel, wurde Mitte des 8. Jh. Andal geboren, eine der drei Frauen unter den zwölf Alvars. Die berühmte Dichterin verfaßte glühende Liebesgedichte für Ranghanatha (Vishnu). In Srirangam wurde sie mit ihm vermählt und gilt deshalb als Inkarnation Lakshmis.

Der alte Tempel der Stadt, der **Vadabhadrasayee-Tempel,** stammt aus der Pandya-Zeit. Das Sanktum mit Vishnu auf Adishesha als Kultbild befindet sich im oberen Stockwerk, wo schöne Holzdecken und -skulpturen zu sehen sind. Davor erhebt sich mit 59 m und zwölf Stockwerken einer der höchsten Gopurams Indiens, ein schlanker – äußerst reparaturbedürftiger – Bau mit einem gewaltigen Tonnendach. Südwestlich davon steht der **Andal-Tempel** aus der Nayak-Zeit mit Pfeilerfiguren von höchstem Raffinement, in der Nähe einer der größten Tempelwagen Indiens.

Praktische Hinweise

Verbindung: Bus von Madurai, Tirunelveli.

Unterkunft: Hotel Thangam, 36/6 Madurai Road (sauber, sehr empfehlenswert, vegetarisches Restaurant).

Sankarankoil (Sankaranarayanarkovil)

50 km südlich von Srivilliputtur, 51 km nördlich von Tirunelveli.

Das Landstädtchen besitzt einen großen **Shiva-Tempel;** verehrt werden ein Linga (von den Lingas der fünf Elemente das Erd-Linga), Shiva als Harihara und Gomati Amman (Shivas Devi, also Parvati). Letztere hatte der Legende nach den Wunsch, Shiva und Vishnu in einer Person zu sehen. Um ihrem Begehren Nachdruck zu verleihen, stieg sie auf die Erde herab und tat neun Tage lang Buße, dann erschien ihr in einer Vollmondnacht Shiva als Harihara. Als Adi Tapas-Festival wird dieses Ereignis jedes Jahr gefeiert.

Im Tempel, einer typischen Anlage mit düsteren Hallen, Tempelteich und Tempelelefant, werden nach dem Volksglauben verschiedene Krankheiten geheilt. Wie in christlichen Wallfahrtsorten bringen die Gläubigen dem Gott Nachbildungen der befallenen oder geheilten Glieder dar. Stände bieten die recht groben Nachbildungen der gängigsten Körperteile in Holz und Metall vor dem Tempel zum Verkauf an.

Sankarankoil eignet sich gut als Ausgangspunkt für den Besuch von Kalugumalai und der weiteren Umgebung. Auch hier gestaltet sich der Weg oft genauso interessant wie das Ziel: In den Dörfern unterwegs tragen die Frauen schweren Goldschmuck in den langgezogenen Ohrläppchen; außerhalb der Orte liegen Kultstätten für Dorfgottheiten – manchmal in regelrechten ›heiligen Hainen‹.

Praktische Hinweise

Verbindung: Busse nach Tirunelveli und über Rajapalayam nach Madras.

Unterkunft: C: Assembly Lodge (Hauptstraße, nahe Busbahnhof).

Die Umgebung von Sankarankoil

Kalugumalai

22 km östlich von Sankarankoil, Bus von Sankarankoil.

Beim Dorf am Fuße eines mächtigen Granitbuckels liegt ein **Subrahmanya-Tempel** der typisch südindischen Art, lebendig und ein wenig chaotisch. Neben dem aus dem Fels gehauenen Haupttempel entdeckt man in umliegenden Hallen Schreine für die 63 Shiva-Heiligen, die neun Planeten, zusätzlich für Sonne und Mond, Indra, Dakshina-Murti und Brahma, Bronzen von Subrahmanya, Somaskanda und Kankala (sehr schön!) sowie hölzerne Prozessionsfiguren, u. a. eine goldbeschlagene Wunschkuh.

Das ›Kronjuwel der Pandya-Kunst‹, der **Vattuvankovil-Tempel** (Tempel des Bildhauers), liegt weit oben auf einem Sattel hinter der ersten Felskuppe (s. Abb. S. 86 f.). Er stammt aus der Zeit um 800 und wurde aus unbekannten Grün-

Jainistische Reliefs an einer Felswand, Kalugumalai

den nie vollendet. Das Gebäude blickt nach Osten und steht hoch über dem Dorf in einem Felseinschnitt von 25 m Tiefe, 13 m Breite und 10 m Höhe. Der harte Stein wurde mit Hammer und Meißel von oben nach unten abgetragen und der Tempel in der gewünschten Form ›stehengelassen‹. An der Halle sind nur zwei hinreißend schöne Friese mit musizierenden Ganas fertiggestellt worden, doch der Vimana ist zu großen Teilen voll ausgearbeitet. Am oberen Turmgeschoß, unterhalb der schön ornamentierten Turmkappe, sieht man u. a. Shiva

und Parvati, Dakshina-Murti, Narasimha und Brahma als jungen Mann ohne Bart. Südlich oberhalb des Vattuvankovil befinden sich an der Felswand Reliefs aus derselben Zeit mit jainistischer Thematik, u. a. mehrere Reihen der 24 Tirthankaras.

Tirumalaipuram

25 km südwestlich von Sankarankoil.

An der Südflanke des Vannachchipparai-Hügels, auf dem eine christliche Kirche steht, befindet sich ein schöner

Höhlentempel der frühen Pandya-Zeit mit gut erhaltenen Skulpturen. Den Eingang flankieren typische Pfeiler mit Lotusmotiven; das Innere schmücken Reliefs von anrührender Einfachheit: Dvarapalas beidseitig der Cella, gegenüber Brahma und an der langen Wand parallel zur Fassade Ganesha, Vishnu und ein tanzender Shiva.

Die Landschaft mit vielen Palmyrapalmen, im Schatten der hohen Berge im Westen, ist von besonderem Reiz. Die Fahrt nordwärts in Richtung Srivilliputtur führt entlang dem Gebirge durch sehr fruchtbares Gebiet mit Kokospalmenpflanzungen und Gemüseanbau. Im Gegensatz präsentieren sich die Gebiete weiter östlich trocken und teilweise recht eintönig.

Tirunelveli

81 km nördlich von Kanyakumari, 150 km südlich von Madurai, Bus- und Bahnverbindungen in alle Richtungen.

Die südlichste Distrikthauptstadt Tamil Nadus besitzt einen großen Tempelkomplex (190 × 252 m) mit mächtigen 1000-Pfeiler-Hallen (21 × 173 m bzw. 10 × 100 Pfeiler) in den zwei im Aufbau fast völlig identischen Tempeln für Shiva und Parvati.

Tiruchendur

53 km östlich von Tirunelveli, 85 km nordöstlich von Kanyakumari, Busse nach Tirunelveli und Kanyakumari.

Der kunsthistorisch wenig bedeutsame Tempelkomplex, eines der sechs großen Heiligtümer Subrahmanyas – hier auch Shanmukha, der Sechsköpfige, genannt –, fasziniert durch seine großartige

Lage direkt am Golf von Mannar. Interessant zu beobachten ist das Leben am Wasser entlang der Treppenanlagen von neun heiligen Badeplätzen.

Kanyakumari

80–85 km südlich von Tirunelveli, südöstlich von Trivandrum.

Kanyakumari bildet den südlichsten Punkt des indischen Subkontinents. Sonnenuntergang und Mondaufgang über dem Meer kann man hier (bei Vollmond) gleichzeitig erleben, Sonnenauf- und -untergang über dem Meer vom selben Platz aus. Den Sonnenaufgang erwarten jeden Morgen Tausende Inder mit großer Spannung; die strandnahen Straßen und Plätze sind dann vollgestellt mit Reisebussen.

Als wieder einmal Dämonen die Götter bedrohten, schuf Shiva aus seiner Shakti zwei Göttinnen. Die blutdürstige Kali schickte er nach Kalighat (Calcutta) und die jungfräuliche Göttin zum Kap Komorin, um das Gleichgewicht der Welt wiederherzustellen. Ihr Tempel hier, schön gelegen, aber kaum von kunstgeschichtlichem Interesse, stellt ein bevorzugtes Ziel des innerindischen religiösen Tourismus dar. Er ist umgeben von unzähligen Devotionalien- und Souvenirläden. Ein Bad bei den beiden Felsen Pitra Tirtha und Matru Tirtha – genau an der Stelle, wo das Arabische Meer und der Golf von Bengalen sich treffen – und die dazugehörige Puja sollen die Vorfahren gnädig stimmen.

Nahe dem Kap steht das **Ghandi Memorial** an der Stelle, wo die Urne mit der Asche des Mahatma aufgestellt war, bevor sie dem Meer übergeben wurde. Auf zwei Felsen, ca. 200 m vor der Küste, erhebt sich das 1970 im All-India-Misch-

Vivekananda Memorial am Kap Komorin

stil erbaute **Vivekananda Memorial.** Der große indische Philosoph pflegte hier in jungen Jahren (um 1882) zu meditieren (7.00–17.00 Uhr, dienstags geschlossen, Fährverkehr).

In der Umgebung gibt es schöne Strände mit vielfarbigem Sand. Bei Vattakottai (6 km) an der Ostküste überragt ein Fort der Holländer aus dem 17. Jh. das Meer.

Praktische Hinweise

Verbindung: Busverbindung u. a. mit Trivandrum, Tirunelveli – Madurai – Madras, Tiruchendur – Tuticorin – Mandapam (Rameshvaram).

Unterkunft: A/B: Cape Hotel, TTDC, ✆ 22 (bestes Haus am Platz, nahe neuem Busbahnhof). **B:** Hotel Tamil Nadu, TTDC, ✆ 57 (oberhalb der Strandstraße, Hauptgebäude und Bungalows, Restaurant, Bar). Kerala House, ✆ 29 (neben Hotel Tamil Nadu, Restaurant). Hotel Sangam, ✆ 62. Narmatha Tourist Home, ✆ 88. Sankar Guest House,

✆ 60. Hotel Ashok. **C:** Raja Tourist Home. Tri Sea Lodge u. a. m.

Restaurant: Kerala House und viele kleinere vegetarische Restaurants.

Suchindram

13 km nordwestlich von Kanyakumari, Busse nach Kanyakumari und Trivandrum.

Im Ort stehen dicht gedrängt nette kleine Brahmanen-Häuser um einen großen Tempelteich mit einem Pavillon in der Mitte. Der sich anschließende Tempel wird von einem 41 m hohen Gopuram überragt. Viele der 33 (!) Schreine und Hallen stammen ›nur‹ aus dem 17. und 18. Jh., aber es gibt viele interessante Details zu entdecken. Shiva verkörpert in diesem Tempel die Hindu-Trias in einer Person und heißt deshalb Tanumalayan (Sthanu = Shiva, Mal = Vishnu und Aya = Brahma). Als Kultbild fungieren entweder drei Lingas oder, wie im Hauptschrein, ein einziges, das an der Basis Brahma, in der Mitte Vishnu und oben Shiva verkörpert.

Im Tempel gibt es ferner einen großen weißen Nandi, einen riesigen Hanuman und einen kaum kleineren Ganesha, Dipa Lakshmi genannte Lampenträgerinnen und Tempeltänzerinnen als lebensgroße Skulpturen an den Säulen. Vier Säulen sind als Pfeilerbündel mit 33 bzw. 25 Einzelzylindern gearbeitet, die, wenn sie angeschlagen werden, ganz unterschiedlich klingen. Sowohl die Fürsten von Travancore als auch die Nayaks von Madurai, die sich als Gönner des Tempels hervortaten, wurden als Pfeilerskulpturen verewigt.

Dieser Tempel ist der letzte, den man von innen sehen darf (mit einem Brahmanen-Führer), wenn man sich auf dem

Weg nach Kerala befindet, und der erste nach langer ›Tempelabstinenz‹, wenn man von dort kommt.

Die Wildschutzgebiete von Mudanthurai und Muthukulivayal

45 km westsüdwestlich von Tirunelveli.

Die großartige Gebirgslandschaft mit primären Regenwäldern (2000 mm Niederschlag/Jahr) ist ein Tigerschutzgebiet; darüber hinaus leben hier u. a. mehrere seltene Affenarten sowie Axis- und Sambar-Hirsche. Das Muthukulivayal-Wildschutzgebiet grenzt im Süden an Mudanthurai (Distrikt Kanyakumari. Forest Rest House; Anreise über Nagerkoil und Alagiapandipuram).

Praktische Hinweise

Information: Weitere Informationen und Reservierung: Wildlife Warden, Sengottai. Beste Zeit: September – November, für Tiberbeobachtung ab Januar. Sehenswertes an der Strecke: Ambasamudra (Mango-Teich), Pilgerort an einem See, und Papanasam, Wasserfall. **Verbindung:** Busverbindung mit Tirunelveli, besser mit Mietwagen. **Unterkunft:** Forest Rest House am Tambaravarani-Fluß.

Das Anaimalai-Wildschutzgebiet

80 km südlich von Coimbatore, 35 km südwestlich von Pollachi (Bahn).

Die Anaimalai-Berge sind der erste Gebirgsstock im Zuge der Westlichen Ghats südlich der Palghat-Senke; der Anaimalai Peak ist mit 2695 m der höchste Berg in Süd-Indien. In den artenreichen Bergwäldern leben Gaur (Indische Wildrinder), Sambar- und Axis-Hir-

sche, Muntjaks, Zwerghirsche und Wildschweine, Elefanten als Einzelgänger oder in kleinen Gruppen, Riesen- und Flughörnchen, Stachelschweine und Mungos, gefleckte Nashornvögel, Drongos und andere interessante Vögel.

Praktische Hinweise

Information und Unterkunft: Verwaltung und Rezeption am Parambikulam-Stausee. Unterkünfte in drei Forest Rest Houses an verschiedenen Stellen. Elefanten und Jeeps stehen zur Verfügung. Buchung. Wildlife Warden Anaimalai Sanctuary, Pollachi. Das Gebiet ist auch über das nette Bergstädtchen Valparai erreichbar. Beste Zeit: Februar – Juni.

Kodaikanal

100 km nordwestlich von Madurai.

Die ›Hill Station‹ ist der Hauptort in den Palani-Bergen, die sich nach Osten an die Anaimalai- und Kardamom-Berge anschließen. Kodaikanal (Tamil: Kanal = großer Wald) liegt 2133 m hoch über dem steilen Südhang des Gebirges und wurde um die Mitte des vorigen Jahrhunderts von amerikanischen Missionaren gegründet. Der Platz entwickelte sich dann zum bevorzugten Urlaubsort der Briten, die 1863 auch den See anlegen ließen, um den sich der Ort gruppiert. Die zahlreichen Kirchen repräsentieren die Missionsgesellschaften, die bevorzugt hier ihr Hauptquartier etablierten. 1875 wurde die Eisenbahnstrecke Tiruchirapalli – Dindigul – Madurai geschaffen und für die 80 km von Palani Road Station nach Kokaikanal mit dem Bau einer Straße begonnen, die aber erst 1916 fertiggestellt war.

Heute ist Kodaikanal eine sehr beliebte und in der Saison von März bis September überlaufene Sommerfrische. In der Umgebung werden Kaffee, Tee und Obst angebaut. Für den Besucher bieten sich viele reizvolle Ziele für Ausflüge und längere Wanderungen: Coakers Walk mit Blick über die Ebene im Süden und den Vaigai-Stausee; Green Valley View (5,5 km); Pillar Rocks, ein 122 m hoher Felsen; viele Höhlen (7 km); Silver Cascade, ein Wasserfall (8 km); Doctor's Delight mit herrlichem Blick (10,5 km); Perumal Peak, 2440 m (20 km) sowie Dolmen aus vorgeschichtlicher Zeit (20 km).

Im ehemaligen Sacred Heart College (an der Law's Ghat Road) haben die Jesuiten das **Shembaganur-Museum** eingerichtet; es zeigt archäologische Funde, Flora und Fauna der Palani-Berge sowie eine Orchideensammlung. Das astrophysikalische Observatorium von 1899 steht auf einem Hügel 3 km westlich des Sees (März, April, Juni 10.00–12.30 und 19.00–21.00 Uhr, sonst nur freitags 10.00–12.00 Uhr).

In Palani, 64 km weiter nördlich, steht auf einem kahlen Granitbuckel das wichtigste der sechs Heiligtümer Murugas (Subrahmanyas). Hier wird er als Kind verehrt (Skanda).

Praktische Hinweise

Verbindung: Direkte Busverbindung mit Madurai, Kodaikanal Road (Bahnstation), Palani und Coimbatore. Schöne Fahrt über Munnar in den Kardamom-Bergen Keralas nach Cochin.

Unterkunft: A: Carlton Hotel, Lake Road, ✆ 252 (alter Bau von 1919, Blick über den See). B: Hotel Tamil Nadu, TTDC, Fern Hill Road, ✆ 481. Hotel Jey, ✆ 344. Holiday Home, ✆ 257 (auch Bungalows). Viele kleinere Hotels an der Ostseite des Sees. Während der Regenzeit November/Dezember 50 % und mehr reduzierte Hotelpreise.

Restaurants: Tourist Bungalow, Fern Hill Road; Carlton Hotel (europäische, nord- und südindische Küche), Lake Road; Packiadeepam und Shanmugavilas (vegetarisch), nahe Busbahnhof; Hotel Jaj, Lloyds Road; Hotel India, am östlichen Ende des Sees.

Die Nilgiri-Berge

Die Nilgiris bilden einen gewaltigen Gebirgsstock, der unvermittelt aus der Ebene aufsteigt und mit seinem höchsten Gipfel, dem Dotabetta, eine Höhe von 2670 m erreicht. Aus dem ewigen Nebel an seinen dichtbewaldeten Flanken ragen die ›Blauen Berge‹ empor: für die Hindus der Ebene Sitz der Götter – in den niederen Bereichen Heimstatt von Dämonen und Bestien. Nie wären sie auf die Idee gekommen, dorthin vorzudringen. Dieses Tabu galt indes nicht für die Fremden: 1818 gelangten erstmalig zwei Briten – mehr tot als lebendig – durch den Dschungel der steilen Hänge auf die Höhen der Nilgiri-Berge. Sie staunten nicht schlecht, hier oben von Menschen begrüßt zu werden.

Die von Hitze und Fieber geplagten Europäer waren begeistert, ein Stück Land gefunden zu haben, das vom Klima her der fernen Heimat entsprach. 1924 legte man im Hochtal von Ootacamund einen künstlichen See an und baute Bungalows. Die ersten Siedler hatten bereits 1862 Chinchonabäume angepflanzt, aus deren Rinde ›Chinarinde‹, Chinin, gewonnen wird, das erste wirksame Mittel gegen die Malaria. Die Nilgiris wurden zur ›Hill Station‹, und Ootacamund baute man zur Sommerresidenz der ›Madras Presidency‹ aus. Die Todas, denen man anfangs noch Pacht gezahlt hatte, wurden in die Randgebiete abgedrängt, und die neue Umgebung wurde nach den eigenen Vorstellungen und Bedürfnissen umgestaltet. Über die sanften Hügel zie-

In den Nilgiri-Bergen bei Ootacamund

hen sich Kartoffel- und Kohlfelder hin, zwischen Eukalyptus- und Nadelbäumen stehen die Kirchen und Häuser wie in England, umgeben von Blumengärten – und am Abend wird es empfindlich kalt.

Ootacamund (Ooty, in Tamil: Udhagamandalam)

89 km nordwestlich von Coimbatore, 159 km südlich von Mysore, 75 000 Einwohner, Distrikthauptstadt.

Bedingt durch den kurvenreichen Verlauf der Straßen, die sich dem hügeligen Gelände anpassen, fällt die Orientierung anfänglich etwas schwer. Ootacamund bietet eine heiße Mischung von kolonialzeitlicher Tradition und Auswüchsen des Massentourismus indischer Art. In der Saison (April – Juni und September/Oktober) sind die Hotels überfüllt und doppelt bis dreifach so teuer als während des Monsuns (Juli/August) und im ›Winter‹: Dann ist das Wetter zwar auch oft schön, aber die Nächte sind sehr kalt und die Hotels nicht geheizt. Die Tempera-

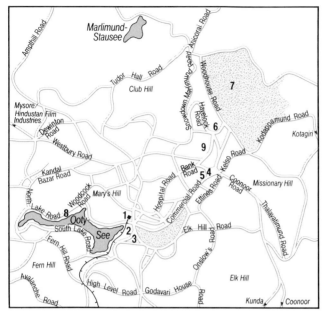

Ootacamund
1 Bahnhof
2 Busbahnhof
3 Rennbahn
4 Charing Cross
5 Tourist Office
6 Hauptpostamt
  (GPO)
7 Botanischer
  Garten
8 Bootshaus
9 Tourist Bungalow

turen bewegen sich nach offiziellen Angaben im Sommer zwischen 21 °C und 11 °C und im Winter zwischen 19 °C und 6 °C.

Man sollte den alten Teil der Stadt auf sich wirken lassen, den Botanischen Garten (7), die Kirchen aus dem 19. Jh. und ihre Friedhöfe, aber auch einige kleinere Paläste besuchen, u. a. die der Rajas von Mysore und Jodhpur (Arranmore Palace, 3 km vom Zentrum). Einmal sollte man auch der Atmosphäre wegen im alten Savoy Hotel ›dinieren‹. Der Basar mit seinem vielfältigen Angebot verdient ebenfalls einen Besuch; sehr schöner Silberschmuck in der Art, wie ihn die Todas tragen, wird hier angeboten. Die Rennbahn ist nicht nur der schnellen Pferde, sondern auch der Besucher wegen interessant: Man trifft sich, zeigt sich und wettet mit Leidenschaft. Es gibt einen schönen Golfplatz, am Bootshaus

beim See kann man Motor- und Ruderboote mieten und gleich daneben auch Pferde für einen Ausritt in die herrliche Umgebung.

Bei Muttanad an der Sigur Ghat Road liegt eine Toda-Siedlung mit einigen Hütten in der traditionellen tonnenartigen Form und mit dem ca. 60 × 60 cm großen Eingang als einziger Öffnung. Der Tempel daneben, ein ca. 4 m hoher, spitzkegeliger Bau aus Bambus auf einem Steinsockel, ist mit Gras gedeckt und spiralförmig mit Lianen umwunden.

Praktische Hinweise

Verbindung: Flugzeug: Vom nächsten Flughafen Coimbatore (105 km südöstlich) mit Indian Airlines nach Bangalore, Madras, Cochin; mit Vayudoot nach Tanjore, Madurai. **Eisenbahn:** Vom Eisenbahnknotenpunkt Coimbatore 53 km nach Mettupalayam im Südosten am Fuße der Berge. Hier startet die Nilgiri-Bahn. Die Fahrt mit dieser Schmal-

Die Todas

Von den fünf Stämmen unterschiedlicher Herkunft, die in den Nilgiris lebten, sind die Todas die bemerkenswertesten – auffallend hochgewachsene Menschen von angenehm selbstbewußter Art, die Männer mit kräftigem Bartwuchs, die gutaussehenden Frauen mit langen schwarzen, gedrehten Locken. Männer wie Frauen tragen weiße Baumwolltücher mit schwarz-roter Borte wie eine Toga um den Körper geschlungen. Ihre Herkunft ist ungeklärt und nährt die unterschiedlichsten Theorien. Sie sprechen eine eigenständige Sprache, als Kunstäußerungen kennen wir die eigenwilligen Tempel und Häuser, den schönen, fast modern wirkenden Schmuck, gestaltete Kult- und Gebrauchsgegenstände wie z. B. Butterlöffel sowie Stickereien auf Baumwolltüchern.

Toda-Frau mit Kind

Der Büffel ist für die Todas sowohl sakral als auch ökonomisch von größter Bedeutung: Die Verarbeitung der Milch, eine kultische Handlung, bleibt den Priestern vorbehalten. Von diesen Milchprodukten abgesehen leben die Todas streng vegetarisch. Andere Stämme, die sich ihnen untergeordnet hatten, versorgten sie einst mit allem Lebensnotwendigen – Landwirtschaft haben sie selbst nie betrieben. Stirbt ein Toda, werden Büffel getötet, damit ihre Seelen den Toten begleiten; dieser Brauch wurde allerdings von der indischen Regierung stark eingeschränkt.

Die Todas leben in einer Art Polyandrie (Vielmännerei). Der Stamm zählt heute ca. 1000 Menschen, von denen die einen nach ihren alten Traditionen leben, während andere Christen geworden sind, Schulen besucht und moderne Lebensformen angenommen haben.

spurbahn über 32 km durch die tropische Vegetation den Steilhang hinauf bis Coonoor (oder in der Gegenrichtung) ist schon ein Reisehöhepunkt an sich. Bis Ootacamund (46 km) 4½ Stunden, abwärts 3½ Stunden.

Straßen und Bus: Auf der Straße erreicht man Ootacamund von Calicut an der Küste und Mysore aus über eine Ghat-Straße von Nordwesten, von Coimbatore über Mettupalayam auf einer landschaftlich einzigartigen Bergstraße mit 14 Haarnadelkurven von Südosten über Coonoor. Direkte Busverbindungen nach Coimbatore, Calicut, Bangalore, Hassan und Mysore mehrmals täglich. Die Mysore-Busse fahren über Theppakady/Mudumalai-Wildschutzgebiet. Busse nach Coonoor (1 Stunde) und Kotagiri (1½ Stunde) stündlich.

Ausflugsziele: Dotabetta (10 km), 2670 m, über die Straße nach Kotagiri und durch herrliche Nebelwälder, großartige Fernsicht; **Elkhill** (5 km), 2438 m, über dem Teeanbaugebiet des Lovedale-Tales, Blick auf Ootacamund; **Valley View** (5 km), an der Straße nach Coonoor, Blick über das Ketti-Tal; **Snowdon Hill** (3,5 km nördlich), 2529 m, über St. Stephen's Church, Blick in Richtung Mysore; **Wenlock Downs** (8 km nordwestlich), schöne Hügellandschaft; hier auch **Hindustan Film Industries,** Indiens einziger Hersteller von Filmmaterial (Indu); **Kunda-Berge,** schroffe, bewaldete Gipfel im Südwesten von Ootacamund: u. a. der **Avalanche,** 2590 m (19 km) und der **Mukurti Peak,** 2554 m (26 km); dünnbesiedelte und weitgehend ursprüngliche Landschaft mit artenreicher Flora und Fauna (u. a. Nilgiri-Steinbock), Rückzugsgebiet der Todas.

Unterkunft: A: Hotel Taj Savoy, Club Road, ☎ 2572 (schöner kolonialzeitlicher Bau). Hotel Fernhill Imperial, Fernhill, ☎ 2055. **B:** Hotel Tamil Nadu, TTDC, oberhalb Charing Cross, ☎ 2543 (schön und zentral gelegen, empfehlenswert). Hotel Mayura Sudarshan, KSTDC, Fernhill, ☎ 2577. Hotel Dasaprakash, ☎ 2434 (vergangene Pracht). Hotel Lakeview, West Lake Road, ☎ 2026. Hotel Woodlands (schöne Lage). Hotel Nahar Tourist Home, Charing Cross, ☎ 2173.

YWCA Guest House, Anandagiri, Ettines Road, ☎ 2218 (empfehlenswert) u.v.m.

Restaurants: Gute Restaurants in den besseren Hotels; außerdem: Hotel Paradise (Punjabi und nordindische Küche) und Nahar Tourist Home, Commercial Road; Zodiac Room (chinesisch), Nähe Hauptpostamt/State Bank.

Das Mudumalai-Wildschutzgebiet

67 km nordwestlich von Ootacamund.

Das 321 km² große Waldgebiet liegt an den nördlichen Ausläufern der Nilgiri-Berge in einer durchschnittlichen Höhe von 885 m. Es grenzt im Westen an das Wildschutzgebiet von Wynad in Kerala und im Norden an das von Bandipur in Karnataka. Im Park beheimatete Tierarten sind Elefant, Sambar- und Axis-Hirsch, Wild- und Warzenschwein, Faultier, Hyäne, Löwenschwanzaffe, Flug- und Riesenhörnchen sowie auch Tiger und Panther. Die großen Wildrindherden (Gaur), einst die Hauptattraktion, fielen 1969 einer Rinderpestepidemie zum Opfer und bauen sich erst langsam wieder auf. Im Moyar-Fluß leben Otter und Krokodile.

Praktische Hinweise

Information und Unterkunft: Beste Zeit: März–Juni, September/Oktober. Versorgungszentrum und Rezeption in Theppakady. Dort auch Unterkünfte, ein Restaurant, Teestube und ein Elefantencamp, wo Elefanten gezogen und zur Waldarbeit abgerichtet werden. Weitere Unterkünfte in Abhayaranyam, ebenfalls an der Mysore Road, und in dem kleinen Dorf Masinagudi, östlich von Theppakady. Voranmeldung empfehlenswert: In Ootacamund beim Forest Officer in der Coonoor Road oder beim Tourist Office.

Kerala

Trivandrum

Ca. 500 000 Einwohner, Hauptstadt von
Kerala.

Geschichte

Der Name Trivandrum, eine Kurzform
von ›Tiruvanantapur‹, bedeutet Stadt der
heiligen Schlange. Ananta oder Shesha,
auf der ruhend Vishnu im kosmischen
Ozean treibt, soll der Legende nach hier
geboren sein.

Als Marthanda Varma (1729–1758) die
Macht im Staate Travancore übernahm,
befand sich dieser in reichlich desolatem
Zustand. Der neue König griff hart gegen seine adligen Widersacher durch,
baute eine schlagkräftige Armee auf und
dehnte das Reich weit nach Norden aus.
Die Holländer, deren Festungen in der
Gegend er alle erobert hatte, wurden von
ihm 1741 bei Colachel vernichtend geschlagen. 1750 übertrug der König sein
Reich Shri Padmanabha, seiner Haus-
gottheit (also Vishnu), und regierte fortan als dessen Treuhänder.

In Vorbereitung dieses Vorhabens ließ
er zwischen 1731 und 1733 den bis dahin
eher bescheidenen Padmanabhaswami-
Tempel in Trivandrum überholen, aus-
bauen und seine Verwaltung reorganisie-
ren. Der Gopuram des ›Staatstempels‹
wurde unter Karthika Tirunal Rama
Varma (1758–1798), genannt Dharma
Raja, vollendet. Dieser Herrscher war es
auch, der in seinen späteren Regierungs-
jahren die Hauptstadt nach Trivandrum
verlegte.

1949 wurden die Gebiete von Travancore und Cochin zusammengelegt, 1956
entstand nach Sprachgesichtspunkten
der heutige Staat Kerala mit Trivandrum
als Hauptstadt.

Besichtigung

Eingebettet in eine üppige Tropenland-
schaft, einige Kilometer abgesetzt vom
Meer, breitet sich Trivandrum weiträumig über mehrere grüne Hügel aus. Cha-
rakteristika anderer indischer Metropo-
len wie Hektik, Verkehrschaos und ex-
treme Luftverschmutzung lassen sich
hier nicht feststellen. Die Menschen sind
freundlich und hilfsbereit und die Behörden arbeiten effektiv. Dafür wird etwas
mehr gestreikt als anderswo.

Die für indische Verhältnisse junge
Stadt hat denn auch kaum touristische
Glanzlichter zu bieten. Es gibt jedoch
gute Hotels und Restaurants, und was
man sehen sollte, liegt bequem erreichbar an den beiden Enden der Hauptstraße. Im Süden der Mahatma Gandhi Road
befindet sich das **Fort (1)** mit der rechtwinklig angelegten Altstadt. Durch das
nurmehr dekorative Stadttor gelangt
man direkt zum **Padmanabhaswami-
Tempel (2;** Nicht-Hindus haben keinen
Zutritt). Der siebenstöckige, 17 m hohe
Gopuram spiegelt sich im großen Tempelteich, den schöne alte Brahmahnen-
Häuser mit Schnitzereien umgeben.
Einige Palastbauten werden von der
Stadtverwaltung und Institutionen wie
Banken und Versicherungen genutzt.

Um ans nördliche Ende der Mahatma
Gandhi Road zum Zoo und zum Museum zu gelangen, empfehlen wir, eine
Motor-Riksha zu nehmen. Auf halbem
Weg passiert man rechts das alte säulen-
geschmückte **Regierungsgebäude (9)**
und etwas weiter auf der linken Seite die
Universität (10). Der Zoo ist gleichzeitig ein üppiger **Botanischer Garten (4)**;

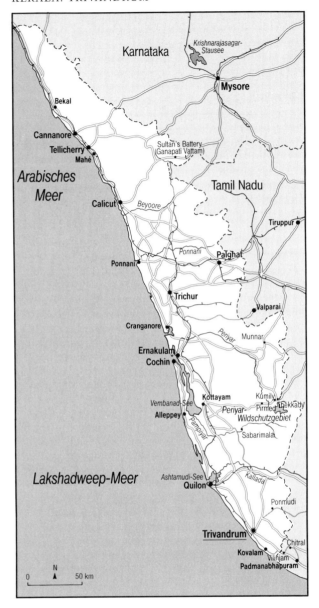

Kerala

hier kann man seltene Tiere wie den Gharial (Gangeskrokodil) und indische Löwen sehen, aber auch bettelnde (!) Straußen, Flußpferde und Stachelschweine (8.00–18.00 Uhr, montags geschlossen).

Das **Napier-Museum (5)** gleich nebenan liegt in einem schönen Park. Im Hauptbau von 1880, einem Phantasiepalast im Kerala-Stil, werden schöne Bronzen, Stein- und Holzskulpturen, ein Tempelwagen, Elfenbeinarbeiten und

Kathakali-Kostüme gezeigt (8.00–18.00 Uhr, montags geschlossen). Die **Shri Chitra Art Gallery (12)** von 1935 ist in einem kleinen Sommerpalast untergebracht. Neben nordindischer Miniaturmalerei, Bildern aus Tanjore und Kopien der Wandmalereien von Ajanta und den Palästen Keralas, Blättern aus Japan, China und Bali gibt es Gemälde des russischen Malers Nicholas Roerich, der in Indien lebte, und von Ravi Varma, der viele der Größen des Travancore-Hofes portraitiert hat, zu sehen (10.00 17.00 Uhr, montags geschlossen).

Das **Aquarium** (9.30–18.00 Uhr, montags geschlossen) liegt in der Nähe des Flughafens und dieser zwischen dem Fort und Trivandrums kleinem Strand beim alten Shankumukham-Palast.

Praktische Hinweise

Information: Tourist Information Center (11) gegenüber Napier-Museum; Info-Schalter am Busbahnhof (7).

Verbindung: Flugzeug: Flüge nach Bombay, Madras und Cochin (täglich), Colombo (Sri Lanka) und Male (Malediven). **Eisenbahn:** Von Trivandrum entlang der Küste bis Mangalore (11 Stunden); Direktverbindun-

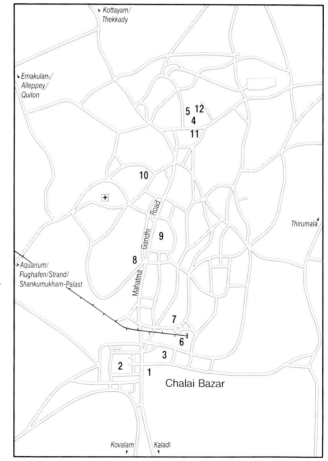

Trivandrum

1 Fort
2 Padmanabha-swami-Tempel
3 City Busbahnhof (Kovalam Beach)
4 Zoo und Botanischer Garten
5 Napier-Museum
6 Bahnhof
7 Busbahnhof
8 Hauptpostamt (GPO)
9 Regierungsgebäude
10 Universität
11 Tourist Office
12 Shri Chitra Art Gallery

Straßenszene in Trivandrum

gen nach Delhi (48 Stunden), Madras (18 Stunden) und Bangalore (19 Stunden). **Bus:** Zahlreiche Busse nach Quilon, Alleppey, Kottayam und Ernakulam; Direktverbindungen nach Thekkady (Periyar) und Kanyakumari ab zentralem Busbahnhof; vom City Bus Stand (3) stündlich Bus Nr. 27C (Plattform 15) nach Kovalam Beach.

Organisierte Rundfahrten: Stadtrundfahrt: Tempel, Strand, Aquarium, Aruvikkara-Damm, Neyyar-Damm, Kovalam Beach, Museum, Art Gallery, Zoo; 8.00–19.00 Uhr außer montags. Kap Komorin-Tour: Kovalam Beach, Padmanabhapuram-Palast, Suchindram-Tempel, Kanyakumari; 7.30–19.00 Uhr. Periyar-Wildschutzgebiet: Samstags 6.30 – sonntags 21.00 Uhr.

Unterkunft: A: Mascot Hotel ***, Mascot Junction, ∅ 68990 (in einem alten Palast). Hotel Luciya Continental ***, East Fort, ∅ 73443. Hotel Tara, Patton Palace, ∅ 61373. Hotel Belair, Agricultural College Road, ∅ 3402. Jas Hotel *, Thycaud, ∅ 64881. Hotel Horizon, Aristo Road, ∅ 66888. Hotel Pankaj, Mahatma Gandhi Road, ∅ 76667 (schönes Dachgartenrestaurant). **B:** Hotel Jazeera, Medical College, ∅ 76582. Hotel Amirtha, Thycaud, ∅ 63091. Hotel Devas, Press Road, ∅ 615453. Zahlreiche Hotels aller Kategorien nördlich Station Road.

Restaurants: Sehr gut im Luciya Continental und im Jas Hotel; Mahatma Gandhi Road: Azad Restaurant. Gegenüber Busbahnhof (7): Capri Hotel.

Die Umgebung von Trivandrum

Kovalam Beach

13 km südlich von Trivandrum.

Der berühmte Kovalam Beach, nicht besonders breit und ganze 4 km lang, schwingt sich von der Felsnase im Norden, auf der das Ashoka Beach Resort (1) liegt, in zwei vollendeten Bogen zum Leuchtturmfelsen. Nicht durch Dünen zurückgedrängt, reichen die Palmenhaine direkt bis an den Strand. Von der Terrasse der kleinen Strandrestaurants blickt man auf die von Felsen begrenzte Bucht und genießt den Sonnenuntergang.

Der übersichtliche Strand wirkt nie überfüllt. Der nördliche Teil, an dem nur ein Hotel steht, ist weniger besucht als der südliche. Hier wird ein großer, durch Flaggen markierter Teil von Rettungsschwimmern beobachtet. Unterströmungen können selbst geübte Schwimmer in Schwierigkeiten bringen, wenn sie sich zu weit hinaus wagen. Die langen Wellen der Brandung sind ideal zum Surfen. Am Strand stehen Fischersfrauen, die frische Früchte wie Papaya und Ananas verkaufen, im harten Konkurrenzkampf miteinander. Morgens und abends spät holen die Fischer gemeinsam die endlos langen Netze ein, wozu sie im Takt der Ziehbewegungen singen.

Die Strände, die sich im Norden und Süden anschließen, werden noch wenig besucht. Im Norden liegt bei einem weiteren Felsvorsprung das Hotel Samudra (KTDC). Der Strand südlich vom Leuchtturm reicht bis Vizhinjam, wo ein neuer Hafen gebaut wird.

Praktische Hinweise

Verbindung: Bus Nr. 27C von Plattform 15 des City Bus Stand in Trivandrum.

Unterkunft: A: Kovalam Ashok Beach Resort *****, ✆ 68 01 09 (eins der besten Hotels Indiens). Rockholm Hotel, ✆ Vizhinjam 90 (beim Leuchtturm, hoch über der Bucht, empfehlenswert). **B:** An der Straße oberhalb der nördlichen Bucht: Hotels Raja, Neela, Lobster House, Sun and Waves, Blue Sea, Deepak, Palm Garden (leider sehr weit vom Strand entfernt). Hotel Sea Rock direkt am nördlichen Strand. **B/C:** Die meisten der kleineren Hotels hinter dem südlichen Strandbogen, so am unteren Ende Flower Home (saubere, helle Zimmer, Bad und Terrasse). Samudra Hotel (etwas zurückgesetzt, luxuriöser). Bis zum Ende der Bucht 15–20 weitere Unterkünfte, einfache und komfortablere (Seaweed, Green Valley Cottages, Blue Sea, Neelakandala u. a.). Für einen längeren Aufenthalt kann man hier auch Häuser mieten.

Restaurants: Im Gartenrestaurant des Rockholm Hotels, hoch oben auf einer Klippe, vorzüglich Langusten und Fisch. Zahlreiche Strandrestaurants (gutes Müsli zum Frühstück; Fisch und Meeresfrüchte).

Kovalam Beach 1 Busbahnhof 2 Kovalam Junction 3 Ashoka Beach Resort 4 Hotel Samudra 5 Hotels an der Straße oberhalb der Bucht 6 Hotel Sea Rock 7 Kleinere und einfachere Hotels 8 Rockholm Hotel

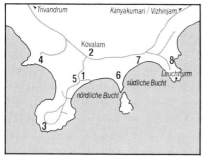

Padmanabhapuram

48 km südöstlich von Trivandrum.

Der große **Palastkomplex** innerhalb einer nur z. T. erhaltenen Verteidigungsanlage ist das beste Beispiel für die traditionell aus Holz erstellten Profanbauten Keralas. Die seit dem 14. Jh. organisch gewachsene Anlage war Sitz der Fürsten von Travancore, bevor in der zweiten Hälfte des 18. Jh. Trivandrum zur Hauptstadt avancierte. Zahlreiche Hallen und Höfe gruppieren sich um einen

Kovalam Beach

hohen, dreistöckigen Bau, eine Art Wohnturm des Herrschers; übereinander liegen das Schlafgemach mit schönen Schnitzereien an Säulen, Decke und Bett, ein Meditationsraum und ganz oben der Gebetsraum, dessen Wände mit Malereien des 17./18. Jh. bedeckt sind. Zwischen schönen Darstellungen des bekannten Hindu-Pantheons sieht man auch Szenen aus dem täglichen Leben in Kerala.

Als Keimzelle der Anlage gilt der Mutterpalast. Weitere sehenswerte Bauten sind die Eingangshalle und die darüber befindliche Versammlungshalle mit einem raffinierten Kühlsystem und spiegelblankem Boden aus einer Naturlackmischung, die Speisehalle für bis zu 2000 Brahmanen, die der König täglich beköstigte, und das königliche Gästehaus mit endlos langen Galerien. Aus Stein gebaut sind der **Sarasvati-Tempel** mit dem Navaratri-Mandapa davor und die anschließende Tanzhalle. Hier befinden sich oben Galerien mit Holzgittern, von wo aus die Frauen des Hofes den Aufführungen folgen konnten. In einigen Räumen werden Palmblattmanuskripte,

Kupferplatten mit Inschriften, Waffen sowie Holz- und Steinskulpturen ausgestellt (9.00–17.00 Uhr, montags geschlossen).

Quilon

72 km nordwestlich von Trivandrum, 156 km südlich von Cochin, 150 000 Einwohner.

Quilon war wahrscheinlich schon zur Zeit der frühen Cholas ein bedeutender Hafen, frequentiert von arabischen und besonders chinesischen Kaufleuten. Anfang des 9. Jh. gründete Kulashekhara Alvar, ein großer Vishnu-Heiliger des Südens, die zweite Chera-Dynastie und einen blühenden Staat; in diese Zeit fällt der Bau der Stadt Quilon. Der Staat entwickelte sich in Frieden zu einer großen Handelsmacht an der Malabar-Küste. Arabische, christliche und jüdische Kaufleute mehrten ihren Reichtum.

Marco Polo berichtete Ende des 13. Jh. von ›Koilum‹ und seinem regen Handel mit China. 1330 wurde Quilon Bistum und der Mönch Jordanus der erste römisch-katholische Bischof Indiens. Später stritten sich Portugiesen, Holländer und Briten um Handelsrechte und befestigte Plätze an der Küste. Aus dieser Zeit stammt die einzige historische Reminiszenz, die Ruinen der Festung Thangasseri (3 km nördlich von Quilon).

Quilon kann als eine für Kerala typische Stadt gelten mit ihren alten Holzhäusern unter mit roten Ziegeln gedeckten Dächern, die jedoch langsam von der Industrie vereinnahmt wird. Sie liegt eingebettet in große Kokosnuß- und Cashewplantagen, deren Früchte in der Stadt verarbeitet werden. Für den Touristen ist Quilon Ausgangspunkt oder Endstation einer Backwater-Fahrt, eines der stärksten Reiseerlebnisse, die Kerala zu bieten hat.

Praktische Hinweise

Verbindung: Eisenbahn: Trivandrum (langsam); über Cochin (3–4 Stunden) nach Mangalore, Bombay, Madras. **Bus:** Zahlreiche Busse nach Trivandrum und Alleppey/Ernakulam. Busbahnhof dicht bei der Bootsanlegestelle.

Unterkunft: A: Tourist Bungalow, ☏ 22 19 (ehemals britische Residenz; der noble Bau in einem großen gepflegten Garten ist den weiten Weg vom Stadtzentrum dorthin wert). **B/C:** Hotel Diana, Beach Road, ☏ 5261. Hotel Prasanthi, Beach Road, ☏ 5291. Hotel Shah International, Chinakada, ☏ 11 31. Hotel Karthika, Main Road, ☏ 6761. Hotel Sudarsan, Parameshvar Nagar, Hospital Road, ☏ 37 55.

Die Umgebung von Quilon

Kerala Backwaters

Hinter der Küste Keralas, zwischen Quilon im Süden, Cochin im Norden und Kottayam im Osten, erstreckt sich eine der faszinierendsten Landschaften Indiens, halb Wasser, halb Land (s. Farbabb. 15). Ein unüberschaubares System von Lagunen, Flüssen und Kanälen durchzieht das von Palmen beschattete, fruchtbare Land, das vielfach dem Wasser abgerungen wurde. Die Straßen sind Wasserstraßen und die ›Busse‹, die darauf verkehren, behäbig wirkende, aber wendige Motorschiffe. Sie fahren im Linienverkehr und nach einem festen Fahrplan; sie halten oft und immer steigen Leute aus oder zu.

In Quilon starten die Boote am Ashtamudi-See. Hier stehen, wie in Cochin auch, große chinesische Senknetze. Die abwechslungsreiche Fahrt nach Alleppey führt über schnurgerade Kanäle und schmale, gewundene Wasserläufe, in denen sich die hohen Palmen von beiden Ufern oben berühren. Schwere Lastkähne mit Coir (die äußere Schale der Kokosnüsse, aus der die Fasern gewonnen werden) und Copra (getrocknetes Kokosfruchtfleisch) werden mit langen Stangen lautlos bewegt. Auf den offenen Lagunen und Seen fahren schöne Boote mit hohem Bug und großflächigen Segeln.

Praktische Hinweise

Verbindung: Quilon – Alleppey ca. 8½ Stunden; Abfahrt in Quilon: 10.00 und 20.30 Uhr. Abfahrt in Alleppey: 7.30 und 22.30 Uhr. Von Alleppey nach Kottayam – zuerst entlang dem Südufer des Vembanad-Sees, dann über breite Kanäle und schließlich entlang schmaler ›Dorfstraßen‹ mit Hütten, Kirche und KP-Parteibüro, mit Büffeln, Schweinen und badenden Kindern – ca. 2½ Stunden, täglich fünfmal in jede Richtung. Boote zwischen Alleppey und Cochin leider nur nachts – besser mit dem Bus.

Von den drei Plätzen Boote auch zu anderen Orten im großen Lagunengebiet; vorher sicherstellen, daß und wann Boote zurückfahren! Reservierungen nicht nötig.

Alleppey

64 km südlich von Cochin.

Erst im 18. Jh. zu einiger Bedeutung gelangt, ist Alleppey heute der größte Binnenhafen der Backwaters. Die Stadt wird von Kanälen durchzogen, auf denen die Rohstoffe und Produkte der örtlichen Kokosindustrie transportiert werden (s. Farbabb. 28). Die recht archaisch wirkenden Betriebe, in denen u. a. Fußmatten, Läufer und Seile hergestellt werden, kann man sich ansehen. Echte Se-

henswürdigkeiten gibt es nicht, aber die Stadt hat durchaus ihre Reize. So stehen z. B. entlang dem breiten Kanal, der zum Leuchtturm führt, eine typisch englische Kirche und Kerala-Häuser im viktorianischen Stil des vorigen Jahrhunderts. Der breite Strand gehört ganz den Fischern, die in ihren Hütten in den Palmenhainen unmittelbar dahinter leben (schöne Atmosphäre am Spätnachmittag und Abend).

Das große Ereignis in Alleppey ist das Onam-Fest mit dem Schlangenbootrennen um den Nehru-Cup am zweiten Samstag im August. Die Wettfahrten der von bis zu 100 Männern vorwärtsgepeitschten langen, schmalen und kunstvoll verzierten Boote locken jährlich viele Besucher an.

Praktische Hinweise

Verbindung: Bus nach Cochin, Trivandrum, Boote nach Quilon, Kottayam.

Unterkunft: A: Alleppey Prince, A.S. Road, ℘ 3752. Bhima Garden Hotel, ℘ 24177. **B:** Hotel Komala, ℘ 3117 (gutes Restaurant). Kartika Tourist Home, ℘ 2554. Narasimhapuram Lodge, ℘ 3698. St. George's Lodge. **C:** Dhanalakshmi Lodge, Krishna Bhavan und weitere einfache Hotels nahe Busbahnhof und Bootsanlegestelle. PWD Rest House, Beach Road (nahe dem Leuchtturm mit viel Atmosphäre; Zimmer reservieren lassen!).

Restaurants: Indian Coffee House (nahe Hindu-Tempel, nicht-vegetarisch); Komala Hotel (gegenüber, jenseits Kanalbrücke); mehrere vegetarische Restaurants.

Kottayam

72 km südöstlich von Cochin.

Die atmosphärisch angenehme Stadt liegt auf mehreren Hügeln am Fuße der Westlichen Ghats, östlich der Lagunen-

Handwerker in Alleppey

landschaft zwischen Cochin und Quilon. Sie ist ein Zentrum der Christen und ihrer vielen verschiedenen Kirchen in Kerala, seit 1879 auch Sitz des römisch-katholischen Bischofs von Südkerala (Travancore und Cochin). In einem Dorf vor der Stadt, 5 km südwestlich vom Zentrum, stehen zwei im Kern aus vorportugiesischer Zeit stammende Kirchen der syrischen Christen. Die im Laufe der Zeit mehrfach umgebaute und erweiterte **Kirche Valia Pallia,** auf einem Hügel gelegen, gewährt einen Blick auf viele weitere Kirchen im Palmenmeer der Umgebung. Im Inneren kann man interessante Relikte der Frühzeit entdecken: eine Granitplatte mit ›persischem Kreuz‹ und Inschriften, eine originale Altarwand mit Malereien, eine schöne Holzdecke im Chor und Reste von Schnitzereien mit Tieren und Fabelwesen im Schiff.

In unmittelbarer Nachbarschaft steht die interessante Anlage der **Kirche Cheria Pallia.** Auf die später vorgebaute Barockfassade führt ein gedeckter Gang zu, wie wir ihn bei den Hindu-Tempeln Keralas finden. Über dem Seiteneingang finden sich eigenartige Reliefs, z. T. verdeckt durch einen Holzvorbau mit schönen Schnitzereien im Giebel. Kottayam eignet sich gut als Ausgangspunkt für die abwechslungsreiche Busfahrt hinauf zum Periyar-Wildschutzgebiet.

Praktische Hinweise

Verbindung: Gute Busverbindungen u. a. nach Cochin, Trivandrum und Thekkady.

Unterkunft: B: Hotel Aida, M.G. Road, ✆ 3691 (nahe Busbahnhof). Hotel Anjali, K.K. Road, ✆ 3661 (nettes Restaurant; Spezialität: Karimeen, ein Fisch aus den Backwaters, mit Spezial-Curry). Hotel Ambassador, K.K. Road, ✆ 3293 (neben Anjali). Hotel Arcadia, T.B. Road, ✆ 5277. Rajadhani, Post Office Road, ✆ 3299. Government Guest House, ✆ 2219.

Das Periyar-Wildschutzgebiet (Thekkady)

135 km westsüdwestlich von Madurai, 110 km östlich von Kottayam.

Die über dreistündige Anfahrt von Kottayam nach Thekkady ist schon ein wichtiger Teil des Erlebnisses ›Periyar‹. Zuerst geht die Fahrt durch dichtbesiedeltes tropisches Hügelland mit Palmen, Bananen und Reisfeldern und ab und zu einer Kakaoplantage. Anschließend fährt man eine Zeitlang fast nur durch Kautschukplantagen, Kaffee- und die ersten Pfeffer- und Kardamompflanzungen kommen dazu – und plötzlich sind die Hügel bis zum Horizont mit dunkelgrünen Teesträuchern bedeckt; dazwischen liegen ›Teefabriken‹ und Teepflückersiedlungen. Dann wird es kühl, und die Fahrt geht hinein in die Wolken – kurz vor dem Ziel dann wieder Kaffee, Pfeffer und Kardamom.

Der Bus erreicht zuerst das Dorf Kumily, direkt an der Grenze zu Tamil Nadu, und fährt dann noch 5 km weiter bis zum Periyar-See. Auf halbem Wege passiert er beim ›Forest Checkpost‹ das schöne Hotel Ambadi, dann das kleine Dorf Thekkady und ca. 1,5 km vor dem See, mitten im Walde, Periyar House. Endstation ist das Hotel Aranya Nivas oberhalb des Sees, dicht beim Wildlife Information Centre.

Der **Periyar-See** ist Teil eines genialen Bewässerungsprojekts. 1889–1895 baute man am Fluß Periyar, der westwärts fließt und bei Cranganore ins Arabische Meer mündet, einen Damm, um einen Teil der überreichen Monsunfluten aufzuhalten. So entstand aus vielen Hochtälern der vielfach verzweigte Periyar-See mit 26 km^2 Wasserfläche. Durch einen 2000 m langen Tunnel leitet man das Wasser in den Fluß Vaigai, der ostwärts fließt und die vom Südwestmonsun be-

Periyar-See

nachteiligten Trockengebiete im Süden Tamil Nadus bewässert.

Bereits 1934 wurde die waldreiche Region um den See zum Wildschutzgebiet erklärt und dieses nach Erlangen der Unabhängigkeit auf 777 km² erweitert. Ein kleiner Teil davon, 50 km², kann von Touristen besucht werden. Das **Schutzgebiet** liegt zwischen 914 und 1828 m hoch und ist bekannt für seine großen Elefantenherden. Außerdem beherbergt es Axis- und Sambar-Hirsche, Gaurs und Wildschweine sowie viele Wald- und Wasservögel.

Das **Wildlife Information Centre** organisiert Fahrten mit Motorschiffen entlang der vielen Arme des weitverzweigten Sees. Aus dem Wasser ragen die schwarzen Stämme der abgestorbenen Bäume. Die Tiere kommen zum Trinken ans Wasser, und da der Wald nicht bis an den See reicht, bekommt man sie auch tatsächlich zu sehen. Von den Elefantenherden weiß man gewöhnlich, wo sie sich aufhalten. Leider sind die Motoren der Boote sehr laut, so daß scheue Tiere frühzeitig verschreckt werden. Das Wildlife Information Centre hält auch Elefanten für Ausritte in den Dschungel bereit. In der Saison werden Wanderungen mit sachkundiger Führung angeboten. Außerdem kann man auf informativen Farbtafeln und Fotos bekannter Fotografen entdecken, was man gesehen – oder verpaßt hat.

Praktische Hinweise

Verbindung: Von Kumily Busse u. a. nach Kottayam, Madurai, Munnar und Kodaikanal.

Unterkunft und Restaurants: A: Lake Palace, ∅ Kumily 24 (ehemaliges Sommerhaus der Rajas von Travancore, auf einer kleinen Insel im See, sehr nobel, nur Vollpension). Aranya Nivas, ∅ Kumily 23 (komfortabel, unter riesigen alten Bäumen auf einem Hügel über dem See, gutes Restaurant). **B:** Periyar House, ∅ Kumily 26 (großzügig, Tourist Bungalow-Stil, mitten im Walde, 1,5 km vom See entfernt, Restaurant). Hotel Ambadi, ∅ Kumily 11 (neu, geschmackvoll gestaltet, am Forest Checkpost zwischen Kumily und See). **C:** Drei Hütten im absoluten Schutzgebiet, Buchung: Information Centre (jeweils zwei Räume mit zwei Betten, Turm für die Tierbeobachtung; Verpflegung muß mitgenommen werden; Anfahrt mit Motorboot). Preiswertere Unterkünfte auch im Dorf Kumily, 5 km nordwestlich von Periyar: Hotels wie Holiday Home, Vanarani, Lake Queen Tourist Home.

Cochin und Ernakulam

64 km nördlich von Alleppey, 500 000 Einwohner.

Cochin ist geschichtlich, geographisch und atmosphärisch die interessanteste Stadt an der ganzen Malabar-Küste. Die Anlage der Stadt ist etwas unübersichtlich, aber ausgesprochen reizvoll. Für den Besucher erweist sich das gut ausgebaute Fährbootnetz zwischen allen wichtigen Plätzen rund um den Hafen als äußerst nützlich.

Geschichte

Um 1500, als die Europäer begannen, in das Geschehen an der Malabar-Küste einzugreifen, gab es drei ernstzunehmende politische Mächte in der Region. Die Kolattiri-Rajas beherrschten die Exporthäfen im Norden (Cannanore), der mittlere Küstenbereich gehörte zum Reich des Zamorin von Calicut, und den Süden kontrollierten die Venad-Herrscher von Kollam (Quilon) aus.

Im Dezember 1500 landete Pedro Alvarez Cabral mit sechs Schiffen (mit 33

Schiffen und 1500 Mann war er in Lissabon gestartet!) in Cochin und wurde vom Raja herzlich empfangen. Cochin war zu der Zeit ein politisch bedeutungsloser, ewig bedrohter Kleinstaat, was sich, so hoffte der Herrscher, mit Hilfe der Portugiesen ändern sollte. Und so gewährte er großzügig Handelsrechte und verkaufte den Fremden die begehrten Gewürze zu Vorzugspreisen. 1502 kam Vasco da Gama auf seiner zweiten Reise (mit 15 Schiffen und 800 Mann) nach Cochin, ein Jahr später Francisco de Albuquerque. König Unni Rama Koil wurde zwar reich beschenkt, u.a. mit einer goldenen Krone, aber auch gezwungen, einen ersten Vertrag nach den Vorstellungen der habgierigen Fremden zu unterzeichnen. 1503 entstand mit Fort Manuel die erste europäische Festung auf indischem Boden.

1504 steckte der Zamorin von Calicut seine erste große Niederlage ein, und Cochin erlangte als Verbündeter der Portugiesen formal die angestrebte politische Stellung. 1505 wurde mit Francisco de Almeida der erste Vizekönig für die portugiesischen ›Besitzungen‹ in Indien eingesetzt; sein Nachfolger war der fähige, aber skrupellose und gefürchtete Afonso de Albuquerque. 1524 kam Vasco da Gama als Vizekönig ein drittes Mal nach Indien und starb in Cochin drei Monate nach seiner Ankunft.

Mitte des 17. Jh. wurden die Portugiesen an der Malabar-Küste von den Holländern vertrieben – und mit ihnen auch die Engländer, die in Cochin seit 1636 eine Niederlassung hatten. 1663 schloß der Raja von Cochin einen ersten Vertrag mit der holländischen Ostindien-Gesellschaft und unterstellte sich deren Schutz, aber bereits 1678 degradierte ihn ein weiterer Vertrag zur machtlosen Repräsentationsfigur, und die Holländer regierten nun direkt mit Hilfe einheimischer Ministerpräsidenten.

Von 1790–1805 regierte mit Saktan Tampuram ein ausgesprochen fähiger Herrscher den Staat. Er brach, wie vor ihm Marthanda Varma in Travancore, die Macht des Feudaladels, beschnitt die Rechte der Tempel-Brahmanen, bekämpfte die lateinischen (katholischen) Christen und schuf eine straffe Verwaltung. 1791 willigte der Raja in einen Vasallenstatus gegenüber den Briten und eine jährliche Tributzahlung ein, und 1800 wurde der Cochin-Staat der politischen Kontrolle der Regierung in Madras unterstellt.

Besichtigung

Cochin Fort und Mattancherry

Für Cochin Fort, den Stadtteil, wo einst Fort Manuel stand, sollte man sich Zeit lassen. Am Ufer sieht man eine ganze Reihe von mächtigen Holzkonstruktionen, an denen, von schweren Steinen als Gegengewicht ausbalanciert, große viereckige Netze ins Wasser gesenkt und nach einigen Minuten wieder nach oben geholt werden. Chinesische Fischer, die mit Kaufleuten vom Hofe des Kublai Khan Anfang des 13. Jh. hierher kamen, brachten diese spezielle Art des Fischens mit. Hinter dem Strand stehen unter riesigen alten Bäumen Häuser aus holländischer und englischer Zeit; besonders hübsch ist das gut gepflegte Haus des holländischen Hafenkommandanten.

Die **St. Francis-Kirche (1)**, die älteste Kirche nach europäischer Bauart auf indischem Boden, wurde von Franziskaner-Mönchen, die mit Pedro Alvarez Cabral hierher gekommen waren, zuerst in Holz und später größer in Stein erbaut. 1524 wurde Vasco da Gama in die-

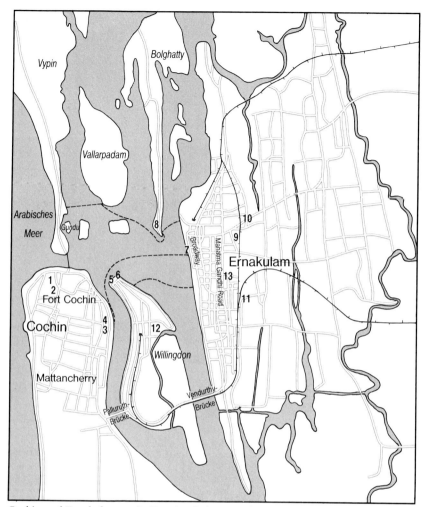

Cochin und Ernakulam 1 St. Francis-Kirche 2 Kathedrale Santa Cruz 3 Mattancherry-Palast 4 Judenstadt/Synagoge 5 Malabar Hotel 6 ITDC Tourist Office 7 KTDC Tourist Office 8 Bolghatty-Palast 9 Busbahnhof 10 Bahnhof (Stadt) 11 Ernakulam Junction 12 Bahnhofterminus Cochin/Hafen 13 Hauptpostamt (GPO)

ser Kirche begraben, 14 Jahre später überführte man seine Gebeine nach Belem in Portugal; der Grabstein ist in der Kirche noch zu sehen. In dem schlichten Bau mit der schönen Fassade stehen viele interessante Grabsteine aus portugiesischer und holländischer Zeit. Man beachte auch die ›Punkha‹ genannte

Frühform des ›Fan‹, des heute unverzichtbaren Deckenventilators: geflochtene Matten, die an einem Gestänge von der Decke hängen und über Seile von außerhalb der Kirche bewegt werden.

Der **Mattancherry-Palast (3)** wurde 1555 von den Portugiesen errichtet und dem Raja Vira Kerala Varma

(1537–1565) geschenkt. Es handelt sich um einen schlichten zweistöckigen Bau mit quadratischem Grundriß. Über eine Treppe im Süden gelangt man in einen Vorraum und von da in den Krönungssaal mit schön geschnitzter Decke, Portraits der späteren Cochin-Rajas, Kleidungsstücken und Turbanen. Links davon zeigt das Schlafgemach des Rajas Wandmalereien des 16./17. Jh., hauptsächlich Szenen aus dem Ramayana. In anderen Räumen stammen die Wandmalereien aus dem 17. bis 19. Jh. Der Palast, im 17. Jh. von den Holländern gründlich renoviert, heißt seitdem auch ›Dutch Palace‹.

Nach Süden schließt sich an das Palastgelände die **Judenstadt (4)** mit der Synagoge der ›weißen Juden‹ von 1567 an. Die Juden, die von Cranganore hierher gekommen waren, erfreuten sich der Gunst des Rajas, wurden aber von den Portugiesen verfolgt; 1662 zerstörten diese die Synagoge. Zwei Jahre später – die Holländer herrschten inzwischen in Cochin – wurde sie wieder aufgebaut. In dem äußerlich schlichten Bau wurde der Boden nachträglich mit handgemalten chinesischen Fliesen ausgelegt, die der Kaufmann Ezekiel Rahabi Mitte des 18. Jh. aus Kanton mitgebracht hatte; er baute auch den Glockenturm nebenan.

In einem schmalen Raum des Hauses vor der Synagoge zeigt eine Serie naiver Bilder die Geschichte der Juden in Indien bis zu ihrer Ansiedlung in Mattancherry. So auch die Episode vom Kaufmann Joseph Rabban, der um das Jahr 1000 vom König mit einem Dorf bei Cranganore und diversen Privilegien ausgestattet wurde und dort wie ein kleiner König herrschte. Die Schenkungsurkunde Bhaskara Ravi Varmans (962–1020), in Kupfertafeln eingeschnitten, wird in der Synagoge aufbewahrt. Von der Synago-

ge der ›schwarzen Juden‹, die lange vor den anderen in Indien siedelten, blieb nur eine Inschriftentafel erhalten, im Hofe der Mattancherry-Synagoge in eine Wand eingelassen. Der größte Teil der indischen Juden wanderte nach der Gründung des Staates Israel aus. Heute leben hier noch ca. 50 meist ältere Juden.

Mattancherry ist ein Zentrum des Gewürzhandels. Allenthalben steigen dem Besucher bei einem Spaziergang durch die engen Gassen Duftwolken von Pfeffer, Kardamom, Zimt und Nelken in die Nase; man kann verfolgen, wie Gewürze verlesen, sortiert und verpackt werden.

Willingdon Island

Die Insel wurde zu ihrer heutigen Form aufgeschüttet, als man 1932 den Hafen vergrößerte und ausbaggerte. Im Süden liegen der Flughafen und Anlagen der Marine, an der Ostseite Dockanlagen und nördlich vom Hafenbahnhof Lagerhallen, u. a. für Tee und Gewürze, Verwaltungen von Frachtgesellschaften, Hafenbehörden und Zollbüros. Dieser Teil der Insel hat durchaus einen gewissen Charme. Seine wenigen, aber guten Hotels liegen ruhig und gleich nahe zu Cochin und Ernakulam.

Ernakulam

Ernakulam ist die modernste Stadt Keralas, lebendig und nicht ohne Reiz. Leider hat man in letzter Zeit einige Protzbauten an die Wasserfront gestellt. Das kommerzielle Zentrum der Stadt befindet sich zwischen Mahatma Gandhi Road und den ufernahen Straßen Shanmugham Road und Broadway. Ein schöner Park zieht sich entlang der Hafenfront.

In Ernakulam gibt es die Möglichkeit, Kathakali-Aufführungen, die für Kerala typische Form des Tanztheaters, zu besuchen; man sollte jedoch seine Erwartungen nicht zu hoch schrauben. Die Vorstellungen der ›See India Foundation‹, einer ehemals (unter anderem Namen) vorzüglichen Truppe, sind zur flachen Touristen-Show verkommen, und unter dem hochtrabenden Namen eines ›Cochin Cultural Centre‹ wird eine wahrhaft ärmliche Vorstellung geboten.

Bolghatty Island

An der Südspitze der langgestreckten, parallel zum Festland verlaufenden Insel liegt in einem Park mit alten Bäumen und einem Golfplatz der **Bolghatty-Palast (8).** Die Holländer errichteten ihn 1744, später nahm der britische Resident in Cochin hier seinen Sitz, heute beherbergt er ein Hotel. Man erreicht die Insel ein paar hundert Meter nördlich des Palastes mit einer Fähre vom Highcourt Jetty aus.

Gundu Island

Auf dieser kleinen Insel verarbeitet eine Kooperative Kokosfasern zu Fußmatten. Man kann den Leuten bei ihrer schweren Arbeit in der staubigen Luft dunkler Räume und an primitiven Webstühlen und Knüpfrahmen zusehen. Die robusten Matten in unterschiedlichem Design sind überwiegend für den Export bestimmt. Von Bushaltestelle und Fährboot-Jetty an der Südspitze Vypins geht man zwei Busstationen auf der Hauptstraße nordwärts und dann nach rechts zum Ufer; kleine Fährboote setzen den Besucher über (Preis absprechen!).

Praktische Hinweise

Verbindung: Flugzeug: Vom Flughafen auf Willingdon Island täglich Direktflüge nach Delhi, Goa, Madras, Bombay, Bangalore und Trivandrum. **Eisenbahn:** Malabar-Expreß täglich von Mangalore bis Trivandrum die gesamte Küste entlang, andere Züge Teilstrek-

Der holländische Palast (Hotel) auf Bolghatty Island, Cochin

ken. New Delhi (43 Stunden), Bangalore (14 Stunden), Trivandrum (4–5 Stunden). **Bus:** Vom zentralen Busbahnhof nahe Mahatma Gandhi Road und Bahnhof Direktverbindungen zu den wichtigen Zielen in Kerala: Alleppey, Trivandrum (ca. 3 Busse/Stunde), Trichur (stündlich), Kottayam (ca. 9 Busse/Tag), u.a.m. Man bekommt überall für ca. Rs. 3/- den ›JAICO Time Table‹ (Travel & Tourist Guide) mit aktuellen Fahr- und Flugplänen und Preisen.

Organisierte Rundfahrten: Zweimal täglich ›Boat Cruise-cum-Sightseeing Tour‹, 9.00–12.30 und 14.00–17.30 Uhr; Tickets bei den Tourist Offices; Start vom Sealord Jetty Ernakulam: Mattancherry-Palast, Synagoge, Fort Cochin mit St. Francis und Fischernetzen, Gundu Island und Bolghatty Island. (Alle Plätze auch mit Fährschiffen mühelos und billig zu erreichen!)

Unterkunft: Willingdon Island: A: Malabar Hotel ****, ✆ 6811 (großartige Lage). Casino Hotel ***, ✆ 6821 (nahe Hafenbahnhof, gutes Freiluft-Restaurant mit ›Sea Food‹). **B:** Island Inn, Bristow Road, ✆ 6816–19 (ruhig, Garten, nahe Hafenbahnhof). **Fort Cochin: C:** Hotel Seagull, Calvety Road, ✆ 28128 (am Ufer, sauber, preiswert). PWD Inspection Bungalow, Dutch Cemetery Road, ✆ 25797 (sehr einfach). XL Hotel; Elite Hotel; YWCA (alles einfache Hotels in ruhiger Lage nahe Hauptpostamt und St. Francis). **Ernakulam: B:** Grand Hotel **, Mahatma Gandhi Road, ✆ 353211. Hotel Woodland **, Mahatma Gandhi Road, ✆ 351372. Hotel International **, Mahatma Gandhi Road, ✆ 353911. Hotel Sealord ***, Shanmugham Road, ✆ 352682 (Standard des Hotels niedriger, als die Sterne versprechen, schönes Dachgartenrestaurant). Hotel Abad Plaza *; Hotel Airline *; Dwaraka Hotel (alle Mahatma Gandhi Road). **B/C:** Hotel Luciya, Stadium Road, ✆ 354433. Hotel Blue Diamond, Market Road, ✆ 353221. Hotel Hakoba, Shanmugham Road, ✆ 353933. Viele Hotels auf mittlerem Preisniveau zwischen Busbahnhof, Bahnhof (Ernakulam Junction) und Shanmugham Road. **Bolghatty-Island: B:** Bolghatty Palace, KTDC, ✆ 355003 (sehr

schön und preiswert, geringe Kapazität! Mit zwei runden, auf Stelzen stehenden ›Honeymoon Cottages‹).

Restaurants: Eine Reihe von Indian Coffee Houses (z. B. nahe Bootsanlegestelle, sehr gut); Hotel Dubai (nicht-vegetarisch, Shanmugham Road); Ranjim Vegetarian Restaurant (Chittor Road); Bharat Coffee House (nahe Indian Airlines); Fort Cochin: Elite Hotel (nahe St. Francis-Kirche); Golden Dragon Restaurant (gegenüber Parkhotel).

Trichur

75 km nördlich von Cochin, Distrikthauptstadt.

Die Stadt ist um einen Hügel erbaut, auf dem der wichtige **Vadakkunatha-Tempel** aus dem 12. Jh. steht. Nicht-Hindus können nur die vier Gopurams mit den für Kerala typischen schrägen Giebeldächern betrachten und vom oberen Stockwerk der Tempelverwaltung, neben dem großen West-Gopuram, einen Blick auf das Tempelgelände werfen. Im **Archäologischen Museum** sind außer Kopien von Wandmalereien des Tempels und des Mattancherry-Palastes in Cochin Funde der zahlreichen Megalithkulturstätten der Umgebung, römische Fundstücke sowie schöne Holzskulpturen und Bronzen zu sehen. Nebenan liegen die Gemäldegalerie und der Zoo. Der große Platz vor dem Tempel ist im April/Mai Hauptschauplatz des Pooram-Festes, eines der prächtigsten Feste Keralas.

Praktische Hinweise

Verbindung: An der Eisenbahnstrecke Trivandrum – Mangalore. Gute Busverbindungen, u. a. über Pollachi nach Tamil Nadu.

Unterkunft: B: Hotel Luciya Palace, ✆ 24676. Hotel Elite International, ✆ 21033. Casino Hotel, ✆ 2469. Surya Hotel (nahe Busbahnhof).

Der Norden Keralas

Die bewegte Geschichte der Küste Nordkeralas hat vergleichsweise nur geringe Spuren hinterlassen. Reizvoll sind vor allem die von moslemischen Traditionen geprägten Städte und die tropischen Landschaften. Die sehenswerten Orte liegen fast alle an der Bahnstrecke Trivandrum – Mangalore sowie an der Nord-Süd-Straße und sind auch mit Bussen gut zu erreichen.

Calicut (Kozhikode)

190 km nördlich von Cochin, Distrikthauptstadt.

Am 20. Mai 1498 erreichte Vasco da Gama nach einer Reise von zehn Monaten und zwei Tagen 10 km nördlich von Calicut, bei dem Dorf Kappad, die Küste Indiens. Calicut war zu der Zeit bereits mehr als 200 Jahre lang eine wichtige Hafen- und Handelsstadt. Seine Herrscher wurden bekannt unter dem Namen ›Samuri‹, woraus die Europäer ›Zamorin‹ machten. Die anfänglich freundlichen Beziehungen wandelten sich schnell in bittere Feindschaft. Als Haidar Ali 1766 auf seinem ersten Eroberungszug durch Kerala der Stadt unannehmbare Forderungen stellte, verbrannte sich der Zamorin mitsamt seinem Palast. 1789 diente das zerstörte Calicut Tipu Sultan als Steinbruch für seine neue Hauptstadt Farrukhabad, die ›Glücksstadt‹.

Bei ihrer wechselvollen und von Kämpfen geprägten Geschichte nimmt es nicht wunder, daß in der Stadt nicht mehr viel zu sehen ist. Die unbedeutenden Tempel und Moscheen stammen aus dem 19. Jh., die Briten bauten die Strandpromenade. In den Docks der Stadt und dem weiter südlich gelegenen Beypore werden noch heute nach alten Plänen für arabische Kunden Daus gebaut. Diese Schiffe, die man häufig vor der Küste sieht, segeln wie vor 1000 Jahren mit den Passatwinden zwischen Arabien und Indien.

Praktische Hinweise

Unterkunft: B: Beach Hotel, ✆ 73851; Hotel Sea Queen, ✆ 60201 (beide an der Strandpromenade). Hotel Alakapuri, ✆ 73361.

Tellicherry

70 km nördlich von Calicut, 21 km südlich von Cannanore.

Die Stadt, lange Zeit eine britische Besitzung, ist eine alte Siedlung der Moplas (die Moslems der Malabar-Küste) mit Häusern in traditioneller Bauart und einem sehr orientalisch wirkenden Basar. Der natürliche Hafen dient dem Export der Produkte des Hinterlandes: Tee, Kaffee und Gewürze vom Wynad-Plateau und aus Coorg.

Praktische Hinweise

Unterkunft: Hotel Victoria, ✆ 797. Hotel Paris, ✆ 600.

Sultan's Battery (Ganapati Vattam)

103 km nordöstlich von Calicut, 109 km südwestlich von Mysore.

Die ›Hill Station‹ liegt ca. 1000 m hoch inmitten des 344 km² großen Wildschutzgebietes von Wynad, das an die Wildschutzgebiete Mudumalai (Tamil Nadu) und Bandipur (Karnataka) angrenzt.

Praktische Hinweise

Verbindung: Bus von Calicut. **Unterkunft:** Tourist Bungalow.

Cannanore

90 km nördlich von Calicut, Distrikt-hauptstadt.

Cannanore war der Hafen der Kola-thiri-Rajas, Rivalen des Zamorin im Norden Keralas. 1505 errichteten die Portugiesen das Fort S. Angelo, aus dem sie 1663 mit Hilfe des Ali Raja von den Holländern wieder vertrieben wurden. Der Ali Raja, Oberhaupt der Moplas, war Herrscher über die Stadt und ihre Umgebung (sowie bis 1911 auch über die Inselgruppe der Lakkediven).

Die Festung auf einer Felsnase im Nordwesten der Stadt ist einen Besuch wert und bietet einen herrlichen Blick über das Meer und die Altstadt am Ende der weiten Bucht, wo einige Moscheen, die Häuser der reichen Moplas und vor allem der Palast des Ali Raja sehenswert sind.

Praktische Hinweise

Unterkunft: Hotel Savoy, ✆ 3891. Kavitha Tourist Home, ✆ 3391. Plaza Tourist Home, ✆ 323, Government Guest House.

Von Bäumen überwucherte Tempel bei Vizhinjam

Glossar

Abhaya-Mudra Geste der Schutzgewährung

Acarya Lehrer

Agni Vedischer Gott des Feuers, → Dikpalas

Alvar Vishnuitischer Heiliger

Amalaka/Kalasha Geriffelte Abschlußkuppel mit Spitze auf dem nordindischen Tempelturm, → Shikhara

Amman Südindische Muttergottheit

Andhakasura-Murti Darstellung der Tötung des Dämons Andhaka durch Shiva

Antarala Bedecktes Vestibül zwischen → Ardha- und → Maha-Mandapa

Apsara Himmlische Nymphe

Ardha-Mandapa Halbe Halle in Verbindung mit den Grundmauern des Turmaufbaus

Ardhanarishvara Shiva halb Mann, halb Frau

Arjuna Held aus dem Geschlecht der Pandavas, → Mahabharata

Aryas/Arier Frühgeschichtlicher Volksstamm, der über den Nordwesten nach Indien einwanderte

Asana Sitzhaltung

Ashram Wohn- und Wirkungsstätte einer religiösen Gemeinschaft, meist um einen → Guru herum

Asuras Dämonen, Feinde der Götter

Avalokiteshvara Wichtigster der → Bodhisattvas; Verkörperung der Barmherzigkeit

Avatara Erscheinungsformen (10) → Vishnus: 1. Schildkröte (Kurma), 2. Fisch (Matsya), 3. Eber (Varaha), 4. Mann-Löwe (Narasimha), 5. Zwerg (Vamana/Trivikrama), 6. Parashurama, 7. → Rama, 8. → Krishna, 9. → Buddha, 10. Kalkin

Bagh Park, Garten

Bahmanis Dynastie auf dem Dekhan

Bahubali Jainistischer Heiliger; auch: Gommateshvara, Gomnata

Bala ›Stark‹, das Kind

Balakrishna → Krishna als Kleinkind

Balarama Bruder von → Krishna

Banyanbaum Baum mit Luftwurzeln

Baoli Stufenbrunnen

Basadi/Basti Jaina-Tempel

Bhagavadgita Philosophisches Gedicht innerhalb des → Mahabharata

Bhagavata Mela Tanztheater, dem → Bharata-Natyam zugeordnet

Bhairava Furchterregende Form Shivas

Bhakti Gottesliebe, Verschmelzung des Gläubigen mit der Gottheit

Bharata Natyam Klassischer südindischer Tanz

Bhikshatana-Murti Shiva als Bettelmönch

Bidri-Arbeiten Silbereinlegearbeit in geschwärztes Metall

Bodhisattva Erleuchteter; potentieller Buddha, der anderen den Weg zur Erleuchtung weist

Brahma Hinduistischer Gott, Weltenschöpfer

Buddha Religionsstifter Gautama nach der Erleuchtung; später selbst zum Gott geworden

Buddha Amitabha Buddha des westlichen Paradieses

Burj Bastion in der Festungsmauer

Cakra Wurfscheibe, Attribut von Vishnu; Rad als Symbol für die Lehre Buddhas

Camunda Furchterregender Aspekt der → Devi (Parvati), → Sapta-Matrikas

Cantonment Aus den Wohnsiedlungen der Briten hervorgegangener Stadtteil

Cella Allerheiligstes eines Sakralbaus

Chaitya-Fenster Großer, hufeisenförmiger Bogen in der Fassade einer → Chaitya-Halle, → Kudu

Chaitya-Halle Bauform früher buddhistischer Klosteranlagen: Versammlungshalle der Gläubigen

Chalukyas Südindische Dynastien auf dem Dekhan

Chatri Grabstätte in Form eines Pavillons

Chattra Schirm, auch Insignium der Königswürde

Cheras Dynastie im Südwesten von Süd-Indien

Chini Von ›China‹, glasierte Ziegel

Cholas Dynastie im südlichen Süd-Indien

Dakshina-Murti Shiva als großer Lehrer

Dargah Grabschrein eines moslemischen Heiligen

Darwaza Tür/Tor

Dau Arabisches Segelboot

Devadasi Tempeltänzerin

Devi Göttin, auch Name von → Parvati, der Gemahlin → Shivas

Dharma Recht, Lehre, Pflicht

Dharma-Cakra Rad der Lehre Buddhas

Dharmashala Pilgerunterkunft

Digambaras Die ›Luftbekleideten‹, Jaina-Sekte

Dikpalas Weltenhüter, Wächter der acht Himmelsrichtungen/Reittier: Osten: Indra/Elefant; Südosten: Agni/Widder; Süden: Yama/Büffel; Südwesten: Nritta/Mensch; Westen: Varuna/Makara; Nordwesten: Vayu/Antilope; Norden: Kubera/Pferd; Nordosten: Ishana/Stier

Doab Fruchtbare Niederung zwischen zwei Flüssen

Dolmen Frühgeschichtliche Grabhäuser aus senkrecht aufgestellten Steinen mit einer Deckplatte

Dormitory Schlafsaal, Gemeinschaftsunterkunft

Dravidas Ureinwohner Süd-Indiens

Dravida-Baustil Südindischer Baustil

Durga Hochverehrte heldenhafte Form der → Devi

Dvarapala Türhüter, zu beiden Seiten des Eingangs eines Sakralbaus stehend

Gaja Elefant

Gajalakshmi → Lakshmi, flankiert von zwei Elefanten, die Wasser über sie ausgießen; Glückssymbol

Gajendra-Moksha → Vishnu als Erretter eines von einem Krokodil attackierten Elefanten

Ganas Zwerge im Gefolge Shivas

Gandharvas Fliegende Himmelswesen

Ganesha/Ganapati Elefantenköpfige, vielverehrte Volksgottheit

Gangadhara → Shiva, der die Wasserfluten des Ganges – symbolisiert durch die Flußgöttin Ganga – in seinen Haarsträhnen auffängt

Ganga und Yamuna Flußgöttinnen, häufig links und rechts am Eingang eines Tempels dargestellt

Garbha-Griha Kultzelle, das Allerheiligste eines Sakralbaus

Garh Festung

Garuda Sonnenadler, Reittier Vishnus

Gaur Indisches Wildrind

Ghat Treppenanlage an einem Fluß oder Teich; Geländestufe, Gebirge

Gommata/Gommateshvara Jainistischer Heiliger; auch → Bahubali

Gopis Kuhhirtinnen, Verehrerinnen von → Krishna

Gopuram Torturm südindischer Tempel

Govardhana-dhara Form Krishnas, wie er den Berg Govardhana über sich und die Hirten hält

Guptas Bedeutende Dynastie in Nord-Indien (4.–6. Jh.)

Guru Lehrer

Hamsa Wildgans, Reittier von → Brahma/Brahmi

Hanuman Anführer der Affen im → Ramayana; eine vielverehrte Volksgottheit

Harihara → Shiva und → Vishnu in einer Gestalt

Harijan nach Ghandi: ›Kinder Gottes‹, d. h. Kastenlose

Haveli Stadtpalast

Hinayana-Buddhismus ›Kleines Fahrzeug‹, frühe buddhistische Lehre

Hoyshalas Südindische Dynastie

Indra Vedischer Himmelsgott und Götterkönig, → Dikpalas

Isha/Ishvara Herr, → Shiva

Ishana Form → Shivas als Weltenhüter, → Dikpalas

Jali Durchbrochenes Steinwerk, z. B. in Fenstern

Jatakas Erzählungen aus früheren Leben des → Buddha

Juma Masjid Freitagsmoschee, Große Moschee

Jyotir-Linga Eins von zwölf besonders heiligen → Lingas

Kailasha Götterberg im Himalaya, Wohnsitz → Shivas

Kakatiyas Dynastie auf dem östlichen Dekhan

Kali Göttin, furchterregende Form der → Durga

Kalyana-Mandapa Hochzeitspavillon

Kalyana-Sundara-Murti Darstellung der Hochzeit → Shivas mit → Parvati

Karma ›Taten‹ des Menschen mit Auswirkungen auf seine Wiedergeburt

Karttikeya Kriegsgott

Kathakali Klassisches Tanzdrama

Kauravas Gegner der fünf → Pandavas aus dem → Mahabharata

Khana Haus, Gebäude

Khandoba Volksgott in Maharashtra

Kinnara Vogelmenschen, geflügelte Himmelsmusikanten

Kielbogen Auch Sattelbogen oder Eselsrücken genannt; Bogenform in der Baukunst

Kirti-Mukha ›Gesicht des Ruhms‹, grimmig blickende Maske, Dekor über Götterdarstellungen, Türen etc.

Konda Hügel (= Malai)

Konsole Vorspringender Tragstein, Auflage für Bogen, Gesims, Skulpturen etc.

Kothi Haus, kleiner Palast

Krishna Beliebtester indischer Gott, 8. Avatar von → Vishnu

Kubera Gott des Reichtums und Hüter der irdischen Schätze, → Dikpalas

Kudu Kleine, hufeisenförmige ›Fenster‹, Dekor z. B. auf dem Kranzgesims

Kudu-Fenster Hufeisenförmiger Fensterbogen

Kumari Göttin, eine der Sieben Muttergottheiten, → Sapta-Matrikas

Lakh 100 000

Lakshmana Halbbruder von → Rama

Lakshmi Göttin des Glücks und des Wohlstands, Gemahlin → Vishnus

Lambadis Nomadisierender Volksstamm, Zentralindien

Linga Kultsymbol von → Shiva in phallischer Form

Madrasa Islamische Bildungsstätte, Koranschule

Maha Groß

Mahabharata Großes indisches Heldenepos

Mahadeva Großer Gott, Name → Shivas

Maha-Mandapa Große Halle, Haupthalle

Maharaja König

Mahavira Der 24. und letzte → Tirthankara

Mahayana-Buddhismus ›Großes Fahrzeug‹, buddhistische Lehre ab ca. 3. Jh.

Mahesha/Maheshvara Dreigesichtiger → Shiva, dargestellt als Erzeuger, Erhalter und Zerstörer

Mahut Elefantenführer

Maidan Großer Platz

Makara Krokodilähnliche Fabelwesen; Seeungeheuer mit buschigem Schwanz

Makara-Torana Bogen über Tür oder Fenster, der an beiden Seiten dem Maul eines → Makara entspringt

Malai Hügel (= Konda)

Manastambha Säule mit Pavillon darauf, vor Jaina-Tempeln

Mandapa Offene/geschlossene, pfeilergestützte Halle

Mandir Tempel

Manjusri → Bodhisattva der Weisheit

Manuelinischer Stil Stil portugiesischer Kirchen und Paläste mit exotischen Elementen, benannt nach König Emanuel I. (1495–1521)

Marathen Dynastie auf dem westlichen Dekhan

Masjid Moschee

Matsya-Cakra Fisch-Rad, Architekturdetail in hinduistischen Sakralbauten

Mihrab Gebetsnische der Moschee, nach Mekka ausgerichtet

Minar Turm

Minbar Predigtkanzel in der Moschee

Mithuna-Paar Liebespaar

Moplas Moslems im nördlichen Kerala

Mudra Haltungen der Hände und Finger, die eine bestimmte Bedeutung haben

Mukha-Mandapa   Vorhalle, Eingangshalle, Halle

Nadir   Gegenpol zum Zenith

Naga   Schlange; Attribut → Shivas

Nagaraja   Schlangenkönig

Nandi   Reittier von → Shiva

Nataraj   → Shiva als König des Tanzes

Natyashastra   Altes indisches Lehrbuch der schönen Künste

Navagraha   Neun Gestirnsgötter: Sonnengott Surya, Mondgott Chandra/Soma und die Planetengötter: Der weise Budha/Merkur, der freundliche Dämonenlehrer Shukra/Venus, der kriegerische Mangala/Mars, der Götterlehrer Brihaspati/Jupiter, der unheilvolle Shani/Saturn sowie Rahu und Ketu

Nawab/Nabob   Moslemischer Provinzgouverneur, Fürst

Nayak   Militärgouverneure im Vijayanagar-Reich, später selbständige Herrscher

Nidhis   Padma (Lotus)- und Shankha (Muschel)-Nidhi; Glücksbringer im Gefolge des Reichtumsgottes → Kubera; dickbäuchige Zwerge, links und rechts am Eingang zu Sakralbauten

Nimrod   Babylonischer Gott, leidenschaftlicher Jäger

Nirvana   ›Erlöschen‹ (Sanskrit), von Buddhisten erstrebter Zustand nach dem Ausscheiden aus dem Kreislauf der Wiedergeburten

Nizam   Titel des Herrschers von Hyderabad

Nritta   Gott der Zerstörung und des Todes, → Dikpalas

Padma   Lotus

Pallavas   Dynastie im südöstlichen Süd-Indien

Pandavas   Die fünf Söhne des Pandu im → Mahabharata, Gegner der → Kauravas

Pandyas   Dynastie im mittleren Teil von Süd-Indien

Parshvanatha   Der 23. → Tirthankara

Parvati   Gattin von → Shiva, auch → Durga, → Uma, → Kali genannt

Plinthe   Quadratische oder rechteckige Platte, auf der die Basis einer Säule oder eines Pfeilers ruht

Pradaksinapatha   Umwandlungspfad um die Kultzelle eines Tempels oder Felsentempels

Prakara   Umfassungsmauer eines Tempels

Puja   Verehrung; Opferrituale für eine Gottheit: Darbringen von Gebeten, Blumen, Wasser etc.

Pujari   Opferpriester, der das Ritual ausführt

Raja   König

Rajagopuram   Wichtigster (größter) Torturm einer südindischen Tempelanlage

Rakshasa   Dämonen

Rama   Held des → Ramayana, 7. Avatar → Vishnus

Ramayana   Großes indisches Heldenepos

Rashtrakutas   Südindische Dynastie auf dem Dekhan

Ratha   Tempelwagen

Rauza   Grab

Ravana   Dämon und König von Lanka im → Ramayana

Rishi   Weiser, Heiliger

Rudra   Vedischer Gott, Vorform von → Shiva

Sadhu   Heiliger

Sagar   See

Sanktum   Das Allerheiligste eines Kultbaus

Sapta-Matrikas   Sieben Muttergottheiten mit ihren Reittieren: Brahmi/Gans; Maheshvari/Stier; Kaumari/Pfau; Vaishnavi/Garuda; Varahi/Eber; Indrani/Elefant; Camunda/Hund; zwischen → Shiva und → Ganesha

Sarasvati   Göttin der Gelehrsamkeit und der schönen Künste, Gemahlin → Brahmas

Sari   Klassische indische Frauenkleidung

Satavahanas   Dynastie auf dem Dekhan

Satyagraha   ›Festhalten an der Wahrheit‹; Mahatma Gandhi rief zu zwei Satyagraha-Feldzügen auf

Sepoy   Indischer Soldat in der britisch-indischen Armee

Shaiva   Anhänger → Shivas

Shakti   Weibliche Energie eines Gottes, personifiziert als dessen Gemahlin

Shikhara   Nordindischer Tempelturm

Shikhara und Stupi   Krönende Abschlußkuppel in Form einer Faltkuppel mit Spitze auf dem südindischen Tempelturm → Vimana

Shiva Hinduistischer Gott: der Zerstörer

Shri/Sri Glück, Wachstum; Ehrerbietungsbezeichnung; Bezeichnung für → Lakshmi

Simha Löwe

Sita Gattin → Ramas

Skanda Jugendliche Form des → Karttikeya

Stambha Säule

Stupa Zentrales buddhistisches Kultobjekt, anikonische Verehrung des Gautama Buddha

Sudarshana ›Schöne Erscheinung‹

Surya Sonnengott

Svetambaras Die ›Weißgekleideten‹, Jaina-Sekte

Swami Herr, Verehrungswürdiger, Heiliger

Tambour Zylinderförmiger Unterbau einer Kuppel

Tank Tempelteich

Tantrayana-Buddhismus ›Buddhismus der Tantra-Texte‹, späte Form des Buddhismus, verbreitet im Himalaya und in Tibet

Tantrismus Esoterische Ganzheits- und Rituallehre vorarisch-altindischen Ursprungs

Tara Buddhistische Göttin

Tirthankara ›Furtbereiter‹ der Jainas

Tonga Zweirädrige Pferdedroschke

Torana Tor

Traufdach Überkragendes Dach, von → Konsolen gestützt

Traufe Untere waagerechte Begrenzung eines Daches

Trimurti Dreigestalt der höchsten indischen Götter: → Brahma, → Vishnu und → Shiva als Schöpfer, Erhalter und Zerstörer

Trommel Zylinderförmiger Unterbau am → Stupa

Uma Gemahlin → Shivas

Vahana Gefährt, Reittier

Vaishnava Anhänger → Vishnus

Vajra ›Donnerkeil‹, Waffe → Indras, Kultobjekt

Vajrapani → Bodhisattva mit dem Donnerkeil

Vajrayana-Buddhismus ›Diamantenes Fahrzeug‹, im Himalaya und in Tibet verbreitet

Vakatakas Dynastie auf dem Dekhan

Varada-Mudra Geste der Wunschgewährung

Varuna Vedischer Himmelsgott, → Dikpalas

Vayu Vedischer Gott des Windes, → Dikpalas

Vihara Bauform innerhalb einer buddhistischen Klosteranlage: Wohnstätte der Mönche

Vijayanagar Südindische Dynastien

Vimana Südindischer Tempelturm

Vina Indische Laute, Bogenharfe

Vira Held

Vishnu Hinduistischer Gott: der Erhalter

Vithoba/Vitthala Form → Vishnus; populär in Maharashtra

Vyala → Yali

Wada/Raj Wada Palast/Fürstenpalast

Yadavas Dynastie auf dem westlichen Dekhan

Yaksha/Yakshi Männliche und weibliche Baumgötter

Yali/Vyala Raubtierähnliches Fabeltier als dekoratives Element an Tempeln

Yama Gott des Todes oder der Zeit, → Dikpalas

Yamuna Flußgöttin, → Ganga

Yantra Magisches Zeichen und Diagramm

Yoga Umfassendes geistiges und körperliches Schulungssystem zur Bewußtseinserweiterung

Yogishvara → Shiva als Asket

Yoni Weibliche Entsprechung zu → Linga

Yuvaraja Thronfolger

Zenana Abgeschlossener Bereich der Frauen im Palast

Weiterführende Literatur

Geschichte, Religion, Gesellschaft, Politik und Zeitgeschehen

Aurobindo, Sri: Die Grundlagen der indischen Kultur, Gladenbach 1984

Berg, Hans Walter: Indien. Traum und Wirklichkeit, München 1988

Collins, Larry/Lapierre, Dominique: Um Mitternacht die Freiheit, München 1983

Conrad, Jürgen: Die East India Company. Kaufmanns-Abenteurer und Kolonialherren, 1980

Embree, Ainslie/Wilhelm, Friedrich: Fischer Weltgeschichte, Band 17, Indien, Frankfurt/Main 1967

Fishlock, Trevor: INDIA File, Delhi 1983

Glasenapp, Hellmuth von: Die Religionen Indiens, Stuttgart 1956

ders.: Die Philosophie der Inder, Stuttgart, 1985

Hoerig, Uwe: Indien ist anders. Ein politisches Reisebuch, Hamburg 1987

Jung, Anees: Unveiling India, A Woman's Journey, New Delhi 1987

Krack, Rainer: Kultur-Schock Indien/India obscura, Bielefeld 1987

Kulke, Hermann/Rothermund, Dietmar: Geschichte Indiens, Stuttgart 1982

Malchow, Barbara/Tayebi, Keyumars: Menschen in Bombay, Lebensgeschichten einer Stadt, Hamburg 1986

Myrdal, Jan: Indien bricht auf, Freiburg 1980/1986

Pochhammer, Wilhelm von: Indiens Weg zur Nation, Bremen 1973

Sastri, Nilakanta: A History of South India, Madras 1976

Sewell, Robert: A Forgotten Empire. ›Vijayanagar‹, New Delhi 1982

Thapar, Romila/Spear, Percival: A History of India, Baltimore u. a.

Zimmer, Heinrich: Philosophie und Religion Indiens, Zürich 1976

ders.: The Art of Indian Asia, New Delhi 1984

ders.: Indische Mythen und Symbole, Düsseldorf 1972

ders.: Spiel um den Elefanten, Düsseldorf 1976

Frühe europäische Reiseberichte

Battuta, Ibn: Reisen ans Ende der Welt. Das größte Abenteuer des Mittelalters 1325–1353, Tübingen 1974

Dubois, Abbé: Hindu Manners, Customs and Ceremonies, New Delhi 1982

Grousset, René: Die Reise nach Westen, Köln 1986

Oaten, Farley: European Travellers in India During the Fifteenth, Sixteenth and Seventeenth Centuries, London 1909/New York 1971 (mit ausführlicher Bibliographie)

Polo, Marco: Von Venedig nach China. Die größte Reise des 13. Jahrhunderts, Stuttgart 1983

Tavernier, Jean Baptiste: Reisen zu den Reichtümern Indiens. Abenteuerliche Jahre beim Großmogul, 1641–1667, Stuttgart 1984

Zeitgenössische Reisen und Erfahrungen

Boss, Medard: Indienfahrt eines Psychiaters, Bern-Stuttgart-Wien 1976

Brunton, Paul: Von Yogis, Magiern und Fakiren, London 1934

Christ, Richard: Mein Indien, Berlin und Leipzig 1983

Murphy, Dervla: On a Shoestring to Coorg. An Experience of Southern India, London 1985

Romane, Erzählungen und Mythen

Beer, Roland (Hrsg.): Die sieben Gärten der Liebe, Berlin 1986

Desai, Anita: Spiele im Zwielicht, Berlin 1988

Forster, E. M.: Auf der Suche nach Indien, Frankfurt/Main 1986

Keating, H. R. F.: Rororo Thriller 2268/2343/2354/2378/2460 – Krimis, die in Indien oder im indischen Milieu spielen

Kipling, Rudyard: Die gespenstische Rikscha und andere Indien-Novellen, Frankfurt/Main-Berlin 1988

ders.: Geschichten aus Indien, München 1981

Lapierre, Dominique: Stadt der Freude, München 1985

Riemenschneider, Dieter (Hrsg.): Shiva tanzt. Das Indien-Lesebuch, Zürich 1986

Winterberg, Anna (Hrsg.): Frauen in Indien. Erzählungen, München 1988

Altindische Literatur und Weisheit

Glasenapp, Hellmuth von: Indische Geisteswelt, Wiesbaden o. J.

Greither, Aloys (Hrsg.): Pañcatantra, Die fünf Bücher indischer Lebensweisheit, Leipzig-Weimar 1986

Hertel, Johannes (Hrsg.): Indische Märchen, Düsseldorf 1973

Kalidasa: Shakuntala, Ein indisches Schauspiel, übersetzt von J. Mehlig, Zürich 1987

Kinsley, David R.: Flöte und Schwert, Krishna und Kali, München 1979

Mahabharata: Diederichs Gelbe Reihe 16, Düsseldorf 1981

Mehlig, Johannes (Hrsg.): Buddhistische Märchen, Leipzig 1982

ders.: Weisheit des alten Indien, Band 1 Vorbuddhistische und nichtbuddhistische Texte, Band 2 Buddhistische Texte, Leipzig-Weimar 1987

Das Ramayana des Valmiki, übersetzt von C. Schmölders, Düsseldorf-Köln 1981

Nachschlagewerke

Dowson, John: Hindu Mythology and Religion, New Delhi 1984

Hobson-Jobson: A Glossary of Colloquial Anglo-Indian Words and Phrases, London 1985 (Nachdruck)

Stutley, Margaret and James: A Dictionary of Hinduism, London 1977/1985

Kunst, Architektur, Ikonographie

Brown, Percy: Indian Architecture: Buddhist and Hindu Period, Islamic Period, Bombay 1942, Nachdruck 1981

Fischer, Klaus: Indische Baukunst islamischer Zeit, Baden-Baden 1976

ders. u. a.: Schöpfungen indischer Kunst, Darmstadt 1987

Keilhauer, Anneliese: Die Bildsprache des Hinduismus, Köln 1983

Michell, Georg: Der Hindu-Tempel, Köln 1979

Mitchell, A. G.: Victoria and Albert Museum, Hindu Gods and Goddesses, London 1982

Mookerjee, Ajit: Rituelle Kunst Indiens, München 1987

Rebling, Eberhard: Die Tanzkunst Indiens, Berlin 1981

Schleberger, Eberhard: Die indische Götterwelt, Köln 1986

Sivaramamurti, C.: Indien. Kunst und Kultur, Freiburg-Basel-Wien 1975

Volwahsen, Andreas: Architektur der Welt: Indien. Bauten der Hindus, Buddhisten und Jains, Fribourg 1968

Abbildungsnachweis

Alle Fotos stammen vom Verfasser.
Karten und Pläne: DuMont Buchverlag, Köln.
Für die freundliche Bereitstellung des Fotos von V. P. Singh auf S. 19 danken Verlag und Verfasser der Indischen Botschaft, Bonn.
Die historischen Fotos auf S. 73 stammen aus dem Archiv des Verfassers.

Praktische Reiseinformationen

Inhalt

Vor der Reise

Information

Informationsmaterial zu aktuellen Einreise-
bedingungen oder -beschränkungen, über
Reiseziele in Indien, Hotels, Feste und Rei-
severanstalter verschicken auf Anfrage kostenlos die staatlichen indischen Reisebüros
in der Bundesrepublik Deutschland und der
Schweiz.
Indisches Reisebüro in der Bundesrepublik
Deutschland: Kaiserstr. 77, D-6000 Frank-
furt/Main 1, ✆ 069/235423
Indisches Reisebüro in der Schweiz: 1–3,
Rue de Chantepoulet, CH-1201 Genf,
✆ 022/321813

Einreisebestimmungen

Von Bürgern der Bundesrepublik Deutschland, Österreichs und der Schweiz wird für
die Einreise nach Indien ein Visum verlangt.
Für einen Aufenthalt bis zu vier Wochen wird
das Visum auch am Einreiseflughafen erteilt.
Bei einer Reiseplanung bis zu drei Monaten
sollte man das Visum auf alle Fälle im Hei-
matland beantragen. Eine Verlängerung in
Indien ist zwar möglich, aber umständlich
und zeitraubend. Anträge sind zu richten an:
›Foreigners' Regional Registration Office‹ in
New Delhi, Bombay, Calcutta und Madras (9
Village Road, Nungambakkam) oder ›Office
of the Superintendent of Police‹ in den Di-
strikthauptstädten.

Der Reisepaß sollte noch mindestens
sechs Monate gültig sein; zwei Formulare,
erhältlich bei der diplomatischen Vertretung,
und zwei Paßbilder sind für die Beantragung
des Visums nötig. Die Bearbeitung dauert
wenige Tage (Achtung: Indische Feiertage!).
Der Reiseantritt muß innerhalb von sechs
Monaten nach Ausstellung erfolgen. Das
Visum kostet DM 20,– für einmalige, das

Doppelte für mehrmalige Einreise (multiple
entry). Für einen Aufenthalt über vier Wochen wird ein Aids-Attest oder die Einwilli-
gung in einen Aids-Test in Indien verlangt.

Diplomatische Vertretungen Indiens

Visa erteilen:
... in der Bundesrepublik Deutschland
... für Nordrhein-Westfalen und Bayern:
Indische Botschaft, Braunscheidt Straße 7,
5300 Bonn 1, ✆ 0228/5405132
*... für Hessen, Rheinland-Pfalz, Saarland
und Baden-Württemberg:*
Indisches Generalkonsulat, Wilhelm-
Leuschner-Straße 93, 6000 Frankfurt/Main
1, ✆ 069/271040
*... für Hamburg, Bremen, Schleswig-Hol-
stein und Niedersachsen:*
Indisches Generalkonsulat, Buchardstraße
14, 2000 Hamburg 1, ✆ 040/338036,
324744
... für West-Berlin:
Indisches Generalkonsulat, Joachimstaler
Straße 28, 1000 Berlin 15, ✆ 030/
8817067–68
Die Honorar-Generalkonsulate in Stuttgart
(Charlottenplatz 17, 7000 Stuttgart 1) und
München (Engel-Schalkinger-Straße 150,
8000 München 81) stellen keine Visa aus.
... in Österreich
Indische Botschaft, Kärntner Ring, A-1015
Wien, ✆ 01/5058666
... in der Schweiz
Indische Botschaft, Weltpoststraße 17, CH-
3015 Bern, ✆ 031/440193

Wagenpapiere

Für die Einreise mit einem Kraftfahrzeug
(von Pakistan oder über See) werden der
internationale Führerschein (Kfz-Stelle, ein

Jahr gültig), die internationale Zulassung und ein Carnet de Passages als Zolldokument verlangt. Letzteres wird bei den Automobilklubs gegen Abtretung einer Bankbürgschaft von z. Z. mindestens DM 20000,– (entsprechend dem Zeitwert des Fahrzeugs) ausgestellt.

Diplomatische Vertretungen in Indien

...der Bundesrepublik Deutschland
Botschaft, 6 Shanti Path, Chanakyapuri, New Delhi 110021, ∅ 011/604861
Generalkonsulat in Bombay: Hoechst House, Nariman Point, 193 Backbay Reclamation, Bombay 400021, ∅ 022/232661, 232422 und 231517
Generalkonsulat in Calcutta: 1 Hastings Park Road, Alipore 700027, ∅ 033/459141–2 und 454886
Generalkonsulat in Madras: 22 Commander-in-Chief Road, Madras 600105, ∅ 044/471747, 473542 und 477637.

...Österreichs
Botschaft: EP-13, Chandergupt Marg, Chanakyapuri, New Delhi 110021, ∅ 011/601238, 601607 und 601555
Generalkonsulat in Bombay: Maker Chambers VI, Office Nr. 26, Nariman Point, Backbay Reclamation, Bombay 400021, ∅ 022/2042044–7
Konsulat in Madras: Nungambakkam High Road, Madras.

...der Schweiz
Botschaft: 12 Nyaya Marg, Chanakyapuri, New Delhi 110021, ∅ 011/604225–7 und 011/604323
Generalkonsulat in Bombay: Manek Mahal, 90 Vir Nariman Road, Bombay 400020, ∅ 022/2043550, 022/2042591, 022/2043003
Konsulat in Calcutta: 16 Old Court House Street, Calcutta 1.

Gesundheitsvorsorge

Impfungen
Sie sind nicht mehr zwingend vorgeschrieben. Ausnahme: Bei Einreise über Gelbfiebergebiete (Afrika/Südamerika) wird ein gültiger Internationaler Impfpaß mit dem Nachweis einer Gelbfieberimpfung verlangt (gültig zehn Jahre).

Wenn man Indien bereisen will, sollte man sich im klaren darüber sein, daß man seinen Körper und seine Psyche ungewohnten Belastungen verschiedenster Art aussetzen wird. Gegen persönliche Schwächen und Anfälligkeiten, die man schon kennt, sollte man sich – und die Reiseapotheke – besonders präparieren.

Von den großen Seuchen, gegen die man sich früher zwingend impfen lassen mußte, gelten die Pocken als ausgerottet. Typhus und Cholera dagegen treten immer wieder auf. Gegen Typhus und Paratyphus A und B gibt es eine Schluckimpfung, gegen Cholera eine Injektion (zweimal), die aber nur einen begrenzten Schutz bietet, d. h. die Krankheit verläuft leichter. Wenn man sich nicht gerade auf einer Expedition befindet, erreicht man in Indien gewöhnlich recht schnell ein Hospital.

Problematischer verhält es sich mit der Malaria, die in ihren verschiedenen Formen überall wieder an Boden gewinnt, da die Erreger gegen die bewährten Prophylaxemittel (die ihrerseits bedenkliche Nebenwirkungen zeigen können) zunehmend resistent geworden sind. Der beste Schutz in Gefahrengebieten ist immer noch, sich nicht stechen zu lassen. Also richtige Kleidung (s. S. 394) für den Abend mitnehmen, Hautschutzmittel auf die unbedeckten Körperteile Gesicht und Hände auftragen und unter dem Moskitonetz schlafen. Solch ein Moskitonetz sollte man am besten mitführen; es gibt sie 500 g leicht und groß genug für ein Doppelbett.

Zur allgemeinen Stärkung der Abwehrkräfte, insbesondere aber gegen Hepatitis A (infektiöse Gelbsucht), wird eine Gamma-

globulin-Injektion empfohlen (nicht 100%
wirksam). Gegen Hepatitis B (durch Blut
übertragbar) gibt es einen hundertprozenti-
gen Impfschutz (teuer); Impfschutz gegen
Tetanus und Polio sollte obligatorisch sein.

Beratung und Impfung führen die Tropen-
institute (Hamburg, Berlin), die Landesimpf-
anstalten oder entsprechend erfahrene Ärz-
te, z. B. Fachärzte für Tropenmedizin, durch.

Reiseapotheke

Neben den persönlich benötigten Medika-
menten sind Standardmittel für folgende Ge-
legenheiten sinnvoll: Vorbeugung gegen
Reisekrankheit, Erkältung (Halstabletten,
Grippemittel, Aspirin), Magen- und Darmbe-
schwerden (Mittel gegen Magenverstim-
mung, Kohle gegen einfachen Durchfall,
leichte Verdauungshilfe).

Zur Grundausstattung gehören weiterhin:
Verbandsmaterial (Mullbinde, elastische
Binde, Pflaster), Desinfektionstinktur,
Wundsalbe und Salbe gegen Sonnenbrand,
Insektenstiche, Ausschlag (z. B. als Reaktion auf Hitze und Schweiß) und Pilzin-
fektion, Augentropfen sowie ein gutes
Schmerzmittel. Breitband-Antibiotika sollte
man zu Hause lassen. Wird es ernst, kennt
der indische Arzt bestimmt das richtige Me-
dikament und der ›Medical Store‹ führt mehr,
als man ihm zutraut.

Krankenversicherung

Vor der Abreise ist unbedingt zu klären, ob
der Krankenversicherungsschutz für das
Zielland besteht. Wenn nicht, sollte man eine
Reisekrankenversicherung für die Zeit ab-
schließen.

Reisegepäck

Im eigenen Interesse sollte man das Gepäck
so klein und leicht wie möglich halten. Be-
währt haben sich Reisetaschen aus kräftigem Material mit einem zusätzlichen Schul-
tertrageriemen. Die Gepäckstücke müssen

abschließbar sein; das verlangen die Fluggesellschaften, und der großen Neugier indischen Hotelpersonals bleiben einige Ge-
heimnisse. Man muß sich mit dem Gepäck in
Busse drängeln und auch mal darauf sitzen
können.

Abgesehen von dem, was für Abreise und
Ankunft in Europa gebraucht wird, ist für Indien an Kleidung wenig vonnöten. Knappe
Unterwäsche aus Baumwolle, weite Hosen/
Röcke, Hemden/Blusen oder T-Shirts, leichte, strapazierbare Schuhe oder Sandalen
sowie eine Kopfbedeckung. Für den Abend
sollte die Kleidung moskitounfreundlich sein:
lange Ärmel, lange Hosen, Socken.

Wichtig ist ein Leinenschlafsack, da Hin-
du-Hotels oft erwarten, daß die Bettwäsche
mitgeführt wird. Noch seltener werden
Handtücher gestellt. Nützlich ist oft ein leich-
tes Moskitonetz (s. S. 372). Die meisten der
aufgeführten Dinge kann man leicht auch in
Indien kaufen. Wichtig werden oft die kleinen
Dinge, die man nicht vergessen sollte: Son-
nenbrille und -schutzmittel, Insektenschutz
(Autan) und -vertilgungsmittel (Paral), Ta-
schenmesser (u. a. zum Schälen der Früchte), Bindfaden (u. a. als Wäscheleine),
Reisewecker (nicht zuletzt für den mitter-
nächtlichen Rückflug), Taschenlampe (für
Indiens Abendunterhaltung: ›Power cut‹),
Näh- und Schreibzeug, ein kräftiges Vorhängeschloß (für das Hotelzimmer), Wasser-
desinfektionsmittel wie Micropur (z. B. zum
Waschen von Trauben), Regenschutz.

Reisekasse

Abgesehen davon, daß die Ein- und Ausfuhr indischer Währung verboten ist, ist es auch nicht sinnvoll, die Rupees teuer in Europa zu kaufen. Wir empfehlen, die Reisefinanzen zum größeren Teil in Traveller Cheques und vom Bargeld einen Teil in kleinen Dollarnoten (für manchmal unumgängliche ›Direktinvestitionen‹) mitzuführen. Beides – wie auch Paß und Tickets – sollte man sicher verwahren: in einem Geldgürtel oder Brustbeutel, körpernah und in verschließbaren Taschen, z. B. einer Innentasche der Hose. Traveller Cheques bringen einen besseren Kurs als Bargeld. Die Reiseschecks sollten von einer international gut bekannten Adresse sein (z. B. American Express, Thomas Cook) und wenigstens zu einem Teil auf US $ lauten – besonders im Landesinneren kann es sonst zu Schwierigkeiten in der Bank kommen. Die geringen Kursunterschiede rechtfertigen nicht das Risiko, auf dem Schwarzmarkt zu tauschen. Die Unterschrift sollte man vor dem Tausch von Traveller Cheques noch einmal üben, denn bei geringen Abweichungen gibt es sonst vielleicht kein Geld.

Devisenbestimmungen

Die Einfuhr von Devisen nach Indien ist in unbegrenzter Höhe möglich; bei Beträgen von über US $ 1000 muß eine Deklaration ausgefüllt werden, die bei der Ausreise dem Zoll vorzulegen ist. Die von Banken oder autorisierten Geldwechslern (Hotels) ausgestellten Umtauschbelege sollte man aufbewahren. Sie werden gebraucht beim Rücktausch überschüssiger Rupees sowie u. U. bei der Bezahlung von Hotelrechnungen und Flugtickets in Landeswährung. Im Gegensatz zu Bargeld dürfen auf Rupees ausgestellte Reiseschecks beliebig ein- und ausgeführt werden. Zu erhalten sind sie bei der State Bank of India, Große Gallusstraße 10–14, 6000 Frankfurt/Main 1, ℘ 069/130 90.

Zollbestimmungen

Zollfrei eingeführt werden dürfen Artikel des persönlichen Bedarfs, u. a. persönlicher Schmuck, eine Kamera und fünf (!) Filme, ein Fernglas, ein tragbares Musikinstrument, ein Plattenspieler mit zehn Scheiben, ein Transistorradio, ein tragbares Tonbandgerät, eine Reiseschreibmaschine, ein Kinderwagen; 200 Zigaretten oder 50 Zigarren, 250 g Tabak; alkoholische Getränke bis zu 95 ml; Eau de Cologne bis zu 25 ml; Geschenke bis zu einem Wert von Rs. 500/–; eine Camping- oder Sportausrüstung, ein Fahrrad, ein Surfbrett, ein Kanu oder Kajak (bis 5,5 m Länge), ein Paar Skier, zwei Tennisschläger. Die Einfuhrbeschränkung für Filme ist für den Touristen ohne Bedeutung.

Profiausrüstungen und -material müssen deklariert werden, aber auch wertvolle Kameras, Goldschmuck und andere Wertgenstände sollte man in ein ›Tourist-Baggage-Reexport‹-Formular eintragen lassen. Die Einfuhr von Goldmünzen und -barren, von Rauschgift sowie von lebenden Pflanzen ist verboten.

Unbegrenzt ausgeführt werden dürfen Souvenirs und Kunstgewerbeartikel, aber auch indische Seide und Wolle, Schmuck bis zu einem Wert von Rs. 10000/– und Artikel aus Pfauenfedern in begrenzter Menge. Für Antiquitäten und Kunstgegenstände, die älter als 100 Jahre sind, braucht man eine Ausfuhrerlaubnis, die man (fast nie) bekommt beim: Director Antiquities, Archaeological Survey of India, New Delhi, Janpath, oder dem jeweiligen Superintending Archaeologist Antiquities, Archaeological Survey of India, z. B. in Bombay, Sion Fort, in Calcutta, Narayani Building, Brabourne Road, oder in Madras, Fort St. George.

Anreise, Ankunft, Rückreise

... über Land

Indien ist von Europa aus auf dem Landweg, über See oder per Flug zu erreichen. Die ersten beiden Möglichkeiten sind eigentlich nur im Rahmen einer größeren Asien-Reise realistisch. Über Land kann man Indien im eigenen Wagen erreichen, mit Bus und Bahn, individuell oder mit Busunternehmen, die beispielsweise in London starten. Die Route führt heute durch den Iran auf der Südroute durch die Dasht-i-lud direkt nach Pakistan. Der einzige Straßengrenzübergang nach Indien befindet sich bei Attari nahe Lahore.

... mit dem Schiff

Seit die P & O Linie die letzten Passagierfahrten von Europa nach Indien eingestellt hat, kann man die Anreise über See nur noch von näher gelegenen Häfen aus realisieren; P & O z. B. fährt Mombasa–Karachi–Bombay. Zwischen Penang (Malaysia) und Madras verkehrt alle 14 Tage die ›Chidambaram‹ der Shipping Corporation of India.

... mit dem Flugzeug

Die meisten Besucher kommen auf dem Luftweg nach Indien. Anflughäfen sind New Delhi (Patam), Calcutta (Dum Dum) und – für Süd-Indien am günstigsten – Bombay (Santa Cruz, s. S. 101, Direktflugzeit ca. 8 Stunden). Zum offiziellen IATA-Preis kann man mehrmals täglich fliegen und unter vielen großen Fluggesellschaften wählen (natürlich Air India, Lufthansa, Swissair usw.). Es geht aber auch viel billiger, wenn man sich früh-zeitig um einen Flug bemüht. Angebote vieler Reisebüros, die auf preiswerte Fernreisen spezialisiert sind, findet man u. a. im Reiseteil von Tageszeiten, in Stadtillustrierten, Studentenzeitungen, Reisemagazinen usw.

Die großen Fluggesellschaften bieten Spezialtarife (PAN AM) oder spezielle Quasi-Charterflüge von bestimmten Städten aus (Air India/Amsterdam). Andere fliegen generell billiger, meist nicht direkt, sondern über die jeweilige Landeshauptstadt, wo man dann u. U. umsteigen muß (z. B. Egypt Air über Kairo). Die billigsten Anbieter dieser Gruppe sind einige der Staatslinien Osteuropas, voran Aeroflot. Man fliegt nach Moskau und von da – bei mehr oder weniger günstigem Anschluß – weiter nach Delhi oder Calcutta; Überraschungen verschiedenster Art sind im Spartarif inbegriffen.

... von Nord- nach Süd-Indien

Von Delhi oder Calcutta aus erreicht man mit Indian Airlines schnell die großen Zentren Süd-Indiens. Mit der Eisenbahn braucht es mehr Zeit. Der schnelle ›Rajdhani Express II‹ braucht für die 1407 km zwischen Delhi und Bombay nur 17 Stunden. Der Expreßzug ›Madras Mail‹ überwindet in 33 Stunden die 1660 km zwischen Calcutta und Madras. Hyderabad erreicht man per Bahn von Delhi aus in 24 Stunden und von Calcutta über Vijayawada in 35 Stunden.

Zeitverschiebung

Ganz gleich, wo man in Indien ankommt, ist es 4½ Stunden später als in Europa. Entsprechend muß beim Rückflug die Uhr 4½ Stunden zurückgestellt werden. Während der Sommerzeit beträgt der Zeitunterschied 3½ Stunden.

Flugbestätigung (Reconfirmation)/Flughafensteuer

72 Stunden vor dem Abflug muß der Rückflugtermin bestätigt werden. Das erledigt man am besten im Büro der entsprechenden Fluglinie vor Ort. Beim Verlassen des Landes muß eine Flughafengebühr von Rs. 100/- entrichtet werden.

Reisen in Indien

Indien ist kein durchorganisiertes Reiseland. Es gibt nur wenige Einrichtungen und Bestimmungen oder Vergünstigungen, die auf den ausländischen Touristen zugeschnitten sind, und je weiter man sich von den wenigen touristischen Zentren entfernt, um so weniger kommen sie zum Tragen. Alles funktioniert in Indien ›irgendwie‹ – und Unmögliches wird akzeptiert, auch wenn wir das mit unserem Verständnis von Effektivität, Ordnung und Gerechtigkeit manchmal kaum fassen können. Die Versuchung ist groß, die eigenen Vorstellungen ›mit Gewalt‹ durchsetzen zu wollen, anstatt zu versuchen, die Zusammenhänge und Mechanismen zu durchschauen, bestimmte Regeln zu akzeptieren und mit etwas Geschick am Spiel ›Reisen in Indien‹ teilzunehmen. Der Ausländer bekommt dabei schon seinen Bonus, aber mit ›weißer Arroganz‹ und kolonialherrschaftlichem Gehabe ist nichts zu gewinnen.

...mit dem Flugzeug

Indian Airlines und Vayudoot, die innerindischen Fluglinien, verfügen über ein dichtes Streckennetz über ganz Indien sowie u.a. nach Nepal. Trotz hoher Flugfrequenz sind die Flüge fast immer ausgebucht – frühzeitige Reservierung ist daher zwingend notwendig. Man kann am Anfang der Reise in Bombay auf Wochen im voraus Flüge auf individuellen Strecken buchen, z.B. einen Flug von Hyderabad oder Madras nach Bombay am Ende einer Reise, um den Rückflug nach Europa nicht zu verpassen. Beim Kauf von Flugtickets wird Bezahlung in Devisen oder – bei Bezahlung in indischer Währung – die Vorlage der Umtauschbescheinigung in entsprechender Höhe verlangt. Die Flugpreise sind günstig. Es ist wichtig, daß man sich die Flüge jeweils noch einmal bestätigen läßt (reconfirmation).

Sondertarife

Indian Airlines bietet folgende Sondertarife an: ›Discover India‹ – für US $ 400 21 Tage unbegrenztes Reisen innerhalb Indiens. ›India Wonderfares‹ – eine Woche unbegrenztes Fliegen für US $ 200 in ganz Indien, z.B. für eine Rundreise geeignet. ›21-Tage Süd-Indien-Rundreise‹ – Preisermäßigung von 30 % in US $ auf den Normaltarif für die Strecken zwischen Madras – Tiruchirapalli – Madurai – Trivandrum – Cochin – Coimbatore und Bangalore, gültig nur bei einer Anreise von Sri Lanka oder den Malediven. Nähere Auskunft erteilt jedes Reisebüro.

Der Pferdefuß an der Sache sind die oft lange vorher ausgebuchten Flüge. Daher sollte man erst planen, dann prüfen, ob *alle* Flüge zu bekommen sind, dann kaufen und gleichzeitig *alle* Flüge festmachen. Ist auch nur ein Flug unsicher, kann die ganze Planung umsonst sein. 28 % Ermäßigung erhalten Studenten und allgemein junge Leute unter 30 Jahren. Gruppen von zehn Personen aufwärts fliegen bis zu 50 % billiger.

Auf großen Flughäfen gibt es – ähnlich wie bei der Bahn – ›Airport Retiring Rooms‹. Zwischen Flughafen und Stadtbüro verkehren in vielen Städten Busse der Fluggesellschaften oder anderer Organisationen, die die Fluggäste kostenlos oder recht günstig befördern. Für Taxifahrten vom Flughafen zum

Zentrum sollte man unbedingt vorher im Flughafen den Preis erfragen. Oft sind die Preise für Fahrten zu den Hotels irgendwo angeschlagen.

... mit der Bahn

Die indische Eisenbahn befährt auf 61 000 km Schienenweg das zweitgrößte Streckennetz der Welt, unterhält über 7000 Bahnhöfe und befördert täglich 10 Mio. Passagiere. Die Anlagen stammen zu einem großen Teil noch aus der britischen Zeit. Wenn auch die vielen Privatbahnen und kleinstaatlichen Gesellschaften heute nicht mehr existieren, so stellen drei unterschiedliche Spurbreiten doch eine erhebliche Behinderung dar: Broad gauge (Breitspur) = 1,676 m, Meter gauge (Meterspur) = 1 m und Narrow gauge (Schmalspur) = 0,762 oder 0,610 m. Die Hauptstrecken wurden inzwischen einheitlich in Breitspur ausgelegt.

Es verkehren Schnellzüge (›Superfast‹, ›Mail‹, ›Express‹) mit klangvollen Namen und Bummelzüge (›Ordinary‹ oder ›Passenger‹), die mehr stehen als fahren. Für den Touristen empfiehlt sich die Bahn zur Überwindung großer Entfernungen, denn sie ist billiger als das Flugzeug und zeigt dem Besucher Land und Leute abseits der Touristenzentren. Wer nachts fährt, spart Hotelkosten und Zeit. (Vielfach ist jedoch im Süden eine Busfahrt einfacher zu realisieren, schneller und bequemer).

Die Bahn bietet zwei Komfortklassen. 2. Klasse fährt man sehr billig; die Wagen sind jedoch häufig überfüllt, Abteile und Toiletten entsprechend schmutzig. Langweilig wird es jedoch nie: Die Leute sind neugierig und gesprächig; Händler, Sänger, Gaukler und Bettler sorgen für Abwechslung. Für die Nacht hat man die Wahl zwischen ›3-Tier-Abteilen‹ mit drei ungepolsterten ›Betten‹ übereinander, und ›2-Tier-Abteilen‹ mit nur zwei, aber flach gepolsterten Betten. Die Ab-

teile sind nicht abschließbar; man muß auf sein Gepäck achten.

Die 1. Klasse ist bedeutend bequemer, kostet das Vier- bis Fünffache – und ist immer noch preiswert. Die normalen Abteile bieten tagsüber sechs bis acht, nachts vier Passagieren Platz. Es gibt auch kleinere Einheiten mit nur zwei Betten (als Reservierungswunsch mit ›coupé‹ auf dem Antrag vermerken!). Die Abteile sind ausgestattet mit Fans (Deckenventilatoren), extra Jalousien an den mit Quergittern gesicherten Fenstern und einer doppelten Verriegelung, was aber weder Staub und Mücken noch Lärm am Eindringen hindern kann. Ein leichter Leinenschlafsack erweist sich auch hier als nützlich. Auf manchen Strecken kann man beim Schaffner Bettzeug (bedding, bed roll) ausleihen.

Vermehrt werden jetzt auf Hauptstrecken auch AC-Wagen (klimatisiert, doppelter Preis der 1. Klasse) und ACCC-Wagen (Air Conditioned Chair Car, Großraumsitzwagen für Reisen am Tage) eingesetzt.

›Meals‹ (vegetarian/non-vegetarian) werden beim Zugschaffner bestellt und am nächsten größeren Bahnhof serviert (preiswert und gut). Obst, Kekse (›Glucose‹), Soft Drinks, Tee und Kaffee (in praktischen Einwegtongefäßen) bekommt man am Bahnhof durchs Fenster gereicht – das Stakkato der Händlerstimmen gehört zum typischen ›Sound of India‹.

Buchung und Reservierung

Für Nachtfahrten ist eine Reservierung obligatorisch, für Fahrten am Tage ratsam. Man kann Plätze bis zu einem Jahr im voraus buchen, und manche Züge sind auch oft auf Wochen ausgebucht. Im Booking Office zeigt eine große Tafel, elektrisch oder von Hand aktualisiert, den Stand der Buchungen für die wichtigsten Züge in den nächsten Wochen. Man hat ein Formular auszufüllen und sich dann in die meist lange Schlange vor dem entsprechenden Schalter einzureihen. Ist man endlich dran, versucht bestimmt eine schmale braune Hand, am Wartenden vorbei einen Antrag in das kleine ›Pigeon Hole‹ des Schalters zu schummeln. Oder die Klappe geht plötzlich zu, weil der Beamte Hunger oder Feierabend hat (eigenwillige Öffnungszeiten beachten!). In manchen Bahnhöfen gibt es für Frauen eigene Schalter.

In den großen Städten hat die Bahnverwaltung spezielle Buchungsbüros für ausländische Touristen geschaffen. Die Einrichtung einer ›Tourist Quota‹ (auch: Quota for Foreigners) hält einen Teil der begehrten Plätze für ausländische Reisende bereit. Steigt man unterwegs zu, sollte man den ›Station Master‹ ansprechen (freundlich!). Er hat seine eigene Quota oder die Möglichkeit, die ›VIP Quota‹ anzuzapfen.

Der Bahnhof
Die Großstädte (Bombay, Madras, Hyderabad/Secunderabad) haben oft unterschiedliche Bahnhöfe für Züge in verschiedene Richtungen! Die Bahnhöfe sind gut organisiert und leidlich sauber. Meistens gibt es getrennte Hallen für die 1. und 2. Klasse, jeweils mit eigenen Ticket- und Reservierungsschaltern, Auskunft, Warteraum usw. Man kann sein Gepäck aufbewahren lassen, in der Kantine oft erstaunlich gut essen und als Inhaber einer Fahrkarte in einem der blitzsauberen ›Railway Retiring Rooms‹ übernachten – wenn Platz ist (Reservierung!). Man kann auch die Reservierungslisten einsehen, die gleiche Aufstellung hängt dann am Wagen. Reisende mit viel Gepäck sollten sich einen der – meist abenteuerlich uniformierten – offiziellen Träger nehmen. Er bringt sie und das Gepäck sicher ins richtige Abteil.

Sondertarife
Der ›Indrail-Paß‹ ist eine Netzkarte, mit der man in der vorgegebenen Zeit unbegrenzt oft und lange mit der Bahn fahren kann. Es gibt ihn für 7, 15, 21, 39, 60 und 90 Tage, für AC, 1. und 2. Klasse. Man bekommt ihn nur gegen Devisen an den Buchungs- oder Touristenschaltern in Bombay, Calcutta, Madras, New Delhi, Rameshvaram, Trivandrum und Vasco da Gama, an den internationalen Flughäfen von Bombay, New Delhi und Madras sowie in Deutschland über: Asra Orient Reisedienst, Kaiserstraße 50, 6000 Frankfurt/Main 1, ℘ 069/253098.

Im Preis eingeschlossen sind Reservierungskosten und Schlafwagengebühr. Finanzielle Vorteile bringt der Indrail-Paß im Normalfall kaum, in der 1. mehr als in der 2. Klasse. Das lästige Schlangestehen nach Tickets entfällt jedoch, die ›Tourist Quota‹ kann besser genutzt werden, und der Reisende wird bei der Nutzung der ›Railway Retiring Rooms‹ begünstigt.

... mit dem Bus

Der Bus ist das universale Verkehrsmittel Indiens. Wenn auch mit großem Zeitaufwand und unter Strapazen – im Bus ist auch das letzte Dorf erreichbar. Trotz großer Unterschiede in Komfort, Leistung und Schnelligkeit – der Busreisende steckt immer mitten im indischen Leben. Es gibt den ›Express‹ mit bequemen Polstersitzen und überkopfhohen Rückenlehnen, vorgebucht und mit Video ausgestattet – und den klapprigen ›Local Bus‹, an dessen einziger Tür sich die Einsteigenden an jeder Station durch die Aussteigenden kämpfen, um vielleicht doch noch einen Platz auf einer der schmalen, harten Bänke zu ergattern. Die Verkehrsunternehmen der Bundesstaaten konkurrieren mit privaten Transportgesellschaften. Viele Städte unterhalten heute großzügige Bus-Terminals am Stadtrand, aber auch das kleinste Dorf hat seinen ›Bus Stand‹, meist im Zentrum und mit dem typischen Umfeld: Billighotels, ›Tea Stalls‹ und Straßenrestaurants, Obststände und ›Liquor Shops‹, Taxi-, Tonga- oder Rikscha-Stand.

Der Busbahnhof
Ein Busbahnhof ist ein Mikrokosmos, der sich tausendfach im Lande wiederholt. Sei-

nen Hauptbestandteil bilden die überdachten Wartehallen, an die sich die Bussteige anschließen, bezeichnet und numeriert, oft allerdings nur in der Landessprache und -schrift. Davor befindet sich ein großer Hof, wo rangiert wird und Fahrzeuge stehen, die nicht gleich weiterfahren. Um die Halle gruppiert finden sich alle anderen notwendigen Einrichtungen: Das Büro des Stationsvorstehers, der Einsatzraum für Fahrer und Schaffner, die ›Enquiry‹ (Auskunft), manchmal ein Reservierungsschalter, die ›Canteen‹ und die Toiletten, ergänzt durch einige Läden.

An der Wand prangt irgendwo, riesengroß und handgemalt, eine Tabelle mit Fahrzielen und -zeiten, letztere noch unterschieden in ›Passenger‹ (schwarz) und ›Express‹ (rot) – in Marathi, Tamil oder Malayalam, wenn man Pech hat – gerahmt von Malereien und Sprüchen religiösen, politischen oder erbaulichen Inhalts. Die Auskunft kann von einem Englisch sprechenden, freundlichen Mann besetzt, die Toiletten sauber und geruchs-

arm, die Kantine ein leistungsfähiges Restaurant mit leckeren Angeboten sein (die in Badami z. B. ist die ›erste Adresse‹ am Ort) – es kann aber auch ganz anders sein.

Für Sauberkeit wird ständig gesorgt. Meist sind es Kinder, die mit einem Rutenbesen in der Halle ständig den Staub wenden. Zwischen den Bussen patrouillieren Kühe, denen keine Bananenschale entgeht. Die ausgemergelten Hunde holen sich, was die Kühe verschmähen, und die schwarzen Schweine schließlich fressen, was auch die Hunde fallen lassen.

Die Busfahrt

Rollt ein leerer Bus an den Steig, und es gelingt dem Reisenden durch geschicktes Stellungsspiel, als einer der ersten ins Innere zu gelangen, wird er oft mit einem spezifisch indischen Reservierungssystem konfrontiert: Auf den Plätzen liegen Taschentücher, Schals und die typischen kleinen Henkeltaschen, die ihre Besitzer durch die offenen

Fenster geworfen haben. Beim Drängeln können sie sich dann vornehm zurückhalten. Wir haben diese Methode im Gegensatz zu den Indern nie akzeptiert.

Die einzige Tür des Busses ist auf der linken Seite, vorn oder ganz hinten. Bei der Wahl der Sitzplätze ist folgendes zu beachten: Die in den letzten Reihen sind auf schlechten Straßen mörderisch, denn man fliegt ständig an die Decke. Dafür werden auf den Plätzen direkt über der Achse Steiß und Wirbelsäule malträtiert. Die Plätze vorne rechts, in Landessprache gekennzeichnet, sollte man nicht wählen, denn sie sind für Frauen reserviert, der Platz direkt an der Tür für den Schaffner. Als Fremder bekommt man oft einen ›Ehrenplatz‹ angeboten: ganz vorne, direkt hinter der Frontscheibe, vom Fahrer durch den innenliegenden, heißen Motor getrennt. Ein Platz mit Panoramablick – auf Indiens Straßen aber nur für Menschen mit starken Nerven geeignet. Zeigt man Angst, läuft der Fahrer erst zu richtiger Form auf. Eine Unterhaltung wird durch ständigen Einsatz des elektronisch verstärkten Horns wirkungsvoll unterbunden.

Die Wahl des richtigen Busses ist nicht einfach, denn derjenige, der als Ziel genau den Ort anzeigt, wo man selbst hin möchte, fährt oft nicht direkt, sondern bedient vorher in großen Schleifen die gesamte Umgebung. Ein Fernbus, der am Wunschziel hält, kann um Stunden schneller sein! Zum Problem kann sperriges Gepäck werden, wenn man es nicht – wie nur manchmal möglich – auf dem Dach unterbringen kann, denn die Gepäcknetze oder -borde über dem Sitz sind nur schmal.

Ein Mann von besonderer Konstitution und Begabung muß der Schaffner sein, der sich auch in völlig überfüllten Fahrzeugen ständig von hinten nach vorn und wieder zurück bewegt. Mangels Wechselgeld bekommt man am Anfang der Fahrt oft eine Gutschrift auf die Rückseite des Fahrscheins, die man vorm Aussteigen nicht vergessen darf einzulösen.

Unterschiede von Staat zu Staat

Die Bussysteme sind bundesstaatlich organisiert und entsprechend unterschiedlich. Es gibt natürlich auch grenzüberschreitende Verbindungen in die Nachbarstaaten – allerdings nur wenige, was beim Aufenthalt in Grenzbereichen zu bedenken ist.

Maharashtra hat das spartanischste Bussystem in unserem Reisegebiet. Die staatlichen rot/gelben Busse dominieren – je abgelegener die Gegend, desto klappriger und überfüllter die Fahrzeuge. Grün/weiße komfortable, schnelle Busse mit nummerierten Sitzplätzen und der Möglichkeit, sie im voraus zu buchen, fahren nur auf Hauptstrecken, z.B. Bombay–Pune und weiter nach Süden über Wai nach Kolhapur und Dharwad in Karnataka, nach Mahabaleshvar und nach Norden, nach Nasik und Aurangabad.

Karnataka: Mit den besser gepflegten Bussen der staatlichen Transportgesellschaft KSTC konkurrieren besonders entlang der Küste viele Privatunternehmen mit Bussen aller Kategorien, besonders aber mit schnellen, komfortablen Luxusbussen. Sie besitzen ihre eigenen Terminals (Busbahnhöfe), und die Schaffner werben lautstark um die Fahrgäste.

Andhra Pradesh: Weite Gebiete werden von der staatlichen Busgesellschaft dominiert. Für Langstrecken kommen zunehmend komfortable bis luxuriöse Fahrzeuge zum Einsatz – mit dunkel getönten Scheiben und Video! Die Privaten haben auch hier ihre eigenen Terminals.

Goa besitzt das am besten funktionierende Bussystem in Indien – mit sauberen Terminals und gepflegten Fahrzeugen, sowohl bei der Staatslinie KADAMBA als auch bei privaten Gesellschaften. Gute Verbindungen in die Nachbarstaaten bieten auch einfache und Deluxe-Busse der staatlichen Gesellschaften von Maharashtra und Karnataka.

Tamil Nadu hat ein sehr effektives Bussystem. Es gibt staatliche und viele private Transportgesellschaften. Sie benutzen oft gemeinsame Busbahnhöfe; für Expreßbusse indes gibt es einen separaten Busbahnhof. Von einigen meist zwischenstaatlichen Hauptstrecken abgesehen sind hier – ganz im Gegensatz zu anderen Staaten – die staatlichen Busse den privaten ›Klapperkisten‹ vorzuziehen, die oft jeden Passagier einzeln einsammeln und abliefern. Schnellbusse erkennt man in der Regel an der hellgrün/weißen bzw. im Westen des Landes grün/beigen Bemalung. Die Expreßbusse mit dem eigenen Busbahnhof sind die der staatlichen Tiruvalluvar-Linie, gepflegte Fahrzeuge, zwar etwas teurer, dafür aber schnell und zuverlässig. Vorausbuchung und Reservierung der nummerierten Sitzplätze erfolgen per Computer!

In **Kerala** unterhalten die staatliche KSRTC und die privaten Busgesellschaften getrennte Bahnhöfe. Die schnelleren Busse sind auch hier an ihrer Farbgebung zu erkennen: Expreßbusse sind grün/beige, andere Schnellbusse rot/hellgelb bemalt und oft zusätzlich gekennzeichnet mit ›FP‹ (Fast Passenger) oder ›Limited Stop‹. Sie halten dann nur in großen Orten und schon gar nicht auf Wunsch der Fahrgäste an der Strecke.

... mit dem Mietwagen

Der Mietwagen ist für abgelegene Ziele eine bequeme Alternative zum Bus. Oft lassen sich auch mehrere Ziele zu einer Rundfahrt zusammenfassen. Ein solcher Ausflug bietet den zusätzlichen Reiz, daß die Fahrt vielleicht durch interessante, kaum besuchte Gegenden führt und daß man anhalten kann, wo man möchte (s. Reiseteil: Touren von Harihar, Pudukkottai oder Kakinada).

Ein Mietwagen-System wie bei uns existiert in Indien nicht. Man bekommt nur Wagen mit Fahrer, diese aber problemlos und fast überall. Es ist sinnvoll, sich nach dem offiziellen Preis (Rs/km) zu erkundigen, am Taxistand selbst oder über das Hotel einen Wagen zu bestellen (möglichst mit Englisch sprechendem Fahrer!) und – am besten am Abend vorher – mit dem Fahrer die Modalitäten auszuhandeln: Abfahrtszeit, Route und Ziele (kennt der Fahrer sich aus?), u. U. Preis für Wartezeiten (Waiting Charge). Abgerechnet und bezahlt wird am Schluß (Kilometer-Stand merken!). Der Kraftstoff ist im km-Preis enthalten, aber der Fahrer steuert meist die erste Tankstelle an und fragt dann nach einem Vorschuß, um bezahlen zu können. Oft muß man das Tempo der Kamikaze-Piloten drosseln, um die Fahrt genießen zu können.

Unterkunft

Dak Bungalows, Rest Houses, Inspection Bungalows und Circuit Houses

Die Briten hatten zu ihrer Zeit ein weites und differenziertes Netz von Unterkünften für ihre reisenden Beamten installiert. Die einfacheren ›Dak Bungalows‹ und diverse ›Rest Houses‹ wurden von allen genutzt, während ›Inspection Bungalows‹ und vor allem die repräsentativ angelegten und luxuriös ausgestatteten ›Circuit Houses‹ den höheren Rängen wie z. B. Steuereinnehmern und Richtern vorbehalten blieben. Die Inder übernahmen diese Einrichtungen und gaben die Häuser bedingt auch für andere Reisende frei.

Es handelt sich teilweise um herrliche, weiträumige Anlagen mit schattigen Terrassen in ruhiger Lage, umgeben meist von einem gepflegten Garten – eben britisch-kolonial! Ökonomisch sind sie nicht. Oft bestehen sie nur aus zwei bis drei ›Einheiten‹: Schlafzimmer, Badezimmer, Salon – eingerichtet mit indischen Nachbauten viktorianischer Möbel. Ein Verwalter (Khansama), oft schon in der dritten Generation im Amt, erbittet die Wünsche des Reisenden, kauft im Basar ein, kocht und serviert dem ›Sahib‹ und der ›Memsab‹ das Essen. ›Early Morning Tea‹ und ›5 o'clock Tea‹ sind Standard.

Staatliche Unterkünfte

Diese Romantik ist jedoch heute kaum noch zu erleben. Einen Teil der Häuser haben die Tourismusbehörden durch die ebenfalls schönen, aber weit effektiveren ›Tourist Bungalows‹ ersetzt, die man fast überall findet, wo es etwas zu sehen gibt. Viele andere sind wieder ihrem ursprünglichen Zweck zugeführt worden, unterstehen bestimmten Behörden wie der Forstverwaltung, der Wasserwirtschaft oder dem Straßenbau (PWD = Public Work Department), so daß man sich dort um eine Reservierung bemühen muß. Das ist jedoch nur sinnvoll – und hat Aussicht auf Erfolg –, wo es kaum alternative Unterkünfte gibt (z. B. in Palampet).

Zu dieser Gruppe von Unterkünften gehören auch die ›Railway Retiring Rooms‹ auf den Bahnhöfen. Die Räume sind preiswert und oft überraschend komfortabel und sauber; Vorausbuchung ist zu empfehlen. Ebenfalls staatlich initiiert ist eine Gruppe von Hotels und Bungalowanlagen, die alle ›Ashoka‹ im Namen tragen. Die meist gut geführten Häuser mit angeschlossenem Restaurant gehören zur Ashoka-Gruppe der India Tourism Development Corporation (ITDC).

Unterkünfte der Bundesstaaten

Neben der Zentralregierung haben auch die einzelnen Bundesstaaten ihre Programme und Institutionen zur Förderung des Tourismus, über die sie in tourismusträchtigen Gebieten hotelähnliche Einrichtungen betreiben.

Maharashtra Tourism Development Corporation (MTDC): Hier stehen dem Reisenden u. a. sog. ›Holiday Resorts‹ zur Verfügung, meist Bungalowanlagen in schöner Lage, z. B. in Ajanta, Aurangabad, Karle, Mahabaleshvar, Matheran, Pandharpur, Panhale, Raigad, Ramtek, Sevagram und Wardha (Buchungen über die Zentrale: MTDC Ltd., Express Towers, 9th floor, Nariman Point, Bombay 400021, ℘ 2024482, 2024522 und 2024584).

Karnataka State Tourism Development Corporation (KSTDC): Die akzeptablen Unterkünfte tragen alle den Namen ›Hotel Mayura…‹ und finden sich u. a. in Badami, Bidar, Bijapur, Gulbarga, Mangalore, Madikere, Mysore, Ootacamund und Srirangapatna. ›Tourist Cottages‹ gibt es in Belur und Halebid, ›Tourist Houses‹ u. a. in Aihole, Sravana Belgola und Somnathpur, zudem einige Mayura-Restaurants, (Buchung: KSTDC, 10/4 Kasturba Road, Bangalore 560001).

Andhra Pradesh Travel & Tourism Development Corporation (APTTDC): ›Tourist Guest Houses‹ stehen u. a. in Horsley Hills, Nagarjunasagar, Simhachalam, Tirupati und Warangal sowie das Krishnaveni Motel in Vijayawada (Buchung: Gagan Vihar, 1st floor, M. J. Road, Hyderabad 500001).

Tamil Nadu Tourism Development Corporation (TTDC): Die ehemaligen Tourist Bungalows firmieren heute fast alle mit ›Hotel Tamil Nadu‹ und sind in allen wichtigen Touristenzentren zu finden. Außerdem betreibt die TTDC einige schöne Bungalowanlagen und ›Beach Resorts‹, z. B. in Mamallapuram.

Kerala Tourism Development Corporation (KTDC): Die KTDC unterhält einige gute Hotels wie das ›Mascot Hotel‹ in Trivandrum, die Hotels ›Aranya Nivas‹, ›Lake Palace‹ und ›Periyar House‹ in Thekkady (Periyar) und ›Bolghatty Palace‹ in Cochin. Außerdem stehen eine Anzahl von ›Guest Houses‹ unter der Regie der Tourismusbehörde von Kerala.

Private Hotels
und andere Unterkünfte

In indischen Publikationen wurde bezüglich der privat geführten Hotels lange unterschieden zwischen ›Western Style Hotels‹ und ›Indian Style Hotels‹, wobei letztere sich von den Western Style Hotels in der Art der Toiletten, der Duschanlage sowie darin unterschieden, daß man seine Bettwäsche selbst mitbrachte. Diese Klassifizierung ist kaum noch aufrechtzuerhalten. Heute zieren sich alle besseren Hotels mit dem Attribut ›Western Style‹. In den ›anderen‹ Hotels hat man häufig schon die Wahl zwischen Sitz- und Hocktoilette, zwischen Dusche und Schöpfbecken. Im Zweifelsfall wird man der indischen Version den Vorzug geben. Was hat man schon von einer Dusche, aus der drei Strahl Wasser kommen, die in drei verschiedene Richtungen zielen?

Eine gute Alternative zu den hohen Hotelpreisen in den Großstädten bieten jungen Reisenden YMCA und YWCA mit ihren gut organisierten und sauberen Unterkünften. Besonders in Pilgerorten stehen von religiösen Institutionen und Tempeln betriebene Gästehäuser, Dharmashalas oder Devasthanam genannt, auch ausländischen Touristen offen. In Sravana Belgola z.B. wohnt man gut bei den Jainas, und in manchen abgelegenen Hindu-Heiligtümern wie Srisailam in Andhra Pradesh befinden sich Unterbringung und Speisung der Besucher fest in der Hand der Brahmanen.

Klassifizierungen

Offiziell werden die Hotels in fünf Kategorien eingeteilt, aber leider erfaßt diese Klassifizierung längst nicht alle: ***** Luxus-Kategorie, **** 1A-Kategorie, *** 1B-Kategorie, ** 2. Kategorie, * Tourist Hotels einfacher Art. In die Luxus-Kategorie gehören die meisten Häuser der internationalen und indischen Hotelketten mit zentraler Buchung wie Sheraton-Oberoi, die Taj- und die Welcome-Gruppe.

In den ›Praktischen Hinweisen‹ dieses Führers findet sich die folgende Klassifizierung:

A: Hotels der Spitzenklasse und sehr gute Häuser.

B: Mittelklassehotels im weitesten Sinne: von guten Hotels europäischen Standards in den Städten bis zu staatlichen Einrichtungen in guter Lage, aber mit eingeschränktem Komfort.

C: Einfache Hotels, die allerdings durchaus ihr eigenes Badezimmer (mit Hocktoilette und Schöpfdusche) haben können, sowie sonstige einfache Unterkünfte.

Essen

Vegetarisch und
Nicht-Vegetarisch

Auf die europäische Küche sollte man sich in Indien nicht versteifen, zum einen, weil es sie nur in den großen Hotels und touristischen Zentren – und da nur als mäßige Imitation – gibt, zum anderen, weil es die indische Küche verdient, entdeckt zu werden. Indisches Essen ist gut bekömmlich – wenn auch in manchen Gegenden Süd-Indiens einige Gerichte sehr scharf sind; diese kann man mit viel Reis oder Fladenbrot verträglicher machen. Man darf essen, was frisch gekocht oder gebacken ist. Rohes Gemüse und Salate sind unbedingt zu meiden, genauso wie die leckeren Früchte, die geschält, mundgerecht präpariert und immer wieder mit frischem (!) Wasser übergossen auf der Straße angeboten werden.

Man spricht in Indien von ca. 60 % Vegetariern und 40 % Nicht-Vegetariern, letztere findet man mehrheitlich im Norden. Je weiter man in den Süden kommt, desto ausschließlicher wird vegetarisch gekocht und gegessen. Ohne die Verwendung tierischer Produkte hat diese Küche eine solche Vielfalt und Raffinesse entwickelt, daß sie Vergleiche nicht zu scheuen braucht.

Dem notorischen Fleischesser wird sowieso einiges ›nicht schmecken‹. Das Angebot beschränkt sich auf ›Chicken‹ und ›Mutton‹, letzteres in Indien die Sammelbezeichnung für Schaf- und Ziegenfleisch. Die Kuh ist dem Hindu heilig und das Schwein dem Moslem unrein. Die Hühner, argwöhnt man beim Essen, sind mehrheitlich recht alt geworden, und in einem ›Mutton Curry‹ sind häufig die markantesten tierischen Bestandteile eine Vielzahl von Knochensplittern.

Frühstück und Lunch

Das Frühstück besteht in Süd-Indien meist aus Idlis, kleinen Kuchen aus klebrigem Reis, oder Dosas, köstlichen, ganz dünnen Fladen aus einem Reis-Bohnenmehl-Gemisch, mit oder ohne Füllung. Man ißt beides mit würzigen Tunken aus kleinen Schälchen. Hinterher trinken die Inder Tee oder weiter im Süden Kaffee. Daß die Europäer die Getränke zum Essen wünschen, ist für sie nicht einsichtig und wird hartnäckig ignoriert. Beim Frühstück hat man noch die größte Chance, das Gewohnte in ähnlicher Weise zu bekommen: Toast mit Butter/Margarine und Marmelade, ein Masala-Omelett und vielleicht sogar indische Cornflakes.

Wenn man im heißen Klima unterwegs ist, hat man mittags oft keinen großen Hunger. Ein paar Snacks – in Indien auf gut englisch ›Tiffin‹ – oder noch besser ein paar Früchte tun es dann auch. Überall bekommt man Bananen oder Äpfel aus dem Norden, die prächtig aussehen, aber langweilig schmecken. Je nach Jahreszeit und Gegend findet man die sehr vitaminreichen Guaven, die mit einer Prise Salz gegessen werden, Mangos, Papayas, Ananas, Orangen, Grapefruits und Weintrauben (die im Wasser mit Entkeimungsmittel sehr sorgfältig gewaschen werden sollten).

Restaurants

Feine Restaurants erkennt man an dem prächtig aufgeputzten ›Empfangschef‹, der die Gäste – und später seine Rupees – an der Tür in Empfang nimmt, ferner daran, daß es drinnen aufgrund der Klimaanlage kalt und zudem vornehm dunkel ist. Die Karte ist sehr vielseitig, was häufig dazu verführt, zu viel auf einmal zu bestellen! In den Restaurants der gehobenen Preisklasse, oft einem besseren Hotel angegliedert, bekommt man auch Bier zum Essen – meist das Teuerste an der ganzen Mahlzeit!

Im preislichen Mittelfeld gibt es vielfältige Möglichkeiten, z. B. die Lokale der diversen Restaurantketten wie Kwality, Gaylord oder Kamat, letzteres mit dem Outfit eines europäischen Schnellrestaurants: saubere, schnelle Bedienung und begrenzte Anzahl von Standardgerichten. Auch existiert in den Städten fast überall ein chinesisches Restaurant. Verbreitet sind auch die Punjabi-Restaurants mit nordindischer Küche; hier bekommt man auch Fleischgerichte (non-vegetarian). Typisch südindisch sind die Brahmin-Restaurants, in denen ausschließlich vegetarisch und streng nach den religiösen Vorschriften gekocht wird. Was ein Brahmane kocht, darf jeder Hindu auch anderer Kasten essen! Schließlich sollten auch die recht brauchbaren Bahnhofsrestaurants und die ›Canteen‹ auf dem Busbahnhof erwähnt werden.

Mittags und abends stellen die Restaurants Schilder auf die Straße: ›Meals ready‹. Was da fertig ist, ist überall das gleiche: *Thali*, das vegetarische Standardgericht! Auf den Tisch kommt ein großes Metalltablett, die Thali – dieses Geschirr hat dem Gericht den Namen gegeben –, mit einem Berg Reis und vielen kleinen Metallschälchen (Katoris) drumherum. In den Schälchen befinden sich verschiedene Gemüsecurries, würzige Suppen, Dhal, Raita, Joghurt, Chutney und Salz. Dazu kommen noch Papadum, eine knusprige Gewürzwaffel aus Linsenmehl, und Fladenbrot. Keiner steht hungrig auf, Nachschlag gibt es reichlich.

Manchmal ersetzt ein Stück Bananenblatt das Tablett, und der Reis wird aus einem Eimer, die anderen Zutaten aus speziellen Messinggefäßen In einer Tragevorrichtung auf den grünen Einwegteller gegeben. Mit der rechten Hand bereitet man die Happen vor und schiebt sie in den Mund. Wer das nicht möchte, muß sich seinen Löffel mitbringen.

Am unteren Ende der Preisskala sind die zahlreichen ›Hotels‹ zu finden, eine Art Imbißlokale, die sich meist in der Nähe von ›Bus Stand‹ und ›Station‹ drängen. Hier gibt es manch leckere Samosas, Pakoras, eingebackene Chilis und ähnliche Kleinigkeiten, auch Suppen, Reis oder Chapatis. Und schließlich gibt es die tragbaren Restaurants, die Ein-Mann- oder Ein-Frau-Unternehmen, die jeden Tag neu eröffnen.

Die südindische Küche

In Nord-Indien werden im besonderen Weizen, Gerste, Hirse und viele Gemüsesorten angebaut, Ziegen- und Hühnerfleisch sowie Lamm sind sehr beliebt, das Brot ist ein Hauptnahrungsmittel, und zur Zubereitung der Speisen werden vorwiegend pulverisierte Gewürze verwendet.

In Süd-Indien ist der Reis Hauptbestandteil der Ernährung, und da – je weiter man nach Süden kommt – mehr und mehr vegetarisch gegessen wird, kommt den Hülsenfrüchten und Gemüsesorten eine besondere Rolle zu. Das macht sich bereits beim Frühstück bemerkbar: *Idlis* sind kleine, weiße, flache, in einem Dampftopf gegarte Kuchen aus gemahlenem Reis und gemahlenen Linsen. Der leicht fade Geschmack wird durch

Sambar wettgemacht, eine Sauce aus zerstampfter, frischer Kokosnuß, rotem Chili, Ingwer und Zwiebeln, mit Tamarinde süßsauer abgeschmeckt, oder eine Paste aus Minze, Cilantro (indische Petersilie) und Zitronensaft.

Dosas werden in verschiedenen Variationen zubereitet, als einfache Dosa, Dosa masala oder hauchdünne Papierdosa. Der Teig, ein Reis-Bohnenmehl-Gemisch, bekommt die Form eines großen Pfannkuchens, wird auf einer flachen Pfanne gebakken und zusammengeklappt serviert. Die Füllung besteht meist aus einer Mischung von Kartoffeln und Gemüsen. *Uppama,* ein dicklicher Reispudding, wird vermengt mit Linsen, Zwiebeln, grünen Chilis, Ingwer, Senfkörnern und Cilantro gegessen. *Puris* werden aus Weizenmehl hergestellt, fritiert, als kleine Bällchen oder große Ballons serviert und sofort heiß zu einem Kartoffelgemüse gegessen.

Auch die Kleinigkeiten vor der nächsten Hauptmahlzeit, die *Tiffins,* werden aus verschiedenen Mehlsorten und Gemüsearten zubereitet. Die bekanntesten sind Samosas und Pakoras. *Samosas* sind blätterteigartige, fritierte Teigtäschchen, gefüllt mit einer Mischung aus Kartoffeln, Erbsen, einer Gewürz-Masala und Koriandersamen, Zwiebeln, Ingwer, Cayennepfeffer, Salz und Zitronensaft; *Pakoras* bestehen aus fritierten Gemüsestückchen oder auch ganzen grünen Chilischoten (!) in einem Teig aus Kichererbsenmehl.

Die Hauptmahlzeit besteht normalerweise aus einem ›Meal‹ (s. S. 384 f.). Daneben gibt es eine Reihe von Fleisch- und Fischgerichten mit typischen Gemüsebeilagen, die immer wieder auf der Speisekarte auftauchen und dennoch ganz unterschiedlich schmekken können. Der Grund liegt in der unterschiedlichen Art der ›Curry‹-Zubereitung, das große Geheimnis jeder Küche.

Wir kennen Curry als goldgelbes Gewürzpulver. *Curry* ist jedoch die westliche Schreibweise für das Tamil-Wort ›Kari‹; da-

Die Gewürze einer Masala

Anis
Asafetida Teufelsdreck: Hing
Basilikum: Biswa Tulsi
Bockshornklee: Methi
Cayennepfeffer: Lal mirch
Chilischoten: Mirch
Cumin/Kreuzkümmel: Jeera
Currypulver: Kari podi (!)
Fenchel: Saunf
Ingwer, frisch: Adrak
Ingwerpulver: Sonth
Kardamom: Elaichi
Kariblätter: Wie Lorbeerblätter
Knoblauch: Leson
Koriander: Dhaniya/Sukha
Korianderblätter: Dhaniya ke Patte
Lorbeerblätter: Tej Pata
Mangopulver: Amchoor
Minze: Podina
Mohnsamen, weiß: Khus Khus
Muskat: Jaiphul
Muskat-/Macisblüte: Javitri
Nelken: Lavang
Oreganosamen: Ajwain
Panch Pharon (Fünf Gewürze): Cumin-, Kalonji-, Fenchel-, Bockshornklee-, Senf-
   samen
Paprika: Deghi Mirch
Safran: Keshat/Kesar
Salz: Namak
Schwarzer Pfeffer: Kali mirch
Senfsamen, schwarz: Rai
Tamarinde: Imli
Tumerik/Kurkuma/Gelbwurz: Haldi
Zimt: Dalchini
Zwiebelsamen: Kalonji

mit sind sowohl die süß-aromatischen Blätter der Karipflanze als auch eine typisch südindische Kochtechnik gemeint, Fisch, Fleisch oder Gemüse in einer dünnen, würzigen Sauce – der ›Kari-Sauce‹ – zu einer Art Eintopf, nämlich ›Kari‹, zusammenzuko-chen. Die Grundlage für die ›Kari-Sauce‹ ist das ›Kari-Pulver‹, eine spezielle Gewürzmischung sozusagen nach Art des Hauses, d. h. jede Familie hat hier ihr eigenes Rezept, das geheim bleibt und von Generation zu Generation vererbt wird. Der Geschmack ist

Die südindische Speisekarte

Außer Thali stehen noch eine ganze Reihe anderer *Gerichte* auf der Karte, die zu Reis oder Brot gegessen werden.

Alu: Kartoffel
   Alu Mattar: Kartoffeln und Erbsen
   Alu Palak: Kartoffeln und Spinat
   Alu Gobi: Kartoffeln und Blumenkohl
   Alu Piaza: Kartoffeln und Zwiebeln
Anda: Ei
Arwa Dal: Linsen
Baigan: Auberginen
Bandh Gobi: Kohl
Basmati: Langkornreis
Besan: Kichererbsenmehl
Bhaji: Erbsen
Bhindi: Okra
Bonda: Gewürzte Bällchen aus Kartoffel- oder Kichererbsenmehl
Channa: Kichererbsen
Dahi/Curd: Joghurt
Dopiaza: Zwiebeln
Firni: Pudding aus Reismehl, Mandeln, sahniger Milch
Ghee: Butterschmalz
Gobi: Blumenkohl
   Gobi masala: Gewürzter Blumenkohl
Hari Mirch: Grüne Paprikaschoten
Kheer: Fleischbällchen in Rahmsoße
Khumbi Pilaw: Champignons und Pilaw
Lobia: Schwarzgefleckte Bohnen
Mattar: Erbsen, Kirchererbsen
   Mattar Paneer: Käse mit Erbsen
   Mattar Pilaw: Erbsen und Pilaw
Malai Kofta: Fleischbällchen in Rahmsauce, Zitrone und Limone
Mooli: Weiße Radieschen
Moong Dal: Halbe gelbe Mungobohnen
Musoor Dal: Halbe rote Linsen
Narial: Kokosnuß
Navaratnakurma: Neun Köstlichkeiten: Gemüse, Mandeln, Rosinen
Nimbu: Zitrone, Limone
Palak: Spinat
   Palak Paneer: Spinat mit Käse
Paneer: Quark/Käse
   Paneer kurma: Geschmorter Quark
Payasam: Pudding aus gelben Mungobohnen, halben Erbsen und Kokosmilch

Raita: Rohe oder gegarte Gemüse/Früchte, mit gewürztem Joghurt vermischt
Rajma: Rote Bohnen
Rasam: Würzige Linsenbrühe
Sambar: Getrocknete Erbsen mit frischem Gemüse
Samosa: Gefüllte Teigtäschchen
Uppama: Verschiedene zusammen gekochte Gemüsesorten
Urad Dal: Halbe, enthülste weiße Bohnen
Reis
Biriyani: Gewürzter Safranreis mit feinem Gemüse und Fleisch oder Krabben
Hara Chutney ka Pullao: Reis mit Minze, Kokos und Gewürzen, eine Spezialität aus
   Andhra Pradesh
Pilaw: Reis mit Gewürzen, Fleisch, Huhn oder Gemüse
Plain rice: Reis ohne alles
Brot
Chapati: Sehr flaches Fladenbrot aus Weizenmehl (ohne Backpulver)
Kachauri: Wie Puris mit einer würzigen Bohnenfüllung
Nan: Fladenbrot, tropfenförmig, im Tandoor-Ofen gebacken
Pappadam: Pergamentdünne, knusprige Gewürzwaffel aus Linsenmehl
Paratha: Geschichtetes, ungesäuertes Vollkornfladenbrot
   Alu Paratha: Mit Kartoffelmischung
   Gobi Paratha: Mit Blumenkohlmischung
Puri: im schwimmenden Fett ausgebackenes Brot aus Weizenmehl
   Bhelpuri: Mini-Puris mit Tamarindensauce

---

somit je nach Art der ›Currypulvermischung‹ verschieden, die Gemüsekombination dagegen immer dieselbe.

... und Trinken

Wasser und Tee

Bei indischen Temperaturen muß der Mensch mehr als die bei uns obligatorischen 2 Liter Flüssigkeit pro Tag zu sich nehmen. Wasser unbekannter Herkunft sollte man auf alle Fälle meiden! Dazu gehört sowohl Leitungswasser als auch das Wasser aus ›kristallklaren‹ Bächen. Zweifelhaft ist auch, ob das angebotene Wasser im Hotel wirklich abgekocht wurde. Am besten trinkt man nur Wasser aus originalverschlossenen Flaschen, ohne oder mit Kohlensäure (Soda).

In Indien wird viel Tee getrunken, weiter im Süden mehr Kaffee. Für den von dem unsrigen grundverschiedenen Tee werden Wasser, Milch, Zucker und Tee zusammengegeben, zum Kochen gebracht und durch ein Tuch gegossen, dann folgt in einem guten ›Tea Stall‹ eine sehenswerte Akrobatennummer: Der Tee wird ein paarmal freihändig aus einem Becher in einen anderen ›geworfen‹, zu sehen ist ein hellbrauner Bogen von bestimmt 80 cm Länge. Danach wird er in kleinen Tassen serviert und, da er heiß ist, meist aus der Untertasse getrunken. Der Tee schmeckt überall anders, nach Ingwer, Kardamom, Nelken – das Würzrezept ist das Geheimnis des Kochs. Wenn man das Getränk mag, kommen am Tag eine Menge ›Tschai‹ zusammen. Die Wirkung ist – besonders am Anfang der Reise unangenehm – stopfend.

Soft Drinks und Säfte

Überall in Indien bekommt man reichlich Soft Drinks angeboten, ›icecold‹: Mangola, Fanta, Goldspot, Limca. Campa Cola und Thums up sind mäßig gelungene Coke-Surrogate, für den großen Durst nicht zu empfehlen, da viel zu süß. Dagegen ist der Saft der grünen Kokosnüsse – garantiert keimfrei ›verpackt‹ – ein idealer Durststiller. Gut ist auch Fresh Lemon (Lime) Soda; Sodawasser mit frischem Limonensaft und etwas Zucker oder Salz. Das Sodawasser aus der lokalen Eigenproduktion in den Flaschen mit dem Glaskugel-Patentverschluß sollte man besser meiden.

Köstlich sind frische Fruchtsäfte und Milch-Shakes. Achten Sie darauf, daß sie einwandfrei zubereitet werden. Das gleiche gilt für Lassi, ein erfrischendes Getränk aus Joghurt und Wasser (!), salzig oder süß zubereitet. Frisch gepreßten Saft aus Zuckerrohr sollte man auch nicht gleich in der ersten Zeit probieren; die Rohrstücke müssen vor allem sauber geschält sein.

Alkohol

Alkohol ist in Indien ein Problem – besonders für die Regierungen der einzelnen Bundesstaaten, die sich manchmal mit der Prohibition recht schwer tun. Dabei hat Indien eine florierende Alkoholindustrie. In ›Liquor Shops‹, ›Wine Stalls‹ und Bars gibt es reichlich Gin, Whiskey, Cognac und Rum mit klangvollen Namen und in stilvoller Aufmachung. Das gut bekömmliche indische Bier wird in ½ Liter-Flaschen verkauft und kostet um DM 2,–; sog. Starkbier wie ›Khajuraho 2000‹ ist vor allem teuer und süß.

Probieren sollte man auch Toddy, den Palmwein. Man gewinnt ihn, indem man den Stamm des Baumes oben im Wipfel anritzt und die austretende Flüssigkeit in Sammelgefäßen auffängt. Dieser Saft vergärt sehr schnell. Ist er frisch, hat er nur wenig Alkohol, er schmeckt angenehm und erinnert an Apfelwein.

Informationen von A–Z

Abkürzungen

Viele aus der Kolonialzeit übernommene Namen von Institutionen und Straßen, aber auch solche neueren Datums, werden fast ausschließlich in ihrer Kurzform verwendet und auch so gesprochen wie z. B. GPO für General Post Office (Hauptpostamt), C-in-C Road für Commander-in-Chief Road oder MG Road für Mahatma Gandhi Road.

Andenken

Die Möglichkeiten, Geld für mehr oder weniger nützliche Souvenirs auszugeben, sind in Indien nahezu grenzenlos. In dem Land von der Größe eines Kontinents werden eine Vielzahl uralter handwerklicher Traditionen gepflegt. Vieles gehört zur lebendigen Kultur der Menschen, anderes wird speziell für den Tourismus geschaffen.

Die bequemste Art einzukaufen bieten die exquisiten Boutiquen in den großen Hotels; hier bewegt man sich in stilvollem Ambiente, Auswahl und Preise sind vom Feinsten. Sicher und reell kauft man ein im ›Government Emporium‹, staatlichen Läden oder Kaufhäusern, die entweder einen Querschnitt durch das gesamte Kunsthandwerk (Government Handicraft Emporium) oder hauptsächlich Textilien (Government Cottage Industries Emporium) anbieten.

In den großen Städten unterhalten die einzelnen Bundesstaaten außerdem für ihre Produkte eigene Emporia. So gibt es z. B. in Trivandrum, Cochin, Bombay, Madras, Delhi und anderen Städten Niederlassungen der ›Handicraft Development Corporation of Kerala‹; sie tragen alle den Namen ›Kairali‹. Von Tamil Nadu gibt es eine Kette von Läden unter dem Namen ›Poompuhar‹, und im ›Kashmir Government Arts Emporium‹ lokken u. a. die schönen Mitbringsel aus Papiermaché oder die praktischen und preiswerten ›Numdhas‹, Filzteppiche mit phantasievollen Stickereien in geschmackvollen Farben. Hier kauft der Kunde zu Festpreisen, und wenn er sich größere Stücke schicken läßt, kann er ziemlich sicher sein, daß auch ankommt, was er gekauft hat.

Aufregender und lustvoller gestaltet sich das Einkaufen im Basar, wo Dutzende von Händlern miteinander konkurrieren, wo der Kunde König ist, Tee, Kaffee oder Limca serviert bekommt – und, wenn er nicht aufpaßt, übers Ohr gehauen wird. Wer Spaß am Handeln hat, kann hier aber auch zu Erfolgserlebnissen kommen.

Der Süden bietet eine Fülle hochwertiger handwerklicher Spezialitäten. Für ihre Seidenerzeugnisse sind u. a. Kanchipuram, Mysore und Bangalore bekannt, feine Baumwollprodukte werden in Madras und Bombay hergestellt, und wunderbare ›Ikats‹ kommen aus dem Nordosten von Andhra Pradesh und dem angrenzenden Orissa. Die bequemen, fein bestickten Hemden und weiten Hosen der Moslems kann man gut in Hyderabad kaufen – und zu Hause als Pyjama tragen. Lederwaren verraten oft die Hand moderner Designer aus Europa (z. B. Italien), wohin ein Großteil der Produktion auch exportiert wird. Die bekannten Sandalen aus Kolhapur bekommt man in ganz Indien.

Aus der Gegend von Sri Kalahasti im Süden Andhra Pradeshs kommen die eigenwilligen ›Kalamkaris‹, Malereien mit meist mythologischen Themen in einer speziellen Technik auf Baumwolle. Im Süden Tamil Nadus werden kunstvolle Matten aus einer Art Zyperngras ›gewebt‹, und in Kerala bekommt man alles, was man aus Kokosfasern herstellen kann, so z. B. freundliche Fußabtreter mit eingearbeitetem ›Willkommen‹.

Bidar und Hyderabad sind Zentren des Bidri-Kunsthandwerks. Das geschwärzte Metall von Schalen, Vasen, Dosen und Schmuckkästen wird kunstvoll mit traditionellen Mustern in Silber ausgelegt. Schnitzereien aus edlen Hölzern stammen aus Tamil Nadu, Kerala und Mysore, wo man auch Elefanten von mikroskopisch bis raumfüllend bekommen kann. Aus duftendem Sandelholz werden in vollendeter Technik verkitschte Götterfiguren geschnitten – was abfällt, gibt den Duft von Wässerchen und Seife. In Kerala fertigt man prächtige Kathakali-Motive aus Holz und in Kondapalli bei Vijayawada farbenfrohes Spielzeug.

Schmuck gibt es in Indien in verwirrender Vielfalt, von den farbenfrohen Armreifen aus Plastik oder dem dekorativen Silberschmuck der Banjara-Frauen bis zu sündhaft teuren Stücken in Gold, mit Edelsteinen und Perlen aus Maharaja-Besitz. Goldschmuck gilt in Indien traditionell als wertvollster Besitz der Frauen und dient zur Absicherung ihrer sozialen Stellung. Der Bedarf ist enorm, die Importpolitik restriktiv und entsprechend der Preis fast doppelt so hoch wie bei uns. Den Preis von Silberschmuck bestimmt der Metallwert, die oft großartige handwerkliche Arbeit bekommt man fast geschenkt. Wertvolle Steine und Perlen sollte nur kaufen (z. B. in Hyderabad), wer sich auskennt.

Vorsicht ist auch bei Antiquitäten geboten! Erstens sind es oft gar keine und zweitens unterliegen sie strengen Ausfuhrbestimmungen (s. S. 374). Man kann aber sowohl von den faszinierenden Bronzen handwerklich saubere Nachgüsse als auch von den entzückenden Motiven der höfischen Malerei gekonnte Kopien auf Papier, Baumwolle oder Seide erstehen; einige der großen Museen verkaufen Repliken ihrer Schätze.

Bettler

Bilder von Armut und Elend halten viele von einer Indien-Reise ab. Tatsächlich wird der Reisende unweigerlich mit diesem Problem konfrontiert werden und muß eine Einstellung dazu entwickeln. Es gibt in Indien viel echte Not – es gibt aber auch erbliche Bettelei (in Bettlerkasten werden die Kinder frühzeitig vom Vater in dessen ›Beruf‹ eingeführt), organisierte Bettelei (der Boss vergibt die Reviere und kassiert seinen Anteil), religiöse Bettelei (jeder Inder weiß, daß höchstens jeder dritte Sadhu ›echt‹ ist) und sportliche Bettelei (je nach Gegend verlangen die Kinder nach ›pen‹, ›chocolate‹, ›coins‹ oder ›rupees‹).

Erbarmenswürdige Krüppel schaffen es, ganze Großfamilien zu ernähren. Kinder auf dem Arm bettelnder ›Mütter‹ können, müssen aber nicht, ausgeliehen sein. Man sollte sich nicht unter Druck setzen lassen (z. B. beim Halten an der Kreuzung), immer ›Kleingeld‹ in der Tasche haben und geben, wo man es für angebracht hält, auch wenn es vielleicht einmal dem ›Falschen‹ zugute kommt.

Drogen

Drogen sind erst mit den ›Travellers‹ (Rucksacktouristen) und ausgehend von Goa zum Problem geworden. Regierung und Polizei haben reagiert, den traditionellen Handel verboten und auch den Besitz von Drogen unter Strafe gestellt. 10 g Hasch können zehn Jahre indisches (!) Gefängnis bringen!

Elektrizität

Städte und größere Dörfer sind an das Elektrizitätsnetz angeschlossen, Stromausfälle allerdings an der Tagesordnung. Die Spannung beträgt fast überall 220 Volt Wechselstrom. Einen Adapter für die indischen Schlitzstecker bzw. -steckdosen sollte man mitführen.

Feste und Feiertage

Januar
Neujahr: 1. Januar, ganz Indien
Film Festival: Jedes Jahr in allen großen Städten
Tyagaraja Music Festival: Thiruvaiyaru, nahe Tanjore (Tamil Nadu)
Pongal (Sankranti): Beginn 14. oder 15. Januar; Süd-Indien (besonders Madurai und Tiruchirapalli; Tamil Nadu)
Elephant Marathon: Kerala (Trichur)
Tag der Republik: 26. Januar (gesetzlicher Feiertag)
Bhogi: Tamil Nadu
Januar–Februar
Teepam (Floating Festival): Madurai, Cochin, Madras (Tamil Nadu)
Vasant Panchami: Ganz Indien
Februar
Karneval: Goa, Kerala
Hazrat Alis Geburtstag: 10. Februar: Ganz Indien, besonders Calcutta, Bombay, Delhi, Hyderabad, Lucknow
Februar–März
Maha Shivaratri: Ganz Indien in Shiva-Tempeln, besonders Chidambaram, Delhi, Khajuraho, Tanjore, Varanasi
Holi: Ganz Indien
März
Ellora Festival: Ellora (Maharashtra)
Jamshed Navroz: Neujahrstag der Parsen, besonders Maharashtra und Gujarat
März–April
Ramanavami: Ganz Indien, Festtag zu Ehren des Geburtstags des Gottes Rama (gefeiert in Rama-Tempeln)
Karfreitag: Gesetzlicher Feiertag, alle Großstädte, besonders Bombay, Calcutta, Delhi, Panaji (Goa), Kerala
Vishu: Kerala
April–Mai
Pooram: Trichur (Kerala)
Minakshi Kalyanam: Madurai (Tamil Nadu)
Baisakhi: Nord-Indien und Tamil Nadu, hinduistischer (Sonnen-) Neujahrstag
Juli–August
Naga Panchami: Maharashtra, Süd-Indien, Delhi, Rajasthan, Fest zu Ehren der Schlangen
August
Unabhängigkeitstag: 15. August, gesetzlicher Feiertag
August–September
Janma Ashtami: Geburtstag des Gottes Krishna, ganz Indien, besonders Delhi, Dwarka, Varanasi und alle Pilgerorte
September
Ganapati (Ganesha Chaturthi): Besonders Bombay, Goa, West-Bengalen
September–Oktober
Dushera (Ram Lila, Durga Puja, Dassera): Ganz Indien (gefeiert zehn Tage, davon zwei gesetzliche Feiertage)
Oktober
Mahatma Gandhis Geburtstag: Ganz Indien, 2. Oktober
Oktober–November
Diwali: Ganz Indien, Lichterfest zu Ehren der Göttin Lakshmi
November
Goverdhana Puja: Hinduistisches Fest zu Ehren der Kuh (gesetzlicher Feiertag)
Sir-Singar Music Festival: Bombay
Children's Day: 14. November, Jawaharlal Nehrus Geburtstag
Dezember
St. Franziskus Xavier: 3. Dezember, Goa, Fest zu Ehren des Heiligen
Weihnachten: 25. Dezember (gesetzlicher Feiertag), ganz Indien

Dezember–Januar
Kultur- und Tanzfestival: Madras, Kalakshetra (Tamil Nadu)

Fotografieren

Fotografieren macht Spaß in Indien, und Motive gibt es reichlich. Die Menschen haben, von Ausnahmen abgesehen, nichts dagegen, fotografiert zu werden. Man sollte aber auch mitspielen, wenn man selbst als exotische Verzierung zu einer Gruppenaufnahme gebeten wird oder einem stolze Eltern für ein Erinnerungsfoto ihr Kleinkind auf den Arm

setzen. Militärische und strategisch wichtige Anlagen (Flughäfen, Industrieanlagen, Brücken, Staudämme usw.) dürfen auf keinen Fall aufgenommen werden, und selbst beim Fotografieren auf dem Bahnhof kann man Ärger bekommen.

Bei vielen kunsthistorischen Monumenten gibt es Einschränkungen durch den ›Archaeological Survey of India‹. Ohne eine entsprechende Erlaubnis (New Delhi, Janpath) darf entweder nur freihändig und ohne Blitz oder gar nicht fotografiert werden; das gleiche gilt für Museen. In großen Tempeln erteilt der Temple Trust die Aufnahmeerlaubnis, die für Fotokameras meist erschwinglich ist, für Videokameras aber unangemessen hoch sein kann. In Naturschutzgebieten wird ebenfalls entsprechend der Kamera eine Gebühr erhoben.

Filme sollte man genügend mitbringen. Nur in Bombay und u. U. in den Hauptstädten der Bundesstaaten kann man brauchbares Material teuer nachkaufen.

Geld und Währung

Die indische Rupie (Rupee) ist in den letzten Jahren gegenüber den westlichen Währungen ständig gefallen: Kurs zur DM 1990 ca. 10 : 1. Eine Rupie wird unterteilt in 100 Paisa. Lange gab es nur Scheine von Rs. 100/-, 50/-, 20/-, 10/-, 5/-, 2/- und 1/-. Neuerdings führte man auch 500-Rupie-Scheine ein sowie 1- und 2-Rupie-Münzen zusätzlich zu den 50-, 25-, 20-, 10-, 5-, 3-, 2- und 1-Paisa-Stücken. Die Scheine werden häufig in der Mitte mit Stahlklammern zu Bündeln zusammengeheftet, was mit der Zeit quasi ›offizielle‹ Löcher gibt. Aber wehe, wenn so ein ›Lappen‹ einmal am Rande leicht beschädigt ist – dann weist sogar ein Bettler die Rupie zurück!

Kleidung

Generell ist leichte, bequeme Baumwollkleidung angebracht. Am Abend sollte diese den Körper weitgehend bedecken (s. S. 372). Für die kühlen Abende im Gebirge (Nilgiri-Berge) ist wärmere Kleidung zu empfehlen. Was fehlt, bekommt man auch in Indien – vom T-Shirt bis zum Maßanzug (sehr preiswert!).

Indien ist ein sehr traditionsgebundenes Land. Gewagte Dekolletés, knallenge Hosen oder Shorts stoßen vielerorts auf Unverständnis und führen zu Mißachtung, Belästigungen und Aggressionen.

Kriminalität

Indien kann als recht sicheres Reiseland bezeichnet werden. Berüchtigt war zeitweise Goa, wo sich die ›Traveller‹ gegenseitig bestahlen. In den großen Städten, in Touristenzentren und besonders auf Bus- und Bahnhöfen ist – wie auf der ganzen Welt – Vorsicht geboten. Gewaltkriminalität kommt kaum vor, aber Trickdiebe und Betrüger versuchen schon, von der Sorglosigkeit und Vertrauensseligkeit der Touristen zu profitieren.

Deshalb gilt auch hier: Gepäck nicht unbeaufsichtigt lassen, Paß, Geld und Tickets möglichst nicht sichtbar, sondern dicht am Körper tragen (oder, wo möglich, im Hoteltresor lassen), Geld und Paß nach dem Wechseln noch in der Bank sicher verstauen, Kopien wichtiger Dokumente an anderer Stelle im Gepäck aufbewahren.

Landkarten

Übersichtlich und gut lesbar sind die Karten ›India‹ 1–4 (1 : 1 500 000) aus dem Nelles-Verlag, wobei die Karten 2 (West) und 4 (South) unser Reisegebiet weitgehend abdecken. Die einzelnen Bundesländer geben jeweils eigene, recht brauchbare Touristenkarten heraus, die in den jeweiligen Tourist Offices erhältlich sind.

Maße und Gewichte

Entfernungen werden oft noch in Meilen (miles), Furlongs und Yards angegeben: 1 Meile = ca. 1,6 km, 1 Furlong = ca. 200 m, 1 Yard = ca. 91 cm. Weitere alte englische und noch gebräuchliche Maßeinheiten sind: 1 Inch = ca. 2,54 cm, 1 engl. Pfund (Lbs.) = ca. 0,45 kg, 1 Ounce = ca. 2,8 g, 1 Gallon = ca. 4,55 l.

Temperaturen werden oft in Grad Fahrenheit angegeben (Beispiele: 32 °F = 0 °C, 68 °F = 20 °C, 86 °F = 30 °C). Umrechnung

von Fahrenheit in Celsius: minus 32 mal 5
geteilt durch 9.

Öffnungszeiten

Banken: Mo–Fr 10.00–14.00, Sa 10.00 bis
12.00 Uhr.
Postämter: 10.00–17.00, Sa 10.00–12.00
Uhr.
Andere Behörden: Gewöhnlich 10.00–16.00
Uhr (Mittagspause!).
Größere Geschäfte, Reisebüros usw.: Werk-
tags 10.00–17.00 Uhr.
Kleinere Läden: Oft 9.00 Uhr bis spät abends
und teilweise auch sonntags.

Post

Die indische Post arbeitet gemeinhin zuver-
lässig, wenn auch nicht übermäßig schnell.
Frankierte Sendungen läßt man, um dem
Verlust der Marken – und damit der Sendung
– vorzubeugen, am besten vom Schalterbe-
amten entwerten. Am Schalter erhältliche
Aerogramme sind von vornherein sicherer.
In den großen Städten gibt es auch spezielle
Schalter für Sondermarken, in Bombay z. B.
im 1. Stock des Hauptpostamtes (GPO =
General Post Office).
Paketsendungen müssen in Stoff einge-
näht und versiegelt werden. Die entsprechenden ›Service-Unternehmen‹ sitzen
meist direkt vor dem Postamt. Postlagernde
Sendungen läßt man sich am besten an das
jeweilige GPO schicken. Nachfragen sollten
unter den Buchstaben von Vor- und Zuna-
men erfolgen.

Prohibition

In den südindischen Bundesstaaten gilt
meist: ›Prohibition not in force‹ (kein Alkohol-
verbot). Das kann sich aber mit wechseln-
den Mehrheiten in den Parlamenten schnell

ändern. Dann können sich ausländische
Touristen bei der Einreise ein ›Liquor Permit‹
(Alkoholerlaubnisschein) ausstellen lassen.
In den internationalen Hotels muß so oder so
keiner Mangel leiden.

Reiselektüre

Wer sich ›unterhaltsam‹ auf das Reiseziel
einstimmen möchte und auch unterwegs
Lektüre zum oder aus dem indischen Kultur-
kreis bevorzugt, findet in der Literatur-
auswahl neben Werken zur Vertiefung der
angesprochenen Themen eine Vielzahl
empfehlenswerter Bücher – bis hin zum indisch ›gefärbten‹ Krimi.

Reisezeit

Hauptreisezeit für ganz Indien ist die Zeit
nach dem Südwestmonsun, also Oktober
bis März. In weiten Teilen Süd-Indiens ist es
dann trocken und sonnig, aber nicht zu heiß.
Nur an der Ostküste muß von November bis
Januar unter Einwirkung des Nordostmon-
suns mit gelegentlichen Regenfällen ge-
rechnet werden (s. S. 15f.). Von April bis
zum Beginn des Südwestmonsuns im Juni
wird es in ganz Süd-Indien heiß bis sehr
heiß. Die Monsunzeit hat trotz aller mögli-
cher Reisebehinderungen auch ihren speziellen Reiz. Oft wechseln heftige Regen-
schauer mit Aufheiterungen in schneller
Folge.

Taxi

Eine Alternative zu den oft überfüllten Stadt-
bussen bieten in größeren Städten verschiedene Arten von Taxis: Autos, Scooter-Rikschas, Fahrrad-Rikschas und Tongas. Die
neben denen in Calcutta letzten von laufenden Menschen gezogenen Rikschas in Cochin werden fast nur noch zum Warentran-

sport eingesetzt. Von oben nach unten findet ein Verdrängungswettbewerb statt. In Bombay z. B. fahren nur noch Auto-Taxis.

Der Taxometer, auf dessen Einsatz man oft nachdrücklich bestehen muß, ist meist nicht auf dem aktuellen Eichstand. Aus einer mitgeführten Liste wird der korrekte Fahrpreis ermittelt. Auch Scooter-Rikschas sind oft mit einem Taxometer ausgestattet, aber nur in wenigen Städten kommt er zum Einsatz. Üblicherweise muß man den Preis vor Fahrtantritt aushandeln, genau wie bei Fahrrad-Rikscha und Tonga. Oft werden von Fremden Phantasiepreise gefordert. Um nicht das Gesicht zu verlieren, empfiehlt es sich, den Preis hart herunterzuhandeln und dann lieber ein gutes Trinkgeld zu geben.

Von den Fahrrad-Rikschas fahren überall andere Modelle; viele sind unbequem, diejenigen, wo der Fahrgast vor dem Fahrer sitzt, sind besonders unangenehm. Tongas, vielfach die einzigen Fortbewegungsmittel in abgelegenen Orten, sind Einspänner, die meist von kleinen, mageren Pferdchen gezogen werden.

Telefon

Das innerindische Telefonnetz befindet sich in einem desolaten Zustand. Eine Verständigung über Telefon ist für Fremde fast nicht möglich. Inder schreien am Telefon, als wollten sie den Partner direkt erreichen. Die Verbindungen ins Ausland sind bedeutend besser; von vielen großen Städten aus existieren Durchwahlmöglichkeiten. Üblicherweise vermitteln die Telefon- und Telegrafenämter Gespräche innerhalb von 30 Minuten. Möglichkeiten zur Selbstwahl bestehen auch in den großen Hotels.

Trinkgelder

›Tips‹ sind in Indien durchaus üblich. In besseren Restaurants erwartet man ca. 10 %

der Rechnungssumme. Taxifahrer bekommen gewöhnlich kein Trinkgeld. Für erwartete Dienstleistungen in Hotels und anderswo ist es sinnvoll, vorab etwas zu geben, um dem Wunsch Nachdruck zu verleihen. Die Übergänge zur Bestechung sind fließend.

Unterhaltung

Einen indischen Film, am besten einen der aktuellen Kassenschlager, muß man einmal erlebt haben. Ansonsten finden Veranstaltungen für Touristen wie Tanz und Folklore hauptsächlich in den internationalen Hotels statt. Dort befinden sich auch die Nachtclubs mit ihren wenig aufregenden Shows. Ort und Zeit von Konzerten indischer klassischer Musik kann man im Tourist Office erfragen oder auch in der Zeitung finden.

Verkehrsregeln

Indien hat bis heute den Linksverkehr beibehalten. Darüber hinaus gelten – theoretisch – in etwa die gleichen Verkehrsregeln wie bei uns – in der Praxis herrscht jedoch das Recht des Stärkeren. Die Autos scheuchen die Scooter, diese die Fahrräder – und die Menschen müssen immer springen. Eine Sonderstellung nehmen die ›heiligen‹ Kühe ein, die unbehelligt bleiben, auch wenn sie den Verkehr behindern oder blockieren.

Zeitungen und Zeitschriften

Es gibt in Indien zahlreiche englischsprachige Tageszeitungen. Von den überregionalen sind die in Bombay erscheinende ›Times of India‹ und der in Calcutta beheimatete ›Statesman‹ die bekanntesten. Unserer Bildzeitung entspricht in etwa die Boulevardzeitung ›Blitz‹. Für das europäische Informationsbedürfnis werden internationale Themen bei fast allen ziemlich knapp behandelt.

Ergiebiger sind die dem ›Spiegel‹ vergleichbaren Nachrichtenmagazine wie ›India Today‹ oder ›Front Line‹.

Hauptsächlich in den Buchhandlungen der großen Hotels ist ›The India Magazine‹ erhältlich, eine gut gedruckte, monatlich erscheinende Zeitschrift über Land, Leute und Kultur. Fast nur in Bombay zu bekommen ist das hervorragende Kunstmagazin ›Marq‹. Pro Jahr erscheinen vier Ausgaben, von denen die meisten – leicht erweitert, ohne Werbung und teurer – anschließend auch gebunden erhältlich sind.

Register

Orte, Sehenswürdigkeiten

Personen, Völker, Stichworte

Autoren und Verlag bemühen sich darum, die Praktischen Reiseinformationen aktuell zu halten, können aber keine Haftung für die Richtigkeit jeder einzelnen Angabe übernehmen – Anschriften wie Telefonnummern, Öffnungszeiten wie Währungskurse etc. ändern sich oft kurzfristig. Wir bitten um Verständnis und werden Korrekturhinweise gerne aufgreifen.
DuMont Buchverlag, Postfach 100468, 5000 Köln 1.

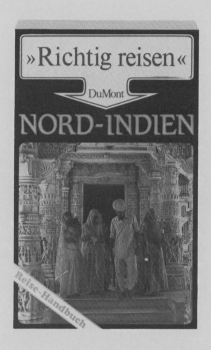

»Richtig reisen«: Nord-Indien

Reise-Handbuch
Von Hans-Joachim Aubert. 416 Seiten mit 37 farbigen und 114 einfarbigen Abbildungen,
66 Karten und Plänen, 48 Seiten praktischen Reisehinweisen, Register

»Etwa 76 000 Bundesbürger reisen jährlich nach Nord-Indien. Dieses Land hat seit seiner
Entdeckung durch Vasco da Gama im Jahre 1498 auf europäische Besucher immer einen
besonderen Reiz ausgeübt.

In ausführlichen Kapiteln zur Geographie und Geschichte wie zu sozialen, religiösen und
kunsthistorischen Fragen beschreibt der Autor den nördlichen Teil Indiens und bietet im
praktischen Teil wichtige nützliche Tips zur Planung und Organisation der Reise.«

Apotheker Journal

Kleine Geschichte der indischen Kunst

Von Manfred Görgens. 312 Seiten mit 26 farbigen und 118 einfarbigen Abbildungen, 10 Karten, Zeittafel, Verzeichnis der wichtigsten Museen indischer Kunst, Glossar, Literaturhinweisen, Register (DuMont Taschenbücher, Band 185)

»Indien ist ein eigener Kontinent, ein Kontinent der Kultur und der Religionen. Von hier ist der Buddhismus ausgegangen, und beinahe alle Kulturen Asiens sind von diesem Land beeinflußt worden. In der Reihe der DuMont Taschenbücher ist eine ›Kleine Geschichte der indischen Kunst‹ erschienen. Ein geradezu prachtvoller Band, in dem Manfred Görgens die wichtigsten Linien einer vielfältigen Kunst, ihrer Epochen und ihrer religiösen Fundierung nachzeichnet. Dabei wird deutlich, wie sehr Indien auch durch wandernde Völker und deren Kultur geprägt wurde.«   *Bayerischer Rundfunk/Fernsehen*

Die Bildsprache des Hinduismus

Die Götterwelt und ihre Symbole

Von Anneliese und Peter Keilhauer. 259 Seiten mit 22 farbigen und 184 einfarbigen Abbildungen und Zeichnungen, Glossar, Literaturhinweisen, Register
(DuMont Taschenbücher, Band 131)

»Das Autorenpaar, seit 15 Jahren intensiv mit den Religionen des Mittleren und Fernen Ostens beschäftigt, führt anhand zahlreicher Abbildungen in Bildsprache und Symbolik der vielgestaltigen Götterwelt des Hinduismus ein. Die vor allem auf ikonographische Aspekte gerichtete Darstellung ist für jeden am Thema interessierten Leser zugänglich und erschließt zugleich einen Bereich indischer Kunst.«
Informationsdienst der Einkaufszentrale der öffentlichen Bibliotheken

Erotik und Askese in Kult und Kunst der Inder

Von Klaus Fischer. 292 Seiten mit 20 farbigen und 124 einfarbigen Abbildungen, Literaturhinweisen, Karte der Fundorte und Kultstätten, Namen-, Orts- und Sachregister (DuMont Taschenbücher, Band 81)

Der indische Tanz

Körpersprache in Vollendung

Von Fabrizia Baldissera und Axel Michaels. 216 Seiten mit 23 farbigen und 84 einfarbigen Abbildungen, Glossar, Literatur, Register, kartoniert (DuMont Dokumente)

Die Indus-Zivilisation

Wiederentdeckung einer frühen Hochkultur

Von Michael Jansen. 312 Seiten mit 16 farbigen Abbildungen und 148 Fotos, Plänen und Karten, Literaturverzeichnis, Verzeichnis der Fundorte und Forscher, Glossar, Register, kartoniert (DuMont Dokumente–Archäologie)

DuMont Kunst-Reiseführer

Alle Bände mit vielen, zum Teil farbigen Abbildungen; dazu Zeichnungen, Karten, Grundrisse, praktische Reisehinweise.

»Richtig reisen«